탈서구중심주의는 가능한가

탈서구중심주의는 가능한가

비서구적 성찰과 대응

강정인 편

고희탁 · 김광수 · 김은실 · 김은중 · 刘擎
박은홍 · 엄한진 · 이지은 · 전제국 · 조경란

대우학술총서
615

아카넷

　서강대학교 SSK '탈서구중심주의' 연구단은 2014년부터 3년 동안 한국연구재단이 지원하는 한국사회과학연구지원(SSK) 사업의 중형단계에 참여하여 연구를 수행하고 있다. 연구의 제목은 "탈서구중심주의를 지향하는 다양한 사상적 대응의 비판적 검토: 이론적 심화와 지역적 확장"이다. 우리 연구단은 연구의 시작단계부터 세계적 차원에서는 '서구중심주의에 대한 비서구문명과 지역의 다양한 대응'이란 주제를, 그리고 일국적 차원에서는 '한국 인문사회과학 분야의 이론적 대응'이란 주제를 각각 단행본으로 출간하는 것이 연구의 목적달성에 필요하다고 느꼈다. 그러나 연구에 참여하는 연구진의 수가 9명으로 한정되어, 이러한 목적에 부합하는 단행본을 집필하기가 쉽지 않다는 점을 이내 깨달았다. 달리 말하면 우리 연구단에는 서구중심주의에 대한 지역적 대응을 연구하는 학자들의 전공분야가 중국, 일본, 라틴아메리카 등 특정 지역에 치우쳐 있으며, 연구책임자를 제외하고 이론적 대응에 관해 연구하는 학자들 역시 비교정치사상(대의제이론), 포스트모더니즘(포스트콜로니얼리즘), 마르크스주의, 유교민주주의 및 서양사를 전공하는 5인으로 정치사상과 역사학에 편중되어 있기 때문이다.

　우리 연구단은 연구단이 세운 이상적 목표와 참여 연구원 수의 현실적 제약 사이에 존재하는 이러한 괴리를 타개하기 위해 연구목표에 부합하는 논문을 집필해줄 수 있는 역량 있는 연구자들을 찾아 그들에게 협력을 요청하기로 계획을 세웠다. 먼저 지역적 대응에 관해 우리 연구단이 다룰 수 없는 지역이나 국가들을 연구하는 학자들과 접촉하면서 연구취지를 설명하고 그들의 참여와 도움을 요청한바, 그들은 우리의 제의를 쾌히 수락해주었다.[1] 그러나 집필자들 사이의 아무런 학문적 상호작용 없이 단순히 개별 집필자들에게 논문의 집필과 기고를 요청하는 것만으로는 연구목표를 달성하는 데 한계가 있다고 판단하여, 우리는 연구단의 일부 연구원들과 외부 학자들이 함께 참여하여 발표·토론하는 학술회의를 열기로 합의했다. 그 결과로 총 8명의 학자가 참가한 학술회의가 2015년 6월 5일 서강대학교에서 "서구문명 바로/삐딱하게 보기"라는 제목으로 개최됐다. 이 학술회의에는 우리 연구단의 김은중(라틴아메리카 사상 전공), 조경란(중국사상 전공), 고희탁(일본사상 전공)은 물론 외부 학자들로 김광수(아프리카 전공), 김은실(러시아 전공), 박은홍(동남아시아 전공), 엄한진(아랍 전공), 이지은(인도 전공) 등 8명의 학자가 참가하여 발표했다. 결과적으로 서구지역(유럽, 미국, 캐나다, 오스트레일리아 등)을 제외하고는 서구중심주의에 대한 비서구지역의 대응을 모두 다룬 셈이었다.

회의를 성공리에 마친 후 편자는 개별 논문을 숙독하면서 우리 연구단의 연구취지에 맞게 좀 더 다듬어줄 것을 집필자들에게 개별적으로 요청했고, 최종 원고들은 2015년 9월까지 대부분 제출되었다. 다만 일부 집필자들이 개인 사정으로 인해 원고 수정과 보완이 지연되

---

[1] 우리 연구단은 한국 인문사회과학 분야의 이론적 대응에 관해서도 2015년 12월 초에 학술회의를 개최했고, 현재 최종 원고를 접수하여 단행본 출간을 추진하고 있다. 다만 이 글에서 그 책에 대한 언급은 하지 않겠다.

는 바람에 모든 원고가 제출된 것은 2016년 1월경이었다. 편자는 원고 제출이 일부 늦어지는 바람에 일찍부터 원고를 제출하고 책의 출간을 참을성 있게 기다려준 집필자들에게 감사함과 송구스러움을 느낀다. 게다가 학술회의에 직접 참여하지는 않았지만, 우리 연구단의 요청에 따라 두 분 학자의 글을 이 책에 추가로 수록하게 되었다. 먼저 상하이 화동(華東)사범대학의 류칭(刘擎/劉擎) 교수는 중국 사상계의 서방중심주의에 대한 논의와 비판을 다룬 글을 집필·기고해주었다. 이어서 국방대학교 전제국 교수는 1990년대 동남아시아를 중심으로 제기된 '아시아적 가치'를 둘러싼 논쟁을 정리하면서 집필했던 자신의 글을 수정하여 제출해주었다. 그 결과 이 책은 총 10편의 논문을 수록하게 되었고 중국과 동남아시아의 대응에 관해서는 각각 두 편의 논문을 싣게 되었다. 단언하기는 어렵지만, 편자는 이 책처럼 국내외적으로 서구중심주의에 대한 비서구문명과 지역의 다양한 대응을 포괄적으로 정리하여 다룬 저서는 거의 없으리라 생각한다.

아울러 편자는 연구책임자로서 연구계획서에 서술된 연구전략을 개별 집필자들과 공유하기 위해 노력했으며, 그러한 노력의 일환으로 자신이 집필한 『서구중심주의를 넘어서』(2004)를 집필자들에게 배포했다. 연구단의 연구계획서는 서구중심주의를 타개·극복하기 위해 역사적·이론적으로 제기된 전략을 대략 동화적(assimilative) 또는 통합적(integrative) 전략, 역전적(reverse/counter-) 전략, 혼융적(syncretic/hybrid) 전략, 해체적(deconstructive) 전략으로 유형화하여 구분하고 이를 개별 문명이나 지역에 적용할 것을 제안한 바 있다. 나아가 연구단은 연구계획서에서 비서구지역과 문명이 상이하고 다기한 정치적·경제적·문화적 맥락 속에서 서구문명과 조우했기 때문에, 이 점을 고려하면서 비서구문명의 대응에 영향을 미치는 변수로서 크게 전통의 활용 가능성이라는 역사문화적 변수, 세계체제와 지정학상의 정치경제적 위상이라는 공간적 변수, 그 위상의 상대적·절대적 변화라는 시간적 변수를 제안했다.

이러한 전략과 변수를 염두에 두고, 개별 논문들을 검토하면서 편자는 원래의 연구계획서에서 제시된 변수들에 따라 비서구문명의 서구중심주의에 대한 대응이 다양한 방식으로 분기되는 섬을 발견했는데, 이는 우리 연구단의 입장에서 나름 귀중한 연구성과라 자평할 수 있겠다. 서구중심주의를 타개·극복하기 위해 비서구문명 및 지역이 추진해온 다양한 전략의 유형과 그러한 전략을 조건 짓는 변수에 대한 구체적인 논의는 이 책의 모두에 실린 편자의 '서론'은 물론 개별 논문들을 통해 십분 확인될 것이지만, 여기서 간략히 일별하면 다음과 같다.

첫째, 편자는 전통의 활용 가능성이라는 역사문화적 변수에 해당하는 것으로 서구문명의 충격 이전에 비서구문명과 지역이 영위해온 문화적·종교적·역사적·정치적 삶의 양식과 자원에 따라 비서구문명과 지역의 탈서구중심적 대응이 다르다는 점을 발견했다. 특히 편자는 전통 문명에 존재하던 강력한 종교 —특히 유교, 이슬람, 힌두교, 러시아 정교 등— 의 존속, 그리고 근대 서구문명의 충격이 가해지기 이전에 비서구문명이 축적해온 문화적 밀도(단단함) 또는 문명적 성숙도 —추격적인 근대화를 나름 성공적으로 수행한 일본, 한국, 중국 등 동아시아 문명— 에 주목하지 않을 수 없었다.

둘째, 세계체제와 지정학상의 정치경제적 위상이라는 공간적 변수에 해당하는 것으로서, 편자는 비서구문명이 근대 서구문명과의 직접적인 조우 과정에서 제국주의적 정복이나 식민주의적 침탈을 겪었는지 여부에 주목했다. 이와 관련하여 탈서구중심적 대응에서 서구의 정복이나 식민화를 면한 일본, 중국, 러시아의 선전(善戰)은 매우 인상적이라 할 수 있다. 이와 대조적으로 한국은 서구의 식민지가 아니라 일본의 식민지를 경험했고, 제2차 세계대전의 종전과 함께 미국을 비롯한 서구 연합국의 승리에 힘입어 독립을 했기 때문에, 서구문명에 대한 저항감이나 거부감이 적고 오히려 급속하게 서구중심주의를 내면화해온 독특한 사례에 속하는 것으로 판명된다. 이와 달리 (서구의) 식민지를 경험한 아시아와 아프리카 대부분 지역은 물론 원주민들이 사실상 거의 멸종 상태에 처한 북아메리카나 라틴아메리카 지역에서 탈서구중심주의를 지향하는 강력한 대응을 기대하기는 곤란한 것으로 보인다. 다만 인구의 절반 이상이 백인 계통인 브라질, 아르헨티나, 칠레, 우루과이와 같은 국가를 제외한 다른 라틴아메리카 국가들 —예를 들어 볼리비아, 페루, 베네수엘라 등 원주민이나 혼혈이 다수인 국가들— 에서는 강력한 탈서구중심적 대응이나 그러한 잠재력이 발견된다.

셋째, 세계체제와 지정학상의 정치경제적 위상의 상대적·절대적 변화라는 시간적 변수에 해당하는 것으로서 편자는 종래 식민지를 경험했던 비서구문명이나 지역들이 서구문명의 정치적 지배가 종언된 이후 이룩한 정치적·경제적 성과와 그로 인한 자신감의 회복에 주목했다. 예를 들어 서구의 경제적 정체나 부진과 대조적으로 경제적 성공을 거둔 일본은 물론 동남아시아 국가에서 대두된 자신감에 찬 '일본인론' 담론, 아시아적 가치론, 그리고 경제발전과 민주화의 성과에 고무되어 나타난 (한국에서의) 전통사상이나 문화유산에 대한 관심의 소생을 대표적으로 들 수 있다. 나아가 1978년 개혁·개방 이후 거둔 눈부신 경제성장에 고무된 최근 중국의 시진핑 정부가 경제적으로는 물론 정치적으로도 서구적 대안을 거부하고 제시한 '중국의 꿈(中

國夢)' 또는 '중국의 길(中國道路)'이라는 슬로건을 주목할 필요가 있다. 또한 1994년 민주적 선거를 통해 최초의 흑인 정부가 출범한 남아프리카공화국이 아프리카의 맹주로 부상하면서 본격적으로 제창하여 아프리카 전역에서 호응과 지지를 받고 있는 사조인 아프리카 르네상스는 일종의 아프리카 중심주의의 표출로서, 아프리카인들의 향상된 세계체제상의 위상을 반영하고 있다. 이와 대소석으로 아랍 지역을 중심으로 전개된 이슬람 원리주의라는 역전적 전략은 정치적·경제적으로 근대화의 성과가 지지부진함에 따라 제기된 그 역의 사례에 해당하는 것처럼 보인다.

지금까지 편자는 독자의 편의를 위해 간략히 이 책의 탄생배경을 서술하고 연구성과를 요약했다. 이제 이러한 연구성과를 창출하고 책의 출간에 기여한 분들에게 감사를 표할 차례다. 먼저 우리 연구단의 공동연구원들이 아니지만 우리의 연구목표에 깊이 공감하고 학술회의에 적극적으로 참여해 발표와 기고를 해주신 김광수, 김은실, 박은홍, 엄한진, 이지은 선생님들께 깊이 감사를 드린다. 이분들의 자발적이고 헌신적인 참여가 없었더라면 이 책에서 아프리카, 이슬람, 인도, 러시아, 동남아시아 등의 지역적 대응은 제대로 다루어지지 못했을 것이다. 학술회의에 참여하지는 않았지만 선뜻 원고를 기고해준 류칭, 전제국 선생님께도 따뜻한 감사를 드린다. 류칭 교수는 조경란 교수의 소개를 통해 학문적으로 교류하게 되었는데, 바쁜 일정에도 불구하고 기한을 지켜가며 중국 사상계에서 논의되는 서방중심주의를 체계적으로 소개한 귀중한 논문을 기고해주었고 조경란·태정희 선생님은 바쁜 시간을 쪼개가면서 중국어로 된 논문을 한글로 번역해주었다. 전제국 선생님의 아시아적 가치론에 대한 논문은 비록 오래전에 출간되었지만 정연한 논리와 유려한 문체로 쓰인 뛰어난 논문으로서 편자는 처음부터 이 책에 실었으면 하는 바람을 가지고 있었다. 기고를 선뜻 허락하고 논문을 새롭게 다듬어준 선생님께 거듭 감사드린다. 마지막으로 이 책을 위해 귀중한 논문을 집필해준 우리 연구단의 고희탁, 김은중, 조경란 선생님들께도 감사의 말씀을 드린다. 특히 고희탁 선생님은 이 단행본을 준비하는 과정에서 집필자들 사이의 연락을 담당하면서 원고 수합은 물론 출판과정에서 적지 않은 노력을 기울였다. 덧붙여 지난 2년 동안 연구를 공동으로 수행하면서 학문적 지식과 인간적 우정을 공유하게 된 우리 연구단의 공동연구원들, 그리고 연구 수행과 관련된 행정적 업무를 묵묵히 감당해준 이충훈과 한유동 행정연구원은 물론 서강대학교 정치외교학과 대학원생들에게도 감사드린다.

연구지원 및 출판과 관련하여 마지막으로 감사의 뜻을 남기고 싶다. 무엇보다도 먼저 5년에 걸쳐 탈서구중심주의를 주제로 한 우리 연구단의 연구를 지원해준 '한국연구재단'에 감사드린다. 이 저서는 2014년 정부(교육부)의 재원으로 한국연구재단의 지원을 받아 수행된 연구성과를 단행본으로 출간한 것이다.(NRF-2014S1A3A2043763) 또한 대우재단의 학술사업부는 어려운 출판시장의 여건을 고려하여 이 책의 출간을 쾌히 지원해줌으로써 출판을 맡아준 아카넷 출판사의 어깨를 가볍게 해주었다. 이와 관련하여 대우재단 학술사업부의 박은진 선생님께 깊이 감사드린다. 시장성을 생각하지 않고 출판을 선뜻 수락하는 것은 물론 제출된 원고를 치밀하게 검토하면서 그 학술적 완성도뿐만 아니라 대중적 접근성을 높여준 김일수, 이경열, 최현문 선생님 등 아카넷 편집부의 노고에도 특히 감사드린다. 한편 서강대학교는 어려운 재정상황에도 불구하고 최근 편자의 연구를 격려하고 고무하기 위해 과분한 연구비를 지원해주었다. 이 점에서 이 저서는 부분적으로 2016년도 서강대학교 교내연구비 지원에 의해 수행된 연구 성과이기도 하다.(201610048.01)

편자는 2004년에 서구중심주의를 주제로 한 최초의 단행본으로 『서구중심주의를 넘어서』를 출간함으로써 학계의 주목을 받은 바 있다. 당시만 해도 비교적 낯설었던 이 주제가, 지금은 국내의 서양사학계는 물론 인문사회과학계의 주요한 화두 가운데 하나로 사리 잡게 된 것은 한국 학문의 발전을 위해 무척 다행스런 일이다. 그 후 12년이 지나 서구중심주의를 주제로 하여 여러 학자들과 공동으로 수행한 연구 결과를 추가로 출간하게 되었다. 이제는 이 책에 서려 있는 문화적 자주성과 사상적 주체성에 대한 비서구지역과 문명의 고민을 독자들과 공유할 수 있기를 희망한다.

2016년 6월
서강대학교 다산관
집필자들을 대신하여
강정인

차례

서론:
서구중심주의에 대한 비서구세계의
다양한 성찰과 대응

강정인

I.

이 책에 실린 논문들은 서구문명의 전 세계적 군림에 대한 세계 여러 지역들(문명들)의 다양한 성찰과 대응을 다루고 있다. 그러나 정치적·경제적·군사적 대응보다는 사상적·문화적 대응을 다루고 있다. 서구문명의 문화적 지배를 가능케 하는 메타이데올로기를 '서구중심주의[1]'로 개념화한다면, 이 책은 서구중심주의에 대한 여러 지역들의

---

[1] 과거에 필자는 여러 가지 관점에서 서구중심주의를 개념화했는데, 이 글에서는 독자들의 편의를 위해 간략히 세 가지 명제로 구성된 것으로 제시한다. 첫째, 근대 서구문명은 인류역사의 발전단계 중 최고의 단계에 도달해 있다. 둘째, 서구문명의 역사발전 경로는 서양뿐만 아니라 동양을 포함한 전 인류사에 보편적으로 타당하다. 셋째, 역사발전의 저급한 단계에 머물러 있는 비서구사회는 문명화(식민지 제국주의 시대) 또는 근대화(탈식민지 시대)를 통해 오직 서구문명을 모방·수용함으로써만 발전할 수 있다. 다시 말해 서구중심주의는 세 개의 명제, 곧 '서구우월주의', '서구보편주의/역사주의', '문명화/근대화/지구화'로 압축될 수 있다.(강정인 2004, 47-48; 좀 더 상세한 논의로는 37-93을 참조할 것)

다양한 성찰과 대응을 다루고 있다고 말하는 것이 더 정확하다. 물론 서구문명의 문화적 지배는 서구문명이 보유한 강력한 정치적·경제적·군사적 힘(power)과 불가분의 관계에 있지만, 그렇다 하더라도 비서구의 입장에서 서구의 문화적 지배와 그것에 대한 성찰과 대응을 그러한 힘과 분리해서 고찰하는 것은 필요하고 바람직하다. 비서구의 입장에서는 자신들의 힘을 비축하는 동안 서구의 정치적·경세적·군사적 지배와 압박에 현명하게 대처하는 한편, '비판적 자기 성찰'을 통해 문화적 자주성과 사상적 주체성의 공간을 확보함으로써 서구문명의 전일적 지배를 종식시키고 비서구문명들의 평등한 참여와 인정을 열망하는 '해방의 의지'를 보존·확충·심화하는 것이 그들의 생존에 필수적이기 때문이다. '호랑이한테 물려가더라도 정신만 차리면 산다.'라는 평범한 우리 속담은 이러한 통찰을 소박하게 표현한 것이라 생각된다.[2]

이 책은 멀리는 아프리카, 라틴아메리카, 아랍 지역부터 러시아, 인도, 동남아를 거쳐 가까이는 일본, 중국까지 포함한 여러 문명과 지역들의 서구중심주의에 대한 다채로운 성찰과 대응을 다룬다. 이처럼 각 지역(문명)들이 다채로운 성찰과 대응을 보이게 된 원인을 검토하는 것은 근대 세계사 자체에 대한 연구처럼 방대하고 난해한 작업이다. 다만 추후의 연구를 위해 시론적으로 제시해본다면, 그 원인은 크

---

2) 물론 여기서 호랑이에 대한 비유는 빗나간 점이 있다. 속담에 나오는 호랑이와 사람의 관계는 적대적 관계로서 일단 화해와 공존이 불가능한 것으로 상정되지만, 문명들의 평화로운 공존을 지향하는 현대 세계에서 문명들의 상호관계는 지배와 적대만이 아니라 화해와 상생의 측면에서도 개념화되어야 하기 때문이다. 그렇다 하더라도 서구문명의 침략과 정복 및 확산으로 시작된 근대 이래 제2차 세계대전의 종전에 이르기까지의 세계사는 비서구의 입장에서는 서구문명에 의한 일방적 지배와 군림의 시대로서, 곧 적대관계로 개념화될 수 있다는 점을 기억하는 것도 중요하다.

게 세 가지 변수로 나누어 검토할 수 있을 것이다.

첫째, 서구문명의 충격 이전에 비서구문명과 지역이 영위해온 문화적·종교적·역사적·정치적 삶의 양식과 자원이다. 여기에는 여러 가지 요소들이 있겠지만, 특히 전통 문명에 존재하던 종교의 역할이 중요하다. 이슬람, 러시아 정교, 힌두교, 불교, 유교 등은 서구문명과의 조우 과정은 물론 제2차 세계대전 이후 세계 대부분의 지역에서 서구의 정치적 지배가 종언된 이후에도 비서구문명들이 서구중심주의를 타개하고 극복하고자 하는 과정에서 매우 중요한 역할을 수행해왔다. 강력한 종교의 존속은 이들 문명에게 지속적인 정체성을 보장해주는 자산이기 때문이다. 전통 문명 당시부터 지속적으로 존재하던 유럽과의 교류 및 관계의 양상 역시 매우 중요하다. 러시아는 오랫동안 한편 유럽 문명의 일부로, 다른 한편 유럽 문명과는 구분되는 이중적 정체성을 어느 정도 보유해왔으며, 이는 현재에도 러시아에 강력한 영향력을 미치고 있다. 또한 아랍 지역(오리엔트)은 고대부터 유럽 문명과 지속적인 접촉을 통해서 (물론 협력의 역사 역시 무시할 수 없지만) 갈등의 역사를 반복해왔다. 이는 서구중심주의에 대한 그들의 반발적 대응에 지속적인 영향력을 행사하고 있다. 다소 추상적인 표현이긴 하지만 근대 서구문명의 충격이 가해지기 이전에 전체적으로 비서구문명이 축적해온 문화적 밀도(단단함) 또는 문명적 성숙도는, 비록 서구문명과의 직접적 조우 과정에서 군사적 패배, 정치적 굴욕 및 경제적 수탈을 모면하게 하지는 못했더라도, 후일 서구중심주의에 대한 성공적 대응에서 중요한 역할을 했다고 할 수 있다. 다른 비서구문명이나 지역들과 비교하여 일본·중국·한국 등 동아시아 국가의 선전(善戰)은 이 점에서 주목할 만하다.

둘째, 근대 서구문명과의 직접적인 조우 과정에서 형성된 경험 역시 중요하다. 가장 중요한 것은 제국주의적 정복이나 식민주의적 침탈의 경험 여부일 것이다. 아시아, 아프리카 및 라틴아메리카의 대부분 지역은 서구의 제국주의적 지배를 경험했지만, 러시아와 일본은 이를 경험하지 않았고, 중국은 일종의 반(半)식민지 상태에 내몰린 적은 있었지만 직접적인 식민지 상태로 전락하지는 않았다. 따라서 이 국가들은 강력한 국력을 기초로 해서 반서구중심적 전략을 적극적으로 추진하기도 했다. 한편 한국은 서구의 식민지가 아니라 일본의 식민지를 경험해왔고, 제2차 세계대전에서 미국을 비롯한 연합국의 승리에 힘입어 독립을 했기 때문에 서구문명에 대한 저항감이나 거부감이 적고 오히려 급속하게 서구중심주의를 내면화해온 독특한 사례에 속한다. 이와 더불어 서구의 정복과 지배를 받았다 하더라도 그 지역에 이전부터 존재하던 전통 문명 또는 문화가 명맥을 유지해왔는지, 그곳에 살던 종족이나 민족들이 자신들의 문화를 의미심장하게 유지할 수 있을 정도로 생존해왔는지 역시 중요할 것이다. 이에 대해 식민지를 경험한 아시아와 아프리카의 대부분 지역에서는 긍정적으로 답변할 수 있겠지만, 아메리카 대륙이나 오스트레일리아는 그렇지 않다. 미국과 캐나다가 자리잡고 있는 북아메리카 대륙이나 오스트레일리아에서 원주민들은 사실상 멸종 상태로서 보호 대상의 지위로 전락했고 이제 그 지역은 백인 계통의 다수 정착민들과 함께 오히려 서구문명의 일부를 구성한다. 라틴아메리카도 인구의 절반 이상이 백인 계통인 브라질, 아르헨티나, 칠레, 우루과이 등과 같은 국가들의 경우에는 이론적으로 탈서구중심적 대응을 구상할 수 있겠지만, 인구의 다수는 인종적으로나 문화적으로나 스스로를 유럽인들의 후예로 자처할 것이기에 그러한 구상에 실천적으로 공감하기는 어려울 것으로 판단된다. 대체로 식민지를 경험하지 않은 일본, 중국, 러시아 등 비서구문명들은 문화적 자주성과 사상적 주체성을 온전히 보존할 수 있었기 때문에 서구중심주의에 대한 대응에서 그렇지 못한 비서구문명들보다 우월한 성과를 보여주는 듯하다.

셋째, 종래 식민지 경험을 겪었던 비서구문명이나 지역들이 서구문명의 정치적 지배가 종언된 이후 이룩한 정치적·경제적 성과와 그로 인한 자신감의 회복은 서구중심주의에 대한 대응에 일정한 영향을 미치는 것으로 보인다. 예를 들어 1990년대 초 괄목할 만한 경제성장을 거둔 동남아시아 지역의 일부 국가에서 서구중심주의에 대한 문화적 자주성의 표현으로 '아시아적 가치'를 주장한 것은 이 점에서 의미심장하다. 물론 제2차 세계대전의 패전과 함께 미군의 점령이라는 수모를 겪은 일본 역시 전후 급속한 경제성장과 함께 미국에 뒤이어 세계 2위의 경제대국으로 부상하자 1980년대에는 반서구중심적 정서를 노골적으로 담고 있는 '일본인론'을 통해 자신감을 표출하기도 했다. 1990년대 이후 한국에서 서구중심적 근대화에 몰입되어 그동안 억압·망각되었던 유교·도교 등 동양사상은 물론 과거의 문화유산에 대한 관심이 소생하면서 탈서구중심적 각성이 진행된 사실 역시 이러한 맥락에서 이해할 수 있다.

지금까지 논의한 것처럼, 비서구문명과 지역들은 서구문명과 조우하게 된 정치적·역사적 맥락과 과정 및 귀결은 물론 서구문명의 전 세계적 충격 이전에 그들이 영위했던 문화적·종교적·역사적·정치적 삶의 양식과 자원이 다양하기 때문에, 이들의 대응 양상 역시 다기(多岐)할 수밖에 없다. 따라서 이들 지역의 복잡한 대응에 관해 이해하는 것은 서구중심주의의 타개나 탈피 및 극복에 관심을 갖는 독자들에게는 지적 호기심을 만족시키는 매력적인 작업임이 분명하다. 또한 서구중심주의에 어떻게 대처하는 것이 적절한가에 대해 고민하는 한국인들에게는 자신들의 경험과 사유를 단순히 '현대' '한국'이라는 협소한 지평을 넘어 객관화하고 다른 지역들의 대응에서 나타난 장단점을 비판적으로 소화함으로써 고민을 심화시키고, 나아가 보다 차원 높은 대안을 구상하는 데도 기여할 것이다.

이 책의 집필에 참여한 필자들은 세계의 여러 지역과 문명에서 출현한 서구중심주의에 대한 복잡다기한 대응을 다루고 있을 뿐만 아니라 자신들의 전공 분야, 접근방식, 학문적 관심들 역시 다채롭기 때문에, 여기 실린 논문들은 통일된 관점이나 일관된 서술 방식을 확보하고 있지 못하다. 또한 연구대상의 시기나 소재도 매우 다양하다. 예를 들어 이지은은 식민지 시기부터 현대에 이르기까지 인도 역사학의 변천과정을 서구중심주의에 대한 대응이라는 관점에서 다루고, 박은홍은 1950년대 후반부터 1965년에 이르기까지 인도네시아의 수카르노 정권이 주장하고 실천에 옮기고자 했던 '제3세계주의'를 탈서구중심적 관점에서 분석한다. 또한 김은실은 서구중심주의에 대한 러시아의 대응을 17세기 말 표트르 1세부터 푸틴 정권 시기에 이르기까지 통사적으로 검토한다. 비슷하게 고희탁 역시 서구중심주의에 대한 일본의 대응을 메이지유신부터 현대 아베 정권에 이르기까지 거시적으로 개관한다. 아프리카의 탈서구중심적 대응을 다루는 김광수는 1994년 남아프리카공화국에서 본격적으로 제창되어 아프리카 전역에서 열렬한 호응과 지지를 이끌어낸 '아프리카 르네상스' 이념을 아프리카중심주의라는 개념을 통해 설명한다. 엄한진은 서구중심주의에 대한 아랍 세계의 전반적 대응을 '역오리엔탈리즘(reverse orientalism)'이라는 개념을 중심으로 살펴본다. 전제국 역시 1990년대에 주로 동남아시아에서 제기되어 전 세계적 논쟁을 촉발시킨 '아시아적 가치론'을 중심으로 동남아시아의 탈서구중심적 대응을 다룬다. 조경란은 이른바 '중국의 꿈(中國夢)' 또는 '중국의 길(中國道路)'을 분석하면서 서구중심주의에 대항하는 중화주의의 현대적 부활과 쇄신을 읽어낸다. 중국 학자 류칭(치칭/劉擎)은 좀 더 학술적인 관점에서 중국 사상계의 서방중심주의에 대한 비판을 검토한다. 그 과정에서 그는 중국중심주의의 부상을 경계하면서 대안으로 횡단문화의 보편성을 추구할 것을 제안한다. 마지막으로 김은중은 '근대성', '근대 세계체제', '자본주의 세계경제'가 라틴아메리카(와 그 원주민들)에 대한 정복, 학살 및 수탈이라는 식민성과 한데 엮여서 진행된 역사적 현상이므로 사후에 식민성과 근대성을 인위적으로 분리시키고 근대성을 유럽 문명의 독자적인 성취로 제시하는 유럽중심적(유럽예외주의적) 이론은 근본적으로 잘못된 것이라는 논변을 제기한다. 이는 근대성 및 자본주의에 대한 우리의 상식화된 견해, 곧 유럽중심적 해석을 내부에서부터 전복적으로 해체하는 것으로 우리에게 서구문명, 근대성, 자본주의에 대한 근본적인 해석학적 전환을 요구한다.

이처럼 서구중심주의에 대한 비서구문명과 지역의 다채로운 대응을 다루는 이 책은 독자들에게 전 세계에 걸쳐 서구중심주의가 어떻게 발현되고 수용되었는지, 그리고 비서구는 이에 대해 어떻게 대응했는지에 대해 파노라마나 만화경(萬華鏡)을 감상하는 것과 같은 흥미를 불러일으킬 것이다. 이로 인해 다양한 지역, 상이한 역사적 시기, 다기한 연구 주제에 초점을 맞추고 있는 논문들이 때로 독자들에게 혼란을 유발할 수도 있겠지만, 그 논문들은 집필자들이 서구중심주의란 무엇인가, 이에 대한 적절한 대응은 무엇인가라는 문제의식을 공유하면서 집필했기 때문에 궁극적으로 그러한 문제의식이 구심력으로 작용하여 일정한 통일성과 가족유사성을 수록된 논문들에 부여할 것이다.

마지막으로 독자들은 수록된 논문들이 연구와 서술의 필요상 다루고 있는 지역의 범위, 역사적 시기, 연구 소재 등에서 선택과 집중을 할 수밖에 없었고 이로 인해 훨씬 더 복잡하고 방대한 현실을 정확하게 보여주지 못하는 한계를 안고 있다는 점을 발견하게 될 것이다. 특히 서구중심주의에 대한 동남아시아, 아랍, 아프리카 지역의 대응을 다룰 때, 선택된 연구대상을 중심으로 소수의 국가들이나 특정한 역사적 시기에 한정하는 일정한 '조작적' 작업이 진행되었다는 점을 부정하기도 어렵다. 또한 이 책의 집필 목적이 서구중심주의에 대한 의미심장한 대응을 다루겠다는 문제의식에 기초한 것이기 때문에, 검토하고 있는 비서구지역의 삶의 양식이 전반적으로 서구중심주의에 순응적이거나 매몰되어 있더라도 집필자들이 집필 목적에 비추어 주목할 가치가 있는 현상에 초점을 맞추어 검토와 분석을 수행했다는 점을 부정할 수 없다. 이는 전 세계에 걸쳐 페미니즘 연구를 수행하는 학자들이 여러 지역의 사례를 검토하는 과정에서 비록 대다수 여성들의 삶의 양식이 전반적으로 가부장제(남성중심주의)에 순응적이라 할지라도, 의미심장한 페미니스트 사상이나 운동에 관심을 집중하여 연구하는 경향과 맥을 같이한다.

II.

지금까지 이 책의 집필 목적과 의의 및 한계에 대해 서술했는데, 이제 '서구중심주의에 대한 비서구세계의 다양한 성찰과 대응'이라는 서론의 주제와 관련된 몇 가지 이론적 논의를 전개함으로써 이 주제에 대한 독자들의 이해를 돕고자 한다. 이론적 논의는 세 가지 논점으로 구성되어 있다. 첫째, '비서구'라는 개념의 적실성을 논하는 것이다. 둘째, 비서구의 다양한 대응을 체계적으로 분류하는 것이다. 셋째, 이른바 '반서구중심적 서구중심주의'라는 개념[3] 및 그와 관련하여 제기되는 서구중심주의의 '극복'이 과연 무엇을 의미하는가라는 문제를 시론적으로 검토하는 것이다.

이 책의 주제는 서구중심주의에 대한 비서구세계의 다양한 성찰과 대응을 논하는 것이다. 필자는 2004년에 펴낸『서구중심주의를 넘어서』에서 '비서구'라는 개념을 사용하면서 그 개념이 서구문명 이외의 여러 문명과 지역들의 다양성과 차이를 무시하고 일괄적으로 '비서구'라고 통칭함으로써 서구중심적이고 잔여적 성격을 지니고 있음을 지적한 바 있다.(강정인 2004, 30) 여러 가지 패권적 중심주의에는 중심적인 집단이 있고 주변적인 집단이 있지만, 주변적 집단은 그 특성에 있어서 통상 중심적인 집단이 지닌 우월한 또는 보편적 특징의 '부재'나 '일탈'로 개념화되고, 그 결과 잔여적인 것 또는 부정적이고 일탈적인 것으로 취급된다. 그렇다 하더라도 남성중심주의, 인종주의, 자본주의의 경우에는 주변적인 집단인 여성, 흑인종이나 황인종 및 노동자가 처음부터 잔여적인 범주로 개념화된 것은 아니다. 그러나 서구중심주의나 중화주의에서 주변적인 문명이나 집단(종족, 민족 등)은 처음

---

3) 나중에 논할 것처럼, 월러스틴이 '반(反)유럽중심적 유럽중심주의'라고 개념화한 것을 필자의 용례로 바꾼 것이다. 대부분의 서구 학자들은 필자가 사용하는 '서구중심주의(Western-centrism)'라는 개념 대신 '유럽중심주의(Eurocentrism)'라는 개념을 압도적으로 빈번하게 사용한다. 양자의 의미와 용례는 대동소이하지만, 미묘한 맥락에서는 서로 구분되어 사용되어야 한다. 이 글에서 필자는 직접 인용하는 경우를 제외하고는 필자의 용례에 따라 대체로 서구중심주의라는 용어를 사용했지만, 개별 저자들의 논지를 따르다가 유럽중심주의를 사용한 경우도 있음을 밝혀둔다. 양자의 구분에 대한 필자의 논의로는 강정인(2004, 39-45)을 참조할 것.

부터 통칭하여 '비서구'나 '이(夷: 오랑캐)'라는 잔여적 또는 부정적 범주로 개념화되었다. 영국의 문화연구자 홀(Stuart Hall) 역시 서구와 비서구를 논하는 글에서 비서구에 대한 잔여적 개념화를 강조(비판)하기 위해 그 제목을 "The West and the Rest(서구와 그 나머지)"로 달아 아예 비서구를 '그 나머지(the Rest)'로 명명하기도 했다.(Hall 1992)

종래 냉전체제하에서는 식민지 상태에서 독립한 '신생국가'의 일부 정치지도자들이 제국주의적인 자본주의 체제와 전체주의적인 사회주의 체제를 거부하고, 민족주의와 비동맹중립주의를 표방하면서 나름대로 혁명적인 제3의 길을 추구한다는 의미에서 '제3세계'라는 용어로 스스로를 호칭하기 시작했고, 그 용어는 1960년대부터 1970년대에 걸쳐 널리 사용되었다. 그러나 제3세계주의가 실효성 있는 성과를 거두는 데 실패하고, 나아가 사회주의체제의 붕괴 이후 전 세계가 자본주의-자유주의 체제로 수렴하는 상황에서 제3세계라는 단어는 이제 빛바랜 개념이 된 것처럼 보인다. 더욱이 이 책이 관심을 갖는 서구중심주의라는 문화적 지배와 관련해서는 여러 면에서 선진국(=서구)이라 자부할 만한 일본 역시 자유롭지 못하고, 군사적 강대국인 러시아나 중국 역시 정도의 차이는 있지만 비슷한 처지에 놓여 있다. 이 점에서 일본이나 러시아를 제3세계에 속한다고 분류하기는 어렵지만, 서구중심주의의 문화적 지배로부터 자유롭지는 못한 비서구에 속하는 것으로 개념화하는 것이 이 책의 목적에 비추어 합당할 수도 있다. 이 점에서도 제3세계보다는 비서구라는 용어가 더 적절하다. 이처럼 다른 적절한 대안적 개념이 없다는 전제에 따라 이 책은 부득이 비서구라는 용어를 제목에 포함시켰다.

파레크(Bhikhu Parekh) 역시 2003년에 출간된 『캠브리지판 20세기 정치사상사(*The Cambridge History of Twentieth-Century Political*

Thought)』라는 책에 기고한 "비서구의 정치사상(Non-Western political thought)"이라는 글에서 '비서구'라는 개념이 지닌 모호성과 혼란스러움을 인정하면서도 그 용어를 사용하는 합당한 논거를 나름 제시하고 있는바, 독자들에게 소개할 가치가 있다. 그는 먼저 '서구'라는 개념이 다의적인 의미, 곧 '지리적', '정치경제적'(선진 '자본주의 민주국가'를 지칭), '헤게모니적'('다른 나라들에 대해 과거나 현재에 지배력을 행사하던/행사하는 나라들'을 지칭), 또는 '인종적'('백인이 인구의 압도적인 비중을 차지하는 나라들'을 지칭) 의미를 지닌다고 지적한다.(Parekh 2003, 553-554) 이어서 그는 "'비서구(non-Western)'라는 용어가 서구중심적이고 부정적이며, 세계의 일부 지역을 서구의 타자, 전 지구적 나머지로 다루고, 그들의 고유한 긍정적이고 자율적인 정체성을 부정한다."라고 언급한다.(Parekh 2003, 554) 나아가 그는 그러한 이분법이 서구와 비서구를 각각 획일적으로 동질화시키고 "오랜 세기에 걸친 양자의 상호작용과 공유된 유산"을 축소하거나 은폐한다고 주장한다. 그는 "비서구라는 용어가 이와 같은 결함들을 가지고 있지만, 유럽 열강에 의해 식민화되었거나 또한 그 국가들의 강력한 정치적·군사적 압박에 종속된 아시아, 아프리카, 라틴아메리카나 다른 지역의 국가들을 지칭하는 유용하고도 경제적인 방식"이라고 지적하면서(Parekh 2003, 554) 그 논거를 설득력 있고 유려하게 표현하고 있다.

비록 이 국가들이 상이한 역사, 전통 및 문화를 갖고 있지만, 그들은 모두 이와 같이 심대하게 의미심장한 역사적 경험[유럽 열강에 의한 식민화와 정치·군사적 압박]을 공유하고 있고, 그러한 경험이 던져준 문제를 해결해야 한다. 그들은 제국주의적(metropolitan) 열강들에 의해 굴욕을 당했고, 공통된 일련의 외생적인 사상과 힘의 조합에 직면했으며, 그들의 지적인 삶은 과거에 오랫동안, 그리고 현재에도 여전히 서구적 근대성에 어떻게 대응해야 하는가라는 문제와 씨름하고 있다. 따라서 '비서구'라는 용어는 그것이 안고 있는 명백한 한계에도 불구하고 분석적이고 설명적인 가치를 지니고 있기 때문에, 나는 공통된 역사적 곤경을 공유하는 아시아, 아프리카 및 기타 지역의 국가들을 지칭하기 위해 그 용어를 이 장에서 사용할 것이다.(Parekh 2003, 554)

필자는 『서구중심주의를 넘어서』(2004) 제11장에서 서구중심주의를 극복하기 위한 다양한 담론전략들을 체계적으로 분류하여 논한 바 있다. 그때 논한 담론전략들은 이 책에서 다루는 주제, 곧 서구중심주의에 대한 비서구세계의 다양한 대응을 이해하고 설명하는 데 상당한 적실성과 유용성을 확보하고 있다. 따라서 그 내용을 접하지 못한 독자들을 위해서 담론전략들을 간략히 소개하도록 하겠다.[4]

주변에 대한 중심의 지배(군림)는 두 측면, 곧 물리적 권력(경제력, 정치력 및 강제력)과 문화(담론)적 권력의 측면을 내포하고 있다. 이는 중심의 지배를 극복하기 위해서는 물리적 대항권력과 문화적 대항권력이 동시에 필요하다는 점을 의미한다. 따라서 이 글에서 검토하는 담론전략들은 문화적 차원에 국한된 것이지만 물리적 권력의 차원에서 중심과 주변 사이에 존재하는 힘의 불균형관계가 시정되지 않는 한, 그러한 전략들이 공허하게 남아 있을 수밖에 없다는 논점은 아무리 강조해도 지나치지 않다.

---

4) 이하에서 제시하는 다양한 담론전략들은 과거에 서술된 필자의 논의에서 간추려 끌어오면서 다소 수정하거나 추가한 것이다. 따라서 일일이 인용부호를 붙이는 것이 번잡한 작업이 되어 생략한다는 점을 밝혀둔다. 필자의 논의에 대해서는 강정인(2004, 426-491)을 참조할 것.

위의 논점을 염두에 두고 여러 형태의 중심주의를 타개하거나 극복하기 위해 역사적 또는 이론적으로 제기된 담론전략들을 유형화해 볼 때, 대략 네 가지, 곧 동화적(assimilative; 통합적, integrative), 역전적(reverse; counter-), 혼융적(hybrid, syncretic), 해체적(deconstructive) 전략으로 구분된다. 먼저 동화적 전략은 주변이 중심의 보편성과 우월성을 인정하고, 중심의 제도·관행·가치·문화 등을 적극적으로 수용함으로써 중심에 동화·통합되고자 하는 전략이다. 즉 이러한 동화와 통합을 통해 중심과 주변 사이에 존재하는 차이 ─중심을 우월하고 보편적인 존재로, 주변을 열등하고 특수한 존재로 만드는─ 를 소멸시키거나 최소화할 것을 추구하는 것이다. 이와 달리 역전적 전략은 중심과 주변의 제도·관행·가치·문화 등에서 존재하는 차이를 일치시키려고 노력하는 대신 유지·강조하되, 오히려 주변의 입장에서 차이에 대한 평가를 역전시켜 주변이 지닌 속성을 특수성과 열등성에서 보편성과 우월성의 표상으로 전위(轉位)시키는 전략을 말한다. 역전(逆轉)적 전략은, '역전'이라는 말이 시사하듯이, 중심에 대한 주변의 열등성을 이미 전제하고 출발하여 이에 대한 반격·저항을 시도하는 것이라 할 수 있다. 한편, 혼융적 전략은 중심과 주변의 일정한 요소를 선별적으로 취사선택하여 양자의 혼합 또는 융합을 지향하는 전략이라고 할 수 있다. 주변이 추구하는 혼융적 전략이 성공적이었다 할지라도 중심과 주변의 구분 및 양자의 상대적 위상에 어떤 변화가 일어날 것인지는 구체적이고 개별적 사례에 따라 판단해야 할 것이다. 동화가 철두철미하게 실현될 수 없고 역전이 완전히 성취될 수 없다는 점에서 두 전략이 이념형이자 분석적 범주로 존재한다면, 현실세계에서 대부분의 전략은 의도적이든 비의도적이든 혼융적 결과로 귀결될 가능성이 높다고 할 수 있다. 세 전략의 구분은 복잡 미묘한 현실을 단순화시키기는 하지만 분석적으로 유용한 기능을 수행한다. 마지막으로 해체적 전략은 중심과 주변의 구분 또는 그것을 가능케 하는 이항대립적 차이들 자체를 해체시킴으로써 중심주의에 대한 도전과 극복을 시도하는 것이다. 이러한 해체는 그러한 차이들 또는 그 차이들을 산출하는 기준들이 사실상 또는 이론상 타당한 근거가 없다는 점, 나아가 단지 지배와 억압을 위해 중심에 의해 인위직으로 조작·구성·부과된 것이라는 점을 해명하는 데서 출발한다.

이 네 가지 전략을 서구중심주의에 대한 대응에 적용하여 좀 더 구체화하면 다음과 같다. 먼저 동화적 (또는 통합적) 전략에 대해 논하면 근대 서구문명은 그 기원에서 특수하지만 정복과 확산을 통해 논리적이라기보다는 역사적으로 (다른 대안의 파괴 및 배제를 통해) 보편적 의미·결과·지위를 획득했다고 할 수 있다. 동화적 전략은 비서구사회가 서구문명이 성취한 보편적 의미·결과·지위를 수긍하면서 서구의 제도·관행·가치·문화 등을 적극적으로 수용하고 그것에 동화(통합)되기 위해 추진하는 전략이다. 다음으로 역전적 전략은 서구문명이 강압적으로 부과하는 패권적 담론에 직면하여 비서구사회가 패권적 담론의 보편성 또는 우월성을 전면적으로 부정함으로써 동화를 거부하고, 나아가 자신이 속한 문명의 제도·관행·가치·문화들이 지닌 독자성, 우월성 또는 보편성을 주장하고 그것을 보존·강화하고자 하는 전략이다. 오늘날 통상 서구문명에 대한 역전적 담론은 타자에 대한 서구문명의 서구중심적인 담론에 대항·극복하기 위하여 그 타자가 자신의 세계관을 중심으로 자신의 우월성(또는 독자성)을 체계적으로 제시하는 전략이라고 할 수 있는데, 현재로서는 전 지구적 보편성을 주장하는 데까지는 이르지 못하고 있는 실정이다. 역전적 담론은 서구중심주의(또는 식민주의)에서 주체와 타자(객체)의 지위 및 역할을 역전시킨다. 서구중심주의에서는 서구가 주체이고 비서구사회는 타자로 배치되었지만, 역전적 담론에서는 이제 타자이던 비서구인들이 주체가 되고 서구문명이 객체이자 타자로 전위되는 것이다.

동화적·역전적 담론 이외에도 비서구사회는 서구의 일정한 이념이나 제도 등을 수용할 때 동화적·역전적 담론의 장점을 적극 활용하여 일종의 혼융적(混融的, hybrid/syncretic) 담론전략을 시도할 수 있다. 혼융적 전략은 서구문명과 비서구문명이 한데 섞이거나 융합함으로써 양자 간에 존재하는 차이가 부분적으로 존속하고 해소되는 계기를 마련한다. 아시아와 서구를 놓고 본다면, 이 담론은 아시아 국가들이 서구문명의 일정한 요소 ―예를 들어 자본주의, 민주주의, 과학기술 등― 를 수용하는 과정에서 서구적 가치와 아시아적 가치를 선별적으로 취사선택하고 혼융시켜 자신들에게 적합한 새로운 종합(synthesis)을 창안해내는 것을 말한다. 이는 과거의 전통을 서구적 가치에 비추어 비판적으로 재해석하여 계승하는 한편, 전통에 비추어 서구문물을 수정하여 선별적으로 수용하는 이중의 변증법적인 과정을 수반할 것이다. 그 과정에서 서구문명의 우수한 일정 요소의 모방 및 수용(동화적 담론에 해당)과 자기 문명의 일정한 요소의 보존 및 갱신(역전적 담론에 해당)이라는 이중의 전략이 복잡한 층위에서 전개된다.

마지막으로 해체적 전략은 푸코의 지식/권력 이론에 따라 서구중심적 담론에서 서구가 자신과 타자인 비서구 간의 차이를 서술하고 재현하는 과정 ―곧 지식의 생산과정― 에 이미 권력이 함축되어 있다는 전제하에 타자를 대상화하고 종속시키지 않으면서 재현할 수 있는 대안적 형태의 지식을 창조하고자 하는 담론이다. 그러나 이론과 지식의 생산 차원에서 종래의 지식과 이론에 함축되어 있는 타자에 대한 억압을 청산한 대안적 지식이나 이론은 아직 성공적으로 정립되지 않은 것으로 보인다.

　이와 관련하여 역사학계에서 서구중심적 역사서술의 해체를 시도하는 움직임은 주목할 필요가 있다. 세계사의 서구중심적 서술에 대해 비판적인 서구와 비서구 학자들은 서구중심적 역사서술을 해체하는 전략의 하나로 서구문명에 대한 서구 스스로의 기술과 서구중심적 세계사 기술을 비판적으로 재해석하는 대안적 연구를 적극적으로 수행하고 있다. 곧 서구중심주의적인 역사기술의 사실 부합성 및 해석 타당성을 좀 더 엄밀하게 검토하는 작업을 말한다. 예를 들어 서구문명의 우월성과 여타 문명의 열등성을 강조하기 위해 서구중심적 세계사 기술은 '도덕적인 성공담의 역사'로서의 우월한 서구문명의 모습(서구예외주의)과 '문명'과 '역사'가 없는 비서구의 모습(오리엔탈리즘)을 부각시켜왔으며, 그 원인에 대한 정교하고 세련된 해석학적 발명을 통해 서구문명을 특권화시켰다. 그러므로 그리스 문명의 아리안 족 기원설, 그리스 문명을 근대 서구문명의 선조로 자리매김하고 근대 서구문명을 그리스 문명의 상속자로 규정하는 태도, 근대 자본주의 생성에서 근대 유럽의 내재적 속성 —봉건제, 프로테스탄트 윤리, 산업혁명 등— 을 과장하거나 특권화하는 한편 '아메리카의 발명'(이른바 '신대륙의 발견')과 뒤이은 제국주의적 정복과 식민주의적 수탈을 통해 가능했던 자본의 본원적 축적 등 외부적 요인과 영향을 축소하거나 무시하는 서술 등을 역사적으로 좀 더 치밀하게 검토하여 그에 대한 비판적·대안적 해석을 제시하고 서구중심적 세계사 기술의 잘못된 점을 파헤치는 이른바 '세계사 바로세우기' 연구들이 활발하게 진행되고 있다. 이는 마치 일제의 식민사관을 극복하기 위해 한국의 국사학계가 수행했던 노력이 전 세계적으로 확대·진행되는 것으로 비유해 볼 수 있다. 서구중심적 세계사라는 것이 비서구세계에 대한 서구 제국주의의 정복과 지배를 정당화해온 전 지구적 규모의 식민사관이라 할 수 있기 때문이다. 이러한 과제는 근대 서구의 세계지배를 서구문명의 내재적이고 독자적인 역사적 성취 덕분으로 제시하는 이론이 담고 있는 기본적 가정에 대해 비판적으로 재음미할 것을 요청한다.

다음으로 이와 비슷한 방향에서 서구중심적 세계관이 서구와 비서구에 관해 자의적(恣意的)이고 인위적으로 발명하여 유포시킨 이항대립을 해체하는 작업 역시 해체적 전략으로 볼 수 있다. 예를 들어 블로트(J. M. Blaut)는 19세기에 유럽에 널리 보급되었던 유럽과 (아시아를 비롯한) 타자 간의 이항대립으로 발명성/모방성, 합리성(지성)/비합리성(감성, 본성), 추상적 사유/구체적 사유, 이론적 이성/경험적·실천적 이성, 마음/몸(물질), 기율/자연발생성(즉흥성), 성숙성/유아성, 정상/비정상(광기), 과학/마술(미신), 진보/정체 등을 열거하고 있다. 그는 이러한 이항대립이 담고 있는 기준 설정의 자의성, 사실 부합성, 초역사적 고정관념(본질주의적 속성) 등을 심문하여 이를 비판적으로 지양하는 것은 물론, 나아가 이를 재생산하고 있는 문화적 구조를 해체할 필요가 있다고 주장한다.(Blaut 1993, 17)

파레크 역시 앞에서 인용한 글에서 20세기 비서구세계의 사상을 논하면서 그들이 직면했던 과제를 "근대성에 어떻게 반응할 것인가, 서구에 맞설 역량을 어떻게 획득할 것인가, 물려받은 전통 사회를 어떻게 재조직화할 것인가."로 요약하면서 비서구세계의 다양한 사상적 대응을 '근대주의(modernism)', '혼합주의(syncretism)', '비판적 전통주의(critical traditionalism)' 및 '종교적 원리주의(religious fundamentalism)'로 분류한다.(Parekh 2003) 지면 관계상 여기서 파레크의 흥미로운 논의를 상세히 소개할 수 없어 아쉽지만 파레크의 근대주의는 필자의 동화적 전략에, 혼합주의와 비판적 전통주의는 혼용적 전략에, 그리고 종교적 원리주의는 역전적 전략에 상당히 호응한다. 이러한 상응성은 필자의 분류가 상당한 적실성을 담보하고 있음을 확인해준다. 다만 필자가 포스트모더니즘, 포스트구조주의 및 포스트콜로니얼리즘의 영향을 받아 해체적 전략을 하나의 범주로 제시한 데 반해 파레크는 이러한 대안을 고려하지 않는다는 점에서 양자의 차이가 발견된다.

마지막으로 서구중심주의에 대한 대응전략을 검토하는 과정에서 우리는 월러스틴(I. Wallerstein)이 비판적으로 언급한 '반서구중심적 서구중심주의'라는 역설에 부딪히게 된다. 월러스틴은 자본주의의 발생 또는 근대의 탄생과 관련해 서구중심주의에 대항하는 담론들을 세 가지로 구분하고, 그중 두 가지는 서구중심주의의 기본 가정을 수용하고 있기 때문에 "반(反)유럽중심적 유럽중심주의(anti-Eurocentric Eurocentrism)"에 불과하다고 지적한다.(월러스틴 1997, 402-404) 그 두 담론이란, 첫째 "유럽이 무엇을 했건 간에 다른 문명들도 그렇게 하는 과정에 있었는데, 어느 시점에선가 유럽이 지정학적 권력을 사용하여 다른 지역의 그 과정을 중지시켰다는 것"이며, 둘째 "유럽이 행했던 것은 다른 곳에서 오랫동안 해왔던 것의 지속에 불과하며, 일시적으로 유럽인들이 전면에 나서게 되었을 뿐이라는 것"이다.(월러스틴 1997, 402) 두 가지 주장 중 첫 번째 것에 관해 월러스틴은 그 주장에 따라 "다양한 비서구지역들이 설사 근대성/자본주의로 향한 길에 들어섰고 어쩌면 꽤 멀리까지 간 것이 사실이라 해도, 거기에 최초로 도착하고 결과적으로 '세계를 정복'할 수 있었던 것은 서양 혹은 유럽이었다는 사실을 설명해내"지 못한다고 비판한다.(월러스틴 1997, 403) 나아가 월러스틴은 그 주장이 "유럽의 '업적'의 의미(즉, 가치)를 유럽이 정한 그대로 받아들인 채, 단지 다른 곳도 그것을 이룰 수 있었고, 혹은 이루는 중이었다고 주장하는 것에 불과"하기 때문에 겉으로는 반유럽중심적인 것 같지만, 실제로는 "오히려 더욱 유럽중심주의적"이라고 예리하게 질타한다.(월러스틴 1997, 404)[5] 월러스틴이 긍정적으로 평가하는 담론은 세 번째의 것인데, 그것은 "유럽이 행한 것이 무엇이든 그것들은 부정확하게 분석되었고 부당하게 해석되기 일쑤였고, 이는 과학과 정치세계 모두에 위험한 결과를 가져왔다는 것"이다.(월러스틴 1997, 402) 따라서 월러스틴은 "우리는 자본주의 문명이 그 역사적 삶을 통하여 이루어놓은 것에 대해 신중한 손익계산서를 만드는 데 전념하여, 과연 이익이 손해보다 큰지를 평가해야 한다."라고 주장하면서, "나 자신의 손익계산 결과는 전반적으로 부정적인 것이었고, 따라서 나는 자본주의 체제를 인간 진보의 증거로는 보지 않는다."라는, 19세기의 마르크스와는 상반된 결론을 내리고 있다.(월러스틴 1997, 407)

함재봉 역시 월러스틴과 비슷한 시각에서 이른바 '자본주의 맹아론'이나 '근대의 맹아론'에 대해 비판적이다. 그는 동아시아의 일부 지식인들이 자국의 과거 역사를 연구할 때 "자국의 역사를 서양의 역사발전과정과 비교하는 작업에 초점"을 맞추고, 심지어 "'자본주의 맹아론' 또는 '근대의 맹아론'이라는 새로운 연구의 틀"을 고안함으로써 자국의 역사 속에서도 "서양과 같은 역사발전이 가능할 수 있었음을 [소급적으로] 증명"하거나 아니면 진행되고 있는 자국의 서구적 근대화를 정당화하려 한 시도에 주목하면서 "이러한 작업은 비록 겉으로는 자국의 역사와 사상을 연구하는 것이었지만 실제로는 서구 역사발전과정의 절대적인 우월성과 보편타당성을 인정한 바탕 위에서 동아시아

---

5) 두 번째 주장에 대한 월러스틴의 반박은 좀 더 복잡해서 이 글에서는 소개하지 않겠다. 이에 대해서는 월러스틴(1997, 404-406)을 참조할 것.

의 사상과 역사를 서구 역사의 기준에 억지로 끼워 맞추려는, 그야말로 식민사관의 발로였다."고 힐난했다.(함재봉 1998, 12-13)

월러스틴이나 함재봉의 이러한 비판은 매우 합당하고 경청할 만한 가치가 있다. 곧 서구중심주의에 비판적인 담론들이 서구중심주의의 가장 기본적인 가정이나 프레임을 암묵적으로 공유하고 있다면, 겉으로 보기에는 서구중심주의의 비판이나 극복을 지향하고 있지만 내면적으로는 서구중심주의를 심층적으로 수용하고 있거나 또는 그 프레임 안에 갇혀 있어서 종국적으로는 서구중심주의에 대한 근원적인 비판이나 해방의 비전을 제시하는 데 실패하고 있다고 지적할 수 있기 때문이다. 그렇다 하더라도 필자는 일방적 비판보다는 좀 더 유연한 양가적(兩價的) 입장을 견지하고 싶다. 예를 들어, 월러스틴이나 함재봉이 비판하는 사례를 놓고 보더라도 적어도 20세기 중반까지는 서구인이든 비서구인이든 서구문명이 성취한 자본주의나 근대성으로의 이행을 개별 문명의 특수한 발전과정이라기보다는 세계의 모든 문명과 지역에 적용되는 보편적이고 필연적인 역사적 발전으로 받아들였다. 이처럼 그러한 이행을 단순히 유럽의 발전에 특수한 사례가 아니라 보편적인 역사적 법칙의 발현으로 간주했을 때, 비서구의 지식인들이 월러스틴이나 함재봉이 비판한 것과 같은 이론적 오류를 범하면서 서구중심주의에 (동화적으로 또는 저항적으로) 대응하는 것은 어느 정도 이해가 되는 이론적 현상이라 할 수 있다. 달리 말하면, 그러한 오류는 서구인 또는 비서구인들이 서구중심주의에 대응하여 반서구중심적 또는 탈서구중심적 이론이나 실천을 개발하거나 수행하는 과정에서 시행착오적으로 겪게 마련인 과도기적 현상으로 수용되어야 할 것이다. 우리는 그러한 이론적 현상에 대해 좀 더 관대하게 거기에 담긴 잠재적인 통찰을 발전시키고 잘못된 오류를 지양하려는 좀 더 유연하고 변증법적인 사유를 전개해야 할 것이다. 이처럼 '반서구중심적 서구중심주의'라는 역설적 개념이 시사하듯이, 서구중심주의는 다층적이고 중층적인 층위(multiple and overlapping layers)로 구성된 복합적 구조물이기 때문에 서구중심주의를 타개하는 것은 간단치 않은 작업이다. 다층적이고 중층적인 층위로 구성된 서구중심주의에서 하나의 층위를 걷어내면 다른 층위가 나타나고 어떤 층위들은 가로질러 서로 맞물려 있기도 하는바, 어느 한 층위를 딛고 서서 다른 층위를 걷어내는 과정에서 딛고 선 층위 역시 서구중심적 층위라는 비판을 면하기는 매우 어렵기 때문이다.

마지막으로 서구중심주의의 '극복'이라는 말이 어떤 의미를 담고 있는지, 또는 어떤 의미를 담아야 하는지에 대해 검토하면서 이 장의 논의를 마무리하고자 한다. 필자는 『서구중심주의를 넘어서』에서 제11장의 제목을 '서구중심주의를 극복하기 위한 담론전략들'로 달았고 마지막장인 제12장은 '서구중심주의를 넘어서'라고 붙였다. 11장에서는 서구중심주의를 극복하기 위한 비서구지역이나 문명의 담론전략으로 동화적·역전적·혼융적·해체적 전략을 상세히 논했다. 그리고 각 전략의 장단점을 검토하면서 각 전략이 안고 있는 나름대로의 한계와 모순을 지적했다. 그리고 12장에서는 극복을 위한 세계질서의 객관적 조건으로 서서히 그 모습을 드러내고 있는 '지구주의(globalism)'와 '다중심적 다문화주의(polycentric multiculturalism)'를 제시했다. 지구주의를 논하면서 필자는 지구적 공동선의 문제 ─생태계 파괴, 핵전쟁의 위협, 인권의 국제적 보장, 지구적 차원의 경제적 생존 가능성, 테러리즘, 극심한 빈곤에 시달리는 제4세계의 인민 등─ 의 다수는 중심과 주변을 가리지 않고 인류의 생존과 번영을 총체적으로 위협하기 때문에 모든 인류가 지혜와 역량을 모아 이를 해결하려고 노력하는 과정에서 불가피하게 서구중심주의가 약화될 것이라고 전망했다.

　다중심적 다문화주의를 제안한 이유 역시 서구중심주의에 대한 해결책으로 서구문명이라는 단극적인(일원적인) 중심 대신 다극적인(다원적인) 중심이 출현하여 상호 견제하고 협력하는 구조가 조성되면, 다양한 문명들 간의 상호 평등과 존중에 기조한 다문화주의가 서구문명의 우월성과 보편성에 기초한 서구중심주의의 일방적 군림을 대치할 수 있는 공간을 제공할 것이라고 믿었기 때문이다. 이러한 논의에 깔려 있는 필자의 가정은 적어도 예견할 수 있는 장래에 서구중심주의나 중심주의 일반이 전면적으로 해체될 수 있는 전망이 밝지 않다는 것이다. 자본주의와 그에 기초한 근대문명을 철저히 초극하는 새로운 문명이 도래하지 않는 한, 서구중심주의든 아니면 다른 중심주의(예를 들어 재부상한 중화주의 등)가 오랫동안 인류와 함께할 가능성이 높기 때문이다. 그렇다면 21세기에 다른 여러 문명들 —중국문명, 인도문명, 이슬람 문명 등— 이 서구문명과 힘을 겨룰 수 있을 정도로 새롭게 재부상함으로써 다중심적 세계가 형성되고 이에 기초해서 문명들 간의 호혜적이고 평등한 대화에 기초한 다문화주의가 정착되면, 서구중심주의의 가시적인 약화를 예견할 수 있을 것이다. 필자는 이처럼 현실적인 대안 역시 서구중심주의의 '극복'으로 고려하고자 했다.

　이와 더불어 추가로 지적할 점은 서구중심주의의 '극복'이 서구문명에 부당 전제된 서구우월주의나 서구보편주의를 거부하는 것일 뿐이며, 서구문명 자체에 대한 배척이나 폐기로 오해되어서는 안 된다는 것이다.[6] 요컨대 서구중심주의에 반대하는 것과 서구문명 자체에

---

6) 이와 관련하여 근대 서구문명이 전대미문의 폭력과 학살 및 착취를 자행한 것은 물

반대하는 것은 논리적으로 구분되어야 한다. 그러나 부당하게 전제된 우월성이나 보편성을 해체하는 작업 역시, 물리적이든 문화적이든, 강인한 투쟁을 요구할 것이다.[7] 게다가 서구중심주의로부터 해방을 추구하는 이론과 실천이 명확하게 정립되지 않은 상태에서 때로는 서구중심주의의 극복이라 생각되었던 대안이, 앞에서 반서구중심적 서구중심주의를 논하면서 보여준 것처럼, 기실 다른 면에서 또는 다른 층위에서 서구중심주의를 긍정하는 결과 역시 왕왕 목격될 것이다. 그런 의미에서 필자는 서구중심주의에 '도전'하는 다양한 대응을 비슷하지만 미묘하게 의미가 다른 용어들 ─곧 '극복', '타개', '대처', '해체', '탈피' 등─ 을 한데 묶어서 '극복'으로 표현했다. 이러한 고백은 필자 역시 서구중심주의를 극복하기 위한 전략의 이론적·실천적 구상에 있어서 상당히 부족하다는 점을 시인하는 것이다. 다만 서구중심주의를 극복하기 위한 이론적·실천적 투쟁은 단기전이고 전면전(全面戰)이라기보다는, 그람시가 말한 것처럼, 지구전이고 참호전(塹壕戰)으로 수행되어야 한다고 믿는다. 그리고 그 전쟁에서 단기적으로 진퇴를 반복하겠지만, 장기적으로 불가역적이고 누적적인 성과를 다져가는 것은 중요하다.

론 탐욕을 부추기는 서구의 물질문명이 인간의 도덕적 타락, 가족 등 공동체의 해체 및 인간의 소외를 초래한 점을 부정할 수 없지만, 그와 동시에 인류의 생명을 구하고 고통을 완화시키며 또 물질적 번영을 가져오는 데 커다란 기여를 했다는 점도 인정되어야 한다. 문화적으로도 서구문명의 계몽주의, 합리주의, 자유(민주)주의 등이 제국주의와 식민주의를 정당화하는 데 봉사한 점을 부정할 수 없지만, 동시에 인류의 사회·정치적 삶의 개선에 지대한 기여를 했다는 점 역시 수긍되어야 한다.

7) 필자의 이러한 주장은 페미니즘이나 흑인해방운동에 적용해보면 쉽게 이해된다. 예를 들어 페미니즘이나 흑인해방운동이 가부장제나 인종주의에 반대한다고 했을 때 그들은 남성이나 백인이 행사하는 물리적·문화적 지배를 타도하고 전복하겠다는 것이지 남성이나 백인을 제거하겠다는 것은 아닐 것이다.

III.

이제 앞에서 제시된 이론적 논의를 기초로 해서 이 책에 실린 논문들의 주요 내용을 간략히 개관하도록 하겠다.[8] 이 책은 3부로 구성되어 있다. 먼저 제1부에서는 서구중심주의에 대한 동북아시아의 지역적 대응을 중국과 일본을 중심으로 살펴본다. 제2부에서는 동남아시아, 인도 및 서남아시아(아랍 지역)의 대응을 검토한다. 제3부에서는 러시아, 아프리카 및 라틴아메리카의 대응을 고찰한다.

제1부는 중국에 대한 논문 두 편과 일본에 대한 논문 한 편으로 구성되어 있다.

서구중심주의에 대한 다양한 지역적 대응에서 무엇보다도 우리의 각별한 흥미를 끄는 주제는 중국의 대응이다. 특히 2008년 시작된 미국발(發) 전 세계적인 금융위기 이후 거의 모든 선진국들이 1930년대 세계 대공황 이후 전무후무한 경기침체를 겪고 있을 때, 중국만은 견

---

8) 이하에서 제시될 개별 논문들에 대한 요약이 보여줄 것처럼, 필자의 요약은 개별 저자들의 원문 구절들을 그대로 옮기거나 또는 약간의 삽입 · 수정과 함께 압축적이고 선별적으로 옮겨오면서 인용부호를 붙인 것이 많다. 그런데 필자가 참조한 논문들은 출판된 최종 원고가 아니라 출판 전의 초고다. 이로 인해 정확한 인용부호를 붙이는 일이 대단히 번거롭고 어려운 작업일 뿐만 아니라 어떤 의미에서는 불필요하거나 무의미한 작업이기도 하다. 그래도 가급적 인용부호를 붙이면서 옮겨오려고 노력했지만, 그렇지 못한 부분도 적지 않다. 이에 대해서는 개별 저자는 물론 독자들에게 미리 심심한 양해를 구한다. 또한 요약하는 개별 논문들의 서술 분량이 균등성을 결여하고 있는데, 이러한 현상은 개별 논문들이 다루는 주제에 대한 필자의 지식 부족 및 추상화할 수 있는 역량 부족 등으로 인해 초래된 것이지, 개별 논문들의 학문적 가치에 대한 필자의 평가가 반영된 결과는 아니라는 점을 미리 밝혀둔다.

조한 경제성장을 이룩하였다. 그 결과 세계정치에서 중국의 부상은 세기 전환기의 예상을 앞질러 더욱 가속화되었다. 최근 중국은 일본을 제치고 세계 제2위의 경제대국으로 부상함으로써 정치적·군사적으로는 물론 경제적으로도 미국과 힘을 겨룰 수 있는 'G-2(양강 구도)'의 명실상부한 하나의 축으로 자리를 잡아가고 있다. 전통 시대 동아시아에서 유일한 제국으로서 오랫동안 유교적 보편문명을 구가했던 중국은 서구의 충격으로 인한 장기간의 혼란을 극복하고 혁명을 통해 사회주의체제를 건설하는 데 성공했고, 게다가 1978년 이후에는 사회주의체제에 자본주의 시장경제를 접목하여 급속한 경제성장을 이룩함으로써 근대화에서 서구와 판이한 궤적을 밟아왔다. 그 결과 현대중국은 정치체제나 경제제도에서는 물론 문화적으로도 서구문명과 다른 이질적인 특성이 강하고 총체적인 국력에서도 서구문명에 필적할 수 있는 역량을 보지하고 있기 때문에, 서구중심주의에 대한 중국의 대응은 세계정치질서에서의 변화는 물론 전 지구적인 문명의 판도에서도 심대한 변환을 초래할 수 있는 잠재력을 지니고 있다. 오늘날한국인들이 피부로 느끼듯이, 이제 중국의 최인접국인 한국은 통일은 물론 정치적·경제적 생존 그 자체를 위해서도 과거보다 훨씬 더 중국의 일거수일투족에 신경을 곤두세우지 않을 수 없고, 나아가 21세기 한국의 문명적 대안을 고민함에 있어서도 서구중심주의에 대한 중국의 대응에서 그 모습을 드러낼 문명적 행로를 주의 깊게 관찰해야할 상황에 처해 있다.

이를 고려하면서 중국의 대응에 관한 논문 2편을 우선 차례로 검토해보면, 조경란은 "중국 탈서구중심주의 담론의 아포리아: 20세기 국민국가와 중화민족 이데올로기의 이중성"이라는 제목의 글에서 최근 시진핑 체제의 중국정부와 주류 지식인 사이에서 최대의 화두로 떠오르고 있는 '중국의 꿈(中國夢)' 또는 '중국의 길(中國道路)'이라는 개념이 서구중심주의와 관련하여 어떤 함의를 갖는지를 탐색하고 있다. 그들은 "중화민족의 위대한 부흥"이라는 "'중국몽'을 실현"하기 위해서는 "서양에서 벗어나 … 반드시 중국의 길을 가야 하고 이것이 바로 중국 특색의 사회주의 길"이라고 주장한다. 다시 말해 중국의 길은 '서구중심적' 프레임에서 벗어나는 것인데, 여기서 그 프레임이란 자유·민주에 근거한 부강몽(자유주의)은 물론 구사회주의체제가 지향하던 마르크스주의의 발전단계론(공산주의)을 지칭한다. 그러나 저자는 중국의 이러한 주장이 서구중심주의에 저항한다, 곧 서구문명의 보편성을 부정한다는 명분을 내세우고 있지만, 그 실상은 현재의 '당국체제(黨國體制)'와 연계된 정치 구상 내지 이데올로기적 목표에 더 가깝다고 해석한다. 다시 말해, '중국몽'으로 상징되는 중국의 전략이 진정한 의미에서 서구중심주의의 극복을 지향하는 '탈서구중심적 전략'이라기보다는 '위계의 전도'를 목표로 한 프레임 전쟁으로서 '반서구중심적 전략', 곧 역전적 전략에 가깝다는 것이다. 이러한 논변을 뒷받침하기 위해 그는 19세기 중반에 시작된 서구의 충격 이후 중국의 정치인과 지식인들이 단순히 '국민국가'가 아니라 '제국적 국민국가'를 창출하는 과제에 몰두했으며, 그 과정에서 중화사상의 지속성을 확보하기 위해 '중화민족'이라는 개념을 고안했다는 사실을 지적한다. 저자의 이러한 해석에서 우리는 '신중화주의의 부상' 가능성을 엿볼 수 있다. 결론에서 저자는 중국몽이 진정한 문명 패러다임으로서 매력을 가지려면 그 안에 "전 지구적 보편가치"를 담아야 한다고 하면서 그 가치 가운데 하나로 일상적 삶에서 대중이 겪는 착취와 왜곡에 주목하는 "경제민주를 핵심으로 하는 사민주의적 고민"을 제안한다. 그렇지 못할 경우 중국몽은 "정치적으로는 권위주의, 경제적으로는 신자유주의, 문화적으로는 유교전통으로 구성된 '당국체제"'를 반동적으로 긍정하는 것으로 귀결될 가능성이 높다고 주장한다.

류칭의 "중국 사상계의 서방중심주의에 대한 비판"이라는 글은 중국 문헌을 직접적으로 접할 수 없는 한국의 일반 독자들이 서방중심주의에 대한 중국 학자의 논의를 '육성'으로 청취할 수 있다는 점에서 그 의의가 자못 크다. 이 글은 세 가지 소주제로 구성되어 있다. 먼저, 중국 지식인들의 서방중심주의의 개념에 대한 인식과 그 폐단에 대한 논의를 소개한다. 둘째, 서방중심주의에 대한 중국 지식인들의 다양한 입장과 그 극복 대안에 대한 논의를 검토한다. 셋째, 저자의 입장에서 서방중심주의를 논하면서 더 적절하면서도 효과적이라고 생각되는 극복 대안을 제시한다. 전체적으로 서방중심주의의 개념과 폐해에 대한 논의는 한국 학계에서 논의되는 것과 대동소이하다. 그 대안에 대한 논의 역시 중국 자체의 '학술 패러다임'의 개발과 정립, '중국 학술의 본토화', '중국모델' 등의 용어에서 짐작할 수 있듯이 발상과 취지에 있어서 한국 학계의 논의와 크게 다르지 않다. 흥미로운 부분은 서방중심주의를 극복할 수 있는 효과적인 대안에 대한 저자 자신의 주장이다. 저자는 문화에 대한 본질주의적 개념 대신 구성주의적 이해에 기초한 횡단문화적 상호주관성(transcultural inter-subjectivity)을 추구함으로써 중국의 문화주체성을 정립해야 한다고 주장한다. 이러한 주장과 그것을 뒷받침하는 논증은 서구중심주의를 고민하는 독자들에게 시사하는 바가 크다.

논의의 초점과 관심의 방향이 다르기 때문에 중국에 관한 두 개의 글이 상호 모순적이라고 해석하기는 어렵지만, 조경란과 류칭의 글 사이에는 상당한 대조점이 존재한다. 조경란이 중국 정치인과 지식인의 주장이 서구중심주의에 대항하는 과정에서 탈서구중심적 대응이라기보다는 서구중심주의와 프레임을 공유하되 단지 위치만을 전도한 반서구중심주의에 불과하다는 경고와 우려를 담고 있다면, 류칭 자신의 서구중심주의에 대한 대안은 앞에서 검토한 것처럼 상호존중과 평등에 기초한 문화에 대한 구성주의적 이해, 그리고 횡단문화의 상호주관성에 입각한 보편성을 추구한다는 점에서 일단 진정한 해방적 비전을 추구하는 것처럼 보인다. 조경란이 현실주의적 관섬에서 중국 지식인 담론에 숨겨진 속살을 드러낸 것이라면, 류칭은 중국 주류 지식인과는 다소 다른 균형적 입장에서 탈서구중심주의를 진지하게 고민하는 것으로 보인다.

"근현대 일본에서의 서구문명 수용의 이중주"라는 제목의 글에서 고희탁은 서구중심주의에 대해 일본 정계와 지식인이 보여준 반응의 역사적 변천과정을 검토하고 있다. 류칭의 글이 학자의 입장에서 중국 학계와 공공분야에서 논의되는 서구중심주의에 대한 인식과 폐해를 논하고 이에 대한 다양한 극복방안을 제시한 후 자신의 입장을 학술적으로 제시하는 것이라면 고희탁의 글은 서구중심주의에 대한 일본 학계와 정계의 직접적이고 현실적 대응방안에 좀 더 초점을 맞추고 있다. 조경란의 글이 중국몽으로 상징되는 현대 중국의 국가전략에 담겨 있는 탈서구중심적 명분을 비판적으로 독해하면서 거기에 담겨 있는 중화주의의 지속과 갱신에 우려를 표명하는 것이라면, 고희탁의 글은 서구문명에 대한 대응으로 19세기 후반부터 계기적이자 중첩적으로 전개된 일본의 일견 상호 모순적인 이중적 국가전략 ─곧 서구문명에 대한 '모방 및 학습(동화적 전략)'과 '저항 및 극복(역전적 전략)'─ 에 내장된 '일본중심주의'를 예리하게 파헤치고 있다.

저자는 먼저 메이지유신 이후 '탈아입구'라는 '전면적 서구화의 길'이 일본 근현대 행로의 중심축으로 부상했는데, 그 배경에는 바로

"동아시아 중심으로의 부상과 그 중심적 지위의 유지"에 대한 일본의 열망이 깊게 똬리를 틀고 있었다고 예리하게 지적한다. 이어서 저자는 탈아입구론과 반대 방향에서 1880년대에 아시아인의 수평적 연대에 기초하여 제창된 반제국주의적 아시아주의가 '아시아 신질서', '동아협동체론'을 경유하여 급기야 태평양전쟁기의 '대동아공영권' 구상으로 전개되는 역설적 경로를 통해 궁극적으로 일본중심주의로 귀결되는 갈래를 추적한다. 그 과정에서 해체적인 논리를 담고 있던 근대초극론이 역전적 전략과 결합하면서 "일본중심주의의 선양이라는 이데올로기적 기만"을 은폐하는 역설적 역할을 수행하는 사상적 궤적을 확인한다. 저자는 서구문명에 대한 순응과 저항이라는 이중주가 전후의 일본에서도 일본중심주의를 집요저음으로 깔면서 여전히 변주되고 있음을 발견한다. 정치학자 마루야마 마사오(丸山眞男)와 역사학자 오쓰카 히사오(大塚久雄)로 대표되는 학문적 작업이 순응적인 근대주의의 연장선상에, 1980년 중반 일본의 경제대국화와 더불어 서구 각국과의 무역마찰이 본격화하면서 전개된 일본문화론이 이전의 역전적인 아시아주의의 연장선상에 있는 것으로 파악된다. 동시에 저자는 일본중심주의에 대한 일본 지식인들의 비판적 문제제기 —'방법으로서의 아시아'론, '방법으로서의 중국'론, 유교적 근대론 등— 는 물론 전통 회복을 통해 중심주의를 지향하는 최근의 목소리들 —예를 들어 '새로운 역사를 만드는 모임' 또는 현 아베 총리가 제창한 '아름다운 일본' 등— 을 소개함으로써 일본 사상의 다양성은 물론 우려스러운 조짐을 간과하지 않는다.

제2부는 동남아시아의 대응에 대한 글 2편, 인도 및 아랍 지역의 글 각각 1편이 수록되어 있다.

먼저 전제국은 "'아시아적 가치' 논쟁의 회고 및 전망"이라는 제목의 글에서 1990년대 아시아적 가치론이 등장하게 된 정치적 · 경제적 배경과 동서논쟁의 확산과정을 재조명한 후 그 논쟁을 사회적 · 정치적 · 경제적 차원으로 나누어 검토하고 있다. 첫째, 아시아 가치론자들이 주장하는 바와 같이 아시아적 가치는 과연 모든 사회적 병리현상을 예방 · 치유하고 질서정연한 사회를 지켜주는 특효약인가? 둘째, '아시아식 민주주의(Asian-style democracy)'가 상정하는 것처럼 아시아적 가치와 자유민주주의는 양립할 수 없는가? 셋째, 아시아적 가치는 1960~70년대 동아시아 경제기적을 낳은 산파인가, 아니면 서구론자들이 주장하듯이 아시아적 가치는 오히려 1990년대 말 아시아 전역의 금융위기를 가져온 주범인가? 먼저 저자는 '아시아적 가치와 사회발전'의 관계에 대해 아시아적 가치라는 문화전통의 변화 불가피성을 검토한 후, 사회질서의 안정화 기능(윤리도덕의 타락 방지 등), 사회적 역동성 및 정치적 억압의 가능성(개인의 자유 억압 등)을 중심으로 아시아적 공동체주의와 서구 개인주의를 대비하면서 아시아적 가치 관련 논쟁을 균형 있게 논한다. 이어서 '아시아적 가치와 경제발전'의 관계에 관해 아시아적 가치론자들이나 서구론자들 모두 문화의 어느 한 측면만을 일방적으로 강조하는 문화결정론의 오류를 범하고 있다고 비판한다. '정치체제와 경제발전'의 관계에 대해 저자는 "권위주의가 경제발전의 선행조건이 아니듯이, 민주주의도 경제발전의 필요충분조건이 될 수 없다."라는 신중한 결론을 제시한다. 다만 산업사회에서 정보사회로 인류문명의 패러다임이 전환하고 있는 상황에서 과거와 달리 이제는 다양성과 창의성을 최대한 존중하는 민주주의가 경제성장의 동력으로 필수 불가결하다고 강조한다. 결론적으로 저자는 아시아적 가치론과 서구론자들의 논쟁에 대해 "향후 문화 · 가치에 관한 담론은 상호 배타적 우열 경쟁을 넘어 '상호 보완적 융화(融和)'를 지향하며 '하나된 지구촌(a global village)' 건설에 이바지"하는 방향에서 전개되어야 한다고 주장한다.

아시아적 가치론자들이 제기한 논변을 서구중심주의와 관련해서 검토해보면 아시아적 가치론은 서구에서 기원하여 발전한 자본주의의 보편성을 부정하지 않은 제한적 조건에서 질서정연한 사회유지와 경제성장에 있어서 서구적 가치에 대한 아시아적 가치의 우월성과 보편성을 역설함으로써 서구중심주의에 대한 강한 역전적 담론을 전개했다고 풀이할 수 있다. 그러나 인권과 개인의 자율성에 바탕을 둔 서구 자유민주주의에 대해서는 그 보편성을 부정하고 이어서 각국의 문화적 풍토에 적합한 정치체제를 제도화시켜야 한다고 강조하면서 아시아식 민주주의를 옹호하는바, 이는 과거 박정희의 '한국적 민주주의'론처럼 문화상대주의적 입장에 기초한 것으로 보인다. 민주주의에 관한 한 그들의 태도가 다소 소극적이고 방어적이라는 점에서 아시아식 민주주의론은 '제한된' 역전적 담론의 성격을 띠고 있는 것으로 해석된다.

전제국의 논문이 1990년대 제기된 '아시아적 가치' 논쟁 일반을 이론적으로 조명하고 있다면, 박은홍은 "동남아시아 탈서구중심주의로서의 '아시아적 가치': 수카르노의 제3세계주의를 중심으로"라는 제목의 글에서 1990년대 아시아적 가치논쟁의 전사(前史)로 볼 수 있는 1950년대 말부터 1960년대 중반에 걸쳐 인도네시아의 수카르노가 추구한 '제3세계주의'를 탈서구중심주의와 연관시켜 재조명하고 있다. 박은홍은 1950년대 말 인도네시아의 수카르노가 제기한 '빤짜실라' 이념과 그것에 기초한 교도민주주의 및 교도경제체제를 반제국주의와 사회주의를 지향하는 제3세계주의로 파악하고 그것을 토착화된 탈서구중심적인 '아시아적 가치'라는 관점에서 분석한다. 수카르노는 빤짜실라를 '가족주의, 협의주의, 그리고 상부상조'라는 인도네시아에 특유한 가치관을 중심으로 구성하고 빤짜실라가 국내외 혁명 수행을 위한 보편적 가치가 될 수 있다고 주장했는바, 이러한 담론은 역전적 전략에 해당한다. 저자는 빤짜실라가 서구에 기원을 둔 자본주의는 물론 사회주의와도 차별성을 두려고 한 점에 주목하면서, 그것이 반자유주의적 국가주의로 귀결되는 과정을 고찰한다. 저자는 1955년 반둥회의에서 수카르노가 제기한 제3세계주의와 1990년대 동아시아에서 본격적으로 제기된 아시아적 가치론이 모두 가부장적 권위주의에 기초하여 전통과 가족, 집단과 국가를 동원하면서 서구 제국주의와 신식민주의를 적으로 설정하였다는 점에서 양자의 유사성에 주목하고 후자를 전자의 연장선상에서 파악한다. 그러나 양자의 차이에도 주목하는바, "제3세계주의가 연대, 평등과 같은 가치를 탈서구, 탈식민의 맥락에서 중시한다면 아시아적 가치는 개발주의(developmentalism)를 탈서구, 탈식민의 맥락에서 정당화한다."라고 구분한다. 또한 제3세계주의가 '친좌파'적이었던 반면 아시아적 가치는 '반좌파'를 특징으로 한다는 점도 지적한다.

이제 서구중심주의에 대한 지역적 대응으로 남아시아인 인도와 서남아시아와 북아프리카 일부에 걸쳐 있는 아랍 지역을 살펴볼 차례다. "서구와 탈서구, 근대와 탈근대: 인도 역사학의 여정"에서 이지은은 18세기 식민지 시대부터 현재에 이르는 약 250년 이상의 기간 인도의 근대 역사학을 이끌었던 서구중심적 경향과 이를 극복하려 한 탈서구중심적 흐름을 추적한다. 저자의 기본적 주장은 인도 근대 역사학(영국의 식민사학)은 물론 독립 이후 주류로 자리 잡은 민족주의 역사학 역시 식민사관의 답습에 그치는 아이러니를 연출했다는 것이다. 나아가 저자는 최근 민족주의 역사학이 포스트식민주의 담론, 커뮤널리즘, 원리주의 역사서술의 도전에 직면하게 되는 과정을 서술한다. 먼저 민족주의 역사학은 '정체되고 변화하지 않는 인도 역사'와 '인도와 인도인의 발전을 가져온 영국의 식민통치'라는 영국의 식민사관에 대한 반발로 탄생했다. 민족주의 사학은 고대의 찬란한 베다 문화를 복원시킴으로써 영광의 고대사를 재현하고자 했고, 식민통치 동안 식민지적 수탈과 왜곡된 경제구조로 인한 인도 인민의 궁핍화를 입증함으로써 영국판 식민지 근대화론을 부정하는 한편, 인도 역사를 계몽주의의 핵심적 관념인 진보와 발전에 기초해서 민족주의의 성장과 대중화로 서술함으로써 민족적 자긍심을 고양시키고자 했다. 저자는 민족주의 사학이 역사의 기본 단위를 민족으로 설정하고 계몽주의에 따라 진보와 발전을 규정한 점에 주목하여 민족주의 역사학이 인식의 근거에서 '서구의 역사관과 동양학 연구'라는 프레임을 크게 벗어나지 못했다고 진단한다. 나아가 이는 지배자에게 저항할 수 없을만큼 지배자의 사유와 닮아 있는 피지배자의 사유 자체를 보여준다고 예리하게 지적한다. 이를 필자의 용어로 바꾸어 표현한다면 인도 민족주의 사학은 '저항적 동화전략'에 해당하며 반서구중심적 서구중심주의라는 오류를 범한 셈이라 할 수 있다.[9]

---

9) 필자는 동화적(통합적) 전략을 순응적 동화(통합)와 저항적 동화(통합)로 구분한 적이 있다. 간단히 말해 전자는 수동적인 순응을 통해 중심에 동화하는 것이고 후자는 적극적인 저항을 통해 결과적으로 동화되는 것이다. 이에 대한 상세한 구분과 논의로는 강정인(2004, 432-439)을 참조할 것. 예를 들어 19세기 말에 일본이 서구 열강과 맺은 초기의 불평등조약이 잘못 체결된 것임을 깨닫고 만국공법이 제시하는 평등한 조약관계를 위한 필요한 조건을 충족시킨 후, 이의를 제기하면서 불평등 조약의 개정을 요구한 것은 저항적 동화전략이라고 풀이할 수 있다. 일본의 요구가 받아들여지면서, 결과적으로 일본은 서구중심적 국제법 질서에 더욱더 통합(동화)되었다고 판단할 수 있기 때문이다.

1980년대에 인도 사학계는 서벌턴(Subaltern) 연구의 도전에 직면했다. 서벌턴 연구는 민족주의 사학의 '민족', 마르크스주의 역사연구의 '계급' 등의 범주를 서구의 개념이라는 이유로 거부하고 연구방법으로 다양성과 차이를 강조한다. 이에 따라 민족과 계급으로 환원되지 않는 기층 민중인 서벌턴에 대한 구체적 연구를 수행함으로써 '인민의 정치(politics of the people)'를 복원하는 탈서구중심적 역사연구를 지향한다. 서벌턴 연구자들은 인도사에 대한 식민주의와 부르주아 민족주의의 접근이 민중을 소외시키고 소수 서구적 엘리트 시각만을 반영하는 서구중심적 인식론을 답습하고 있다는 비판을 제기하는 한편, "영국 제국주의 엘리트와 인도 민족주의 엘리트들의 합작품으로 탄생한 국민국가" 자체도 공격했다. 이후 서벌턴 연구는 포스트모더니즘과 포스트식민주의의 영향을 받으면서 서구중심적이고 엘리트중심적인 근대성 자체에 대한 해체적 비판으로 확장되었다.

해외의 서벌턴 연구가 민족주의의 실패를 논하고 있을 때, 정작 인도에서는 인도의 커뮤널리즘[10]을 주도하는 힌두 민족주의 운동이 강력하게 부상하여 급기야 힌두를 중심으로 민족을 개념화하고 이슬람, 기독교 등 비힌두를 민족에서 배제하는 힌두 원리주의 운동으로 전개된다. 최근 이러한 힌두 원리주의에 입각하여 '힌두 국가'를 건설하고자 한 인도인민당(BJP)이 집권에 성공함에 따라 과거 힌두 민족주의자들이 영국의 지배에 적극적으로 협력했음을 보여주는 '불편한' 역

---

10) 이지은에 따르면 "인도에서 '커뮤니티(community)'란 카스트, 종교, 거주지" 등에 기초하여 강한 "결속력과 공동체의식을 가진 집단"을 지칭한다. 그러나 1990년대 이후 커뮤니티는 대부분 '종교적 집단'을 의미하는 용어로 사용된다. "인도적 맥락에서의 커뮤널리즘(communalism)은 이러한 커뮤니티 의식을 지나치게 내세워 커뮤니티 간 반목과 갈등을 조장함으로써 국가 또는 사회의 통합을 저해하고 인도의 국시(國是)인 세속주의(secularism)를 저해하는 부정적 성향에 대하여 사용되고 있다."

사적 사료의 축소 및 은폐를 둘러싸고 역사전쟁이 인도에서도 촉발된다. 나아가 민족주의 사학과 마르크스주의 역사학을 포함하여 주류인 세속적 역사학에 억눌려 있던 원리주의자들은 인도의 헌법적 원칙인 '세속주의'를 무시하고 '힌두 국가'의 이상에 적합하도록 근현대사를 커뮤널리즘에 입각하여 재서술하고자 한다. 그러나 이에 대해 저자는 힌두라는 정체성은 물론 힌두교라는 종교적 명칭 역시 영국의 식민지 관리들이 행정적 편의를 위해 발명한 것이라는 역사적 사실을 상기시키면서, 힌두 민족주의자들이 영국 식민통치자들에 의해 잘못 부여된 종교적 정체성을 근거로 하여 국가와 민족의 정체성을 정의하고, 국민 중 일부를 타자화하는 역설을 연출하고 있는 셈이라고 비판한다. 나아가 저자는 이처럼 탈서구중심적인 역전적 전략을 전개하는 힌두 민족주의자들이 스스로에 대한 정체성의 근거마저도 영국 식민주의가 부과한 부적절한 범주를 따르고 있다는 사실은 그들이 비판하는 세속적 민족주의와 마찬가지로 오리엔탈리즘의 인식론을 공유하고 있음을 드러내는 것이라고 지적한다. 이러한 현상은 '반서구중심적 서구중심주의'라는 역설을 온전히 드러낸다.

"서구가 바라본 오리엔트, 오리엔트가 바라본 서구"라는 제목의 글에서 엄한진은 널리 알려진 오리엔트에 대한 서구의 정치적·학문적 개입 —이른바 오리엔탈리즘— 과 대조적으로 상대적으로 잘 알려져 있지 않은 서구에 대한 오리엔트 —주로 아랍 세계— 의 인식과 대응을 다루고 있다. 저자의 기본적 주장은 이 약자(오리엔트)의 시선이 오리엔탈리즘으로 대표되는 강자(서구)의 시선과 크게 닮아 있다는 것이다. 저자는 와하비즘, 이슬람 개혁주의, 이슬람주의로 이어져 온 종교적 담론이든 근대주의, 아랍 사회주의, 아랍 민족주의로 이어져 온 세속적인 흐름이든 모두 '기독교 서구문명' 대 '이슬람의 오리엔트'라는 이분법적 세계관은 물론 문화에 대한 본질주의적 인식 또는 문화 환원론적 성격을 상당 부분 공유하고 있다고 역설한다. 이에 따라 탈서구중심주의로서의 역오리엔탈리즘(reverse orientalism)은 오리엔탈리즘을 역으로 재생산하는 대항담론으로서 반서구중심적 서구중심주의의 한계를 안고 있는바, 이로 인해 자민족(자문화)중심적 성격을 재생산하면서 오리엔탈리즘에 대한 근본적인 비판으로 나아가지 못하고 있다는 것이다.

먼저 저자는 아랍 지역의 정체(停滯) 또는 퇴행적 성격의 원인을 서구 제국주의의 침탈과 분열 공작 등 외부적 요인보다는 아랍 또는 이슬람 사회 내부에서 찾고자 하는 서구의 시각을 오리엔탈리즘으로 규정하면서 그 내용을 설명한다. 이어서 '서구에 대한 오리엔트의 인식'을 다루면서 근대 이후 이슬람 세계의 지식인들이 문명, 서구문명, 근대성, 기독교, 제국주의 등 서구와 연관된 개념들을 중심으로 자신들을 설명해왔고, 이로 인해 서구는 그들에게 자신들의 사회를 인식하고 설명하는 핵심적인 준거점의 역할을 수행했다고 언급한다. 따라서 서구 및 서구문명에 대한 입장 차이가 주요 사상 및 이데올로기를 가르는 중요한 기준이 된다는 것이다. 이슬람 세계에 등장했던 주요 사상이나 이데올로기로 저자는 와하비즘, 살라피즘, 이슬람 개혁주의, 아랍 민족주의, 마르크스주의, 아랍 사회주의, 이슬람주의 등을 제시하면서 이를 종교적 성격의 담론(이슬람주의 담론)과 세속적 성격의 담론으로 나누어 고찰한다. 저자는 여기에 나세르주의, 바트주의 등 세속적이고 테크노크라트적인 국가의 담론을 별도의 범주로 제시한다. 전체적으로 저자는 느슨하고 불안정하게 결합되어 있는 지식인 집단, 정당, 단체, 좌파 사상가들로 정의되는 세속 진영이 깊이 있는 사상이나 효과적인 정치전략을 산출하지 못했기 때문에 극단적인 이슬람 세력의 부상을 초래했다고 진단한다.

저자는 이 세 유형의 담론에서 그 이념적 지향의 차이에도 불구하고 일련의 공통점을 발견한다. 우선 오리엔트의 지식인과 엘리트 집단은 근대성을 서구와 동일시하며, 사회의 주요 모순을 서구라는 외세의 존재에서 찾는 경향을 보인다. 저자는 이러한 태도를 한국의 대다수 지식인들에게서 목격되는 태도와 대조하여 설명한다. 한국인들이 근대 이후의 역사를 인식하거나 설명함에 있어서 자본주의, 근대화, 발전 등을 특정 국가나 문명에 국한된 것이 아닌 보편적인 역사나 현상으로 받아들이는 데 반해, 아랍 세계의 담론에서는 자본주의보다는 서구가 더 강조되고, 전통 대 근대보다는 이슬람 대 기독교, 또는 이슬람 대 근대성이라는 이분법이 두드러진다는 것이다. 다시 말해 한국인들에게 서구가 보편적인 이념과 문명의 담지자로 여겨진다면 아랍인들에게 서구문명은 인류 전체에 유효한 보편적인 것이라기보다 한 지역에 국한된 문명으로 인식된다. 그러나 서구의 것으로 간주되는 근대성의 핵심 가치인 성장, 진보, 과학기술, 민주주의, 인권, 자유, 성평등 등을 긍정적으로 평가할 것인가 부정적으로 평가할 것인가에 대해서는 진영에 따라 다양한 편차를 보인다. 발전주의적 성격이 강한 국가권력이나 세속적인 진영은 전체적으로 이에 대해 긍정적이지만, 이슬람 진영은 성장이나 과학기술에 대해서는 우호적이지만 민주주의, 인권, 자유, 성평등에 대해서는 부정적인 입장을 보인다.

저자는 서구에 대한 인식을 중심으로 이슬람 진영과 세속적인 진영의 담론을 검토한다. '이슬람 담론에서의 서구'를 와히비즘, 이슬람 개혁주의, 무슬림형제단 등을 중심으로 논하는데, 전반적으로 이슬람주의자들은 "서구와 근대성, 서구문명과 기독교를 동일시하고, 서구의 '문명'과 자신들의 '문화' 및 '종교'를 이질적인 것으로 간주하[며], 서구의 지배를 어떻게 극복해야 하는가."에 주된 관심을 두고 있다. 이어서 세속 진영의 서구 인식을 근대주의자와 아랍 민족주의를 중심으로 논한다. 저자는 세속적인 세력도 이슬람을 아랍 민족의 단결의 구심력이자 기독교 서구에 대항하는 아랍 세계의 주요한 자산으로 인식하고 있다는 점을 간과해서는 안 된다고 강조한다. 전체적으로 근대주의자들이 동화적 또는 혼융적 전략을 추구하는 경향이 있는 데 반해 좌파적 성향을 띤 아랍 민족주의자들은 아랍의 통합, 대 이스라엘 투쟁, 비동맹운동과 제3세계주의를 통해 서구의 지배를 극복하고자 하는 역전적 전략에 경도된다. 앞에서도 언급한 것처럼, 저자는 서구에 대한 두 진영의 인식상의 공통점을 역오리엔탈리즘으로 개념화하면서 '기독교 서구' 대 '이슬람의 오리엔트'라는 이분법적 사고에 대한 집착은 세계에 대한 극도로 단순화된 이해를 초래했다고 설명한다. 마지막으로 위에서 서술한 폐해를 극복하기 위해 '기독교 서구 대 이슬람 오리엔트'라는 경직된 이분법을 타파하고 현실의 복합성과 다양성을 강조하기 위해 생산된 다양한 담론들을 소개하고 있다. 이러한 담론들은 서구중심주의 또는 (역)오리엔탈리즘에 대한 해체적 담론의 성격을 띠고 있는 것으로서 주목할 가치가 있는 지적 흐름이다.

제3부에는 서구중심주의에 대한 러시아, 아프리카, 라틴아메리카의 대응을 다룬 논문들이 각각 한 편씩 수록되어 있다.

"유럽중심주의와 러시아주의의 문화적 길항관계"라는 제목의 글에서 김은실은 18세기 말 이래 유럽중심주의에 대한 대응으로 러시아에서 제기되었던 다양한 담론전략들 간의 경쟁과 그 귀추를 다루면서 러시아가 유럽중심주의와 러시아주의의 길항(拮抗)관계 속에서 동화, 공존 및 융합이라는 다양한 문화변용 방식을 추구해왔다고 해석한다. 먼저, 저자는 지배계급과 지식인 사회에서 제기되었던 다양한 담론과 전략들 가운데서 동화와 역전, 혼용 및 해체적 전략들을 식별해낸다. 이어서 표트르 대제를 비롯한 지배계급의 유럽중심주의에 대한 동화, 역전 및 혼용적 전략의 계기적 경합, 러시아의 철학적 분파에 따른 서구주의의 동화적 담론과 슬라브주의의 역전적 담론의 교차, 대지주의와 범슬라브주의의 해체적이자 혼용적 담론을 분석함으로써 러시아 국가발전을 위해 추진해온 유럽중심주의의 수용과 극복의 다채로운 문화변용 전략을 살펴본다.

먼저 유럽화의 선봉장이었던 표트르 대제(1672~1725; 1721~25, 전 러시아 황제로 재위)는 유럽과 러시아의 문화적 격차를 해소하고 발전된 러시아를 건설하기 위해 자발적으로 '러시아의 유럽화' 프로젝트를 강력하게 추진했다. 그러나 19세기 자유주의와 시민혁명으로 변혁된 유럽 문화가 러시아 제정의 유지에 불리하게 작용하자, 보수적이었던 황제와 정부는 서유럽발(發) 혁명적 열기의 국내 유입을 차단하고 러시아 내에서의 저항적 움직임을 저지하기 위해 전통문화를 선택적으로 부각시키는 등 역전적 또는 혼용적 전략을 추진했다. 한편 러시아의 지식인 사회는 시대적인 혼란에 대한 원인 분석과 표트르 대제의 개혁에 대한 평가를 놓고 서구주의와 슬라브주의로 나뉘었다. 이들은 모두 온건한 자유주의(중도파) 기조를 유지하였지만, 대체로 서구주의자가 서유럽과 밀접한 관계 유지, 급진적인 개혁 및 유럽 정치질서의 수용을 주장하면서 유럽중심적 편향을 보인 것과 달리, 슬라브주의자는 유럽중심주의에 대해 부정적이고 보수주의적 경향을 보였다. 그러나 저자는 서구주의의 순응적 동화담론(모방 및 수용)과 슬라브주의의 진보적 역전담론(전통의 보존을 통한 발전)이 변증법적 과정을 통해 혼용적 담론으로 수렴될 수 있는 가능성을 확보하고 있었다고 해석한다.

19세기 초반에 지식인들이 러시아의 발전을 위해 유럽중심주의냐 전통주의냐라는 방법론을 놓고 논쟁했다면, 19세기 후반에는 민족의 기원에 대한 새로운 관심과 함께 문화적 민족주의가 대두했다. 이러한 상황에서 인민적 토양에 기초한 러시아 농촌공동체 건설을 이상적 목표로 설정한 대지주의가 출현했다. 대지주의자들은 러시아(민족)주의와 관련된 정교적 건국이념과 '모스크바-제3로마' 사상, 메시아니즘을 재정비하여 러시아 인민이 신으로부터 선택된 민족이라는 선민의식을 고취시키고자 했다. 그들은 이에 기초해 세계에 대한 메시아적 사명을 구현할 존재로 러시아 인민을 고양시키고자 했다. 이는 러시아주의의 우수성을 보편적 이상으로 승화시킴으로써 유럽 문화가 소유하고 있던 중심문명의 축을 러시아로 이동시키려는 문화변동 욕구에서 비롯된 것으로 볼 수 있다. 또한 유럽에 만연해 있던 러시아 공포증과 러시아인에 대한 폄하는 유럽 문명에 대한 적대감과 함께 유럽중심주의의 고리로부터 탈출하려는 범슬라브주의의 의지를 한층 강화시키는 계기로 작용했다. 범슬라브주의자들은 유럽의 슬라브-러시아에 대한 비판을 자의적이고 인위적인 평가라고 지적하고, 약점으로 지적된 것들을 역전시켜 문화적 자부심의 근거로 전위시키고자 노력하였다. 나아가 유럽과 슬라브의 중심-주변의 위계적 관계를 부정하고 해체함으로써 양자를 각각 별도의 독립된 지역으로 인식하는 탈중심화 또는 지역화를 시도했다. 그들은 이런 식으로 구축한 자기 정체성을 토대로 세계문명 역사를 주도할 수 있는 종교-문화운동의 구심체인 '슬라브연합'을 제시하였다. 19세기 러시아의 문화적 정체성은 이제 유럽 문명의 보편성을 부정하고 러시아와 유럽(슬라브주의 : 서구주의), 동유럽과 서유럽(범슬라브주의 : 서구주의), 러시아와 슬라브(슬라

브주의 : 범슬라브주의)를 대비하는 과정에서 오히려 러시아가 지닌 독자성 혹은 우월성을 강조하게 되었다.

이처럼 러시아는 역사적으로 새로운 문화와의 접촉 및 뒤이은 변용 과정에서 동화와 역전, 그리고 러시아화라는 혼융의 공존방식을 통해 자기 것으로 전이시키고, 또다시 새로운 문화와의 접촉을 통해 문화 정체성의 내면을 확장해왔다. 특히 중세 러시아가 독립된 러시아 정교회의 자치권을 요구하고 비잔틴 방식의 전례를 러시아화해나갔던 전략, 유럽중심주의에 대한 표트르 대제와 서구주의자의 순응적 동화 전략에 대한 슬라브주의자와 대지주의자들의 역전적 · 혼융적 담론전략이 여기에 속한다. 정도의 차이는 있었으나 알렉산드르 1세와 니콜라이 1세, 슬라브주의와 대지주의는 각각의 색채에 따른 문화공존을 모색하였다. 또한 슬라브주의나 대지주의, 범슬라브주의는 각기 다른 담론 형식을 취하고 있으면서도 그 내면에서는 공통적으로 러시아의 세계사적 사명에 관한 이상적 모델을 제시하였다. 특히 범슬라브주의 는 러시아 중심의 보편주의를 구상함으로써 러시아를 유럽 문명의 주변부에서 세계사의 중심부로 이동시키려는 패러다임 이동을 시도하였다. 저자는 러시아가 보여준 문화수용의 이처럼 지속적이고 반복적인 패턴을 '중심부 문화에 대한 모방과 수용(동화)-러시아화(혼융)-러시아중심화(해체)'로 요약한다. 이 점은 푸틴 정부에도 적용되는바, 푸틴 정부는 그동안 추진되었던 옐친 정부의 서구 지향적 동화전략에서 반서구주의로의 전환을 표방함으로써 서구 지향주의와 러시아 전통주의와의 공존(혼융)전략을 꾀하고 있다. 서유럽의 주변부 국가라는 폄하에도 불구하고 러시아가 지난 세기의 70년 동안 서구중심주의에 대한 대항세력의 역할을 수행했다는 점, 현재도 미국 중심의 국제질서에 대한 '이단아'를 자처하고 있다는 점을 감안할 때, 향후 성패 여부와 무관하게 서구중심주의 내지는 미국 독주의 국제질서 해체를 위한 러시아의 노력은 계속될 것이라는 것이 저자의 결론이다.

"아프리카중심주의(Afrocentrism) 시각에서 본 아프리카 르네상스의 역사적 맥락화"라는 제목의 글에서 김광수는 아프리카 르네상스에 관해 아프리카중심주의 관점에서 아프리카 민족주의 운동과 범(汎)아프리카주의를 역사적으로 맥락화하는 과정으로 이해한다. 아프리카 르네상스는 1994년 아파르트헤이트 인종차별정책이 막을 내리고 최초의 흑인정부가 출범한 남아프리카공화국에서 본격적으로 제창되어 아프리카 전역에서 호응과 지지를 받고 있는 사조다. 저자는 아프리카중심주의 연구방법론이 대두한 역사적 배경으로 서구중심적 세계사 서술이 저지른 문화적 횡포를 논한다. 헤겔 이래 서구의 철학자와 역사학자들은 서구중심적인 무지와 편견에 근거해서 아프리카에 대해서는 역사와 문명의 존재를 원천적으로 부정했는바, 서구인의 이러한 사고의 바탕에는 물론 인종차별주의적 사고방식이 철저히 깔려 있었다. 서구중심적 세계관의 확산과 내면화로 인해 아프리카는 물론 미국 등 전 세계에 살고 있는 흑인들은 자기비하감과 열등감에 시달리지 않을 수 없었는데, 아프리카중심주의는 흑인 지식인, 정치인, 활동가들이 이러한 곤경을 타개하기 위해 전개한 이념적인 운동이고, 동시에 이를 학문적인 연구에 체계적으로 적용시킨 연구방법론이라 할 수 있다. 역전적 담론에 해당하는 아프리카중심주의 이론을 본격적으로 체계화한 아산테(Molefi Kete Asante)는 아프리카중심주의를 "아프리카를 아프리카 문화와 아프리카인들의 행동에 대한 분석에서 중심으로 삼는 개념"이라고 정의했다. 또한 아프리카중심주의는 세계사에서 아프리카의 문명적 기여와 역사적 성취 —대표적으로 이집트, 에티오피아 등 영광스런 고대의 아프리카(흑인) 문명이 서구문명의 기원으로 인정받는 그리스와 로마 문명에 미친 지대한 영향 등— 를 강조한다. 곧 아프리카중심주의는 서구중심주의에 의해 철저히 무시되어온 아프리카 문명의 세계사에 대한 기여를 강조함으로써 아프리카 문명에 대한 세계사적 승인(인정)을 추구한다고 할 수 있다.[11]

마지막으로 "라틴아메리카의 관점에서 본 근대성, 근대 세계체제, 자본주의 세계경제"라는 제목의 글에서 김은중은 라틴아메리카의 관점에서 유럽중심주의에 대한 근원적이고 전복적인 비판을 제기한다. "근대성, 근대 세계체제, 자본주의 세계경제"가 유럽중심적 '터널 사관'이나 '확산론'이 제시하는 것처럼 —다른 말로 하면, 우리가 통상적으로 이해하는 것처럼— 근대 초 유럽에서 독자적이고 내재적으로 형성되었고 그 후에 아메리카를 시작으로 전 세계에 확산된 것이 아니라, 라틴아메리카의 관점에 따라 '아메리카의 정복/식민주의와 동시적이며 상호구성적'으로 형성된 것으로 보아야 한다는 '우리의 상식에 반하는 통렬한' 논변을 제시하면서 글을 시작한다. 이처럼 근대성은 라틴아메리카(와 그 원주민들)에 대한 정복, 학살 및 수탈이라는 식민성(같은 동전의 다른 면인)과 상호구성적이고 상호 불가분적으로 진행된 역사적 현상인데, 후일 형성된 유럽중심주의라는 메타이데올로기는 식민성에 대한 왜곡·은폐·망각을 통해 식민성과 근대성을 인위적으로 분리시키고 근대성을 유럽 문명의 독자적이고 예외적인 성취로 순화·미화시키는 유럽 예외주의적인 해석학적 틀을 완성시키고 유포시키는 데 성공했다. 그러나 라틴아메리카의 관점에 따르면 "아메리카 정복과 식민주의, 원주민과 아프리카 노예 학살이 프랑스 혁

---

11) 고대 그리스·로마 문명에 대한 아프리카 문명의 긍정적 기여를 강조하는 아프리카 중심주의는 아프리카인들의 자긍심을 고양시킨다는 긍정적 측면을 지니고 있지만, 동시에 바로 이 점에서 반서구중심적 서구중심주의의 모순을 안고 있다.

명이나 산업혁명보다 더 확실한 근대성의 토대를 이루며, 이를 통해 서구가 어떻게 탄생했고, 근대 세계질서가 어떻게 세워졌는지" 알 수 있다. 이처럼 근대성과 식민성의 불가분성을 강조하는 입장에서 저자는 '근대 세계체제'가 '근대/식민 세계체제'로 개명되어야 함을 주장한다. 마찬가지로 역사적 자본주의에 관해서도 저자는 유럽중심적 확산론을 부정한다. 그는 유럽의 제국주의자들이 신세계를 정복하고 이어서 대서양 상권을 장악한 이후 '아메리카와 아프리카'에서 자행한 토지와 금은 등 천연자원의 약탈은 물론 '식민주의와 노예사냥'을 자본의 '본원적 축적의 외적 계기'로 활용함으로써 '역사적 자본주의'가 '아메리카와 동시적이고 상호구성적으로 탄생'하여 전개되는 과정을 서술한다.

저자는 키아노와 월러스틴이 '아메리카-성(됨, amercanity)'과 세계체제의 핵심적 특징으로 제시한 '새로움(newness)'에 대해 논한다. 그 새로움은 '식민성, 종족성(ethnicity), 인종주의(racism), 새로움이라는 개념 그 자체(the concept of newness itself)'로 구성되어 있다. 나중의 두 요소에 주목하여 간추려본다면, 저자는 인종주의를 특히 강조한다. 그는 '전 지구적 자본주의를 지속시키는 역사적-구조적 지배의 두 축'은 '자본과 노동의 분리', 그리고 '유럽인과 비유럽인의 분리'인데 서구의 진보적 이론가들이나 라틴아메리카의 좌파 이론가들이 '인종 문제'를 자주 무시하거나 '계급이나 경제논리로 환원'했다고 비판한다. 그는 '근대성-식민성-인종주의의 권력'을 단순히 이데올로기나 상부구조적 현상으로 보는 좌파 이론가들의 입장을 거부하고 "오히려 피지배 주민들의 집단적 실존 전체를 가로지르는 가운데 그들의 몸에 삼투되어 내부에서 삶 형태를 생산하는 물질적 장치"로 보아야 한다고 주장한다. 새로움의 마지막 요소인 '새로움이라는 개념 그 자체'를 논하면서 저자는 유럽인들이 '역사를 직선적이고 불가역적인 시간 개념'으로 이해함으로써, '근대성을 철저히 서구적인 개념'으로 주장했다는 점을 지적한다. 유럽인들은 '시간을 끊임없는 변화'로, '변화를 진보'와 동일시함으로써 근대 서구문명을 유일한 보편문명으로 승화시켰고, 동시에 "근대 서구문명과 다르거나(different), 떨어져 있거나(distant), 이질적인(heterogeneous) 문명은 열등하거나, 저발전이거나, 미개한 문명"으로 규정했다. 그리하여 저자는 "유럽인에 의한 아메리카의 발견이 '공간의 식민화'였다면, 진보와 동일시되는 직선적 시간의 발명은 '시간의 식민화'로 규정할 수 있다."라고 역설한다. 마지막으로 저자는 구성론적 관점에서 "근대성을 근대성/식민성으로 이해한다는 것은, 한편으로는 근대성이 모두가 따라가야 할 최종적 목표가 아니라는 것이며, 다른 한편으로는 식민성이 억압하고 배제하는 현실을 드러내야 한다는 것"을 의미한다고 강조하면서 글을 마무리한다.

지금까지 필자는 이 책의 집필 목적과 한계를 서술하고 이 책을 이해하는 데 필요한 이론적(개념적) 자원(資源)을 설명한 이후, 마지막으로 개별 논문들을 이 책의 집필 목적에 비추어 선별적으로 소개했다. 독자들은 개별 논문을 접하면서 서구중심주의에 대한 대응으로서 '서론'에서 필자가 제시한 것보다 훨씬 더 복잡하고 풍성한 설명을 접할 수 있을 것이다.

* * *

전통 시대에 우리의 선조들은 오랫동안 중화주의적 세계관과 질서 및 문화를 불변의 보편적인 것으로 받아들이고 자신들의 것을 주변적이고 지방적인 것으로 비하해왔다. 그러나 동아시아에서 장구하게 군림해온 중화주의는 서구의 충격과 함께 19세기 후반에 결정적으로 붕괴했다. 현대 한국 사회는 삶의 대부분의 영역에서 그 초깃값이 '서구적인 것의 보편성과 우월성', '한국적인(동아시아적인) 것의 특수성과 열등성'으로 설정되어 있다. 달리 표현하면, 오늘날 대다수의 한국인들은 대부분의 삶의 영역에서 서구중심적 세계관과 질서 및 문화를 보편적이고 우월한 것으로 받아들이고 한국적인(동아시아적인) 것을 비하하는 경향이 있다. 물론 서구문명의 정치적·경제적·군사적 군림과 그에 수반하는 서구중심주의는 전 지구적인 것으로서 그 위력과 매력에 대등하게 맞서는 것은 당분간 역부족이란 점을 부정하기 어렵다. 그렇다 하더라도 서구중심주의에 대한 대응과 관련해 한국을 (우리가 습관적으로 견주어보는) 이웃 나라인 중국이나 일본과 비교해보면, 심각할 정도로 자주적이고 주체적인 모습이 결여되어 있다는 점은 새삼 강조를 필요로 하지 않는다. 이 책에 실린 개별 논문들의 저자들은 서구중심주의와 그것이 제기하는 문제에 대한 고민을 공유하면서 서구중심주의에 대한 비서구지역의 다양한 대응전략을 비판적으로 검토했다. 논문들을 접하면서 서구중심주의에 대한 고민을 공유하고 나아가 심화시키는 것은 이제 독자들의 몫이다.

■ 참고문헌

강정인. 2004. 『서구중심주의를 넘어서』. 서울: 아카넷.

월러스틴, 이매뉴얼. 1997. "유럽중심주의와 그 화신들." 『창작과 비평』(봄), 389-409.

함재봉. 1998. "동양과 서양 그리고 한국 지식인의 정체성." 『계간 사상』 10 : 1(봄), 7-24.

Blaut, J. M. 1993. *The Colonizer's Model of the World*. New York: the Guilford Press.

Hall, Stuart. 1992. "The West and the Rest." Stuart Hall and Bram Gieben, eds., *Formations of Modernity*, 276-331. Cambridge: Polity.

Parekh, Bhikhu. 2003. "Non-Western Political Thought." in Terence Ball and Richard Bellamy, eds., *Cambridge history of twentieth century political thought*, 553-578. Cambridge: Cambridge University Press.

1

동북 아시아

중국 탈서구중심주의 담론의 아포리아[1]
—20세기 국민국가와
중화민족 이데올로기의 이중성

조경란

1. 중국에서 탈서구중심주의 담론이 왜 아포리아인가

　최근 중국 지식계의 최대 화두는 시진핑 정부에서 핵심 아젠다로 내세우고 있는 '중국의 꿈(中國夢)'이다. '중국몽'을 실현하기 위해서는 반드시 중국의 길(中國道路)을 가야 하고 이것이 바로 중국 특색의 사회주의의 길이다. 이 길을 통해서 중화민족의 위대한 부흥을 이룰 수 있다는 것이다.(2013, 人民網) 어떤 지식인은 여기서 말하는 중화민족의 부흥을 유학의 부흥으로 해석하기도 한다(秋風 2012).[2] 또 어떤 이는 '중국몽'을 선거민주제(또는 자유주의)와 공산주의라는 두 가지 원서

---

1) 출전: "중국 탈서구중심주의 담론의 아포리아—20세기 국민국가와 중화민족 이데올로기의 이중성." 『중국근현대사연구』 68집, 2015년 12월.
2) 하지만 엄격히 말하면 중화민족이란 한민족만이 아니라 만주족, 장족, 회족, 몽고족을 포함한다.(許紀霖 2014, 5) 따라서 중화민족의 문화 베이스로서 유학만을 말하는 것은 한족 중심의 시각으로 오해받을 공산이 크다.

사(元敍事, meta-narrative)로부터의 탈피로 설명한다.(李世默, '両種制度的伝説')[3] 공민(公民) 유교를 주장하는 대륙신유학의 대표자 중 하나인 천밍(陳明) 같은 학자 또한 위의 주장들(특히 李世默)과 의견을 같이하면서 '중국몽'을 자유주의와 공산주의, 좌와 우로부터의 탈피로 설명한다. 이처럼 '중국몽'이 제시되면서 지식인들은 이를 서양과는 차별화된 프레임의 대전환으로 해석하려는 경향을 보여주고 있다.

이제 중국정부와 주류 지식인의 문제의식은 서양에서 벗어나 '중국몽' 또는 '중국의 길(中國道路)'을 찾아야 한다는 데 모아지는 것 같다. 중국의 주류 지식인들은 중국의 길을 가기 위해서는 이제까지 중국을 의식, 무의식으로 지배하고 있는 '서구중심주의적' 프레임에서 이탈해야 한다고 보고 있다. 중국의 근현대 100년을 지배했던 자유, 민주에 근거한 부강몽이라는 프레임에서의 이탈뿐 아니라 심지어 마오쩌둥과 덩샤오핑 시대를 지배했던 마르크스의 발전단계론으로부터의 탈피까지도 주장하고 있는 셈이다.[4] 물론 겉으로 보기에 주류 지식인들의 이러한 문제의식은 학문과 지식의 측면에서 서구중심주의에 '저항'한다는 '명분'을 가지고 있다. 그리고 이 명분 자체는 정당성을 가지고 있다. 하지만 이러한 주장들의 면면을 살펴보면 학문적 차원이기보다는 ―중국 지식인이 가지고 있는 우환의식(憂患意識)의 전통 때문인지는 모르겠으나― 현재의 '당국체제'와 연계된 정치 구상 내지 이데올로기적 목표에 더 가깝다는 인상을 지우기 힘들다. 이 점이 '중국몽'으

---

3) 영어(중국어 자막)로 진행된 이 연설은 인터넷상에서 엄청난 인기를 구가하고 있다. 이 연설 내용(5장 참조)을 주류 학계의 목소리로 직결시키기에는 무리가 있을 수 있다. 하지만 천밍도 자신의 글에서 말했듯이 이 동영상이 학계를 포함하여 식견이 있는 일반 대중에게 미치는 영향은 결코 무시할 수 없는 듯하다.
4) 덩샤오핑 시대의 사회주의초급단계론도 이에 해당한다. 즉 1949년 신중국 건설 이후 100년을 사회주의초급단계로 설정했으니 2049년까지가 이에 해당한다.

로 수렴되는 탈서구중심주의 대응전략이 서구중심주의 문제에 대한 극복이기보다 '위계의 전도'를 목표로 한 프레임 전쟁으로 비춰지는 주된 이유이기도 하다.

사실 리스무(李世默)가 말하는 두 원서사나, 천밍이 말하는 자유주의와 공산주의는 19세기 말부터 시작해서 20세기 내내 진행된 서세동점의 시기에 근대 국민국가의 형태로 급속히 변형해야 했던 중국이 가장 크게 의존했던 주요 사상이다. 그렇기 때문에 지금 중국 지식계에서 벌어지고 있는 '서양에서 벗어나기' 담론이 최소한의 학문적 타당성을 가지려면 중화제국체제가 무너지고 서구중심주의를 받아들이는 계기가 되었던 청일전쟁 시기로 거슬러 올라가 거기로부터 논의되어야 한다. 그때부터 서구열강의 제국주의 담론이라 일컬어지는 국민국가담론, 민족담론, 그리고 문명화담론, 자유주의 담론, 사회주의 담론 등 20세기 중국의 100년을 지배했던 주제들이 수용되었기 때문이다.

서구열강의 이해를 대변하는 서구중심주의 담론은 유럽의 17, 18세기를 통해 확대된 식민사업과 과학기술의 발전에 기초를 둔 진화론적 세계관 형성 이후 비서구사회로 확산된 이론이다. 이러한 소위 서구의 '보편주의' 담론은 비서구사회에 문명화사명을 띠고 나타났다. 이 시기 형성된 서양의 학문체계인 오리엔탈리즘은 동양이 서양보다 약자라는 이유로 동양에 강요되는 정치적 원리에 해당한다.(월러스틴 2008, 69)[5] 이 '보편주의'는 약자인 피식민자들에게는 딜레마로 다가올 수밖에 없다. 피식민자의 입장에서 이것들은 전일적으로 거부할 수도

---

5) 이 말은 월러스틴이 사이드의 말을 인용한 것인데 이때 물론 사이드가 말하는 동양은 중동지역을 지시한다. 하지만 여기서 동양은 비서구사회로 확장해서 인식 가능하다.

받아들일 수도 없는, 그러나 결국 받아들일 수밖에 없는 상황에 처하게 만든다. 따라서 중국의 탈서구중심주의 담론이 제대로 논의되기 위해서는 이처럼 딜레마적 상황 속에서 받아들인 서구 근대사상담론이 중국에 이미 존재하고 있었던 중국의 사유와 만나면서 어떻게 전유되었고 어떤 순기능과 역기능을 했는가가 복합적이고 디테일하게 다루어져야 한다.

이와 관련하여 탈서구중심주의 담론에서 우리가 자칫 놓칠 수 있는 것이 당시의 상황성이다. 19세기 말 글로벌한 세계체제하에서 비서구사회 일반이 서구중심주의를 수용한다고 할 때 지식인들이 대면해야 했던 현실은 서구중심주의라는 문제의식 이전에 구국(救國)이 먼저였다.[6] 그러한 대전제하에서 지식인들은 서구사상을 자기에 맞게 어떤 식으로 변형할 것인가, 즉 어떻게 하면 '창조적 오해'를 포함하여 '주체적으로' 받아들일 것인가를 고민했다. 그런 상황에서 중국의 경우에 하나 더 중요한 변수로서 고려해야 하는 문제는 천하주의라는 세계관 아래 중화주의가 버티고 있었고 중국 지식인의 입장에서 보면 그 존치의 근거 또한 명확한 형태로 존재하고 있었다는 점이다. 즉 소수민족과 그들이 거주하는 광대한 영토와 자원이 그것이다.

중화제국체제하에서 중화주의라는 '중심주의'를 유지하고 있던 중국이 서세동점 시기에 '순망치한(脣亡齒寒)'의 조공국은 상실했더라도 청제국의 판도는 결코 양보할 수 없는 사안이었다. 중국은 세계 자본주의 체제에 적응하기 위해 영토와 국민을 갖춘 주권국가인 근대 국민국가의 창출이라는 과제 이외에, 소수민족 지구를 포함한 기존의

---

6) 이택후(李沢厚)의 '구망(救亡: 멸망을 구제한다는 의미)의 계몽 압도'라는 유명한 명제도 이러한 당시의 상황성을 말해주는 것이다.

청제국의 판도는 무슨 일이 있어도 지속적으로 유지시켜야 하는 이중의 과제를 수행해야 했다. '무제한'의 '천하'는 포기한다 하더라도 '구주(九州)'의 '천하'는 지켜야 했기 때문이다.[7] 그러니까 당시 중국의 정치인과 지식인들이 맞닥뜨린 최대의 과제는 '제국적 국민국가'라는 전대미문의 국가형태를 어떻게 하면 무리 없이 창출할 것인가였다. 중화인민공화국 성립 이후에도 중국은 '제국적 국민국가'의 형태를 어떻게 하면 잘 유지해나갈 것인가라는 이중적 난제 앞에서 여전히 고심 중이다.

사실 전근대 시기 중국에서는 이미 자기우월성에 근거한 문명화담론이 중화주의라는 형태를 띠고 강력하게 존재하고 있었다.[8] 그리고 이를 근거로 인종적 동화와 문화적 동화가 부단히 이루어졌다. 그 결과 월남, 한국, 일본, 만주, 몽고 등을 중국문화의 변경지대로 만들었다(민두기 1976, 90)는 것은 우리 모두 아는 사실이다. 이러한 사실을 인정하면서 필자가 이 글에서 주장하고자 하는 것은 서양에서 들어온 사회진화론 안에 들어 있는 국민국가담론은 중화주의보다 더 강력한 형태의 문명화(또는 식민화) 이데올로기였다는 것이다. 따라서 필자는 19세기 말, 20세기 초 중국에서 국민국가 창출의 과제에 직면하면서 서양에서 들어온 국민화 담론으로 인해 중화주의가 해체된 것으로 알려져 있지만 결코 그렇지 않았다고 주장한다. 중화제국은 해체되었더라도 그것을 떠받치고 있던 이데올로기인 중화주의는 해체되지 않았

---

7) 천하의 이해에는 두 종류가 있다. 하나는 '천하=구주(九州)'설이며, 다른 하나는 '천하=무제한'설이다. 전자는 중화만을 지칭하는 것이고 후자는 중화+오랑캐(夷)를 의미하는 것이다.(渡邊伸一郎 1999; 西村成雄 2000, 22)
8) 『사기(史記)』의 오체본기(五帝本紀)에서 드러나듯이 중국 자체 내에도 이(夷)를 교화시키기 위한 문명화담론은 이미 존재해왔으며 이는 화이론의 근거로 활용되기도 했다.

다. 특히 지식인의 사유 속에서 그것은 해체될 수 없었다. 국민국가담론을 내용으로 하는 서구중심주의가 중국의 천하주의적 세계관에 일정한 균열을 초래한 것은 사실이다. 하지만 청나라가 무너지면서 다시금 '제국적 국민국가'를 건설해야 한다는 중국 특유의 사명감이 지식인들에게 충만하게 되면서 중화주의는 오히려 근대적으로 재편, 강화되었다고 본다. 당시 지식인들이 국민국가와 동시에 중화민족이라는 개념을 만들어 거기에 몰입하게 되는 것은 바로 그 반증이다. 그 결과 현실적으로는 국민국가와 중화민족 이데올로기의 이중성이 중첩적으로 작용하여 국민화 작업이 진행될 수 있었다. 거기서 국민화의 대상은 사(士), 민(民), 이(夷)였지만 이 중에서도 소수민족(夷)을 대상으로 한 국민화 작업은 좀 더 폭력적 형태를 띠고 나타났다. 그것은 바로 중화주의가 서구중심주의를 만나 해체된 것이 아니라 오히려자기를 근대적으로 재편, 강화한 결과였다.

이러한 문제의식 아래 이 글은 19세기 말부터 20세기 초 소위 전쟁과 혁명의 시대에 중국을 분열이 아닌 통합으로 이끈 질서원리와 이데올로기를 국민국가와 중화민족 이데올로기로 보고 그 이중성에 초점을 맞춰 논의하려 한다. 첫째, 중국의 지식인들은 서구중심주의와 연계된 국민국가담론과 민족담론을 받아들여 전통시기의 천하담론을 어떻게 변화시켰는가. 근대 국민국가 이데올로기를 중심으로 하는 서구중심주의의 수용은 중국 내의 정치담론과 지식담론의 지형을 어떤 식으로 어떻게 변화시켰는가. 둘째, 국민국가화를 위해 지식인을 중심으로 한 문명화사명 담론이 중국에서는 구체적으로 어떤 모습을 띠고 나타났는가. 서양에서의 지식의 풍경과 같은가, 다른가. 셋째, 19세기 말 국민국가담론이 생성될 당시 중국 내부의 타자이며 또 다른 의미의 '식민지'라 할 수 있는 소수민족의 입장에서 이 담론을 어떻게 봐야 할 것인가. 소수민족의 자결과 독립의 요구에 대해 '국민화' 작업에 몰두했던 중국의 정치지도자와 지식인은 어떤 태도를 취했는가. 마지막에는 서두에서 말한 '중국몽'의 향방에 관해 중국적 보편주의와 서구적 보편주의에 초점을 맞춰 비판적으로 전망한다.

이러한 고찰을 통해 필자는 탈서구중심주의와 중국이라는 문제를 사유할 때 다른 비서구사회와 동일하게 설명할 수 없는 매우 복잡한 아포리아의 지점들이 존재한다는 점을 부각시키고자 한다. 그리고 결론적으로 중국이 서구중심주의를 수용하는 과정에서 보여준 지식의 풍경은 서양과 비교하여 다르지 않았음을 주장한다.

2. 국민국가와 중화민족 이데올로기의 이중성

1895년 청일전쟁의 패배로 타이완과 조선이 이탈하면서 조공=책봉체제의 중화제국은 해체되었다. 이에 따라 이 체제를 떠받치고 있던 이념체계인 천(天)의 초월성도 일정 부분 박탈당해야 했다. 천하적 세계질서는 균열이 갔으며 더 이상 이전의 형태로 유지될 수는 없었다. 근대 국민국가 이데올로기는 천하적 세계질서라는 전통적 규범이 무너진 자리를 대신하여 등장한 것이었다. 사회진화론은 바로 국가전략 사상으로서 지식인들을 향해 국민국가 이데올로기를 제공하고자 한 것이었다. 이미 아편전쟁을 계기로 자본주의 세계체제 안에 들어간 중국이 자본주의에 적응하기 위한 정치적 · 경제적 · 외교적 최소단위로서의 국민국가라는 제도적 요청을 거부한다는 것은 불가능에 가까운 일이었다. 서구중심주의가 자본주의 세계체제라는 것을 배경으로 만들어진 것이라면 그 적응의 최소단위로서의 국민국가의 형성이라는 과제의 수행은 사실상 서구중심주의 수용을 불가피하게 만든 측면이 있다.

이처럼 중국의 20세기 전체를 단순화해서 말하면 국민국가화를 진행하는 세기였다고 해도 과언이 아니다. 니시무라 시게오(西村成雄)에 의하면 중국에서 근대 국민국가가 창출되는 배경에는 다중성을 갖는 국가 관념을 상정하지 않으면 안 되는 현실적 조건이 있었다. 따라서 그는 20세기 중국사회는 국민국가로서 응집하는 힘과 중화민족적 '네이션'에 응집하는 힘이 작동해왔고, 이 이중성이 상호 침투하는 속에서 20세기 중국 국민주의의 특질이 각인되어 있다고 파악한다.(西村成雄 2000, 30)[9] 사실 이 이중성이야말로 중국 민족주의의 가장 큰 특징을 보여주는 것으로 중국 20세기 전체를 가로지르는 이데올로기였다고 할 수 있다.

그런데 이 이중성은 다민족국가인 중국 내부의 사정 때문에 나타난 특징이다. 하지만 네이션의 응집에 대한 요구는 서구중심주의라는 시선을 가지고 좀 더 글로벌한 차원에서 볼 필요도 있다. 발리바가 모든 근대민족을 식민화의 산물로 보아야 한다고 말한 것처럼(Balibar 1991, 89) 국민국가의 요구 또한 근대의 작동기제의 한 단위로 보아야 한다. 19세기 중반에 일어난 아편전쟁을 계기로 서구 자본주의는 마지막으로 남은 '극동 아시아(Far East)'를 자기체계 안에 넣음으로써 명실상부한 세계체제를 완성했다. 이는 한편으로 기술적 합리성과 효율성을 앞세운 서구의 자본축적 체제가 부단히 주변으로 확장하지 않으

---

9) 니시무라는 중국의 국민국가화의 문제를 중국 일국적 차원에 초점을 맞춰 매우 마이크로하게 잘 분석하고 있다. 그런데 서구중심주의라는 잣대를 가지고 글로벌한 시야 속에서 이 문제를 보게 되면 중국이 왜 그렇게 민족과 국민을 강조하게 되었는지가 국민성의 차원이 아니라 세계사 속에서 이해 가능하다.

면 자기유지 자체가 불가능했음을 보여준 것이다. 또한 중국이 글로 벌한 자본주의 체제 내부로 들어간 이상 중국문명의 독자성이 유지될 수 없다는 것을 청일전쟁의 패배로 확인하게 된 것이었다.

이로 인해 중국의 문화를 지탱해온 천하주의는 타격을 받을 수밖에 없었다. 18, 19세기 서양의 문명화담론이 식민지 팽창과 더불어 유럽 내부에서는 민족국가 형성에 기여한 것처럼 약간의 시차를 두고 국민국가 창출에 박차를 가해야 했던 중국에서도 천하의 중심이었던 황제를 대신할 초월적 권위를 생산할 필요성을 느끼고 있었다. 무라타 유지로(村田雄二郞)는 이러한 상황을 다음과 같이 묘사한다. 서양의 근대국가가 기독교에 대신할 세속종교로서 내셔널리즘을 발견한 것처럼 청 말기의 중국도 '천'에 대신할 규범원리를 새롭게 발견하지 않으면 안 되었다. 이러한 국면에 있어서 사람들이 충성심을 투사하고 자신의 운명을 미래에로 기투할 대상이 된 것이 민족이고 국민이었다. 소위 정치지도자와 지식인들에 의해 중화민족(the Chinese nation)이라는 언설이 등장하게 된 것은 바로 이러한 이유에서였다. 국가의 외연이 중첩된 이 국민＝민족은 인종이나 출신, 언어, 종교 등의 차이를 소거한 추상적인 혹은 균질적인 공동체이면서 사람들의 충성을 일원적으로 집중하는 법적 실체가 되었다. 이것은 천하적 세계와 깊이 연계되어 있던 '중화' '중국' 개념이 그 문화주의적 의미를 약화시키고 네이션으로서의 실체를 함의하도록 한 것으로 파악할 수 있다.[10] 중화가 네이션화하는 것으로 우리 '중화민족'이라고 하는 집합

---

10) 여기서 동아시아를 입체적으로 보기 위해 일본의 경우를 비교하자면, 유교적 화이 사상이 중국의 경우 상대적으로 문화적 경향을 지녔던 것과는 대조적으로 일본 에도시기의 대외관은 정치적·군사적 경향이 강했다. 이는 아마도 천하주의라는 자기 완결성을 가지고 있던 중국과 달리 일본이 서양관에서 상대적 유연성을 보여줄 수

적 귀속의식이 생겨난 것이다.(村田雄二郎 2000, 59)[11]

이러한 의식이 생겨난 것은 한편으로는 19세기 말에서 20세기 초에 걸쳐서 고조화된 지식인의 위기의식의 결과였다.[12] 슈워츠가 지적한 것처럼 서양에 대해 위기로 받아들여질 때는 국가라는 단위가 딱히 청조라기보다는 한족(漢族)을 포함한 중국 전체의 단위로, 또는 동양이라는 좀 더 확장된 개념으로 인식되었을 가능성이 높다. 청조의 위기로서보다는 좀 더 넓은 범위의 중국이라는 범주로 받아들였을 가능성은 한족 출신의 지식인이 역대 이민족 왕조에게 보인 문화적 우월감으로 인한 대결의식조차 가지지 않았다는 사실로도 추론할 수 있다.(B. Schwartz 1964, 185)

이는 당시의 정치인사들이 자신들의 입장과는 무관하게 민족관에서는 초당적 의견일치를 보여주었던 데서도 확인된다. 쑨원이 배만혁명론(排滿革命論)을 주장하고, 량치차오는 배만론에 반대하여 갈등을 보여주는 것 같았지만 민족관의 차원에서는 보조를 맞추어나갔다. 사실 민주공화냐 군주입헌이냐라는 정체 논쟁을 별도로 하면, 이들은 한족중심의 민족국가를 만들어야 한다는 데서는 의견이 다르지 않았다. "중화민국의 영토는 22개의 성과 내몽고 외몽고, 티베트, 청해(青

있었던 것과 밀접한 관련이 있을 것이다.(강상규 2013, 280-281) 중국의 화이사상이 문화주의적 경향이 강했다는 것은 중국 지식인에게 국가와 민족의식의 강화에 대한 필요성을 더 절감하게 만드는 요인이 되었다.

11) 사실상 신해혁명 이전까지는 중화민족은 한족만을 의미했다.

12) 사실상 1920년대까지는 민족의식이 일반민중들에게까지 확산되지 못했다. 이들이 중국인으로서의 일체감을 갖게 되는 것은 생활세계를 위협하는 일본군과의 싸움을 통해서였다. 1930~40년대의 일본의 중국 침략은 도시부는 물론 내륙농촌에 있어서도 민중의 국민화를 추진하는 계기가 되었다. 그리고 이런 종류의 내셔널리즘을 계승해가면서 사회 전체에 대한 국민화를 수행하게 된 것은 마오쩌둥 치하의 중화인민공화국에서였다.(村田雄二郎 2000, 39-40)

海)로 한다." 쑨원이 기초한 것으로 알려진 이러한 내용의 중화민국의 임시약법이 청조의 계승으로 출발했음을 명시한 것에서도 알 수 있다.(村田雄二郎 2000, 58-59)

무라타 유지로는 중화민족이라는 언설이 형성되어 20세기 중국의 정치질서 편성의 핵으로 작용해왔다는 것을 검증한다. 그는 20세기 정치적 추세는 '국민국가화'로의 과정이었고 중화민족이라는 언설의 발명이야말로 그 기점이 되었다고 본다. 거기에 '일국가＝일중화민족론(一國家＝一中華民族)'론은 하나의 정당에 의한 지도라고 하는 정치체제를 탄생시켰고 이것은 다시 국가통합원리로서의 훈정적(訓政的) 국민주권제로 고착된다. 이는 중화인민공화국의 형성에도 영향을 주어 역사의 자장을 형성하게 되었다. 지금 중국에서 자주 사용하고 있는 당국체제(党国体制, party-state system)라는 말은 이러한 과정 속에서 만들어진 것이다. 즉 중국은 1920년대부터 정당이 국가를 창출하는 정당국가(party-state) 시스템이 만들어져 지금까지도 이어지고 있다. 중국국민당과 중화민국, 중국공산당과 중화인민공화국의 대응관계가 그 상징이다.(西村成雄 2000, 9) 이는 여느 나라와 달랐던 중국적 문맥에서의 국민국가화의 과정이 곧 당국체제의 출현과정이었음을 말해주는 것이다.

사실 중국에서 훈정적 당국체제가 형성된 것은 근대화 조건의 결여와 제국주의 침략이라는 중국 특유의 내우외환의 조건에 대응한 결과였다. 그리고 이 체제의 형성은 서구자본주의의 약한 고리로서 러시아 혁명이 발생하여 세계 최초의 반자본주의 혁명을 성공시킨 레닌의 전위당의 출현과 밀접한 관련이 있다. 중국의 당국체제는 소비에트 러시아로부터 도입된 새로운 정치조직의 원리와 방식을 기원으로 한다. 레닌이 이끈 볼셰비키 정당의 조직운동론이 1920년대 이후 중국

내셔널리즘의 전개에 준 영향은 결정적이었다. 전위론적 조직운동론은 새로운 형태의 민족주의 또는 국민주의 창출에 대한 소구와 맞아떨어지면서 총력전의 시대에 대응할 수 있었다.

민국 초기 국민당과 소련의 코민테른의 관계는 이를 잘 설명해준다. 민국 초기 정당분립과 독재정치에 절망하고 전통적 비밀결사형의 정치운동으로 회귀하고 있던 쑨원이 소련의 원조 아래 1924년 국민당개조를 하게 되는 것은 중국 현대 정치사에서 커다란 전환점이었다.[13] 즉 이당치국(以黨治國)이라는 훈정이론에 기초한 새로운 정치조직화가 민족=국민의 응집의 핵으로의 당의 절대적 지위를 정당화하게 된 것이다. 근대화와 국민화의 추진 모체인 전위당의 출현으로 일국가=일민족(국민)의 등식에 일국가=일정당의 이론이 결합하게 되었다고 할 수 있다.(Fitzgerald 1996; 村田雄二郎 2000, 65)

그러나 19세기 후반부터 20세기 초두에 걸친 국가 관념의 기본적인 틀은 중화민국의 수립에도 불구하고 아직 '천하'적 성격을 보지하고 있었다고 할 수 있다. 이것이 크게 변모하게 된 것은 국민국가의 필수조건인 '주권재민'을 최대의 정치적 과제로 삼아 1927년 수립된 남경국민정부의 탄생이었다.(西村成雄 2000, 23) 천하의 신민(臣民)이 아닌 주권재민의 실현이야말로 근대적인 국가의 필수조건이기 때문이다. 그런 점에서 주권재민을 염두에 두고 만든 것이 1924년 쑨원의 삼민주의라는 것에 주목할 필요가 있다. 그것은 민족, 민권, 민생을 통한 새로운 국민과 국가를 창출하는 것을 최종 목표로 하였다.[14] 하지만

---

13) 피츠제럴드(John Fitzgerald)는 중국 정치사에서는 국민당개조를 21년의 중국공산당의 결성보다도 더 큰 일로 본다.
14) 남경 국민정부는 장제스(蔣介石)가 중심이 되어 만들었으며 1928년에 오면 쑨원의 혁명정책을 포기해버린다. 하지만 남경 국민정부의 성립은 적어도 형식적 측면에서

이 시기 내부의 봉건군벌과 열강의 침략으로 인해 온전한 형태의 국민국가의 창출은 중국의 경우에는 혁명이라는 방법을 통해서만 가능하다는 관념이 만들어졌다.[15] 중국의 현실은 국민국가를 창출하기 위해서는 부득불 혁명이라는 방법을 거치지 않으면 안 되었다. 1920년대 '혁명'이라는 단어가 거의 모든 정파에서 빈출하는 것은 그러한 문제의식이 매우 보편화되어 있었다는 것을 말해준다. 이때의 분위기를 『혁명과 반혁명』의 저자 왕치성은 다음과 같이 서술한다. 20세기의 중국은 전쟁과 혁명을 가장 큰 특징으로 한다. 따라서 무인은 전쟁을 좋아하고 문인은 혁명을 좋아한다는 말이 나올 정도였다. 특히 1920년대부터 혁명은 모든 당파의 공통의 소구가 되었다. 국민당의 '국민혁명', 공산당의 '계급혁명', 청년당의 '전민혁명(全民革命)' 주장이 동시에 일어났으며 그럼으로써 '혁명'은 지고지상의 정당성을 갖는 표식이 되었으며 '반혁명'은 최대의 죄악행위로 받아들여졌다.(王奇生 2010)

중국에서 국민국가의 창출과정을 이렇게 본다면 중국의 근대를 서구중심주의라는 단일한 문제틀로 설명하고 문제를 포착한다는 것은 한계를 가질 수밖에 없다. 침략자의 원리를 받아들여 그것을 가지고 다시 그들과 맞서야 하는 아이러니한 상황, 19세기 말 20세기 초 비서구사회가 대면해야 했던 이러한 딜레마적 상황을 어떻게 설명해야 할까. 국민국가와 당국체제 모두 서구에서 또는 소련에서 가져온 것

보면 사분오열된 중국을 통일했다는 의미가 있다. 전국적으로 행정, 사법, 교육, 외교에서 일정한 모양을 갖추었기 때문이다. 그렇기 때문에 쑨원의 삼민주의가 그 기초가 되었다고 평가할 수 있다.

15) 그도 그럴 것이 사실 중국은 1943년에 가서야 불평등조약이 완전히 철폐된다. 그렇기 때문에 인권보다는 국권에 대한 주장과 요구가 생겨날 사회적 기초가 있었다. 이것이 대외 민족주의가 구망 이데올로기로 기능하게 되는 이유였다.(副島昭一 2000)

이고 이미 이 관념은 중국 지식인이나 일반인에게 내재화되었을 뿐 아니라 이미 내 것과 남의 것을 구분하는 것이 불가능할 정도로 양자가 혼재되어 있다. 사실상 중국의 공산당과 국민당은 모두 소련 공산당의 쌍생아라 할 수 있다. 그리고 그 근본 속성을 원산지보다 더 강력하게 유지하고 있는 곳이 바로 중국의 정치체제다. 만일 소련의 소비에트 체제를 반자본주의 운동이라고 본다면 이것을 서구중심주의와 연결시켜 사고하는 것은 문제가 있지만 20세기의 소련을 서구문명으로 분류하여 배척한다면 중국의 근대는 무엇으로 설명이 가능한지, 이것이야말로 자가당착이다.[16] 중국에서 '서양에서 벗어나기' 또는 탈서구중심주의 담론이 갖는 딜레마는 바로 여기에 있다.

3. 국민국가담론과 문명화담론

국민국가담론이 지식인들 사이에서 시작되고 일반화된 것은 중국에서 사회진화론의 수용을 기점으로 한다. 그런데 사회진화론은 '주체적 오해'의 과정을 겪으며 수용되면서 애초부터 그 경쟁의 단위가 개인이 아닌 국가로 치환되었다. 국민국가의 창출이 가장 중요한 과제였기 때문이다. 그리고 국가에 대응할 국민이 필요했다. 따라서 신민(臣民)에서 국민으로 거듭나야 했다. '국민만들기'가 초미의 관심사가 된 것은 이 때문이었다. 옌푸(嚴復)의 사회진화론 수용은 기본적으로 이러한 근대 국민국가건설과 국민을 어떻게 창출할 것인가라는 문

---

16) 다케우치 요시미는 중소논쟁 시기 미국과 소련을 서양문명으로, 중국을 동양문명으로 대립시켜 사고하는 모습을 보여준다.(竹內好 1969, 244) 이에 대한 분석으로 (조경란 2014) 참조.

제의식 속에서 이루어진 것이다. 이처럼 진화론을 중심으로 한 서구 근대사상은 '제국적 국민국가'로의 변환의 필요성에 의해 고도의 목적 의식성을 가지고 수용되었다. 다지마 에이이치(田島英一)는 중국에서의 국민국가 창출과정을 사, 민, 이라는 3대 집단을 균질적 국민으로 재편하는 과정으로 본다.(田島英一 2008, 247) 그런데 이 국민국가의 창출에서 사의 역할이 매우 중요하다. 행위자로서 그들에게 주어진 사명은 중세적 범주인 사, 민, 이를 어떻게 하면 근대적 의미의 균질적 국민으로 재편할 것인가였기 때문이다.(田島英一 2008, 248)[17] 중국 근대의 이러한 총체적인 구도는 자연히 천하 시스템에서 국가 시스템으로 지식 패러다임의 변환과정을 수반할 수밖에 없었다.

이러한 구도에서 지식 패러다임의 변환을 떠맡은 것이 바로 문명화사명 담론이다. 17세기 서양에서 위계제적 세계상이 만들어진 이래 1750~60년대에 오면서 문명이란 용어는 야만과 대조적 의미를 갖고 등장했다. 여기서 '문명'은 복수의 문명들이 아니었다. 야만에 대조된 단수의 문명, 하나의 '과정'의 의미를 띠고 처음 등장했다.(유재건 2003, 37) 19세기 이후 이 문명 개념은 진화론적 세계관으로 강력하게 뒷받침되었고 식민지에 파급되었다. 중국의 지식인들도 균질적 국민 창출에 예외 없이 문명화담론을 적극 활용했다.

량치차오의 문명관은 대표적이다. 그는 우선 자유를 야만의 자유와 문명의 자유로 나누어 설명한다. 량치차오에 의하면 야만시대에

---

17) 그러나 다지마는 문혁 시에 사, 민, 이가 상호불신에 빠졌고, 따라서 개혁개방 이후 국민의 재구축이라는 중대한 과제가 남겨졌다고 보았다. 문화대혁명이 일어났을 때 흑오류, 홍오류 등으로 계급을 분류했는데 이때 분류는 개인보다는 가정이나 종족을 기준으로 이루어졌다. 하지만 혈통으로 혁명성을 결정하는 한 사, 민, 이가 유기적으로 결합하는 것은 불가능하다.(田島英一 2008, 269)

는 개인의 자유가 우세하고 단체의 자유는 없으며 문명시대에는 단체의 자유가 강하고 개인의 자유는 감소한다. 따라서 중국에서 자유란 단체의 자유를 추구해야지 개인의 자유를 추구해서는 안 된다.(梁啓超 2010, 104) 량치차오에게서 천부의 자유로도 이해될 수 있는 야만의 자유는 외형상은 자유로운 것 같지만 실제는 혼란스러운 것이고, 반면 문명의 자유는 외형상 부자유스러운 것 같지만 타인의 자유를 침해하지 않으려고 법률의 제재를 받는 것일 뿐이다. 사람들의 자유는 타인의 자유를 침해하지 않는 것을 경계로 한다. 따라서 제재는 이 경계를 기준으로 하는 것이고 복종도 이 경계를 기준으로 하는 것이다. 따라서 진정 자유로운 국민이라면 항상 다음의 세 가지에 복종해야 한다. 첫째, 공리에 복종해야 하고, 둘째 사회가 정한 법률에 복종해야 하며, 셋째 다수결에 복종해야 한다. 문명인도 자유를 최고로 여기고 야만인도 자유를 최고로 여기기 때문에 자유에서 동일하다. 하지만 문명과 야만의 차이는 그 제재력의 여부에 있다. 제재가 없는 자유는 사회의 적이요, 제재가 있는 자유는 사회의 보배다.(梁啓超 1984, 51)

량치차오에게 중국을 중심으로 열강들이 난립하는 상황에서 살아남기 위해서는 문명의 자유가 실현되는 것이 매우 중요하다. 그리고 그 실현은 참정권을 갖는 국민이 형성됨으로써 가능하다. 문명의 자유는 야만의 자유가 자기만을 생각하는 것과 달리 타인이나 단체를 고려한다. 근대적 자유를 추구하는 도정에서 문명의 자유를 실현하는 주체는 신민(新民)＝국민으로 상정된다. 우리는 여기서 문명화사명 담론이 국민국가 형성의 훌륭한 도구로서 중국사회에서도 거의 그대로 기능하고 있음을 엿볼 수 있다.

그런데 문명의 자유와 야만의 자유로 이원적 대립항을 설정하는 방식은 량치차오와 같은 계몽주의자에게서만 나타난 것은 아니었다. 이 문명화사명 담론에서는 공화제냐 입헌군주제냐, 어떤 정체 지향을 갖느냐에 관계없이 동일한 모습을 보여준다. 량치차오와 정치노선이 달랐던 쑨원(孫文)의 자유관도 대동소이하다. 이들은 중국 인민들에게 자유가 지나치게 많다는 데서 의견의 일치를 보여준다. 빈곤이든 제국주의든 중국인이 받는 고통의 근원은 이 자유의 과잉과 단결의 결여에 있다는 것이다. 쑨원에 있어서 혁명은 자유를 획득하기 위한 것이 아니라 지나치게 많은 자유를 청산하기 위한 것이다. 결국 중국인에게 자유가 과도하게 많기 때문에 혁명이 필요하다는 논리다. 이런 점에서 중국의 혁명은 유럽의 혁명의 목적과 정반대인 것이다.(孫文 1986, 710-724)[18] 물론 여기서 쑨원이 말하는 자유는 구심점이 없는 산사(散沙)의 자유이며 이는 양치차오가 말하는 야만의 자유와도 유사하다.(조경란 2003, 18) 문명화담론을 통해 국민화 작업을 해야 한다는 것은 앞에서 다지마 에이이치가 말한 것처럼 사로서의 지식인들이 민과 이를 대상으로 하여 균질적 국민을 주조해야 한다는 사명감의 한 발로였다. 이처럼 지식인들은 문명화담론에서 천부의 자유, 야만의 자유, 산사의 자유를 문명의 자유, 단체의 자유와 대립시켜 인식했고 전자를 분산의 상징으로, 후자를 응집의 상징으로 받아들였다.

이러한 문명담론은 민족담론에도 그대로 투영된다. 따라서 민족담론은 위에서처럼 당시 자민족의 생존을 위한 저항적 전략의 용도로 호출된 것만은 아니었다. 그것은 량치차오의 다음 발언에서 매우 적나라하게 드러난다. 즉 민족주의 다음에는 민족제국주의가, 그 다음

---

18) 쑨원은 중국의 산사의 자유를 무엇에도 구애받지 않고 마음대로 하는 방탕(放蕩不羈)으로 해석한다.(孫文 1986, 712)

에는 만국대동주의 시대가 온다고 본다.(梁啓超 1977) 이를 기준으로 보면 민족주의는 만국대동주의로 가는 도정에서 민족제국주의의 전 단계에 불과한 것으로, 또 민족주의가 만국대동주의로 진화하는 과정에서 민족제국주의 단계는 지나칠 수 없는 것이다. 여기서 민족제국주의 단계가 필연적인 과정으로 인식된 이상 이를 합리화하기 위한 담론의 등장 또한 필연적인 일이다. 이와 관련하여 일본에 체류하고 있던 후베이(湖北) 출신 지식인들이 만든 잡지의 다음 내용은 참고가 된다. "19세기 구주 각국은 민족주의에서 민족제국주의가 되었다. 제국주의는 무엇인가? 야만인이 부의 원천인 토지를 개발할 능력이 없기 때문에 문명인이 이를 대신하여 개척해야 하는 것이고 (그렇기 때문에) 우등 인종이 열등 인종을 학대하는 것은 인도의 당연한 도리라 할 수 있다."("論中國之前途及國民應盡之責任" 1903, 1-2; 羅家倫 1968, 319-320; 潘光哲 2012). 물론 이러한 멘트는 1차적으로는 중국 지식인을 향해 분발을 촉구하기 위한 것이다. 하지만 이 촉구는 서구열강의 식민주의를 부정하지 않으면서 이루어지고 있다.

여기서 이미 제국주의 옹호를 넘어서서 자신을 그것과 동일시한다는 느낌마저 든다. 조국이 서양세력에 침략당하고 있는 상황에서 이렇게 발언할 수 있다는 것을 우리는 어떻게 받아들여야 할까? 과거에 제국의 경험이 없고 앞으로도 그렇게 될 가능성이 전무하다고 생각되는 경우에도 이런 식의 서술이 가능할까?(조경란 2006, 71) 이들에게 문명은 중화제국체제 아래서 제국의 '보편주의'라는 이름으로 나타났던 역사 기억과 오버랩되는 것은 아닐까. 그렇기 때문에 민족주의와 만국대동주의 사이에 존재하는 제국주의에 대해 도덕적으로 판단할 근거 자체를 상실하고 있는 것은 아닐까? 또는 만국대동주의라는 목적의 정당성만 있다면 과정으로서의 제국주의의 문제는 그냥 지나쳐도 된다고 생각하고 있는 것은 아닐까?

물론 중국에서는 진화론의 문명화론을 통해 서구와의 동일화를 시도하는 것에 대해 강력하게 반기를 든 지식인도 존재했다. 그 대표적인 인물이 장빙린(章炳麟)이다. 다른 나라를 병탄하려고 계획한 자는 잠식(蠶食)이라는 말을 붙이는 것을 두려워하여 훌륭한 말을 생각해낸다. 이를테면 야만인에게 고도의 문명의 은혜를 준다고 하는 것은 문과 야에 대한 차이를 인식하지 않고 양자 각각을 있는 그대로 놓아두지 않는다는 견해이다."(章炳麟 1986, 89) 장빙린은 이와 같이 문명과 야만의 차이를 차이대로 방치해야 한다고 주장했다. 중국은 야만의 입장을 가지고 서구의 문명이 강요하는 동일성의 논리에 저항해야 한다는 것이다. 그는 개인에 대해서도 타인과 같으면서도 같지 않고 같지 않으면서도 같아야 한다고 생각했다.

장빙린이 서양의 '보편적 문명(文)'에 대해 중국의 '야만적 문명(野)'을 강조한 것은 중국 민족의 자기주장으로서 자기의 독자성을 강조한 것이다. 이는 서양이라는 문명(제국주의)과의 동일성보다는 차별화를 통한 근대화 전략의 하나로 이해할 수 있다. 따라서 여기서 문화의 차이를 강조하는 것은 민족의 자기주장과 연결된다. 중국을 야만으로 정체성화하는 것은 조금 다른 각도에서 보면 중국의 불행한 현실을 역설적으로 이해하는 하나의 방식이기도 하다.(조경란 2006, 72) 어쨌든 장병린은 "문명이 나아가면 나아갈수록 점점 더 인도(人道)를 유린한다."고 본다는 점에서 량치차오의 문명화론과는 매우 대조적임을 보여준다.

하지만 장빙린의 경우에도 조공국이나 소수민족에 대한 입장, 그리고 인종주의에서는 역전이 일어난다. 사카모토 히로코(坂元弘子)에 의하면 장빙린은 중국의 영토를 전한시대 군현의 범위로 획정한 다음

한나라 때의 지배를 기준으로 주변을 1) 반드시 회복해야 하는 두 군 (郡), 즉 조선과 베트남 지역, 2) 한대의 옛 영토는 아니지만 다음으로 회복해야 하는 일사(一司)로 미얀마, 3) 여러 가지 면에서 동화시켜야 할 티베트, 몽고, 신장 위구르로 분류한다.(사카모토 히로코 2006, 102-103)

이렇게 본다면 결국 문명화론에서 서구 계몽주의가 가지고 있던 문제점들에 대해 비판하는 지식인도 있기는 했지만, 전체적으로는 그 문제점을 지양하려 했다기보다는 그것을 그대로 받아들여 중국의 상황에 적극 활용했다. 이는 기존의 문명화담론인 중화주의가 해체되지 않은 채로 서구로부터 들어온 사회진화론의 비이성 이데올로기와 만나게 되면서 비판의 계기를 마련하지 못한 데 가장 큰 원인이 있을 것이다.

물론 이처럼 비이성 이데올로기만이 국민국가담론에 활용된 것은 아니다. 비서구사회 지식인들은 대외적 제국주의와 대내적 봉건세력에 저항하기 위해서는 식민본국에서와 달리 피식민지에서 적용되는 것이 부정되었던 평등, 자유, 민주 등 침략 당사자인 소위 서구의 '보편가치'를 받아들여 해방운동의 이념으로 삼아야 하는 역설적 상황에 직면할 수밖에 없었다. 월러스틴은 이러한 딜레마적 상황을 매우 적절하게 표현해주고 있다. "보편주의는 강자가 약자에게 주는 선물이지만 약자는 진퇴양난의 처지에서 이 선물을 대면하게 된다. 선물을 거부해도 지게 되고 받아들여도 지게 된다. 약자가 택할 수 있는 유일한 그럴 듯한 대응은 거부하는 것도 아니고 받아들이는 것도 아닌 거부하면서 받아들이는 길이다. 요컨대, 약자가 처한 이 같은 비합리적인 지그재그의 길이 19세기 대부분과 특히 20세기를 특징지어왔다."(Wallastein 1991, 217; 유재건 2003, 43에서 재인용)

4. 소수민족의 국민화: 중화주의와 서구중심주의의 중첩

중국 내부의 타자이며 또 다른 의미의 '식민지'라 할 수 있는 소수민족의 입장에서 국민국가담론을 어떻게 봐야 할까? 앞에서 진화론에 의해 천하사상이 충격을 받았다 해도 천하주의를 베이스로 하는 중화사상은 국민화 이데올로기와 공존하는 상황이 연출되었다고 말한 바 있다. 이 상황에서 중화사상 안에 내장되어 있는 ('보편주의'적) 문명개념은 다시 근대화라는 외피를 쓰고 '국민화'의 핵심적 이데올로기로 부상하게 된다.(조경란 2006, 67)

중국의 근대는 표면상에서는 중화주의와 서구중심주의의 충돌로 설명할 수 있다. 그러나 앞에서 말한 것처럼 이 충돌은 상호 대등한 힘의 충돌이 아니었다. 서구 근대의 식민지 팽창이라는 위계제적 권력관계의 재편 속에서 수동적 개방으로 이루어진 것이다. 서구중심주의에 중화주의가 철저하게 적응해야 하는 형태로 이루어졌다. 제정의 붕괴, 중화민국의 성립, 사회주의 중국의 건립이라는 정치사적으로 보면 격랑의 세월은 바로 그 과정이었다.[19] 따라서 중화주의가 서구중심주의를 만나면서 근대적으로 재편되는 과정은 중국의 근대가 무엇이었냐는 질문과 연계될 수밖에 없다. 그렇기 때문에 중화주의는 역설적으로 중화제국체제가 무너지고 그것이 근대적으로 재편되는 과정 속에서 그 속살을 드러낼 수 있다. 즉 중화주의는 전통시기의

---

19) 하지만 이러한 격동에도 불구하고 중국에 대한 1980~90년대의 한 연구는 중국사회가 상상 이상으로 명청대와의 연속성이 유지되고 있다고 결론 내린다.(宇野重昭 1989, 13-29) 이러한 명청대와의 연속성의 문제는 서양사상이 얼마나 중국의 지식을 변화시켰는가 하는 문제를 포함하여 중국 근현대사 전체를 근원적으로 어떻게 해석할 것인가라는 좀 더 큰 문제와 만나는 것을 불가피하게 만든다.

존재 형태에 대한 분석만으로는 진면목을 드러내는 데 한계가 있다는 의미다. 특히 그것은 중국의 최대 급소인 소수민족의 입장에서 보았을 때 그 실체가 적나라하게 노출된다. 따라서 중화제국체제가 무너졌다고 해서 중화주의가 자동 해체된 것으로 보는 견해는 문제가 있다.[20] 그것이 해체될 수 없었던 것은 중국의 지식인과 정치인의 입장에서는 그렇게 되어서는 안 되는 물질적 소선이 있었기 때문이다. 서론에서 말한 것처럼 청일전쟁의 패배로 중화제국체제가 붕괴하여 '무제한'의 천하는 상실했지만 '구주'의 천하는 무슨 일이 있어도 무사하도록 지켜야 했기 때문이다.

그렇다면 중화주의란 무엇인가. 그리고 그것은 서구중심주의와 어떻게 다른가. 중화주의란 간단히 말하면 문화적으로 예교를 중심에 놓고 왕자의 덕에 의해 교화를 강조하는 구조다. 지리적으로는 중화(中華)를 중심에 놓고 사방에 오랑캐(夷: 동이, 서융, 남만, 북적)를 설정하는 구도다. 이 사상체계 안에서는 원칙적으로 종족과 영토를 초월하여 천하가 모든 민족에게 열려 있으며 그런 만큼 한때는 오랑캐였던 민족도 문(文)으로 화(化)되면 오랑캐의 상태를 벗어날 가능성을 갖는다.(조경란 2007, 45) 그러니까 중화주의는 자기우월주의와 보편주의를 모두 가지고 있다. 이런 인식과 관련하여 중국의 신좌파 지식인 왕후이(汪暉)는 청대를 예로 들어 중국의 동일성은 한족중심주의적인

---

20) 강정인은 중화주의와 서구중심주의가 근본적인 특징에서 차이가 없다고 본다.(강정인 2004, 118) 그렇기 때문에 중화주의의 역사적 붕괴로부터 서구중심주의의 극복을 위한 역사적 상상력을 얻어야 한다고 말한다.(강정인 2004, 143) 하지만 필자는 중화주의가 해체되지도 않았지만, 한 발 양보하여 해체되었다 '가정'하더라도 그 해체는 지식인이나 정치인의 자기상대화라든가 어떤 자각적 성찰에 의한 결과가 아니라는 점에서 다른 중심주의의 해체에 상상력을 제공한다는 것 자체가 불가능하다고 본다.

동일성이 아니며, 오히려 다민족사회의 문제를 해결하기 위해서 생긴 동일성이라는 논지를 펴기도 한다. 주변의 변경민족에 대해 영역을 확대해간 중원의 한민족 정권은 교화의 덕치주의로 자기통치의 정당성을 주장하고 한문화(漢文化)의 우월성을 주장했다.(日原利国 1984, 295) 중화주의는 덕치주의라는 명분으로 보편성과 우월성을 확보할 수 있었다.

그렇다면 중화주의는 서구중심주의와 무엇이 다른가. 서구중심주의가 기술합리성과 효율을 앞세워 보편주의라는 이름 아래 자기의 원리를 타자인 비서구사회에 강요해왔다는 점에서 중화주의와 차별화된다. 그것은 서구중심주의가 어떻게 형성되었는가의 문제와 관련되는데, 그것은 식민지 개척과 밀접하게 연관되어 있으며 17, 18세기에 집중적으로 이루어진 과학기술의 발전에 의해 진화론이 탄생하고 세계를 자기중심적인 위계적 질서로 재편할 수 있다는 자신감이 충만해지면서 자기모습을 확립하게 된다. 거기에 비하여 중화주의는 타자보다 우월하다는 의식을 가지고 있지만 그것을 타자에게 강요하고자 하는 시스템을 만들지는 않았다. 하지만 중화주의의 정치경제적 구현체인 조공체제는 단순하게 예교에 의한 관계만이 아니라 당시의 역사적 조건에서 냉혹한 헤게모니 투쟁의 현장이었다는 점을 염두에 둘 필요가 있다. 예를 들어 중국의 역대 제국들이 느슨한 방목(放牧)적 치리(治理)로 통치가 가능했던 것에는 일면 역설적 측면이 있었다는 것을 인정해야 한다. 제국 내부로서 자족적 생활이 가능했거나 또는 내부 자체의 문제로 인해 외부에 신경 쓸 여유가 없었거나 또는 외부의 관리 시스템의 불비라는 우연적 요소들이 복합적으로 작용한 결과라는 점을 봐야 한다. 결과적으로 타자를 강요하는 시스템을 만들지 않았다는 것은 결코 비대칭적인 관계를 대등하게 인정하려는 윤리의식에서 비롯된 것은 아니라는 의미다. 중화주의와 조공체제는 상호주의에 입각해서 현실에 존재했으며 우리는 이를 '현실의 정당화 체계'[21]이지 결코 '왕도의 결정체'로 보지 않는다.(조경란 2007, 55)

중화제국체제가 왕도의 결정체만은 아니었다는 것은 다음의 서술에서도 확인된다. 서구와 접촉이 있기 전 청대의 정치운영이 앞에서 왕후이가 말한 것과는 상반된 시각이 존재한다. 플레처에 의하면 중국 내 소수민족의 입장에서 보면 이들에게 근대는 서구제국주의가 들어오기 전부터 이미 식민화되는 과정이었다. 18세기에 빈번한 소수민족의 반란을 겪으면서 청조는 행정적 지배와 교육을 통해 소수민족을 한화시켜나갔다. 따라서 소수민족에게 근대는 한족에게 동화 또는 식민화되어가는 과정이었다고 할 수 있다.(Fletcher 1978, 35; 유장근 2002, 47) 이에 근거하여 유장근은 동아시아적 근대는 아편전쟁으로부터 시작된 것이 아니라 청제국의 팽창이 극도에 달한 18세기 중기부터 이미 시작되었다고 본다. 또 근대기의 민족주의 역시 서구열강의 침입에 대응한 중국적 형태 이전에 중국의 팽창에 대한 소수민족의 저항에서 시작되었다고 주장한다. 바로 이 점에서 근대 중국은 조공국과 소수민족의 희생 위에서 발전한 측면이 있다는 것이다.(유장근 2002, 47) 신해혁명에 대해서도 소수민족의 입장에서 보게 되면 전혀 다른 모습으로 다가온다. 실제로 신해혁명의 발발은 청조에 신종(臣從)이었던 몽골, 티베트의 상층부에는 중국으로부터 이탈의 근거를 부여해 주는 것이었다.(村田雄二郎 2000, 57) 하지만 배경한에 의하면 신해혁명으로 만주족의 지배에서 벗어난 한족은 티베트와 몽골의 독립 요구에 대해서는 묵살했고 이 점에서 오히려 저항적 민족주의와는 상반되는

---

21) 이는 민두기의 용어다.

팽창적 민족주의 모습을 보여주었다.(배경한 2000, 247) 물론 신해혁명
은 한국이나 베트남과 같은 주변 약소민족들의 독립운동에 공화혁명
이라고 하는 새로운 방향을 제시해주었고, 또 이들 각 약소민족들과
중국 간의 협력과 연대를 위한 다양한 모색을 가져다주는 긍정적 역
할을 수행하였지만, 중국과 약소국가들 사이에 혹은 이들 약소국가
와 다른 주변 지역들 사이에 전통시대로부터 내려오던 지배와 차별의
관계를 청산하지 못함으로써 진정한 의미의 협력과 연대관계를 형성
하는 데 걸림돌로 작용할 소인을 남겨놓았던 것이다.(배경한 2011, 233)
여기에는 중화제국체제는 무너졌지만 중화주의가 지식인에 의해 자
각적 차원에서 상대화되고 담론화되지 못했던 데 가장 큰 원인이 있
다고 본다.

　중화제국체제가 무너지는 시기에도 내부와 외부를 누구의 시각에
서 보느냐에 따라 다른 결론이 도출된다. 중국의 국민국가의 문제는
어떤 계층이냐의 문제만이 아니고 어떤 에스닉의 입장에서 보느냐에
따라 다른 결론이 나올 수 있다. 따라서 역사적이면서도 다면적 시각
을 가지고 볼 필요가 있다. 서구 근대가 진입하기 이전의 단계로 돌아
가 국가와 사회라는 시선을 상호 교차하면서 상상해볼 필요도 있다.
동시에 서구로부터 받아들인 근대 국민국가의 논리를 가지고 중국 지
식인들이 보편 타자인 소수민족을 어떤 방식으로 '국민화'하려 했는가
를 살펴야 한다. 이와 관련하여 왕후이가 말한 "조공체제의 역사성이
고려되지 않은 채 서양의 국민국가 논리에 매몰되어 화이질서가 동아
시아 근대가 극복해야 할 봉건잔재임을 전제로 문제를 보는 것"은 지
적되어야 마땅하다.[22] 하지만 동시에 현대 중국 정부가 소수민족을

22) 왕후이는 쑨원에 힘입어 조공체제를 정치·경제·문화 등에 기반한 평등주의적 복

대하는 방식에서 서구열강이 자행했던 고전적인 식민지배 방식과 다른 방법을 찾아내지 못하고 있는 '현실', 서구적 근대성의 틀에서 문제가 된 부분들에 대한 거세 없이 그것을 중국에 그대로 복제하고 있는 이 엄연한 '현실'을 중화주의의 왕도 논리 체계 안에서 어떻게 설명할 것인지에 대해서도 답해야 할 것이다.(조경란 2007, 54)

이 문제와 관련하여 그나마 균형을 보여주는 미조구치의 다음 서술은 그래서 음미해볼 만하다. 신장 위구르, 내몽고, 티베트 등의 비한족을 국민으로 포섭하고 있는 중국이라는 국가를 사회의 측면에서 어떻게 볼 것인가 하는 문제, 또 하나는 현재는 중국, 홍콩, 대만의 세 주권영역으로 분열되어 있으면서 경제 문화권으로서는 하나로 연결되어 있는 한인 사회권을 국가의 측면에서 어떻게 볼 것인가 하는 문제다.(溝口雄三 1994, 6) 또 자연적으로 형성된 지역사회가 인위적인 국경선에 의해 분단되거나 혹은 통합되어 자연적인 교류가 단절되고 변질된 예도 있다. 내몽고 자치구와 몽골인민공화국이라는 문화와 역사를 같이하는 지역이 분단되고 내몽고 자치구에는 한인의 이주유입이라는 형태로 국민의 통합이 이루어졌다.(溝口雄三 1994, 7) 어찌되었던 서구근대의 국민국가 개념이 들어와 소수민족 입장에서는 동화의 정도와 질이 훨씬 더 폭력적으로 변화했고 인위적 분단이 이루어진 예도 있다. 물론 홍콩이나 타이완의 경우도 한족의 입장에서 보면 '분리'가 이루어진 곳이다. 따라서 앞으로 국가나 국민의 이름으로 행해진 해방이라든가 근대화 등의 문제는 일반 인민의 삶(民)이나 소수민족 사회(夷)의 입장에서 좀 더 폭넓게 논의되어야 한다.

합체로 해석한다. 이 조공체제를 그는 현재의 신제국 형태와는 질적으로 다른 '공정한 제국'으로 본다.(조경란 2005)

요컨대 근대 국민국가의 논리가 중국에 들어와 관철되는 과정은 중화주의를 근대적으로 재편하는 과정이기도 했다. 즉 서구중심주의가 중국에 들어오면서 중화주의가 해체되었다기보다 타자성을 인정하지 않는 방향으로 악화되었다. 특히 소수민족 입장에서 볼 경우 서구중심주의가 들어오기 전부터 진행되었던 동화정책은 국민국가의 논리가 수용되면서 훨씬 강화되고 체계화되었다고 할 수 있다.[23] 진화론 안에 내재된 인종주의는 타자를 동일한 구조 안으로 끌어들여 불평등한 위계제를 확립하는 보편주의 이데올로기의 보완물이었다. 그리고 과학의 이름으로 미화된 보편주의는 위계제와 불평등 위에 구축된 근대세계에서 지배집단의 이념으로 작용했다.(유재건 2003, 43) 중국의 지식인들은 이러한 보편주의를 딜레마로 느끼면서도 한편에서는 그것을 적극적으로 내재화시켜나갔다. 그것은 글로벌한 세계체제 속에 진입한 중국으로서 피할 수 없는 과정이기도 했다. 결국 중국이 서구중심주의를 수용하는 과정에서 보여준 지식의 풍경은 서양과 비교하여 거의 동일했다고 할 수 있다.

5. 중국적 보편주의와 서구적 보편주의를 둘러싼 현재적 쟁점

120년 전 옌푸는 유교의 보전과 국가의 보전 사이에서 서슴없이 후

---

23) 이는 마치 인간의 책임과 존엄이 처참하게 짓밟히는 문혁의 비극이 포스트사회주의 이후에도 지속적으로 도덕을 비웃는 희극의 심리적 기제를 만들었고 그러한 정서적 토대에 대한 반성의 과정 없이 자본주의가 수용되다 보니 '괴물자본주의'의 모습을 띨 수밖에 없었다는 첸리췬(錢理群)과 위화(余華)의 논리와도 구조적 상동성을 보여준다.

자를 택했다.[24] 여기서 국가는 부(wealth)와 강(power)을 목표로 한 것이었다.(슈워츠 2006, 63) 옌푸는 자유를 체로 하고 민주를 용으로 했을 때 부강은 달성될 수 있다고 보았다. 그에게서 자유는 개인의 능력을 분출시킬 수 있는 계기였고 이것이 궁극적으로는 국가의 부강에 도움이 되는 것이었다. 그런데 이제 어쨌건 옌푸가 꿈꾸던 부와 강이 현실화되었다. 이 성공을 바탕으로 이제 '중국몽'을 말하고 있다. 관방과 민간의 공동기획이라 할 '중국몽'이라는 새로운 프레임이 제시된 데는 우선 경제적 자신감이 배면에 깔려 있다. 중국의 경제성장은 사실 세계의 프레임을 재구성할 수 있는 중요한 조건이 될 수 있다. 물론 프레임을 어떻게 짜느냐에 대해서는 중국당국과 이론화를 담당한 지식인들의 의지가 무엇보다 중요하다.

대륙신유가의 중심인물 중 한 사람인 천밍 또한 이러한 점들을 의식하면서 '중국몽'을 해석한다. 그는 시진핑(習近平)이 '국가치리'의 작용과 의의로서 유가사상을 언급했다는 점에 주목한다. 그는 또 중국이라는 개념은 이제 더 이상 그 앞에 사회주의나 어떤 수식어를 붙일 필요가 없으며 그 자체로 꿈을 꾸는 중심이며 주체가 되었다고 해석한다. 시진핑의 '중국몽'에서 중국의 꿈은 우선 14억 중국인민의 공통된 꿈이다. '중국몽'의 가장 큰 특징은 국가, 민족, 개인을 운명공동체로 하여 국가이익, 민족이익, 그리고 모든 개인의 구체적 이익을 긴밀하게 연결시키는 것이다. 천밍은 이러한 '중국몽'의 출현을 포스트문혁시대 중국공산당의 이데올로기 변화의 표식이며 중국공산당 건립 이래 이론사상 측면에서의 변화의 표지로 읽을 수 있다고 말한다.(陳

---

24) 옌푸는 중국의 위기 해결에 도움이 된다면 육경(六経)조차 비판해야 한다는 입장을 견지했다.

明 2015, 59-61) 이러한 인식을 기반으로 천밍은 다음과 같이 주장한다. 1. 좌우를 초월하여 전통으로 돌아가자. 2. 통삼통(通三統)[25]으로 역사를 중건하자. 3. 신당국(新黨國)으로 미래를 열자. 이를 한 문장으로 요약하면 "전통으로 돌아가 신당국체제인 공산당을 주체로 하여 중화민족의 꿈을 실현하자."가 될 수 있다.[26]

이러한 대륙신유가의 인식은 앞에서 소개한 정치학자 리스무의 주장과 내용적으로 맞닿아 있다. 그의 연설의 마지막 부분을 요약하면 이렇다. "우리는 하나의 시대가 끝나가는 것을 목격하고 있다. 중국인으로 하여금 메타서사의 시대는 막을 내리게 했다. 공산주의와 민주는 인류사상 가장 아름다운 추구였지만 그 보편 교조의 시대는 이미 지나가버렸다. 우리 다음 세대에는 오직 하나의 정치 패러다임이 존재하고, 따라서 모든 사회가 그것으로 귀결된다고 주입되어서는 안된다. 그것은 잘못된 것이며, 무책임한 것이고, 무미건조하다. 지금 보편성이 다원성으로 대체되어가고 있다. 훨씬 다채로운 시대가 천천히 열리고 있다. 우리 모두는 그 변화를 받아들일 용기가 있어야 한다."[27] 리스무의 연설에서 그는 다양성을 주장한다. 다양성을 주장하

---

25) 통삼통은 동중서(董仲舒)가 제기한 것으로 원래는 하, 은, 주 삼대의 정삭(正朔: 曆法)을 지칭한다. 각 왕조가 제도는 다르더라도 천도(天道)에서는 동일하다는 의미다. 그런데 여기서 천밍이 통삼통을 통해 말하고자 하는 것에 주목해야 한다. 그는 시진핑 정부에서 내세우는 중국몽 담론이 청 말부터 시작하여 근현대사, 사회주의 시기, 개혁개방 시기 전체를 가로질러 면면히 흐르는 역사 동질성을 기본으로 한다는 것을 강조하고자 한다.(陳明. 2015)
26) 천밍의 논문을 학문적으로 따지자면 논란거리는 적지 않다. 그런데 중국의 주류 지식인들의 주장을 논리적 차원에서만 해석해서는 놓치는 지점들이 적지 않다.
27) 리스무는 상해 출신으로 어려서 미국으로 건너가 거기에서 학사, 석사, 박사학위까지 받은 인물로 다양한 직함을 가지고 있으며 순수하게 학문 활동만 하는 인물은 아니다.

는 중국적 맥락에 대해서는 세밀한 관찰이 필요하다. 중국의 지식인들은 1990년대까지는 보편성을 비판하고 특수성을 강조해왔다. 거기다 지금은 다양성을 강조한다. 특수성과 다양성의 강조는 보편성의 특권적 지위에 대한 비판을 위한 것이다. 그러나 이러한 다양성의 주장이 메타서사가 가지고 있는 폭력성을 근원적으로 재검토하여 '보편적 보편성'을 찾는 과정과 연결되지 않는다면 이는 또 다른 어떤 특정한 보편성의 주장을 위한 수순에 불과한 것이 되고 만다.

이들의 주장에서 우리가 간파할 수 있는 것은, 지식인들은 '중국몽'의 출현을 기점으로 100~150년 동안 중국을 지배해온 유럽적 보편주의 또는 서구중심주의의 근간인 서양적 지식 패러다임을 종결된 것으로 보려 한다는 점이다. 아편전쟁으로 서양의 침략이 개시된 이래 청일전쟁의 패배로부터 시도되기 시작한 서구식으로의 지식 패러다임의 전환은 5·4운동으로 어느 정도 이루어졌다. 1895년 청일전쟁의 패배로 조공체제가 해체된 이후 약 25년 동안을 '전형기(轉型期, transition period)'라는 말로 개념화하는 것도 이 때문이다.(Hao Chang 1971) 이렇게 본다면 100년의 거리를 두고 1990년대와 2000년대에 출현한 무수한 유학담론, 중국모델론 등은 경제적 부상을 토대로 하여 중국식의 지식 패러다임이 다시 회복되고 있다는 징표일 수도 있다. 따라서 이후의 역사가들은 '중국몽'을 21세기 새로운 전형기의 마지막 꼭짓점으로 기록할 것으로 보인다.

그렇다면 150년 동안 진행되어온 학문적 서세동점은 이제 진정 끝이 난 것일까. '역전의 역전'을 통해 이제 동서가 평등하게 논의할 수 있는 대등한 이론적 지반이 만들어진 것일까. 문제가 그렇게 간단해 보이지 않는다. 특히 서구중심주의의 극복을 인간관계, 생산관계 등 모든 면에서 타자화와 독점을 기본 속성으로 하는 자본주의의 극복이라는 문제와 연결시켜 이해할 경우 문제는 한층 복잡해진다.(강정인 2004, 37-151)[28] 여기서 복잡하다는 말은 소위 서구중심주의는 그것이 문화단위, 국가단위의 패권 이동의 문제만으로 극복되는 것이 아니라는 의미다. 사실상 서구중심주의를 운위할 때 우리는 그것이 자신의 원리를 보편성이라는 이름 아래 타자에게 강요해왔다는 문제점을 지적하는 것에 집중한 나머지 그것이 상당한 시간에 걸쳐 축적된 방대한 지식체계라는 사실을 가끔 망각한다. 중국의 경우에도 지식인들이 이러한 사실을 모르지 않을 터이지만 앞에서 리스무나 대륙신유가, 신좌파 등 여러 유파들이 보여주고 있는 탈서구중심주의 대응전략은 다소 나이브하고 때로는 국가주의와 연결되어 있다는 느낌을 받는다. 이들이 구사하고 있는 '서양에서 벗어나기'나 '중국몽'의 전략은 딜릭(Arif Dirlik)이 지적한바, 세계를 서구중심적으로 개념화하는 데 수반했던 시간성과 공간성에 거의 그대로 의존하고 있다. 이것은 위치의 전도에만 관심이 있지 서구 근대성의 문제를 근원에서부터 적출하고 거기에 대한 대안을 만들어나간다는 문제의식이 부족하다는 것을 드러내는 것이다.

따라서 이제 '중국몽'의 진실성이 의심받지 않기 위해서는 서구 근대를 근본적으로 문제 삼는 연장선상에서 자신의 근대 역사를 반성하는 작업을 진행해야 한다. 자기 대상화와 근대적 성찰이 전제되지 않은 '중국몽'은 아무리 자기문화의 회복이라는 긍정적 의미를 가지고 있다고 하더라도 그 한계는 명확하다. 왜냐하면 서양의 보편에 근거한 원서사를 부정하면서 현실적으로 긍정되는 것은 그것의 단점을

---

28) 강정인은 서구중심주의의 세 개의 명제를 서구우월주의, 서구보편주의/역사주의, 문명화/근대화/지구화로 압축한다.(강정인 2004, 48)

극복한 새로운 형태의 대안이기보다 정치적으로는 권위주의, 경제적으로는 신자유주의, 문화적으로는 유교전통으로 구성된 '당국체제'일 가능성이 크기 때문이다. 류칭(치擊/劉擊)의 지적처럼 현재 중국에서는 중국의 학술 주체성과 중국의 길에 대한 담론이 매우 다양하게 논의되는 중이다. '주권성의 중국'에서 '주체성의 중국'으로 나아가는 문명발전을 말하는 사람(鄧正來)이 있고, 서양을 중심으로 하는 일원적 역사관을 타파하고 중국이 다채로운 미래세계의 문명을 창도할 것을 주장하는 입장(崔之元 등 신좌파)도 있다. 또 유가문명은 보편주의 문명이며 중국의 굴기는 유가문명이 기독교문명보다 우월하다는 증거라고 주장하는 학자(陳贇)도 있다. 류칭은 이들 신좌파와 신유가의 탈서구중심주의 사조 속에는 새로운 '중국중심주의' 경향이 존재한다고 비판한다.(치擊/劉擊 2016)

그렇다면 우리는 중국 정부와 여러 유파의 지식인들이 내놓은 '중국의 길'이나 '중국몽'이라는 개념어를 어떻게 이해해야 할까. 기실 자본주의가 가지고 있는 메커니즘인 독점과 착취의 측면은 전혀 지양되지 않은 채, 오히려 그것을 적극적으로 온존시키고 심지어는 강화하는 방법을 취하면서 그것을 '중국몽'이나 '중국의 길'이라는 개념으로 치장하는 것은 아닐까. 만일 그렇다면 '좋은 근대성'은 탈각되고 '나쁜 근대성'은 온존시키는 방식으로 결과할 수도 있다. 이는 결국 '복수의 근대'의 다른 이름에 불과하다. 딜릭에 의하면 '복수의 근대' 개념은 단일한 세계체제의 존재를 망각하는 처사다.(Dirlik 2003) 그리고 이 망각의 결과는, 서구중심주의에 대한 비판을 전 지구화된 자본권력에 대한 비판과 연결시키지 못하게 하여 결국 그것을 비켜가게 만든다. 그 결과 '서양적 근대의 변주'나 '서양적 근대의 확장'에 불과한 것으로 끝나게 할 가능성을 높인다.

지금의 중국정치와 자본주의 시스템으로 볼 때 이처럼 중국의 일부 지식인이 말하는 '복수의 근대'는 유교라는 문화적 베이스는 좀 다르겠지만 본질적 측면에서는 경제적이든 정치적이든 독점과 착취가 지양되기보다는 더 강화된 형태일 가능성이 높다. 따라서 '중국몽'을 단순히 경제성장을 기초로 하여 억눌렸던 중국의 문화적 중심주의를 회복하고 '위계의 전도'에만 초점을 맞춘 '괴물자본주의'의 다른 이름에 불과한 것으로 오인받지 않기 위해서는 획기적인 인식의 전환이 필요하다. 즉 어떻게 하면 건전한 시장경제체제를 만들 수 있을까를 고민해야 한다. 기존의 독점적 자본주의도 아니고 독점적 사회주의도 아닌 그런 방식, 즉 사민주의적 방식이다.[29] 이것이 가능하기 위해서는 여러 가지 지정학과 우연성이 지배하는 측면을 제외하면 위정자와 지식인들, 그리고 개혁적 자본가들이 힘을 모아 변화된 미래를 만들 수 있다는 '낙관적 의지'와 그것을 뒷받침할 획기적인 '정치'가 필요하다. 그렇기 때문에 월러스틴은 '유럽적 보편주의'가 아닌 앞으로 도래할지도 모를 '전 지구적 보편가치' 혹은 '보편적 보편주의'는 우리에게 그냥 주어지는 것이기보다 창조하는 것이고 윤리적 기획이어야 한다고 주장했던 것이다.(월러스틴 2008, 56-57) '중국몽'이 진정 새로운 프레임으로 힘을 가지려면 그 안에 획기적인 새로운 가치가 담겨 있어야 한다.

  그렇지 않다면 '중국몽'은 다만 서구적 근대성의 중국적 변주인 국가독점자본주의의 다른 이름에 불과한 것이 되고 말 것이다. 그러한

---

29) 중국 공산당이 중화인민공화국 건국 이전 1940년대의 구상 단계에서 내보였던 '신민주주의'와 '연합정부론'은 사민주의적 구상과 많은 부분 맞닿아 있다고 할 수 있다. 이때 국민당을 비판하고 공산당 쪽으로 기울었던 민맹(民盟)이나 민주당파 지식인들 대다수가 경제는 소련식, 정치는 미국식을 구상했다. 이는 당시 유력 잡지였던 『관찰(觀察)』의 면면을 살펴보아도 확인 가능하다.

'중국몽'으로는 중국 내부의 현재적 문제에 대해 대응할 수 없을 뿐 아니라 중국 지식인이 항상 말하는 세계의 구제 또한 불가능할 것으로 보인다. 따라서 중국의 다양한 탈서구중심주의 담론이 윤리적 정당성을 가지려면 논의의 방향을 '위계의 전도'라는 정치적 또는 이데올로기적 목표에만 둘 것이 아니라 서구중심주의와 그것을 통해 자기를 강화했던 중화주의, 그리고 그 양자의 종합으로 형성된 자신의 근현대 역사에 대해서도 집요하게 질의를 해야 한다.

6. 나가며

중화주의는 서구의 근대가 들어오기 전까지는 동아시아에서 '보편주의'로 통했다. 서양의 '보편주의'가 그렇듯이 중국의 '보편주의'도 그 안에 자기중심주의와 화이지변이라는 차별주의를 내장하고 있었다. 물론 이 중화주의는 중화제국체제가 무너지면서 그것이 실현될 현실적 기반인 무제한의 천하는 상실되었다. 하지만 제도로서 중화제국체제는 무너졌더라도 그것을 떠받치는 이데올로기였던 중화주의는 해체되지 않았다. 우선 무엇보다도 소수민족과 그들이 차지하고 있는 광대한 영토인 구주의 천하는 유지해야 했기 때문이다. 이처럼 서구중심주의를 받아들일 당시에도 중국에는 중화주의를 유지해야 하는 물질적 조건을 가지고 있었다. 따라서 중국인들이 중화주의를 가지고 있는 것은 어찌 보면 당연한 것이다. 그렇기 때문에 우리가 중국 지식인을 향해 문제 삼아야 하는 것은 그들이 그것을 상대화해서 볼 수 있느냐의 여부다. 서구중심주의는 일단 과학기술에 힘입은 진화론의 형태로 중국에 들어왔다. 그리고 그 안에 식민지, 반식민지의 시급한 과제를 '해결'할 강력한 무기인 국민국가론과 문명화론을 포함하고 있었다. 국민국가담론은 물론 천하주의에 충격을 주었고 그로 인해 중국의 지식인들은 그들을 둘러싼 현실이 변화되었음을 알게 되었다. 그러나 이로 인해 중화주의가 해체된 것은 아니었다. 오히려 그 담론에 힘입어 근대적으로 재편되었다. 즉 중화주의와 서구중심주의는 중국이라는 시공간에서 만나면서 서로를 강화해갔다고 할 수 있다. 민(民)과 이(夷)를 대상으로 한 국민화 작업은 국민국가 이데올로기와 중화민족 이데올로기가 이중적으로 중첩되는 형태를 띠면서 진행되었다. 특히 당시 중국 내부의 타자이며 또 다른 의미의 '식민지'라 할 수 있었던 소수민족의 입장에서 근대는 서구제국주의가 들어오기 전부터 이미 식민화되는 과정이었고 서구중심주의의 진입은 이들에 대한 한화정책과 동화정책을 한층 강화시키는 작용을 했다.

그렇다면 이러한 결과가 초래된 근원적 이유는 어디에 있을까. 중국의 지식인들은 중화제국체제가 무너진 후에도 이를 떠받쳤던 이데올로기인 중화주의를 정식으로 문제 삼고 담론화한 적이 한번도 없었다. 물론 이는 앞서 말한 중화주의를 유지해야 하는 물질적 조건이 있었기 때문에 불가능한 것이었다고 강변할 수는 있겠다. 하지만 지식인이라는 것이 무엇인가. 자기를 객관화하고 거리두기 작업을 통해 일반 사람들에게 자신들이 처한 상황을 직시하게 해주고 반성으로 이끄는 것이 그들의 일차적 역할이 아니던가.[30] 이렇게 본다면 중화주의에서 가장 큰 문제는 오히려 그 자체가 가지고 있는 자기중심성이기보다 그것을 내재화한 중국의 지식인 거의가 그것을 상대화하는

---

30) 물론 당시 중국의 지식인들이 이러한 역할을 전혀 하지 않았다고 할 수는 없다. 그러나 이런 역할을 하고자 했던 지식인들은 항상 비주류에 속해 있었다.

면모를 보여주지 못했다는 점에 있을 것이다. 이들은 서구중심주의를 받아들일 때 자신의 모습을 상대화할 수 없었기 때문에 서구중심주의가 가지고 있는 중심성을 간파하는 데 한계를 가질 수밖에 없었다. 따라서 결과적으로 중화주의에 대한 성찰의 과정 없이 그 위에 서구중심주의가 수용됨으로써 중심주의를 강화하는 결과를 만들어냈던 것이다. 중화주의는 그 안에 봉건적 요소가 전혀 없다고 볼 수 없는 상황에서 그것이 담론화를 거치면서 반성의 단계를 경험하지 못한 상태였다면 서구중심주의와의 결합은 그렇지 않은 경우보다 훨씬 용이했을 수 있다. 3장에서 살펴본 것처럼 민족제국주의가 야만인을 대신해 토지를 개척해야 한다든가 우등인이 열등인을 학대해도 된다고 하는 등의 언설은 근대 국민국가의 논리가 중국에 들어와 관철되는 과정이 서구 식민지 개척자의 그것과 하등 다를 것이 없음을 보여준 것이다.

서구중심주의는 자기의 논리를 타자에게 강요한다는 점에서 중화주의적 중심주의와는 질적 차이를 가지고 있다. 더구나 고도의 효율성과 기술적 합리성, 그리고 군사력으로 뒷받침되고 있던 자본주의의 다른 이름인 서구중심주의의 경우는 다른 문명 체제를 파괴하는 데 막강하다.(유재건 2003, 361) 이 점에서 서구중심주의와 중화주의와는 분명 차별화된다고 할 수 있다. 하지만 문제는 중국이 중화주의를 상대화시켜 볼 수 없는 한에서 서구중심주의에 대해서도 그 문제점을 근본에서부터 비판하고 지적한다는 것 자체가 결코 쉬운 일은 아니었다. 더구나 이제 부강몽을 실현하고 그것을 바탕으로 위계의 전도를 주내용으로 하는 '중국몽'을 꿈꾸고 있다면 서구중심주의의 문제를 근본적 차원에서 지적하기보다는 온존시키는 쪽이 유리하다고 판단했을 가능성이 높다.

이제 우리는 중화주의와 그 현실적 구현체인 조공체제를 재해석하여 서구중심주의에 맞세우려고 할 경우 후자를 극복해야 한다는 지나친 욕심으로 서구문명과 아시아 문명 중 후자를 근거 없이 특권화하는 것은 아닌지 되물어야 한다. 그리고 이때 문명이라는 것이 독점을 속성으로 하는 자본주의와 만났을 때 건재할 수 있는 것인지에 대해서도 함께 물어야 한다. 자본주의 진입이 허용된 사회 치고 순수하게 자기의 고유 문명을 유지한 채 오롯이 살아갈 수 있는 곳은 이제 아무 곳도 없기 때문이다. 그렇기 때문에 문명체계에서 동서가 동일하지 않다는 점은 받아들인다 하더라도 근본적으로 자본주의의 성격 측면에서 질적 차이가 있느냐 하는 문제가 따져지지 않은 채 다른 진전된 논의는 별 의미가 없어 보인다. 즉 독점과 착취라는 측면에서 서구근대가 자행했던 식민지를 건설하는 비윤리적 행위 같은 것은 하지 않더라도, 중국을 실질적인 국가독점자본주의로 본다는 것에는 이의가 있을 수 없다. 중국 내부적으로 계층 간, 민족 간에 식민화와 진배 없는 것으로 해석될 수 있는 사건들이 없지 않았다는 것은 정치적으로든 경제적으로든 '독점'이 지양된 곳은 아니라는 이야기다.

자본주의의 문제를 독점으로 이해하는 브로델은 현존했던 거의 모든 사회주의를 유지해야 할 시장경제는 금지시키고 금지해야 할 독점은 유지시킨다는 점에서 뒤집힌 것이라고 본다(Braudel 1995, 266). 따라서 앞으로 이어지는 후속 연구에서는 자본주의로부터의 이탈을 통한 근대화를 기획했던 중국 사회주의의 문제를 서구 근대성이라는 커다란 맥락 속에서 좀 더 근원적으로 분석할 필요가 있다. 근대성 자체에 대한 비판적이고 학문적 접근 없이는 사회주의의 문제도 깊고 폭넓게 논의하는 데 한계를 가질 수밖에 없기 때문이다.

이제 우문 하나를 던지면서 글을 갈무리하고자 한다. 중국이 서양의 서구중심주의에 견줘 더 윤리적이어야 할 의무가 있는가. 중국에만 이러한 의무를 부과하는 것은 부당한 처사가 아닌가. 그렇기 때문에 중국은 이제 중국식의 자본주의의 길을 간다 하더라도 도덕적으로 비난받을 하등의 이유가 없다고 할 수 있다. 그러나 중국은 항상 전통적으로 하나의 세계였고 또 하나의 질서로 통했기에 우리가 기대하는 대상이 될 수밖에 없었다. 하지만 실제 현실은 독섬이 선혀 시앙되시 않는 정치와 경제가 존속되고 있는 상황, 좀 심하게 말해 다른 나라의 경우보다 훨씬 더 많은 문제가 있는 자본주의가 운영되고 있는 곳이 중국이라는 점은 부정할 수 없다. 바로 그렇기 때문에 주류 지식인 담론에서 역설적으로 실현 가능성이 전혀 없는 먼 미래의 대안을 운위하는 급진성에 대한 유혹이 나타날 수 있으며, 이러한 유혹적 언사들은 때로는 현실의 문제를 은폐하는 쪽으로 작용하기도 한다.

하지만 이제 진정 중국의 지식인들이 대안을 만들 의지가 있다면 가장 현실적 방안을 강구해야 한다. 그것을 필자는 앞에서 말한 사민주의적 길에 대한 고민과 연결되어 있다고 보았다. 이는 양극화가 가속화되는 현실에서 사, 민, 이가 공존할 수 있는 가장 현실적 방안일 뿐 아니라 생태환경의 문제를 고려했을 때도 그렇다. 탈중화주의든 탈서구중심주의든 그 궁극의 목표가 대중의 일상적 삶에서 왜곡을 최소화하는 것에 있다면 경제 민주를 핵심으로 하는 사민주의적 고민은 지나칠 수 없는 문제다. '중국몽'이 진정 새로운 프레임으로서 현실에 터하기 위해서는 실현 가능한 가치를 말해야 한다. 중국에서 유효하다면 당연히 세계에서도 유효하기 때문이다.

■참고문헌

강상규. 2013. 『조선 정치사의 발견』. 파주: 창비.

강성호. 2008. "'전 지구적' 세계체제로 본 세계사와 동아시아 : 안드레 군더 프랑크." 『역사비평』 82. 2008. 2.

강정인. 2004. 『서구중심주의를 넘어서』. 서울: 아카넷.

강진아. 2011. "중국의 부상과 세계사의 재조명." 『역사와경계』 제80집, 2011. 9.

김택현. 2012. "유럽중심주의 비판을 다시 생각함." 『서양사론』 제114권 0호, 2012.

배경한, "19세기 말 20세기 초 중화체제의 위기와 중국 민족주의." 『역사비평』 2000 여름호.

배경한. 2011. "동아시아역사 속의 신해혁명." 『동양사학연구』 117, 2011. 12

브로델, F. 저·주경철 역. 1995. 『물질문명과 자본주의』 Ⅲ-2. 서울: 까치.

사카모토 히로코 저·양일모, 조경란 공역. 2006. 『중국민족주의의 신화』. 서울: 지식의 풍경.

월러스틴, 이매뉴얼 저·김재오 역. 2008. 『유럽적 보편주의: 권력의 레토릭』. 파주: 창비.

유장근. 2002. "동아시아 근대에 있어서 중국의 위상." 『근대 동아시아 국제관계의 변모』. 서울: 혜안.

유재건. 2003. "근대 서구의 타자 인식과 서구중심주의." 『역사와 경계』 46, 2003. 3.

이정남. 2006. "천하에서 민족국가로." 『중소연구』. 통권 109호, 2006년 봄.

조경란. 2003. "중국 시민사회 담론의 초기적 특징: 량치차오의 국민국가 인식의 시민사회적 함의를 중심으로." 『대동철학』, 2003. 9.

조경란. 2006. "현대 중국의 소수민족에 대한 '국민화'이데올로기—중화민족론을 중심으로." 『시대와철학』 2006년 가을호.

조경란. 2007. "중화주의는 보편적 가치와 만날 수 있는가." 『전통청바지』. 서울: 웅진지식하우스.

조경란. 2009. "중국 지식인의 현대성 담론과 아시아 구상." 『역사비평』 2005. 9.

조경란. 2014. "냉전시기(1950~60년대) 일본 지식인의 중국 인식—竹內好의 중국관: 사상적 아포리아와 '좌파—오리엔탈리즘.'" 『사회와 철학』 28집, 2014년 10월.

梁啓超. 1977. "國家思想變遷同異論." 『飮氷室文集』 1冊 6卷. 廣智書局.

梁啓超. 1984. "十種德性相反相成義('自由與制裁')." 『梁啓超哲學思想論文選』. 北京大學出版社.

梁啓超. 2010. "論自由." 『梁啓超集』. 花城出版社.

章炳麟. 1986. "齊物論釋定本." 『章太炎全集』 제6권. 上海人民出版社.

孫文. 1986. 『孫中山選集』. 人民出版社.

903. "論中國之前途及國民應盡之責任." 『湖北學生界』 제3기(1903年 3月 29日).

羅家倫主編. 1968. 『中華民國史料叢編』(台北: 中國國民黨中央委員會黨史料編纂委員會, 影印初版).

潘光哲. 2012. "殖民地的概念史: 從「新名詞」到「關鍵詞」—以「殖民地」爲例的思考." 『中央研究院近代史研究所集刊』 第82期(2012年 12月). 中央研究院近代史研究所.

習近平在全國人大閉幕會上講話談中國夢(全文). 2013. 3. 17 人民網.

秋風. 2012. '文化强國, 除了復興儒家別無他路.' 2012년 11월 16일. 湖南大學 講演.

李世黙. '兩種制度的傳說'(동영상 연설문).

許紀霖. 2014. '何謂現代, 誰之中國.' 許紀霖, 劉擎 主編. "何謂現代, 誰之中國?." 『知識分子論叢』 第12輯.

陳明. 2015. '習近平的'中國夢'論述與中共意識形態的話語調整.' '시진핑 지도체제하의 중국의 정치적 도전과 정치변화 전망.' 고려대학교 아세아문제연구소 HK사업단. 국제회의.

王奇生. 2010. "爲什麼是革命與反革命?—王奇生敎授答." 『南方都市報』 2010. 4. 7.

劉擎. 2016. "中国思想界対西方中心主義的批判." 미발표 논문.

溝口雄三. 1994. "アジアにおける社會と國家." 溝口雄三 외 편. 『アジアから 考える社會と國家』 4. 東京大學出版會.

渡邊伸一郎. 1999. "天下イデオロギー." 『日本史研究』 440호, 1999. 4.

西村成雄. 2000. "二〇世紀からみた中國ナショナリズムの二重性." 西村成雄 편. 『現代中國の構造變動—ナショナリズム—歷史からの接近』 3. 東京大 學出版會.

村田雄二郎. 2000. "20世紀システムとしての中國ナショナリズム." 西村成雄 편. 『現代中國の構造變動—ナショナリズム—歷史からの接近』 3. 東京大 學出版會.

副島昭一. 2000. "不平等條約撤廢と對外ナショナリズム." 西村成雄 편. 『現 代中國の構造變動—ナショナリズム—歷史からの接近』 3. 東京大學出版 會.

日原利國 編. 1984. 『中國思想辭典』. 研文出版.

宇野重昭 編集責任. 1989. 『靜かな社會變動』. 岩波講座 現代中國第3卷. 岩波 書店.

田島英一. 2008. "中國ナショナリズム分析の枠組みと實踐." 加加美光行 편. 『中國の新たな發見』. 日本評論社.

竹内好. 1969. "中ソ論争と日本の道." 『現代中国論』. 筑摩書房.

Balibar, Etienne. 1991. "The Nation Form: History and Ideology." Etienne Balibar and Immanuel Wallerstein, *Race, Nation, Class*. Verso: London.

Chang, Hao. 1971. *Liang Ch'i-ch'ao and Intellectual Transition in*

China. 1890-1907. Cambridge, Mass: Harvard University Press.

Fitzgerald, John. 1996. *Awakening China: Politics, Culture and Class in the Nationalist Revoltion.* Stanford: Stanford University Press.

Fletcher, Joseph. 1978. "Ch'ing Inner Asia C.1800." *The Cambridge History of China* Vol. 10. Part 1. Cambridge: Cambridge University Press.

Schwartz, B. 1964. *In Search of Wealth and Power.* Cambridge, Mass: Havard University Press.(벤저민 슈워츠 저 · 최효선 역. 2006. 『부와 권력을 찾아서』. 파주: 한길사.)

Wallastein, Immanuel. 1991. *Geopolitics and Geoculture.* New York: Cambridge University Press.

중국 사상계의 서방중심주의에 대한 비판

류칭(刘擎/劉擎)

1. 들어가기

현재 중국 학계에서 '서방중심론' 혹은 '서방중심주의(Western-centrism)는 이미 사람들에게 익숙한 개념이다. 개략적으로 말하면 '서방중심론'은 일종의 사상적 편견이라고 할 수 있다. 그것은 서방의 역사를 인류역사발전의 고급 단계 또는 기준으로 간주하고, 서방의 관념, 사상과 이론을 보편타당성을 갖춘 지식이라 여기는 것이다. 그것은 또 서방의 가치 관념인 정치, 경제, 제도를 비서방사회가 본받아야 할 우월한 모델로 간주한다. 이러한 잘못된 견해는 알게 모르게 서방의 사상 전통 속에 장기간 존재해왔으며 사회적 실천과 정치적 실천에 오랫동안 영향을 미쳤다. 그러나 사람들이 '서방중심론'이라는 단어를 사용하기 시작했다는 것은, 그들이 이미 이것이 잘못된 것임을 의식하기 시작했다는 것이고, 이러한 의식은 '잠재의식' 속에 숨어 있던 것을 끄집어내어 비판과 성찰의 대상으로 삼았음을 의미한다. 실제로 서방학계 자체의 '유럽중심론'에 대한 성찰은 이미 오랜 역사를 갖고 있다. 특히 1970년대 말기 이후 이에 대한 비판적 담론은 국제학계의 유명한 학설이 되었으며, 심지어 문화비평 등의 분야에서 주류적 지위를 차지하게 되었다.

최근 20여 년간 중국 지식인들 사이에서 서방중심주의에 대한 담론 역시 점차 활기를 띠게 되었다. 이 글은 오늘날 서방중심주의에 대한 중국 사상계의 인식과 논쟁을 알아보고 세 가지 측면에서 논의하고자 한다. 우선, 서방중심주의 개념에 대한 중국 지식인들의 이해를 짚어보고 서방중심주의의 폐단에 대한 그들의 인식을 서술한다. 둘째, 서방중심주의에 대한 중국 지식인들의 서로 다른 입장을 알아보고 서방중심주의를 극복하기 위한 그들의 대안이 무엇인지 알아본다. 끝으로 필자만의 방식으로 서방중심주의를 분석하고 더 적절하면서도 효과적이라고 여겨지는 대안을 제시하려 한다.

2. 중국의 시각으로 본 서방중심주의

19세기 후반부터 중국 지식인들은 '서학'으로 불리는 지식을 광범하게 접하기 시작했다. 서학은 서방으로부터 전해진 자연과학과 종교, 인문사상, 사회과학 지식 등을 포함한다. 청나라 말기의 중국은 서방의 거센 도전을 받게 되었고 외우내환에 시달리는 지경에 처해 있었다. 중국 문인들은 "서방을 따라 배워야 한다."는 필요성과 시급함을 깨달았으며 이러한 학습과정은 논쟁으로 나타났다. 급진적이고 반전통적인 사람들은 '전반서화(total westernization)'를 주장했고, 문화 보수주의자들은 서학을 의심하고 거부했다. 근대 이행기에 있었던 중국 사상에 관한 주요 논쟁['고금중서(古今中西) 논쟁'과 '체용(體用) 논쟁' 등]에서 중국의 지식인들은 줄곧 서학의 정당성과 보편타당성에 대해 성찰했으며, 이들 중에는 이미 서방중심주의의 문제점을 의식하기 시작한 학자도 있었다. 한 연구에 따르면 이런 의식은 20세기 초 일부 중요한 사상가의 논술 속에서 발견된다. 량치차오(梁啓超)는 서방의 '진보적 역사관' 담론에 대해 성찰한 적이 있으며, 1960년대에는 역사학자 저우구청(周谷誠)이 '세계사 체계에 존재하는 서방중심주의'를 비판했다.(陳立柱 2005, 45) 1980년대 이후, 중국 학계는 서방의 여러 가지 새로운 학술 사조(특히 포스트구조주의 이론)를 도입하고 그람시의 '문화 헤게모니', 푸코의 '지식/권력' 학설, 사이드의 '오리엔탈리즘', 그리고 포스트식민주의 이론 등 서방의 학술 개념을 응용하기 시작했으며, 이것들을 참고하여 서방중심론의 폐단과 그것이 중국의 사상 및 문화에 미치는 영향을 검토했다.

개혁개방 이후 30년이 지나면서 서방중심론에 대한 각성과 비판은 이미 중국 사상계의 분명하고 자각적인 의식이 되었다. 그렇다면 오늘날 중국 학자와 지식인들은 '서방중심주의'라는 개념을 어떻게 이해하고 있을까? 이와 관련된 논의는 매우 풍부하고 다양하다. 따라서 간단명료하고 정확하게 대답하기란 쉽지 않다. '서방중심주의'에 대한 학술분야에서의 논의와 (언론 매체와 같은) 공공영역에서의 논의는 미묘한 차이를 드러낸다. 인문 사회과학 분야, 특히 역사, 철학, 문화연구분야에서 서방중심론에 대해 활발한 토론이 이루어졌다. 이 분야의 학자들은 주로 인지적(cognitive) 측면에서 서방중심론을 지식의 편견(knowledge bias)으로 보았으며 서방중심론이 비서방 국가(특히 중국)의 학술 지식에 미치는 부정적인 영향을 분석했다. 공공사상분야에서 중국 지식인들은 주로 규범적(normative) 측면에 초점을 맞춰 담론을 전개했다. 그들은 서방중심론을 언어문화 헤게모니로 이해했다. 따라서 그것을 주로 이데올로기적 효과 및 중국 문화, 사회, 정치 실천에 미치는 영향에 중점을 두어 비판했다.

이처럼 서방중심론의 개념을 규정짓는 것에서는 학술영역과 공공영역에서 일정한 차이를 보여주지만 그 안에는 '가족 유사성(family resemblance)'이라는 공통점이 있다. 예를 들어 후촨성(胡傳勝)은 다음과 같이 정리한다. "서방중심론은 옛날부터 지금까지 서방문화에 대해 자각적으로 인식하지 못함으로써 나타난 결과다. 어떤 면에서는 일정 정도 서방문화가 비서방문화보다 우월하고 높다고 보거나, 인류의 역사가 서방문화를 중심으로 펼쳐졌다고 본다거나, 서방문화의 특징, 가치, 그리고 이상이 그 어떤 보편성을 갖고 있어 그것이 비서방의 미래 발전방향을 대표한다고 보는 등, 이 모든 것이 서방중심론의 색채를 보여주고 있다." 후촨성은 더 나아가 서방중심주의를 두 가지 형태로 구분했다. 한 가지 형태는 '가장 극단적이고 추악하며 반감을 자아내는 종족우월론'이고, 다른 한 가지 형태는 '온화하고 사람들이 느끼지 못하는' 은밀한 형태로, 그것은 '과학화'의 외피를 쓴 현대화 이론으로서 "서방문화가 특수한 역사 환경에서 발전시킨 특수한 사회현상, 제도장치, 가치관념, 생활취향이 보편적 의미를 갖고 있다고 여긴다. 그리고 이러한 보편의식은 서방문화가 세계로 확장되고 성공함에 따라 훨씬 강화되고 있다."(胡傳勝 1999)

이로부터 알 수 있듯이 서방중심론은 '서방과 비서방'이라는 이원론적 틀에 기반해 있으며, 여기서 전자가 후자보다 우월한 지위를 갖는다. 서방중심론은 "서방 또는 유럽의 여러 시기의 사상관념과 역사발전을 정상적인 변화, 즉 보편성을 갖고 있는 역사발전과정으로 보는 것이다." 비서방세계에 대한 인식과 평가에서 보이는 유럽적 가치의 우월함 —즉 서방의 가치관을 세계의 보편적 관념으로 간주하고 근대 이후의 서방과학을 보편타당한 지식이라고 간주하는— 에서도 서방중심주의가 드러난다. 아무튼 서방사회의 문화와 정치는 세계 각 민족발전의 공동목표이며 발전방향이라고 여기는 것이다.(陳立柱 2005, 55-56) 동시에 세계에서 서방이 가지고 있는 주도적 지위는 서방문명 우월성의 표현이며 서방문명의 발전은 자생적이어서 비서방사회의 영향을 거의 받지 않는다. 반대로 비서방세계의 원초적 문화는 낙후하고 미개한 것으로 서방문명의 계몽과 지도가 있을 때만이 문명의 방향으로 발전할 수 있다.

그렇다면 서방중심주의는 중국에서 왜 문제가 되었는가? 서방중심주의는 어떤 위해를 가져올 수 있는가? 이에 대해 우리는 여전히 학술분야와 공공분야라는 두 가지 측면으로 나누어 고찰할 수 있다. 많은 학자들은 중국이 장기적으로 서방중심주의 영향을 받아 중국의 학술연구와 공공사상 토론이 서방에 의존하는 상태에 처하게 되었다고 본다. 유명한 신좌파학자 왕후이(汪暉)는 20년 전에 이미 "현대 중국 지식인 중 상당수가 서방의 눈을 갖고 있다. 그들과 서방사상의 관계는 그들과 이 사회 내부의 문화관계를 초월한다."고 지적했다.(汪暉 외 1994) 중국의 많은 학과는 서방학술의 개념, 이론과 연구 패러다임에 의존하여 학술연구를 진행한다. 하지만 중국 자체의 전통 술어와 사상관념은 "현대 중국 학술 사유에서 이미 사라져 학술사 연구대상이 되었다."(陳立柱 2005, 67) 많은 학자들은 줄곧 서방의 이론을 적용하여 중국의 전통과 현실을 이해하고 해석하고 있다. 그러나 이런 학술과 사상의 의존 양태는 두 가지 의미에서 모두 문제가 된다. 우선 학술분야에서 서방이론을 그대로 적용하거나 인용하는 것은 지식의 '맥락 오류'를 초래한다. 서방의 특수 지식을 보편타당성 이론으로 잘못 판단하여 중국의 특수한 맥락과 조건에 적용하면 중국의 경험과 문제를 정확하게 해석할 수 없을뿐더러 오히려 발을 깎아서 신발에 맞추는 식이 되며 중국 자체의 문제의식을 은폐하여 중국의 독특한 경험을 왜곡하게 된다. 둘째, 공공사상분야에서 서방사상에 대한 의존은 서방문화의 헤게모니를 더 강화시켰다. 서로 다른 문명의 '공간성'을 '보편적' 문명의 '시간성'으로 잘못 전환하여 중국문명을 서방문명(소위 '세계역사') 발전과정의 낮은 단계로 위치시켰다. 이런 사상관념은 '문화제국주의(또는 문화식민주의)'의 지배적 지위를 확고히 하여 중국 자체의 발전 가능성을 억압하였으며 규범적 의미에서 문화다원성과 평등 존중의 가치원칙을 위반했다.

3. 중국 학술의 주체성과 중국의 길

서방중심주의가 중국 학술과 사상에 미친 부정적 영향을 밝혀내는 과정은 자연스럽게 그 폐단과 위해를 어떻게 극복할지에 대한 사고와 방법 찾기로 이어진다. 이와 관련해 중국 사상계에는 두 가지 상호 연관되는 담론이 나타났다. 하나는 중국 학술의 주체성을 재건할 것을 주장하는 것이며, 다른 하나는 중국만의 독특한 발전방향과 문명의 의미를 찾을 것을 제안하는 것이다. 전자는 주로 전문 학술분야에서 나타나며 지식 문제에 착안한다. 후자는 공공영역 분야에서 중국 현재의 사회, 문화, 정치발전의 실천 문제에 초점을 맞춰 토론한다. 그어떤 실천 주장도 모두 특정한 지식에 의존해야 하기 때문에 이 두 영역의 담론은 서로 연관관계를 가지면서 상호 뒤섞일 수밖에 없다.

중국의 일부 유명 학자들은 중국의 인문 사회과학 연구가 서방에 대한 의존을 탈피하여야 한다고 주장한다. 이는 '중국 학술의 주체성'을 되찾고 중국 자체의 '학술 패러다임(academic paradigm)'을 세워야 한다는 것을 요구하는 것이다. 실제로 1990년대에 덩정라이(鄧正來) 등 학자들이 '중국 학술의 본토화' 등을 의제로 하여 시리즈로 토론회를 마련하여 학계에서 상당한 관심을 불러일으켰다.(鄧正來 1996) 현재 이러한 담론들은 거의 모두 '중국굴기(崛起)'를 배경으로 하여 이루어진 논의의 연속과 심화다. 유명 학자 간양(甘陽)은 '문화대혁명'이 끝난 후 중국에서 '제1차 사상해방운동'이 일어났다고 본다. 즉 이전에는 간단하게 서방을 배척했지만 개혁개방 이후에는 서방의 근대화 모델을 전면적으로 받아들이게 되었고 심지어 숭배하는 단계로까지 갔다는 것이다. 그렇기 때문에 오늘날 중국은 '제2차 사상해방운동'을 시작할 필요성이 있으며 제2차 해방운동의 목표는 '중국인이 단순하게 서방을 따라 배우는 시대'를 끝내는 데 두어야 한다고 주장한다.(甘陽 2008) 덩정라이는 "중국 사회과학은 자주성을 추구해야 하며 중국 자체의 '이상적인 미래도(理想圖景)'를 만들어야 한다."고 주장한다. 또 이를 위해서는 '중국을 근거로 하는' 학술 기준을 세워야 하고, 중국을 본위로 하는 지식을 구축하고 중국의 입장에서 중국과 세계를 이해해야 한다고 말한다. 이렇게 함으로써 '주권성의 중국'에서 '주체성의 중국'으로 나아가는 문명발전이 추동될 수 있다는 것이다.(鄧正來 2008)

중국 학술 주체성 건립 주장은 사람들의 주목을 받았다. 그리고 상당히 많은 중국의 학자들이 원칙적으로는 이를 수용했다. 하지만 그 실천 함의가 애매했기 때문에 명료한 지식운동이나 조류를 형성하지 못했다. 만약 이 주장이 서방학술계에서 유래한 용어, 개념, 이론과 방법을 완전히 포기할 것을 요구한다면 중국은 반드시 모든 교육체계, 학과 내용, 전공학과 설치와 학술체계를 처음부터 다시 정립해야한다. 이는 근본적으로 상상할 수 없는 것이다. 심지어 우리가 사용하고 있는 '서방중심론', '주체성', '학술 패러다임' 등과 같은 개념들도 모두 서방에서 유래한 것이다. 이는 곧 서방의 학술사상과 체계가 이미 중국 내부에 깊이 스며들어 중국 현대 학술의 유기적인 구성부분이 되었음을 증명한다. 이는 곧 서방문화를 절대적 '외부'로 보는 그러한 관념이 이미 현실적 기반을 상실했음을 의미한다. 실제로 오늘날 우리는 서방을 완전히 이탈한 현대 중국을 상상할 수 없다. 또 서방과 아무런 관계가 없는 '순수한' 중국은 이미 존재하지 않는다고 할 수 있다. 때문에 '중국 자체의 학술 패러다임'을 만드는 것은 그들이 암시한 바의 급진적 방식으로 실현할 수 없다. 즉 우리는 '중국과 서방의 이원 대립'의 개념 틀 안에서 서방중심주의를 비판할 수 없다.

그러나 중국과 서방의 상호 뒤섞인 상황이 우리가 서방중심주의의 부정적 영향을 비판할 수 없다는 것을 의미하는 것은 아니다. 서방중심주의의 부정적 영향에 대한 비판은 우리가 더 성찰적인 방식으로 서방에서 유래한 학술 용어, 이론, 방법을 받아들이고, 중국 문제를 연구할 때 특정한 맥락에 대해 더 높은 감수성을 유지하고, 동시에 자신의 개념과 이론 틀을 창조해나갈 것을 요구한다. 예를 들어 하층민중항쟁에 대한 사회학적 연구에서 어떤 학자들은 중국의 항의 활동이 결코 (서방학계에서 보편적으로 이해하는) '권리수호' 의식에서 출발한 것이 아니라 '민생보장'의 목표를 이루기 위해 일어난 것이라고 본다. 따라서 실제로 중국의 학술 주체성을 세우기 위해서는 중국의 어떤 상황에 대해 자각적인 성찰적 방식을 동원할 수 있는지, 그리고 그 맥락에 대해 민감하게 의식할 수 있는지가 매우 중요하다. 이러한 학술적 태도야말로 생산적이며 효과적이라 말할 수 있을 것이다.

공공분야의 논쟁에서 서방중심주의를 극복하기 위한 노력은 대표적으로 소위 '중국모델(中國模式)' 또는 '중국의 길(中國道路)'을 탐색하는 담론에서 전형적으로 나타난다. 비록 '중국모델'의 함의와 그 가욕성(desirability), 가행성(feasibility)에 대한 많은 논쟁이 존재하지만. 이런 담론은 다음과 같은 주요한 경향을 보여준다: 서방을 중심으로 하는 일원론적 역사관과 미래 발전 모델을 타파하려 시도하고, 인류문명발전에 대한 중국의 작용과 공헌을 강조하고, 또 중국이 풍부하고 다채로운 미래 세계의 문명을 창도할 것을 강조한다. 게다가 중국문명은 대체 불가능한 독특한 가치를 갖고 있다. 하지만 지적해야 할 것은 중국모델을 가지고 서방중심주의를 극복한다고 할 때, 그 의미를 어떻게 이해하든 중국 지식인들이 가지고 있는 입장과 방법은 결코 단일하지 않으며 복잡한 계보가 존재한다는 점이다. 이 계보에는 (대체적으로 분류하면) 자유주의, 신좌파, 신유가 학파가 있으며 이들의 입장은 각각 다르다.

자유주의 입장을 가진 많은 지식인들에게 중국모델은 결코 보편적 근대성 원칙을 이탈해서는 안 된다. 그들은 줄곧 중국이 근대화 발전이 필요하다고 주장하며 아울러 '중국의 근대성'을 보편적 근대성이 중국이라는 특정한 조건하에서 구체적으로 실현된 것으로 이해한다. 자유주의자들의 시각으로 봤을 때 다원적 근대성은 여전히 근대성의 보편적 원칙으로 공유하고 있으며 여기에는 자유, 평등, 민주, 인권, 법치, 그리고 과학과 사회 진보를 주장하는 원칙이 포함된다. 다만 중국의 특수한 조건하에서 이런 원칙을 실현하는 구체적인 경로와 형태는 중국 자체의 특징을 가지고 있다. 하지만 중국의 특수성과 근대성의 보편성은 결코 모순관계는 아니다. 유명한 자유주의 학자 친후이(秦暉)는 다음과 같이 말한다. 중국과 세계의 역사, 그리고 미래 발전을 연구하는 논쟁에서 관건은 역사, 제도와 가치원칙에 대한 해석과 변호에 대한 유효성을 찾는 데 있다. 이는 근본적으로 경험 사실과 논리적 추론의 판단 기준에 의거하는 것이지 그 어떤 문화를 중심으로 한 시각에 의거하는 것이 아니다. 따라서 '서방중심론'이든 '동양중심론'이든 '무중심론'이든 모두 우리가 관심을 가져야 할 '참된 문제'는 아니다.(秦暉 2001) 이런 관점은 사실 문화결정론에 대한 반박이다. 자유파 지식인들이 봤을 때 그 어떤 문화든 거기서 나온 지식과 실천은 자체의 한계를 가질 수밖에 없다. 하지만 그것들이 모두 자체 문화의 고유한 인지와 규범의 틀에 완전히 갇혀 있지는 않으며, 자기 문화의 한계를 타파하는 것은 늘 가능한 것이며 필요한 것이다. 자유주의자들에게 보편주의 과학 기준과 가치원칙은 인류가 공유하는 것이기 때문에 서방중심론을 극복하는 적절한 방식은 진정한 보편성을 추구하는 것이지 '중국중심주의'를 통해 이뤄지는 것이 아니다. 대안적 근대성의 목표는 근대성의 보편적 틀 내에서 더 훌륭한 대안을 찾는 것이어야지 '반근대성'의 대안을 위해 핑계를 찾거나 위장해서는 안 된다.

중국의 신좌파 지식인들은 대체로 마르크스주의의 보편주의 전통을 계승했다. 그들은 문화상대주의 방식으로 서방중심주의를 비판하는 것을 반대한다. 신좌파를 대표하는 인물 중 한 사람인 추이즈위안(崔之元)은 다음과 같이 주장한다. 서방중심론자는 자신의 특수한 전통과 사상을 보편타당한 것으로 보며, 문화상대론자는 자신의 특수한 전통을 수호하기 위해 특수주의를 숭배한다, 이 두 가지 관점 모두 잘못된 것으로 "특수성 속에서 보편성이 체현되면서도 또 이와 분리된 '보편'관이 체현된다는 것이 결여되어 있다." 그는 웅거(Roberto Unger)의 관점을 인용하여 보편성은 반드시 구체적인 특수함으로 존재한다고 주장한다. 하지만 보편성의 의미 또는 가능성은 그 어떤 개별적인 특수함에 의해 극소화(窮盡)될 수 없기 때문에 보편성을 '무한성'과 밀접한 연관성이 있는 개념으로 이해한다. 그는 근대성의 보편성은 '인류 자아 긍정의 무한성'에 있으며 그것은 서방 근대성의 모델에 의해 극대화(窮極)되지 않는다고 주장한다. 따라서 중국은 제3세계와 마찬가지로 근대성이 추구하는 진보가 "제도를 창신하는 가운데 존재할 것을 희망한다. 즉 지금껏 서방과 제3세계에 존재하지 않았던 제도를 창조하길 바라는 것이다."(崔之元 1997) 여기서 지적해야 할 것은 신좌파 집단 내부에도 서로 다른 견해가 존재한다는 것이다. 왕후이는 추이즈위안과 대체로 비슷한 입장이다. 그는 중국굴기에 대해 복잡한 해석을 내놓았다. 그는 중국이 비록 글로벌화의 과정 속에 진입했지만 중국 자체의 역사 실천 속에서 형성된 특수한 정치구조가 거대한 잠재력이 있기 때문에 신자유주의 형태를 극복한 '새로운 정치(新政治)'를 창조할 수 있다고 본다.(汪暉 2010) 추이즈위안과 왕후이 모두 중국이 창조적 잠재력을 갖고 있으며 이런 창조는 서방 근대성 모델을 탈피하는 데 매우 중요하며 보편적인 의미를 갖고 있다고 본다. 그러나 또 다른 신좌파 대표 인물로 알려진 간양은 서방과 중국은 완전히 다른 문명이며 서방의 이론으로 중국을 이해할 수 없다고 본다. 그 이유는 중국은 '예외 중의 예외'라는 데 있다. 그는 따라서 중국도로의 미래 전망을 서방 근대성의 틀을 완전히 초월한 문명 형태에서 찾는다. 중국 자체가 가지고 있는 세 가지 전통(유가전통, 사회주의 전통, 개혁개방 이후의 전통)이 결합된 형태인 '유가사회주의공화국'이 바로 그것이다.(甘陽 2011)

중국 대륙의 신유가 내부에도 역시 다양한 관점이 존재한다. 하지만 최근의 경향은 특수주의의 방식으로 중국을 이해하는 것에 반대하는 것이다. 신유가에 속하는 학자 천윈(陳贇)은 '중국 특색'이라는 말로 중국의 길을 규정짓는 것에 반대한다. 그는 "소위 중국 특색이라는 표현이 표방한 것은 중국의 특수한 길을 보편화하기 위한 노력이 아니라 서방 보편주의 길의 특수화된 형태다. … 중국 특색은 서방중심주의를 벗어나기 위한 요구를 나타낸 것이지만 동시에 서방중심주의가 이 요구 자체를 규정하는 것을 의미한다. 다시 말해 중국 특색이라는 표현 속에 자리한 것은 서방중심주의의 위축이 아니라 그것의 심화와 제고다."라고 지적했다.(陳贇 2008, 38) 천원은 반드시 문명론적 의미에서 중국의 역사 전통과 오늘날 중국의 굴기 및 미래 발전 비전을 이해해야 한다고 본다. 그에 의하면 유가문명은 일종의 보편주의 문명이고, 따라서 서방이 직면한 여러 가지 위기와 오늘날 중국의 굴기는 모두 유가문명이 기독교문명과 서방 근대성(기독교문명의 산물)보다 훨씬 우월하다는 것을 말해주는 것이다. '민족국가'로서의 '현대 중국의 도로'는 결코 중국이 앞으로 나아갈 길이 아니다. '세계역사에 대해 유가문명의 입장에서 만든 새로운 기획'이야말로 중국이 나아갈 길인 것이다. 천원은 다음과 같이 주장한다. "유가는 이미 중국의 유학에서 동아시아 유학의 역사과정을 거쳤다. 유학이 새롭게 전개될 최종의 가능성은 세계의 유학으로 발돋움하여 인류문명의 새로운 시대의 주도적 형태가 되는 것이다."(陳贇, 『澎湃』) 이로부터 알 수 있듯이 일부 신좌파와 신유가의 사조 속에는 새로운 '중국중심주의' 경향이 존재한다는 것이다.

4. 서방중심주의에 대한 개념 분석

중국 지식인들의 서방중심주의에 대한 비판과 논쟁은 매우 복잡하며 제시한 해결책 역시 다양하다. 하지만 그 배후에는 다음과 같은 핵심적인 문제의식이 존재한다. 즉 중국이 어떻게 자신의 문화주체성을 형성해야 할 것인가? 현대와 미래 세계 속에서 자신의 문화와 정치 이상을 어떻게 형성하고 실현할 것인가? 따라서 필자는 서방중심주의에 대한 분석과 비판 역시 동일한 문제의식을 갖고 접근할 것이다.

저자가 이해하는 바로는 서방중심주의는 우선 지식의 오류(intellectual fallacy)에서 비롯된 것이며, 충분한 성찰을 거치지 않은 협애한 이론 전제와 경험 지식의 기반 위에서 형성된 편견으로 가득한 사상과 담론이다. 지식의 각도에서 서방중심주의 개념을 규정짓는 것은 그것이 결코 현실정치의 실천과 무관하다는 것을 의미하는 것은 아니다. 푸코가 밝혔듯이 지식과 권력 사이에는 깊은 관련이 있다. 그러나 푸코는 또한 지식과 권력은 동일하지 않기 때문에 서로 환원 불가능하다고 경고한 적이 있다. 필자는 개념상에서 서방중심주의와 서방의 강권정치를 구분해야 한다고 본다. 비록 일각에서 서방의 일부 민족(국가)이 강권을 추구하여 야심을 노출하고 있고, 제국주의와 식민주의를 서방중심주의라고 부르지만 필자는 이것을 개념의 혼선이라고 생각한다. 양자 사이에는 복잡한 관계가 존재하지만 개념상에서는 절대 환원 불가능(irreducible)하다.

서방의 강권정치는 지배 욕구와 의지에 기인한 것이며 오만하고 비이성적인 종족우월 의식을 가지고 세계에 대한 지배적 지위를 실현하고자 한다. 이런 야만적인 강권정치는 서방에만 유독 존재했던 것이 아니라 전 세계 많은 민족들 사이에서 서로 다른 시기에 나타났던 현상이다. 그러나 근대에 들어서 일부 서방 국가가 물질적인 면에서 현저한 우위를 차지하면서 타 민족에 대한 지배가 현실화되었고 식민주의와 제국주의의 형태로 나타났다. 서방의 강권정치는 '강권이 곧 정의'라는 논리를 신봉했다. 이는 세계의 여러 민족의 전통문화 규범에도 위배될 뿐만 아니라 서방 자체의 도덕 학설에도 저촉되는 것으로 도덕적으로나 정치적으로나 정당화될 수 없다. 인류역사상 적나라한 강권이 한때 위세를 떨쳤지만 그러한 정치질서는 오랫동안 유지되기는 힘들었다. 제국주의와 식민주의 역사에서 서방의 강권은 왕왕 지성의 가면(intellectual mask)을 쓰고 등장했고, 이런 방식으로 위장하여 스스로의 정당성을 변호했다. 서방중심주의 영향하에서 적지 않은 관념, 사상, 이론과 지식 역시 이 가면을 자주 사용했다.

의식적이든 무의식적이든 서방중심주의 학설은 역사의 현실 속에서 분명히 서방 강권정치를 위해 봉사했다. 그러나 그것은 지식의 오류이지 반드시 권력에 대한 야망 또는 지배의 욕망에서 나온 것이라 볼 수 없다. 개념상에서 이 양자에 대해 구분을 해두는 것이 필요하며 유익하다. 우선, 가장 순수한 의미에서 서방의 강권정치는 '비이성적인 악(irrational vice)'이다. 이런 악을 억제하고 제거하려면 반드시 정치와 군사적 수단에 의존해야 하고 이치를 설명하고 토론하는 방식으로는 통하지 않는다. 둘째, 서방중심주의는 지성의 오류와 사상 편견에서 비롯된다. 서방중심주의는 관념과 이론, 언어 속에서 표현되며 반드시 이성적 논쟁과 비판적인 방식으로써만 비판되고 극복될 수 있다. 셋째, 만약 양자를 혼동하여 동일시하면 '사악한 동기(邪惡動機)'를 고발하는 것으로 엄격한 지성 비판을 대신하게 되는 격이 되기 쉽다. 사악한 동기를 고발하는 것에는 격렬할 수 있지만 서방중심주의가 드러내는 진리 표상과 착오를 깊이 있게 폭로할 수 없으며, 또 끔찍한 정치현실을 효과적으로 저지할 수 없게 된다.

필자는 지식의 오류로서의 서방중심주의의 주요 결함은 지식에서의 편협함(intellectually parochial)에서 온다고 생각한다. 이러한 편협성을 이해하기 위해 우리는 지역성(locality), 특수성(particularity), 일반성(generality), 보편성(universality)과 같은 일련의 개념을 명징하게 구분할 필요가 있다. 지식의 편협함은 서방의 지식과 사상이 가지고 있는 자체적인 지역적 특성을 지칭하는 것이 아니다. 인류가 세상을 탐구하고 관찰하는 방식을 보면 그 최초의 시점에는 늘 자신의 지역성에 근접한 시각, 참조(referents)와 경험에 의존하기 때문에 자신의 특정 문화나 사상전통의 제약을 받을 수밖에 없다. 이 점에서 모든 지식과 사상은 그 시작점에서는 늘 특정 문화적(culturally specific)이며 특수하다(particular). 그러나 다른 한편에서 지식은 또한 늘 내재적인 초월에 대한 요구를 가지고 있다, 바로 최초의 지역성을 초월하여 보편화 또는 일반화(generalization)를 추구하려는 요구다. 일반화는 지식을 지식이 되도록 가능하게 해준다. 지식이라고 불리는 것들이 모두 최소한의 (시간과 공간의 의미에서) 일반화의 요구를 만족시켜야 하며, 그렇지 않을 경우 지식은 특정 시기와 지역 외의 그 어떤 경험과 사실도 이해하고 해석할 수 없기 때문이다. 지식의 일반화 자체는 하나의 과정이며 끊임없이 지역 특수성을 초월하고 더 넓은 시간과 공간 범위 내에서 더 높은 일반성을 실현하는 과정이다.

근대 이후 서방의 지식은 장족의 발전을 이뤄냈다. 그 대표적인 예로 현대 과학체계가 만들어졌다. 이 과학체계는 서방의 개념, 이론과 사상으로 하여금 한층 더 높은 수준의 일반성을 갖춘 것으로 보이게끔 만들었다. 이러한 지식의 일반화 과정은 서방사상을 점차 편협함의 오류에 빠지게 했다. 즉 서방지식의 더 높은 일반성을 궁극의 보편성으로 잘못 인식하게 만든 것이다.(mistaking its higher generality as ultimate universality) 서방의 철학 전통, 특히 플라톤주의 전통 속에서 보편성(universality)은 선험적(超驗的) 형이상학 개념이다. 그것은 지식이 궁극의 유일한 보편진리에 도달할 수 있으며 또한 반드시 도달한 다고 가정한다. 이런 형이상학 개념은 지식을 추구하는 일종의 '작업 가설'로 지식 발전에 유익할 수 있으며 지식의 일반화에 도움이 될 수 있다. 하지만 지식의 일반화는 끝없는 과정이기 때문에 지식이 달성한 소위 '타당한 일반성(valid generality)'은 궁극적인 것이 아니라 잠정적(tentative)인 것이다. '더 높은 일반성'이라는 것이 지식이 더 큰 범위의 시간과 공간 속에서의 경험과 현상에 대해 해석할 수 있다는 것을 의미하기도 하지만 새로운 시공(時空)을 만나게 될 경우 해석할 수 없는 경험과 현상에 직면할 가능성도 늘 존재하고 있음을 의미하기 때문이다. 더 높은 일반성을 보편성으로 오해한 것은 서방지식을 환각에 빠뜨렸으며 자신이 궁극의 유일한 보편진리라고 오해하게 하였다. 이것이 바로 서방중심주의가 드러낸 바 핵심적인 오류이며 다음과 같은 지성의 편협성을 갖게 한다. 첫째, 서방지식의 일반화가 끊임없이 발전하고 끝이 없는 과정임을 간과했다. 둘째, 지식의 일반화 방식이 유일한 것이 아니며 서로 다른 문화 속에 서로 다른 일반화의 길이 존재할 수 있음을 인식하지 못했다. 셋째, 더욱더 중요한 것은 '타당한 일반성'도 평가와 판단의 기준이나 참조가 필요하다는 것을 의식하지 못했다. 이 참조 기준 자체가 특정한 역사 문화 조건 아래 있는 '패러다임'의 제약을 받기 때문에 지식 일반화 과정에서 도전에 직면하게 되었던 것이다. 따라서 패러다임에 대한 대폭적인 조정, 그리고 개조와 심지어 개혁이 필요하다는 것을 깨닫지 못했다.

서방중심주의가 편협성을 갖게 된 데에는 여러 복잡한 원인이 있다. 그중 하나는 서방 강권정치가 자기 정당화를 위한 변호가 필요했다는 것인데, 이는 역시 외부적 요인이다. 지식 전통 내부 요인으로 말하자면 현대 과학체계의 형성은 어떤 해석에 의하면 서방지식의 독특한 성취로 여겨지기도 한다. 그런데 바로 이런 성취가 서방지식의 비성찰적이면서도 편협한 경향을 조장하였다. 즉 한편으로는 자연세계의 지식과 사회문화의 지식을 동일시하여 양자 사이의 차이에 대해 충분히 고찰하지 못했고, 다른 한편으로는 서방의 사회과학과 인문학을 보편적 지식(universal knowledge)으로 당연시하고 기타 민족의 문화와 지식을 지역적 또는 특수한 지식(local or particular knowledge)으로 치부한 것이다. 서방중심주의의 영향을 받은 사회과학과 인문학은 왜곡된 세계 지식지도를 만들어냈다. 이러한 지식지도로는 비서방 민족의 역사와 사회를 정확하게 이해할 수 없을 뿐 아니라 서방 자체도 적절하게 이해할 수 없게 만든다. 서방중심주의의 편협성을 극복하려면 서로 다른 문화의 시각을 가지고 심도 있고 지속적인 비판적 대화를 이어나가야 한다.

5. 자민족중심론의 초월: 횡단문화의 보편주의에 대한 추구

이상의 개념 분석에 기초하여 필자는 서방중심주의를 탈피하고 극복할 수 있는 더 적당한 방식을 제시할 것이며, 다음과 같은 몇 가지 논점을 강조할 것이다.

우선, 서방중심주의를 탈피하려는 목적은 새로운 중국 중심주의를 만들기 위해서가 아니다. 100여 년 동안의 근대화와 글로벌화의 발전 과정에서 중국 문화는 서방문화로부터 거대한 충격을 받았으며 또한 깊은 영향을 받았다. 더욱이 현대 학술체계가 만들어진 이후, 중국의 학술과 사상도 서방중심론의 영향을 받았다. 자신의 문화주체성 상실에 대한 중국 지식인들의 우려와 대안적 근대성 추구는 모두 정당한 것이다. 그러나 필자가 봤을 때 '중국중심론'으로 서방중심론을 대체하려는 시도는 잘못된 것이다. 아렌트(Hannah Arendt)는 『인간의 조건』이라는 책에서 다음과 같이 주장한다. 철학 시스템과 기존의 가치를 '머리와 발이 뒤바뀌는(turning upside down)'식으로 전환하려는 단순한 위치의 전도방식은 거기에서 진정한 창신의 의미를 찾을 수 없다. 왜냐하면 이러한 식의 선도방식 자체가 근본적 차원에서 여전히 기존의 '개념 틀을 유지시키고 있고 또 거기에 저촉되지 않게 되기' 때문이다.(Arendt 1958, 17) 지식의 의미에서 서방중심주의의 오류는 진정 깊이 있는 반성의 결핍이 야기한 편협함에서 비롯된다. 이런 오류는 (원칙상) 모든 민족에게서 발생 가능하다. 따라서 서방중심주의의 잘못을 분석하는 데 있어서 키워드는 '서방'이 아니라 '중심주의'다. 서방중심론의 잘못을 극복하기 위해서는 그 지식의 편협성을 파헤치는 데 집중해야 하며, 이로부터 형성된 문화와 정치 헤게모니를 비판하고 극복해야 한다. 이는 근본적으로 모든 형태의 자민족중심주의(ethnocentrism)를 성찰하고 비판할 것을 요구한다.

둘째, '중국의 문화주체성'에 대한 추구는 모든 형태의 자민족중심주의를 거부해야 한다는 것을 인식하고, 횡단문화의 상호주관성(transcultural inter-subjectivity)에 입각하여야 하며, 동일한 자주성을 갖고 있는 문화 사이에 평등과 존중, 그리고 상호 학습하는 관계를 만들기 위해 노력해야 한다. '자아와 타자'를 상호 인정하고 상호 주체적 관계로 이해해야 하며 지배와 복종의 관계(주인과 노예의 관계)로 이해해서는 안 된다. 이런 문화주체성에 대한 추구는 타자를 '객체화(物化)'함으로써 실현되는 것이 아니며 진부한 '자아와 타자'의 주객체 관계 모델(이런 모델이 바로 서방중심론의 유산이다.)을 벗어나는 데서 실현된다. 이 때문에 필자가 생각하는 중국 문화의 주체성은 중국 문화의 헤게모니를 지향하는 것으로 이루어지는 것이 아니며 중국 사회학의 창시자인 페이샤오퉁(費孝通) 선생이 말한, '문화자각'을 추구하는 것으로 달성 가능하다. 페이샤오퉁은 다음과 같이 주장한다. "문화자각은 일정한 문화 속에서 생활하는 사람이 그 문화에 대해 정확히 아는 것(自知之明)이며 그 문화의 근원, 형성과정, 특색과 발전 추세를 잘 아는 것을 말한다. 그것은 그 어떤 문화 회귀(回歸)의 의도도 없으며 과거로의 복구(復舊)도 원하지 않는다. 동시에 전반적인 서화 혹은 전반적인 타자화를 주장하지도 않는다. 자기를 정확히 아는 것은 문화 전환의 자주 능력을 강화하기 위해 새로운 환경과 시대에 적응해가는 것이며, 이때 문화의 선택과 결정을 할 수 있는 자주적 지위를 획득할 수 있음을 의미한다. 문화자각은 아주 힘든 과정이다. 우선 자신의 문화를 잘 알아야 하고 자신이 접촉한 여러 문화를 이해해야만 실질적으로 형성되고 있는 다원적 문화의 세계에서 자신의 위치를 확립할 수 있고, 자주적 적응을 통해 다른 문화와 함께 장점을 취하고 단점을 보완하여 공통으로 인정하는 기본 질서와 각종 문화와 함께 평화롭게 공존하고 각자의 장점을 펼칠 수 있도록 함께 발전할 수 있는 원칙을 세울 수 있다."(費孝通 2004, 188) 여기서 문화자각은 타자에 대한 개방, 타자로부터 배우는 입장, 그리고 문화 자체의 변화를 추구하는 태도를 포함한다.

셋째, 서방중심론을 극복하기 위해서는 우리 모두 '종족문화' 또는 '민족문화' 개념 자체에 대해 깊이 이해해야 한다. 우리의 최종 목표는 모든 형태의 자민족중심론을 극복하는 것이다. 이를 위해 자신이 속한 종족을 초월하는 '외부적 시각'과 '타자적 시야'를 필요로 하며 문화변화 동력(dynamic of cultural change)의 이론에 대한 이해를 요구한다. 이렇게 했을 때만이 비로소 모든 종족의 문화가 가지고 있을 수 있는 지성의 편협성을 탈피할 수 있다. 이렇게 봤을 때 진부한 '종족 또는 민족 본위의 본질주의 문화 관념(ethnic or nation-based essentialist conception of culture)'을 버리고, 구성주의 문화 관념(constructivist conception of culture)을 채택해야 한다는 것이 필자의 생각이다. 즉 어떤 특정 집단이 특정 시공간 속에서 실천한 하나의 구성물로서 문화를 이해하는 것이다. 이런 구성주의 시각에서 보면 문화의 본질과 경계는 확고부동한 것이 아니다. 문화실천은 늘 구체적인 시공간의 차원을 갖고 있다. 즉 시간의 차원에서 문화는 종족 자체 역사적 형성과 제약을 받는다. 공간의 차원에서 문화는 '외부' 문화의 침투와 영향을 받는다. 그러나 문화 구성의 시공간 차원은 왕왕 불균형적이다. 사람들은 늘 시간의 영향을 '자체적'인 것으로 이해하고 반대로 공간의 영향은 '외래'의 것으로 이해하는 경향이 있다. 다시 말해 종족문화의 경계는 주요하게는 공간의 개념이며, 이 개념의 영향은 너무 깊은 나머지 사람들로 하여금 문화의 공간경계를 고정불변하는 것으로 인식하게 한다. 이는 생물학과 인류학적으로 해석 가능하지만 고정된 문화경계 관념은 여전히 착각에 불과하다. 모든 인류의 지식은 모두 특정한 역사와 사회의 산물이며 과거의 역사가 구조적 의미에서 우리의 생활 배경을 만들었음을 우리는 인정한다. 따라서 (시간적 의미에서의) '전통' 역시 문화실천의 경계를 형성할 수 있으며 '본토문화'가 '타자'로 전환되는 정도를 한정 짓는다. 이것이 바로 사람들이 자주 말하는 본국인이 외국인으로 바뀔 수 없다는 것과 같은 맥락이다. 일반적인 의미에서 그 어떤 종족의 문화든 모두 보수적인 측면을 갖고 있다. 우리는 늘 자신의 전통에 근거하여 외래문화의 영향을 느끼고 인식하며 받아들인다. 그러나 다른 한편으로 문화전통은 항상 외부문화의 도전에 직면하였을 때 자신의 '위기의 순간'이 나타나기도 한다. 즉 사람들은 현재와 과거의 연계에서 확실성을 상실할 수도 있고, 심지어 역사 전통 자체의 동일성에도 문제가 된다는 것을 발견한다. 이때 자신의 역사 전통 자체가 '시간적 의미에서의 타자'가 될 수 있으며, 또 여기서 문화의 급진적 변화의 가능성이 생기고 문화 타파와 재창조의 공간적 경계 또한 열린다.[1] 따라서 문화의 공간경계는 상대적 안정성을 갖고 있지만 절대로 고정된 것은 아니다. 그렇지 않을 경우 모든 문화는 '부락문화'의 단계에 머물 수밖에 없다. 문화경계의 확장 정도는 인류의 공간 유동성과 교통의 기술적 가능성에 의해 결정된다. 원시 부락에서 근대 민족국가에 이르기까지 종족문화의 공간경계는 계속해서 넓혀져 왔으며 오늘날 글로벌 문화 혹은 세계문화를 말할 수 있는 데까지 이르렀다. 실제로 문화는 본체론적 의미에서 관계적 개념이며 늘 외부문화와 조우하는 과정에 처해 있다. 문화는 상호 조우 속에서 충돌과 융합이 발생하며 외부문화를 흡수하고, 포용하며 동화시킨다. 그리고 이러한 조우 속에서 문화의 변혁과 새로운 창조가 출현하기도 한다.[2] 문화조우의 시야 속에서 외부와 내부의 경계는 시종일관 변화하고 그 속에서 부단히 구성된다. 외부가 내부로 진입할 수도 있고 타자가 자아 구성의 일부분이 되기도 한다. 그러나 오늘날의 글로벌화 시대에는 문화의 조우성이라는 사실이 좀 더 뚜렷한 형태로 나타난다. 이런 구성주의 문화 관념을 채택하는 것은 자민족중심론의 편협한 경향을 극복하는 데 도움이 될 것이다.

넷째, 서방중심주의 극복이라는 목표를 두고 '문화다원주의(cultural pluralism)'를 주장할 필요가 있지만 그것만으로 충분하지 않다. 우리

---

1) 젠코(Leigh Jenco)는 새 저서에서 청 말부터 민국 초까지의 사상담론이 이런 급진적인 문화격변의 전형적인 예라고 주장한다.(Jenco 2015)
2) 문화조우의 관념에 대해서는 델런티(Delanty 2011, 636)를 참조하라.

는 문화다원주의 단계에 머무르지 않고 다원성을 기본으로 하여 횡단문화의 보편성을 추구해야 하며 '화이부동, 구동존이(和而不同, 求同存異)'의 다원일체(多元一體)적인 세계주의 문화를 형성해야 한다. 보편주의적 다원주의를 포기하는 것은 '문화 외딴섬(文化孤島)'이라는 여건에서만 실현 가능하다. 오늘날 같은 글로벌화 시대에는 서로 전혀 관계가 없던 사람들(집단과 개인)이 나날이 밀접한 관계를 맺게 되어 문화적 외딴섬은 이미 존재하지 않게 된다. 모든 문화는 상호 영향을 미치고 상호작용하는 관계 속에 처해 있다. 여기서 중요한 것은 보편주의적 다원성의 원칙을 포기한다면 자신의 정당성을 변호할 수 없다는 점이다. 문화다원주의 자체의 정당성은 보편주의의 정당화(justification)에 의존한다. 왜냐하면 우리는 종족문화의 자유, 평등과 상호존중이라는 이러한 보편가치의 원칙을 인정하여야만 문화다원주의가 합리적이고 받아들일 만하며 도덕적으로 정당한 것이라고 생각할 수 있기 때문이다. 다시 말해 만약 한 종족문화가 자유, 평등의 가치를 받아들이지 않거나 심지어 반대한다면 그 문화는 일관되게(consistently) 문화다원주의를 주장할 수 없으며 사람들이 정당하게 받아들일 수 있는 다원문화 속의 일원이 되기 어렵다. 우리가 구상한 횡단문화의 보편주의는 일종의 포스트형이상학(post-metaphysical)적 보편주의다. 즉 세계질서의 규범적 기초로서의 보편원칙은 선험적 명제로서 정하거나 강세 문명이 단독으로 정하는 것이 아니라 여러 민족문화 사이의 상호 대화 속에서 형성되는 것이다. 이런 '대화'는 상호학습의 과정이기도 하고, 그 안에는 논쟁, 경쟁, 심지어 사상 대립도 포함되며, 평등과 존중 원칙을 따르는 것을 전제로 한 타협과 협상 메커니즘도 포함한다. 이런 대화 지향적 횡단문명의 보편주의는 가욕(可欲)적 이상(理想)이며 동시에 극히 어려운 실천과정이기도 하다. 우리는 보편성의 원칙이 '이미 만들어진 것'이 아니라 '구성되는 것'이라는 점을 강조한다. 그리고 이 구성의 과정은 단지 기존의 여러 문화가치 사이에 있는 '중첩된 합의'를 찾는 것이 아니라 더 적극적인 상호개입 속에서 공감대 형성에 필요한 문화 전환을 유도하는 것임을 강조한다. 따라서 이러한 횡단문화의 보편주의는 중국 고전사상 속에서의 '구동존이' 관념으로 이해되어야 한다. 즉 '구동존이'의 '구'는 상호간에 이미 존재하는 공통점을 '발견'하는 것을 의미할 뿐만 아니라 '추구(追求)'와 '탐색(求索)'의 '구(求)'로 이해해야 한다. '구'는 각자 지키려는 것과 변화하려는 것 사이의 긴장 속에서 갖은 노력을 쏟아부어 가능한 보편적 구조를 만들어가고자 하는 것이다. 이는 동시에 공감대 형성이 불가능한 차이점에 대해 개방성을 유지하면서 이런 차이를 없애는 데 급급해 하지 않으면서도 이 차이를 영구불변의 것으로 보지 않는다는 것을 의미한다. 이런 횡단문화의 보편주의는 내재적 반성이라는 특징을 가지고 있으며 종족문화의 '자아 문제화'와 '타자를 향해 배우기', '자아 전환'의 위도를 강조한다. 또한 서로 다른 문화가 보편적 규범 만들기의 요구에 따라 필요한 변화와 조절을 진행하도록 적극 모색하며, 규범적 관념(예를 들어 사회정의, 민주, 단결, 번영과 생존)을 다시 이해하고 그것을 문화조우의 가욕적 결과로 본다.[3]

다원적 문화의 기초 위에서 형성된 횡단문화의 보편적 원칙은 서방중심주의를 극복할 수 있는 더 적합한 방식이며 바람직한 대안(alternative)을 제시한다. 왜냐하면 횡단문화의 보편주의가 지식의 측면에서 서방중심주의가 가지고 있는 편협함을 벗어나기 위해 노력하고,

---

3) 횡단문화의 보편주의에 대한 구상, 그리고 중국 전통사상이 이를 위해 할 수 있는 기여는 류칭의 논문(刘擎 2015)을 참조하라.

동시에 문화, 정치적 의미에서 그 어떤 자민족중심주의에 기반을 둔 헤게모니에도 반대하며 공정하고 평화로운 '포스트헤게모니 세계질서'를 만들어갈 수 있도록 규범적 기초를 제공할 수 있기 때문이다.

(번역: 조경란·태정희)

■참고문헌

陳立柱. 2005. "西方中心主義的初步反省." 『史學理論研究』 2005年 第2期.

胡伝胜. 1995. "李約瑟難題与東方主義." 『学海』 1999年 第5期.

鄧正来. 1996. "關于中國社會科學自主性的思考." 『中國社會科學季刊』 겨울호.

鄧正来. 2008. "高等研究与中国社会科学的発展—鄧正来教授在复旦大学的
講演." 『文匯報』 2008年12月27日.

甘陽. 2008. "第二次思想解放是擺脱対美国模式的迷信." 『21世紀経済報道』
2008年12月27日.

秦暉. 2001. "誰, 面向哪个東方？:《重新面向東方》兼論所謂'西方中心論'問
題." 『開放時代』 2001年 第8期.

崔之元. 1997. "在第三世界超越西方中心論与文化相對論." 『第二次思想解放
与制度創新』. 香港牛津大學出版社.

汪暉. 2010. "中國崛起的經驗及其面臨的挑戰." 『文化縱横』 2010年 第2期.

甘陽. 2011. "中國道路還是中國模式." 『文化縱横』 2011年 第10期.

陳贇. 2008. "天下思想与現代性的中國之路." 『思想与文化』 第八輯. 上海: 華
東師范大學出版社.

陳贇. "在'文明論'視野中的中國道路盡頭, 矗立的只能是儒家文明." 『澎湃』.
(http://www.thepaper.cn/newsDetail_forward_1371255)

費孝通. 2004. 『論人類學与文化自覺』. 華夏出版社.

刘擎. 2015. "重建全球想象: 從'天下'理想走向新世界主義." 『學術月刊』 2015
年 第8期.

Arendt, Hannah. 1958. *The Human Condition*. Chicago: University of
Chicago Press.

Delanty, Gerard. 2011. "Cultural Diversity, Democracy and the Prospects of Cosmopolitanism: A Theory of Cultural Encounters." *The British Journal of Sociology*. Volume 62 Issue 4.

Jenco, K. 2015. *Changing Referents: Learning Across Space and Time in China and the West*. Oxford University Press.

근현대 일본에서의
서구문명 수용의 이중주[1]

고희탁

1. 머리말

주지하듯이 일본의 근대는 메이지유신을 전후로 한 시기부터 전면적 서구화의 길로 나아간다. 잘 알려진 예로서 조선의 '신사유람단'과 대조되는 일본의 대규모 정부사절단인 '이와쿠라(岩倉) 사절단'의 경우가 그 전형이다.[2] 1871년 당시의 정국 및 재정 상황에 비춰볼 때 모험

---

1) 이 글은 "근현대 일본에서의 서구문명 수용의 이중주와 그 유산"(『아세아 연구』No. 163, 2016)을 수정, 보완한 것이다.
2) 원래 이와쿠라 사절단은 일본이 구미 각국과 맺은 불평등조약을 개선한다는 당면 목표를 가지고 출발했지만 그 목표를 이룰 수는 없었다. 그러나 그 사절단 파견의 또 다른 측면의 효과가 엄청났음은 주지하는 바다. 모두 48명으로 구성된 사절단에는 메이지정부의 핵심인 이와쿠라 도모미(岩倉具視)를 필두로 '유신삼걸(維新三傑)' 가운데 두 사람, 즉 오쿠보 도시미치(大久保利通), 기도 다카요시(木戸孝允)를 비롯하여 대부분 정부기관에서 핵심적 역할을 맡고 있는 사람들도 적지 않았고 그중에는 후에 초대 내각총리대신이 되는 이토 히로부미(伊藤博文)가 포함되어 있었으며 그 외에 60여 명의 유학생도 승선하고 있었다. 이 사절단은 메이지유신 후 여전

적이라 할 만한, 정부의 핵심인사 다수가 포함된 대규모 사절단을 장기간에 걸쳐 막대한 경비를 마다하지 않고 파견했다는 그 자체만으로도 전면적 서구화에 대한 그들의 열망을 짐작할 수 있다. 더욱이 '탈아론'으로 잘 알려진 후쿠자와 유키치(福沢諭吉)의 문명론, 즉 일본을 포함한 동아시아에 대해 서구적 의미의 '문명'과는 거리가 먼 '야만'이나 '반개(半開)' 상태로 규정하고 '문명'을 ++가하는 서구로부터 세도나 외형만이 아니라 '정신'까지 철저히 학습하고 모방해야 한다고 강조한 그의 문명론은 그 전면적 서구화에 박차를 가한 상징적 언설이었다.(福沢 2012) 그리고 1945년 패전 이후에도 그 국가적 노선은 크게 바뀌지 않았다. 1970년대 마루야마 마사오(丸山真男)가 군국주의 과거에 대한 절절한 반성의 연장선상에서 '근대의 옹호'(丸山 1995, 68)를 강조하고 있던 것처럼, 이 '탈아입구'적 방향은 패전 후 줄곧 미국에 대해 추종적 태도를 취해온 세력만이 아니라 일본 근대의 파행에 대해 비판적 시각을 가진 이른바 진보파의 다수에게도 여전히 공유되는 불문율과 같은 것이었다. [3]

그렇다고 해도 메이지정부 수립 직후부터 현대에 이르기까지 '탈아입구'의 전면적 서구화 노선이 당연한 수순과 같이 전개되었던 것처럼

히 정국이 불안정한 상황이던 1871년 12월 23일 요코하마를 출발하여 약 1년 10개월에 걸쳐 미국, 영국, 프로이센, 프랑스, 벨기에, 네덜란드, 오스트리아, 러시아 등 12개국을 방문했다. 이 사절단의 서기 역할을 맡은 구메 구니다케(久米邦武)는 미국과 유럽 각국에서 보고 들은 사실과 그것이 일본에 의미하는 바를 보고서에 상세하게 남겼는데, 그가 기록한 2000여 쪽에 달하는 『구미회람실기(米欧回覧実記)』는 1875년에 처음 출간되었다.(다나카 2006) 그 보고서가 근래 한국에 번역되었다.(구메 2011)

3) 전후 역사학계에서 큰 비중을 차지해온 진보적 연구자들조차 역사인식이라는 측면에서는 보수적 진영과 같이 '탈아입구'적 경향을 공유해왔다고 비판하는 미야지마 히로시의 지적은 참고할 만하다.(미야지마 2013a, 7-9)

받아들여지면 곤란하다. 그다지 잘 알려져 있지는 않지만, 메이지유신 자체가 이른바 '존황양이'파의 헤게모니 아래 진행되었다는 사실에서도 짐작할 수 있듯이 메이지정부 수립 후 약 사반세기에 이르기까지 미국을 포함한 서구에 대해 '오랑캐'로 규정하던 이들은 조야를 막론하고 적지 않았다. 그런 만큼 메이지정부에 의한 전면적 서구화로의 국가노선의 전환은 일대 충격을 불러일으켰고, 그에 불만을 품은 사무라이들이 그 전환의 핵심적 기획자였던 오쿠보 도시미치를 1878년에 참살한 일은 그런 국가노선 전환의 충격을 상징하는 사건이었다. 또한 1880년대 무렵 서구의 제국주의적 지배와 억압에 대항하여 '동양'의 연대와 협력으로 문명적 정체성을 지키고 제국주의에 대항하려는 '아시아주의'의 대두도 메이지정부의 전면적 서구화와는 다른 흐름의 존재를 시사한다. 더욱이 제1차 세계대전 이후 서구열강으로부터 세계 5대 강국의 대우를 받게 된 국가적 자부심을 바탕으로 1940년대에 들어서 군국주의 국가체계 아래 '서구적 근대'를 뛰어넘어 세계사의 새 지평에 대한 주도적 개척을 '세계사적 사명'으로 삼은 '근대초극론'의 전개도 일본의 근현대를 조망하는 데에 고려하지 않으면 안 될 측면이다. 일본의 근현대가 일견 서구문명에 대한 모방과 학습의 한 길만으로 달려온 것 같아 보여도 이처럼 실상은 그리 단순하지 않은 것이다.

이 글에서는 위와 같은 '탈아입구'의 전면적 서구화 노선을 둘러싼 양 측면의 존재와 긴장관계를 내포한 서구문명 수용의 이중주라는 시각에서 일본의 근현대를 사상사적으로 조망하고자 한다. 특히 메이지유신 이후의 '탈아입구'에 대한 열망과 이에 저항하고자 한 아시아주의 및 그와 유사한 심리적 분위기, 제1차 세계대전 이후의 마르크스주의의 확산과 그 위기를 자양분으로 한 '근대초극론'의 대두, 그리고 패전 이후의 '근대주의' 노선과 그에 대한 심리적 저항을 기저에 둔 '일본문화론'의 등장 등을 중심으로 하여 일본 근현대 행로의 성격과 특징에 대해 살펴보게 될 것이다.

이를 위해 필요에 따라서는 한국에서 서구중심주의에 대한 비판적 연구를 본격적으로 전개하고 있는 강정인이 제기한 서구중심주의에 대응하는 몇 가지 담론전략의 틀을 활용하여 분석할 것이다. 예를 들면 '주변'이 '중심'의 보편성과 우월성을 인정하고 그 제도·관행·가치·문화 등을 적극적으로 수용함으로써 중심에 동화·통합되고자 하는 '동화적 전략', 또한 이와 달리 중심과 주변의 제도·관행·가치·문화 등에서 존재하는 차이를 일치시키려 하지 않고 오히려 유지·강조하면서 그 차이에 대한 평가를 역전시켜 주변의 속성을 특수성이나 열등성에서 보편성과 우월성의 표상으로 뒤바꾸는 '역전적 전략', 그리고 중심과 주변의 구분 또는 이항대립적 차이들 그 자체를 해체시킴으로써 중심주의에 대한 도전과 극복을 시도하는 '해체적 전략'(강정인 2004, 429-430) 등이 그것이다.[4]

왜냐하면 서구문명에 대한 근현대 일본의 다양한 대응, 즉 서구문명에 대한 열렬한 선망이나 선택적 수용, 전면적 저항, 부정이나 대안적 극복을 의도한 버전에 이르기까지 그 준거적 시선이 어디까지나

---

4) 강정인에 의하면, 서구중심주의는 서구문명의 바탕을 이루는 세계관, 가치, 제도, 관행 등을 보편적이고 우월한 것으로 받아들이는 의식이나 태도를 가리킨다. 이 서구중심주의는 서구인들만이 아니라 비서구인들로 하여금 서구문명의 우월성 및 보편성을 받아들이게 함으로써 서구의 정치경제적 지배만이 아니라 생활적 지배에 정당성을 부여하도록 만든다. 따라서 서구는 보편적 문화, 보편적 가치, 중심의 지위를 차지하고, 비서구는 서구의 세계관, 가치, 제도, 관행을 보편적으로 우월한 것으로 인식하는 반면, 비서구 스스로를 주변으로 규정하여 자기비하나 자기부정의 의식을 갖게 된다는 것이다.(강정인 2004, 392)

서구문명에 치우쳐왔다는 점을 고려한다면, 이 양 측면의 변증법적 전개와 유사한 양상으로 전개된 근현대 일본의 궤적을 서구중심주의에 대한 대응 양상으로 치환하여 이해 가능한 부분이 적지 않기 때문이다. 다른 한편, 근현대 일본의 행로를 최근에 '중국화'(요나하 2013, 7)로 해석한다든지, 오늘날의 중국의 부상과 일본의 상대적 지위 하락을 '주변화'(미야지마 2013a, 206)라는 원래적 지위로의 복귀로 설명하는 역사연구가 많은 이들의 주목을 끌고 있다. 이런 현상 또한 이제까지 근현대 일본의 역사인식이 서구중심주의라는 틀 안에서 좌우되어왔다는 의미에서 역사관의 편향이라는 현실을 환기시켜주고 있을 뿐 아니라, 그 현실 자체가 '동화적'이든 '역전적'이든 '해체적'이든 간에 근현대 일본에서 서구중심주의가 차지하는 절대적 비중을 시사하고 있기 때문이다.

2. '탈아입구'에 대한 선망과 그 딜레마

메이지유신을 전후로 한 시기부터 현대 일본에 이르기까지 '탈아입구'의 전면적 서구화의 길은 일본의 근현대 행로의 중심축이었다고 할 만하다. 그런데 여기서 이 글의 주제와 관련하여 근대 일본에 이르러 '탈아입구'의 길로 매진하게 된 배경을 잘 이해할 필요가 있다.

그 배경에 대한 이해로는 후쿠자와 유키치가 문명론 저술의 동기로 삼은 것과 동일한 일본의 '독립'과 발전을 목적으로 한 것이라는 시각이 통상적이라 할 만하다. 다시 말하면, '탈아입구'로의 매진은 '부국강병'의 추진, 즉 제국주의가 횡행하는 국제적 환경 속에서 근대국가의 물적 · 제도적 · 인적 인프라를 아직 갖추지 못했던 당대 일본의 국가적 독립을 어떻게 온전히 지키면서 국가를 발전시킬 수 있을 것인가에 대한 가장 유효적절한 대답이었다는 시각이다. 그러나 이러한 시각은 근대의 서구와 일본의 관계를 설명하는 데에는 어느 정도 설득력을 갖는다고 하더라도, 근대의 일본과 한국 및 중국을 비롯한 동아시아와의 제국주의적 관계를 충분히 설득력 있게 설명하지 못할 뿐아니라, 어느 면에서는 그런 관계 자체를 은폐하거나 낭대 서구의 제국주의적 논리인 '식민의 문명화 작용'을 흉내 내어 기만적으로 정당화하기까지 할 수 있는 것이다.(강상중 1997, 97-98)

그렇다면 '탈아입구'에 대한 열렬한 선망의 배경에는 단순히 국가적 독립 유지나 발전만이 아니라 서구의 제국주의적 팽창과 유사한 기대가 깊게 똬리를 틀고 있었음을 짐작하게 한다. 그리고 역사인식에서의 '탈아입구'가 전후에도 이른바 보수파만이 아니라 진보파의 다수에게도 여전히 공유되는 통상적 시각이었다고 한다면, 그런 기대는 1945년 패전 이전까지에 한정된 것이 아니라 현대 일본에까지 이어지고 있다고 생각하지 않을 수 없는 것이다.

그런 의미에서 미야지마 히로시가 일본의 역사인식에서 보이는 편향의 문제를 지적하는 저술에서 현대 일본의 '중심주의' 패러다임의 문제를 비판적으로 지적하는 다음과 같은 대목은 의미심장하다.

현재 일본이 거대한 역사적 전환점에 서 있다는 것은 많은 사람들이 느끼는 바일 것이다. 내 생각으로 그 전환의 본질적인 내용은 일본이 다시 동아시아의 주변적 지위로 돌아가고 있다는 것이다. '한일병합'이 강행되던 100년 전은 일본이 동아시아의 중심으로 뛰어오르려고 하던 시기였다. 그 후 제2차 세계대전의 패배에도 불구하고 동서냉전의 국제관계 속에서 미국의 종속적 동맹자로서 동아시아에서 중심적 지위를 계속 점하게 된 일본은, 이제 냉전의 종결과 중국의 부상이라는 상황에서 다시 동아시아의 주변국이 될 게 확실하다고 생각된다. 여기에서 '다시'라고 말하는 것은 19세기 중반까지 동아시아에서 일본의 지위가 주변적이었기 때문이다.(미야지마 2013a, 206-207)

그는 이와 함께 "문제는 일본의 주변화 자체가 아니라 그것이 피할 수 없는 현실이 되어가고 있음에도 불구하고 일본인들이 주변화라는 미래를 정면으로 마주하지 않고 종래대로 중심주의 패러다임에 안주하고 있는 것"(미야지마 2013a, 236)이라고 일갈한다.[5] 그런 만큼 "지금까지 일본의 역사인식을 지배해온 패러다임인 '동아시아의 중심으로서의 일본사'라는 인식"(미야지마 2013a, 207)의 틀을 뛰어넘어 '거대한 역사적 전환'이라는 구조변동을 직시해야 함에도 불구하고, 여전히 종래의 패러다임에 안주하여 현실을 직시하려 하지 않고 있다는 점을 문제로 삼고 있는 것이다. 이처럼 미야지마가 지적하는 현대 일본의 '중심주의' 패러다임의 문제야말로 일본 근대의 '탈아입구'에 대한 열렬한 선망의 배경에 놓인 '동아시아 중심'으로의 부상과 그 중심적 지위의 유지라는 충동의 그림자와 같은 것이다.

그런 의미에서 근대 이전 동아시아의 중화적 질서에서 주변국이었던 일본에게 중화적 국제질서 해체와 그것을 대신한 서구중심주의적 재편은 동아시아에서의 중심국으로의 부상이라는 충동을 채워줄 절호의 기회였다. 그 충동은 이미 18세기 후반부터 중국에서의 명·청 교체, 나가사키를 통한 서양 사정의 인지, 유학적 보편주의를 부정하

---

5) 이 언급은 일본어로 발행된 그의 논문 "일본사 인식의 패러다임 전환을 위해(日本史認識のパラダイム転換のために)"(『思想』 2010년 1월 특집호)에서 처음으로 발표되었다.

고 자민족중심의 언설영역을 개척한 국학(国学)의 발흥 등을 계기로 발효·숙성 중이었다.(고희탁 2012) 따라서 메이지에 들어서 서구중심주의에 대한 '순응적 동화'전략을 철저하게 수행한 것은 어쩌면 자연스런 일이었다. 서구 각국과의 불평등조약을 둘러싸고 그 불평등성에 대한 지속적 항의라는 '저항적' 측면이 없지 않았지만, 그 또한 '순응적 동화'전략의 보조선이라는 의미가 크다고 할 것이다. 물론 처음에는 식민지화의 위협에서 벗어나는 것이 주목적이기는 했지만, 그 극복도 철저한 순응적 동화를 통해 가능한 것이라 믿고 있었기 때문이다. 물론 그 전략에 대한 반대가 없지 않았지만, 대세를 뒤바꾸는 세력이 될 수는 없었다. 앞서 언급한 '이와쿠라 사절단'의 파견 그 자체만으로도 그들의 믿음과 충동의 속사정을 짐작할 수 있는 것이다. 대규모 '고용 외국인' 교사 및 기사 등의 초빙 또한 역시 그렇다.

이와 같이 일본의 근대는 19세기 초중반부터 일기 시작한 동아시아 국제정세의 회오리바람을 중심국으로 부상할 기회로서 발견하고 활용하는 데에 그다지 주저하지 않았다. 그리고 마침내 1894년 한반도에서의 전쟁을 통해 동아시아에서 중심국의 지위를 장악하였다. 앞의 미야지마의 언급에서도 느낄 수 있듯이, 그 후 약 1세기에 걸쳐 그들의 서구중심주의에 대한 순응적 동화전략은, 일본 근대에 영미적 방향인가 독일적 방향인가의 중심이동은 있었지만, 국가 기본노선으로서의 위치를 현재까지 유지해왔다고 할 수 있는 것이다.

왜냐하면 서구중심주의에 대한 순응적 동화야말로 일본만이 동아시아에서 예외적 존재라는 의미의 일본예외주의와 서구에 대한 열등의식이 동전의 양면처럼 결합된 일본판 오리엔탈리즘의 기본 동력이었기 때문이다.(강정인 2004) 이를 위해 일본 근대는 서구중심주의의 충실한 학생이자 전도사 역할을 수행하였다고 해도 과언이 아니다.

'문명개화'의 슬로건 아래 아시아에서의 예외적인 서구적 친화성이 일본사에서 발굴·선전되는 한편, 동양적 전제주의와 정체사회론을 두 축으로 하는 중국 및 조선에 대한 부정적 이미지를 구성·유포하였다. 특히 서구중심주의적 역사발전단계설에 입각한 '봉건제' 경유 여부가 관건으로 부각되었으며, 그 기준은 전후 현대 일본의 국민의식이나 세계관 형성에 중대한 영향을 미친 진보적 역사학자들에게도 예외가 아니었다.(미야지마 2013a, 5-9) '탈아입구'를 선언한 후쿠자와 유키치의 경우는, 도쿠가와 시대의 막부라는 정치적 권력과 천황·조정이라는 문화종교적 권위의 병존 상황이 상대적으로 여타 아시아 국가에 비해 '권력의 편중'을 저지하고 '자유의 기풍'이 생겨날 여지를 주고 있었다고 하여 상대적인 서구적 친화성을 강조하였고(후쿠자와 2012), 마루야마 마사오는 그의 해석에 대해 암묵적 동의를 하고 있었다.(마루야마 2007) 이와 같이 일본 정부나 보수적 세력만이 아니라 마루야마를 비롯한 전후의 진보적 학자들에게도 일본중심주의를 동반하는 서구중심주의에 대한 순응적 동화는 일반적인 현상이라 할 만한 것이었다.

3. 반제국주의 정서에 의한 아시아주의의 대두와 굴절

그러나 다른 한편, 앞서 짧게 언급했듯이 미국을 포함한 서구인들을 '오랑캐'로 여기거나 그와 유사한 존재로 간주하는 사고방식이 이후에도 복류(伏流)하든 표면에 드러나든 간에 끊이지 않고 존재해왔다는 점을 마냥 무시하기만은 어렵다. 왜냐하면 그 흐름이 '동화적 전략'의 대명사인 '탈아입구'와는 정반대의 위치에서 '역전적 전략'으로

기능한 아시아주의로 이어지는데, 이 아시아주의가 긍정적이든 부정적이든 간에 결코 작지 않은 정치적 파문을 국내외를 막론하고 일으켰을 뿐 아니라, 한쪽의 '탈아입구'론과 다른 한쪽의 아시아주의와 같은 양 측면이 일종의 변증법적 전개를 통해 각각 서로에게 영향을 주고받으면서 각각의 보완적 버전의 산출을 촉진하는 측면을 갖기 때문이다.

일본에서 아시아주의는 1880년대 무렵부터 서구의 지배 및 억압에 대항하여 '빼앗긴' 아시아에 대한 공감을 바탕으로 아시아와의 연대를 주창하는 흐름으로 나타난다. 그 내용은 개국과 문명화, 협동, 합방, 신질서 구축 등 입장에 따라 다종다양하고 국제정세의 변화에 따라 주장 내용이 변화하기도 한다.(井上 2006) 하지만 서구에서의 이른바 '황화(黃禍)'론의 대두를 전후로 한 시기와 맞물려 오카쿠라 텐신(岡倉 天心)이 1890년대에 집필한 『동양의 각성(東洋の覺醒)』의 다음 구절은 그 공통정서를 잘 보여준다.

유럽의 영광은 아시아의 굴욕이다. 역사의 과정은 서양과 우리들의 피할 수 없는 적대관계를 초래한 발걸음의 기록이다. … 우리들 부모 선조의 땅은 큰 고난에 처해 있다. 오늘날 이미 동양은 쇠퇴의 동의어가 되었고 그 백성은 노예를 의미한다. 예찬되는 우리들의 온순함은 예의를 가장한 저들의 비겁한 야유에 다름 아니다. 우리들은 상업의 이름 아래 호전적인 무리들을 환영했고 문명의 이름 아래 제국주의자를 포용했으며 기독교의 이름 아래 잔혹함에 엎드렸다. 국제법의 빛은 하얀 양피지 위에 빛나고 있지만, 완전한 부정(不正)은 유색 피부에 검은 그림자를 드리우고 있다.(色 川 1970)

오카쿠라는 국가적 처지가 제각각 다르더라도 서구의 식민지에 처해졌거나 그 위기에 직면한 아시아 각국에 대해 일본을 포함한 하나의 '아시아'라는 큰 덩어리로 묶고, 서구 제국주의에 의해 '쇠퇴'를 선고받아 '노예'적 '굴욕'을 강요받던 아시아 상황에 대해 똑같은 아시아의 '형제'라는 정체성 아래 연민의 시선으로 지켜보면서, 다른 한편 '문명'과 '기독교', '국제법'과 '상업'의 미명 아래 행해진 서구의 '호전적'이며 '잔혹'한 '제국주의'의 폭력과 기만이라는 '부정'에 대해 시적 표현을 통해 폭로·고발하고 있다. 청일전쟁 승리 이후 그 달콤한 맛에 취해 있던 메이지정부와 일본 근대사회의 확신적 '탈아입구'의 노선과는 달리, 그의 논리는 서구와 아시아의 차이에 대한 평가를 역전시켜 오히려 아시아의 정체성에 대한 자부심을 내세우고 그 반대로서 문명과 종교의 미명 아래 행해진 서구 제국주의의 폭력과 위선을 폭로하고 있다는 점에서 '아시아'를 기반으로 한 '역전적 전략'의 전형이라 할 만한 것이었다.

원래 아시아연대론은 위와 같은 아시아 차원의 연대적 저항의 기치를 내걸고 일본 근대의 민권파로부터 제기된 것이었다. 아시아 각 민족과의 대등한 제휴 지향을 이념으로 내건 것도 어쩌면 당연한 것이었다. 그런 의미에서 오카쿠라의 역전적 발상과 같은 '아시아'에 대한 공감과 연대적 저항의지의 표명이 곤경에 처한 아시아인들에게 호소력을 가졌을 것이라는 점은 짐작하기 어렵지 않다. 서양 열강에 대한 공동방위를 위해 조선과 일본 양국의 대등한 합방을 주장한 다루이 도키치(樽井藤吉)의 『대동합방론(大東合邦論)』이 집필된 것은 '탈아입구'의 본격화를 선언한 후쿠자와의 '탈아론'이 발표된 1885년이었다. 이런 대동합방론적 발상은 예를 들면 갑오농민전쟁 이후 동학교단의 행로에도 큰 영향을 끼치기도 한다.[6] 또한 일본의 국내적 입헌정체 수립과 조선 개혁의 결합을 기도한 오이 겐타로(大井憲太郞) 등의 오사카 사건이 수면에 떠올라 사건화된 시기도 그 즈음이었다.

그러나 이와 같이 아시아의 수평적 연대를 호소하던 아시아주의 는 국내적으로 그 중심세력의 교체와 국제적으로는 청일전쟁 승리 이 후 일본의 국제적 위상의 변동과 맞물리면서 크게 굴절해간다. 특히 1880년대 후반 자유민권운동의 쇠퇴와 더불어 아시아주의자들의 정 서가 민권론에서 국권팽창론으로 기울어지기 시작한 지점이 눈에 띈 다. 그 굴절과 경사를 전형적으로 보여주는 단체가 후에 이른바 대륙 낭인의 산파적 역할을 한 현양사(玄洋社)다. 그들은 청일전쟁을 전후 로 한 시기 이후에는 초기의 아시아와의 평화협조 노선과는 정반대의 길을 걷기 시작한다. '빼앗긴' 아시아에 대한 공감을 바탕으로 수평 적 연대를 강조하던 '아시아주의'에서 '빼앗음'도 마다 않는 '대아시아 주의'로의 이행은 그 굴절의 다른 이름이었던 것이다.[7] 러일전쟁 이후

---

6) 동학을 천도교로 개칭한 3대 교주 손병희는 1900년대 초반 '문명개화'를 위한 아시 아의 창구로서 일본으로부터의 학습을 강조하여, 4년여간 일본에 체류할 뿐만 아니 라 이광수를 포함한 60여 명에 이르는 재일 유학생을 선발·유학시키기도 한다.(임 형진 2008) 러일전쟁 시기에는 경부선·경의선 철도 부설에 협력하게 한다든지 성 금 기탁의 형식으로 일본군 지원에 동학교도들이 동원되기도 하였다.(市川 1983) 다른 한편, 동학교단에서 손병희 다음 가는 위상을 가졌던 핵심간부 이용구는 거 기서 더 나아가 동학조직의 일부를 끌고 '일진회'에 합류하여 한일보호조약의 청원 및 한일합병의 적극적 추진 등의 치명적 오점을 남기기도 한다. 이를 보더라도 아 시아주의가 가진 호소력과 또 다른 측면의 치명적 독성에 대해 깊이 생각하게 만든 다.(최기영 1994; 성주현 2004)

7) 이처럼 당시의 대륙침략정책을 정당화하는 이데올로기가 되어버린 대아시아주의에 대해, 쑨원(孫文)은 1924년 11월 고베(神戸) 연설에서 서양의 패도주의에 대한 동양 의 인의(仁義) 도덕에 의한 왕도주의라는 구도 아래, '서양 패도의 사냥개'가 아니 라 '동양 왕도의 간성(干城)'의 자리로 되돌아올 것을 강력히 주문하고 있었다.(松本 2000, 108-128)

일본의 우위를 전제로 한 아시아 혁명세력의 지원을 명목으로 내걸기도 하지만, 결국에는 그 명목조차 탈색되어간다. 그 전형이 일본을 맹주로 한 '아시아 먼로주의'라고도 칭했던 '아시아 신질서' 구축의 논리다. 그리고 이 논리는 이후 1937년 중일전쟁의 서막을 연 고노에 후미마로(近衛文麿) 총리의 참모조직 역할을 하던 쇼와(昭和)연구회의 '동아협동체론'과 태평양전쟁기의 '대동아공영권' 구상 등으로 이어져갔다.(古屋 1996)

이와 같이 주변국은 물론 세계를 상대로 침략과 전쟁도 주저 않는 '대아시아주의'로의 굴절과정은 이미 초기 아시아주의가 가졌던 '하나의 아시아'에 의거한 서구중심주의에 대한 '형제'적 연대와 저항의 정신을 내동댕이친 이데올로기적 퇴폐에 다름 아니었다. 그런 의미에서 서구중심주의에 대한 '역전적 전략'의 발상이 역설적으로 또 다른 '중심주의'로서의 일본중심주의를 낳는 데 적지 않은 이데올로기적 기여를 했다는 아이러니를 낳고 있었던 것이다.

4. 마르크스주의의 확산과 그 역설

그런데 이와 같은 아이러니의 발생에는 단순히 근대 일본 제국주의자들의 침략적 의도의 관철이라는 측면만이 아니라, 제1차 세계대전 이후 일본에서의 "노동운동·사회운동의 발흥과 뒤이어 숨 쉴 틈도 없이 밀어닥친 마르크스주의와 코뮤니즘의 태풍"(마루야마 1998, 141) 이라는 큰 변수가 존재한다. 왜냐하면 뒤에서 서술할 이른바 '근대초극론'이야말로 위에서 언급한 동아협동체론이나 대동아공영권 구상의 철학적 바탕과 같은 역할을 하는 발상이었는데, 이 발상은 한편으로는 아시아주의가 성장할 수 있었던 서구 제국주의에 대한 저항의 정서를 흡수하고 다른 한편으로는 한때 거세게 일본 근대의 지식인 사회에 확산되었던 마르크스주의의 좌절과 맞물리면서 새로운 세계 사적 지향의 탐색이라는 의도를 내걸고 좌절에 빠진 마르크스주의자들까지도 끌어들이고 있었기 때문이다.

마루야마에 의하면, 마르크스주의는 크게 세 가지 측면에서 '태풍' 과도 같이 불어 닥쳐 근대 이후의 일본 지식인들의 내면에 깊은 각인을 남겼다고 정리한다. 첫째, 역사와 현실의 바탕을 이루는 구조 및 동력에 대한 중요성을 각성시키고 개별적 사회과학을 종합하여 그것에 접근하는 방식을 가르친 것. 둘째, 사상이라는 것이 단순히 서재의 정신적 향수의 대상이 아니라 세계변혁의 도구라는 점을 일깨운 것. 셋째, 사상에 본래적으로 내포된 실천성이라는 측면에서 볼 때, 사상에 각인된 존재 구속성에 대한 각성과 함께 사상적 탐구 그 자체에도 인격적 책임이 걸려 있다는 점을 사회적 규모에서 가르친 것 등이다.(마루야마 1998, 115-118)

여기서 특히 주목하고자 하는 것은 1930년대에 두드러진 '마르크스주의-중심주의의 역설현상'(강정인 2004, 476)에 대해서다. 마루야마가 지적하는 것처럼 1945년 이전의 일본사회에서 마르크스주의야말로 근대 일본의 정신사 일반에서 이른바 '사회과학'을 거의 홀로 대표하다시피 했을 정도로 획기적인 의미를 가졌었는데, 오히려 그 '중심성'이 그 후의 '비극'과 '불행'의 원인이 되기도 했기 때문이다. 그의 논의에 따르면, 이른바 '전향의 시대'에는 마르크스주의의 '중심성'이 일본인들 사이에서 '사회과학 일반'이나 '서양적인 것 그 자체'에 대한 반발 및 거부를 유발했고, 그런 만큼 많은 일본인들로 하여금 '사회과학 일반'으로부터의 탈출과 체험적 '실감'만으로의 도피를 초래하여 결과적으로는 '일본 회귀'를 촉진하는 역할을 수행하게 되는 아이러니를 낳기도 하였다.(마루야마 1998, 116-117) 그가 보기에 1930년대 중반부터 거세어진 '초국가주의로의 폭주'는 일본사회에 마르크스주의자를 비롯한 이른바 진보적 지식인 수가 절대적으로 소수였기 때문에 벌어진 비극이 아니었다. 오히려 마르크스주의가 일본 근대의 지식인 사회에 '태풍'과도 같이 불어 닥쳐 많은 지식인들을 사로잡았던 만큼 지식인 사회에서 진보적 지식인들은 결코 적지 않았다. 그럼에도 불구하고 그 이후 대규모 전향과 '초국가주의적 폭주'에 대한 방관이나 가담이라는 치명적 문제를 허용하게 된 것은 '마르크스주의-중심주의'의 역설적 결과 때문이었다는 것이다.

이와 함께 이 글의 주제와 관련하여 좀 더 살펴봐야 할 것은, 한편으로는 마르크스주의의 확산이 앞서 언급한 미야지마의 지적처럼 서구중심주의를 오히려 강화하는 역할을 수행한 반면, 다른 한편으로는 위에서 마루야마가 지적한 것처럼 '서양적인 것 그 자체'에 대한 반발 및 거부를 유발하여 '일본 회귀'를 촉진했다는 점에 대해서다.

우선 마르크스주의의 확산과 서구중심주의의 강화와의 상관성이라는 측면에 대해 살펴보면, 마르크스주의가 강정인이 지적하는 것처럼 "노동해방운동에서만 그 위력과 진가를 발휘하는 데 그치지 않고, 서구중심주의 · 인종주의 · 가부장제에 저항하는 수단으로서도 유연하게 활용되어 탈서구중심주의, 흑인해방운동, 여성해방운동에 심대한 영향을 미쳐왔다. … 서구 제국주의 ―서구중심주의― 에 대한 저항과정에서 많은 민족주의자들이 사회주의에 경도되거나 아니면 사회주의자로 개종한 사실 … 계급해방을 '인간에 의한 인간의 지배'의 모든 형태를 종식시킬 수 있는 유일하고 총체적인 대안으로 제시하고 혁명적 사회주의 운동에 몰두해왔다."(강정인 2004, 475-476)는 점을 어느 정도 인정하지 않을 수 없다. 그러나 미야지마가 비판하는 것처럼 마르크스주의도 의거하는 역사발전단계설의 구도가 '봉건제'의 존재 유무에 의한 일본의 서구적 친화성과 함께 동아시아를 대상으로 한 일본판 오리엔탈리즘을 구성하는 등의 서구중심주의적 역사인식을 정당화하는 역할을 하였음도 아울러 시야에 넣지 않으면 안 된다.(미야지마 2013a, 6) 그 때문에 일본의 근현대 마르크스주의자들만이 아니라 한국의 1980년대 마르크스주의자들에 이르기까지 '아시아적 생산양식'이라는 마르크스의 독특한 단계 구분에 이끌려 역사인식과 실천의 측면에서 치열한 소모적 논쟁이 전개되었으나 의미 있는 결과를 얻지 못한 채 흐지부지되고 말았던 사정은 기억에도 새롭다.

다른 한편, '마르크스주의-중심주의'의 역설이 초래한 '서양적인 것 그 자체'에 대한 거부와 '일본 회귀'라는 문제에도 주의를 기울이지 않으면 안 된다. 왜냐하면 바로 뒤에서 다룰 '근대초극론'이 지식인 사회에서 지반을 넓힐 수 있었던 이유는 '마르크스주의-중심주의'의 역설이 초래한 '서양적인 것 그 자체'에 대한 거부와 '일본 회귀'라는 사회적 분위기 속에서 '전향' 마르크스주의자들까지도 신념을 갖게 할 새로운 세계사적 지향의 탐색이라는 슬로건 아래 좌절에 빠져 있던 마르크스주의자들을 끌어들였던 측면을 갖는 것이었기 때문이다.

5. '근대의 초극'과 '세계사적 사명'의 기만

1931년 만주사변을 기점으로 일본의 국제적 고립이 심화되는 가운데, 1930년대 후반에 들어서면 한편으로는 그 고립을 주도하는 영미와의 대결에서 이데올로기적 우위를 점하기 위해, 다른 한편으로는 전장의 중국인들을 중립화시키거나 같은 편으로 끌어들이기 위해 서구중심주의적 '근대'의 중심적 가치, 즉 민족주의, 자유주의, 민주주의, 자본주의 등을 초극(超克)할 필요성이 역설되기 시작한다. 바로 '세계사적 사명'을 강조하는 근대초극론이 그것이다.

물론 그렇다고 해서 근대의 초극을 지향한 언설 모두가 애초부터 전쟁 승리라는 목적을 위한 적나라한 이데올로기 선전도구로 급조된 것처럼 생각해서는 안 된다. 왜냐하면 그 배경에 서구문명의 위기라는 세계사적 여건 변화가 자리하고 있었기 때문이다. 유럽 대륙의 중심부에서 치러진 제1차 세계대전은 인류문명의 정점으로서의 자부심을 근간으로 하던 서구문명의 위상에 커다란 동요를 초래한 문명사적 사건이었다. 바로 그런 동요의 빈틈 안에서 근대초극론은 싹을 틔웠다. 히로마쓰 와타루의 정리에 따르면, 당시 일본에서 근대초극론이 사람들의 관심을 끌 수 있었던 것은 서구문명의 위기를 외치는 목소리가 전 세계적으로 울려퍼지는 가운데, 금융 자본주의가 봉착한 모순 및 국가사회주의와 유사한 국가독점자본주의로 이행하는 국면, 니시다 기타로(西田幾多郎)로부터 교토학파로 이어지는 이른바 '세계사의 철학'의 대두, 미키 기요시(三木清)로 대표되는 전향 좌파의 근대초극의 논리로서의 협동주의 철학의 구상, 마르크스주의의 좌절이란 분위기 속에서 태동한 일본낭만파의 논리 등이 어우러질 수 있었기 때문이다.(히로마쓰 2003)

이런 세계사적 배경 아래 근대초극론은 "일본이 세계적 강국이 된 정황을 기반으로 한 민족적 자각을 투영하면서, 메이지유신 이래의 서구화와 그 귀결에 대한 자기비판적인 심정을 계기로 존립"(히로마쓰 2003)하였다. 다시 말하면, '문명'의 서구만을 추종하여 서구 따라잡기에 매진해온 '탈아입구'의 전면적 서구화 노선이 파탄에 가까운 지경에 이르렀을 때, 그리고 서구 따라잡기에 대한 외형적 성공이라는 확신을 갖기 시작했을 때, 이제는 목표로서의 의미를 상실한 서구화 노선을 중지하고 재차 국가적 목표와 방향을 재정립하기 위한 국가적 모색을 시작하지 않으면 안 되는 지점에 이르렀다고 판단하게 된 것이다. 더욱이 그 모색이 단지 일본에만 한정된 것이 아니라 인류문명의 미래와도 직결되는 문제이기 때문에, 일본의 국가적 사명만이 아니라 '세계사적 사명'도 당시 일본에 부여되었다고 자기규정하고 있었던 것이다. 1930년대 후반 20대의 젊은 연구자로서 당시 상황을 목도하면서 근대초극론에 대항하기 위해 '근대의 옹호'를 그 자신의 가장 중요한 학문적 과제로 삼기 시작한 마루야마의 다음과 같은 회상은 그런 의미에서 흥미롭다.

현대의 세계사는 영국·미국·프랑스 등 '선진국'이 담당해온 '근대'와 그 세계적 규모의 우월성이 와르르 무너지고 완전히 새로운 문화에 의해서 대체되는 전환점에 서 있다는 것이 그런 초극론자들의 공통된 시각이었다. 그런 주장을 편 지식인들이 반드시 파시스트들이나 군국주의자들은 아니었으며, 또 그런 견해 속에는 당시 나의 눈에도 타당하다고 여겨지는 점도 포함되어 있었다. 그렇지만 1940년대 초의 시대적 분위기 속에서는 그런 외침은 영국·미국·프랑스 등에 의해 대표되는 "시대에 뒤떨어진 자유주의적 이데올로기들을 타도하고, 일본·독일·이탈리아 등 추축국들이 선두에 서서 밀고 나가고 있는 '세계 신질서'의 건설에 협력하는 것이야말로 지식인들의 사명"이라는 제창(군부·'혁신 관료'·반의회주의 정치가들만이 아니라 좌익에서 전향한 지식인들에 의해서 리드되었다.)에 휩쓸려 합류하는 경향을 강하게 띠고 있었다.(마루야마 1995, 67)

마루야마의 이 회상에 따르면, 적어도 초극론자들은 그때까지의 서구 '근대'를 우월한 것으로 여기고 서구의 '선진국'을 따라잡기 위해 서구화 노선을 달려온 것은 애초부터 잘못된 것은 아니었다는 사고방식의 소유자들이었던 것처럼 보인다. 단지 '지금'은 파탄 난 서구문명의 현재를 답습하지 않고 새로이 국가노선을 정립하지 않으면 안 되는 문명사적 '전환점'이기 때문에, 학습할 수 있는 어떤 모델도 존재하지 않는 '아무도 가지 않은 길'을 개척하지 않으면 안 된다는 절박함과 함께 그 개척의 결과로서 도래할 새로운 중심으로서의 일본의 미래에 대한 희망이 복잡하게 얽혀 있던 사람들이기도 했었던 듯하다. 근대초극론은 아시아주의자들과 같은 역전적 전략의 수준을 넘어 종래의 가치 및 기준 그 자체를 해체하고 새로운 가치와 기준을 마련하려 했다는 점에서 20세기 후반에 맹위를 떨친 '포스트'가 앞에 붙는 여러 언설들과 문제의식에서 상통하는 바가 없지 않았다. 그런 의미에서 해체적 전략의 범주에 드는 사고였다고 할 수 있다.

그러나 문제는 이 시기 언설들이 일견 파시즘을 부정하거나 일부는 정부의 탄압을 받아가면서도 결과적으로 파시즘의 성립에 기여하게 되었다는 점이다. 더욱이 해체적 방향의 의도가 일본중심주의의 선양이라는 이데올로기적 기만을 은폐하려는 데 있었다는 점이다. 이를 위해 근대초극론은 일종의 아마추어리즘과 같은 방식으로 문제해결을 꾀하고 있었다. 앞서 언급한 히로마쓰에 따르면, "논리로는 장대한 과제의식을 표명한 추상태로 제시되었고, 정서로는 일종의 낭만주의적 국수주의에 의해 겨우 생기를 띠고 있었다는 사실이 '근대의 초극'을 주술과 같은 통일적 슬로건으로 만들어준 요인"(히로마쓰 2003)이었던 것이다. 또한 서구의 '근대'라는 질병에 대한 전면적 부정은 결과적으로 비서구적이고 동양적인 원리에 대한 주목으로 현상하여 역전적 전략의 양상을 띠기도 하는데, 그런 근대초극론은 정작 해결해야 할 현실의 '아포리아' 자체를 이데올로기적으로 이미 해결된 것으로 착각하게 만드는 오류를 낳았다. 예를 들면, 전향 좌파들에게는 "국가총동원, 통제경제의 형태로 자유주의와 공산주의를 넘어섰다는 망상, 나치즘 같은 전체주의가 아니라 천황을 정점으로 하는 협동체 국가라는 망상이 '근대의 초극' 논의를 존립"(히로마쓰 2003)시킬 수 있었다고 할 수 있다.

이와 같이 우익과 군부에게 '황군의 위기', '황국의 위기'를 통감하고 '천황 측근의 가신'과 '정치기구와 결탁한 경제권력'을 제거하여 천황 친정을 복구하자는 주장이 전향 좌파에게는 일종의 자본주의 극복이란 표상으로 받아들여지고 그것이 '근대의 초극'이라는 환상으로 봉합되었다. 결국 근대초극론은 현실사회에 대한 비판과 초극을 동반하는 것이었음에도 국체론의 문제나 침략의 현실을 직시하지 않고 외면함으로써 결과적으로 문제적 현실을 추인하는 기능을 담당했던 것이다. 그런 의미에서 해체적 전략의 범주에 가까운 의도를 가졌던 근대초극론이었지만, 오히려 역전적 성격의 담론이 갖는 한계와 직결되는 결과를 낳은 것이었다.

6. 전후를 달군 '회한공동체'와 '근대주의'의 그림자

1945년 패전은 '탈아입구'에서 시작하여 '근대초극론'으로 끝난 일본 근대의 종언을 의미하는 것이었다. 그와 동시에 일본인들에게는 비서방세계에서 유일하게 근대화에 성공한 나라라는 자부심과 세계 5대 강국으로서의 한때의 영광까지 함께 물속에 가라앉힌 허탈한 사태였

을 법하다. 더욱이 1945년 이전까지 요란스럽게 강조되던 '황국사관'
의 시각에서 보면, 유사 이래 단 한번도 외국 군대의 점령을 허용하지
않았던 '신화'의 소멸이기도 했으니 말이다. 패전은 보수와 진보를 떠
나 전 일본인에게 지울 수 없는 커다란 충격을 남겼음에 틀림없다.

전후 계몽적 지식인의 리더였던 마루야마의 문제의식은 이 글의 주
제와 관련하여 시사적이다. 그는 전후 일본의 진로를 둘러싸고 현행
'일본국헌법(평화헌법)'의 제정에 큰 영향을 미쳤을 뿐 아니라, 정치적
의식과 책임성을 갖춘 주체로서의 시민 및 시민사회의 형성이 국가
의 정상화에 결정적이라는 점을 다양한 논저를 통해 일본사회에 호소
하여 큰 반향을 불러일으켰으며, 그것을 위한 다양한 직접적 실천에
도 노고를 아끼지 않은 것으로 유명하다. 그런 그의 문제의식을 내면
에서 떠받치고 있던 것은 1945년 패전 이전의 일본사회가 '국가주의
로의 폭주'를 막지 못했다는 '자기비판'과 그것을 허용할 수밖에 없었
던 '과거에 대한 근본적인 반성'(丸山 1982, 114)이었다. '회한(悔恨)공동
체'라는 개념은 그런 자기비판과 근본적 반성의 바탕 위에 패전의 충
격을 새로운 국가의 건설이라는 과제에 대한 결의로 바꿔나가자는 의
미를 담고서 제기된 것이었다. '마루야마 정치학'과 함께 전후 '계몽'
에 영향력을 가졌던 '오쓰카 사학'의 창시자 오쓰카 히사오(大塚久雄)
의 문제의식도 마루야마의 그것과 크게 다르지 않았다. 그리고 이들
의 '과거에 대한 근본적인 반성'의 기준과 함께 새로운 국가건설의 비
전으로 삼은 것이 이른바 '근대주의'였다. 이처럼 근대주의는 '1945년
패전 이전의 극복'이라는 과제와 표리일체였다.

그런데 근대주의라는 명칭에서도 짐작할 수 있듯이 그들의 문제의
식은 어디까지나 서구중심주의에 대한 '순응적 동화'의 불철저성에서
문제의 연원을 찾는 것이었다. 마루야마가 천황제적 신성국가, 즉 무

한적 간섭과 무책임의 체계의 문제를 분석한 일련의 정치학 연구에서 그 문제의 연원을 '불완전한' 근대화의 문제, 즉 제도상의 문제만이 아니라 사유양식 차원에서의 '봉건' 잔재의 온존 및 미청산의 문제로 진단하고 있었던 것은 그 전형적 사례. 그리고 그 문제의식은 다음 인용에서 알 수 있듯이 그가 태평양전쟁기에 몸소 체험했던 군국주의에 대항하여 내걸었던 '근대 옹호'의 연장선상에 있는 것이었다.

'근대의 초극'론과 그것을 배후에서 지탱해주고 있는 전체주의적 사조에 대해서 강한 저항감을 품게 된 지식인들과 연구자들은 각각의 분야에서, 그야말로 속죄양이 되어 있던 '근대'를 옹호하는 것이야말로 자신들의 의무로 느끼게 되었던 것이다. (군국주의: 인용자) 시대의 흐름을 거스르는 자유주의자들과 마르크스주의자들이 그런 지적인 전선에서 '근대'를 옹호하는 측에 서게 되었다.(마루야마 1995, 68)

마루야마가 말하는 '근대의 옹호'는 전체주의에 대한 저항이라는 측면에서 강조된 것이었지만, 그런 만큼 서구를 예외적으로 특권화하는 서구중심주의, 그리고 일본 및 동아시아, 더 나아가 비서구의 가치 및 기준, 관행 등을 정체나 저발전의 원인으로 간주하는 오리엔탈리즘을 내면화하지 않을 수 없게 만드는 측면을 간과할 수가 없다.(야스마루 2006) 그런 만큼 청일전쟁 이후 조선에서 본격화한 일본의 제국주의 행태에 대한 문제의식은 상대적으로 취약한 것이었음을 짐작하기는 어렵지 않다.(강상중 1997)

이러한 서구중심주의 및 오리엔탈리즘의 내면화를 잘 보여주는 사례로서 뒤에서 서구의 전형적 근대와는 다른 중국의 근대를 '복수(複數)의 근대' 중의 하나로서 제시하는 사례로서 거론하게 될 미조구치

유조(溝口雄三)의 다음과 같은 회고는 시사적이다.

우리 세대는 제2차 세계대전 중의 초등학교 시절에 천황제 전체주의의
교육을 받은 것에 대한 반동적 작용에 따라 반(反)전체, 반국가적 경향과
자립·개별적 자아(個我) 신앙이라는 것을 가슴 속에 품고 있다. 전근대적
인 공동체의 규제로부터 분리되어 나온 자립적 개인의 자유의지에 의거한
계약적인 사회관계야말로 자립·개별적 자아 신앙의 내용이다. … 실은 유
럽에 의탁한 꿈이었다.(미조구치 2013)

미조구치의 회고는 전후의 일본사회가 얼마나 철저한 전면적 서구
화에 부심했을까를 짐작하게 하는 것이다. 더욱이 일본 근대의 여명
기에 '문명'을 구가하는 서구로부터 제도나 외형만이 아니라 '정신'까
지 철저히 학습하고 모방해야 한다고 주장했던 후쿠자와의 문명론의
요체가 전후에 이르러 비로소 전 사회적으로 교육되기 시작했었을 것
이라는 점을 알 수 있다. 1980년대 중반에 마루야마가 후쿠자와의 문
명론에 대한 심혈을 기울인 재해석을 통해 당대 일본사회에 여전히
중요한 고전으로서의 위치를 부여하려 한 것은 상징적인 사례다.(마루
야마 2007)
이와 같이 전후에 서구화 가운데서도 미국화의 길이 두드러지기는
하지만 큰 틀에서의 서구중심주의로의 경사는 메이지정부 수립 이래
현재에 이르기까지 줄곧 미국에 대해 추종적 태도를 취해온 세력만이
아니라 일본 근대의 파행에 대해 비판적 시각을 가진 다수의 전후 진
보적 지식인들에게도 여전히 공유되는 불문율과 같은 것이라고 해도
과언이 아니다.

7. 특수와 보편을 오고간 '일본문화론'의 운명

그런데 위에서 언급한 '근대주의'가 패전 이후의 지식세계를 휩쓸고 있었음에도 불구하고, 경이적인 경제회복에 힘입어 1955년 '전후의 종언' 선언을 한 즈음부터 1980년대에 이르기까지 무려 2000건 이상의 논저가 쏟아진 '일본문화론' 유(類)의 언설에도 주의를 기울일 필요가 있다. 왜냐하면 일본문화론 자체가 그 상대로서의 타 문화, 그중에서도 특히 서구문화를 의식한 작업이기 때문에, 긍정적이든 부정적이든 간에 서구문화에 대해 일본의 '독자성의 신화'(靑木 1999, 13)를 창출한 것일 뿐 아니라, 그 독자성에 대한 일본인들의 의식 변천을 추적함으로써 서구에 대한 현대 일본사회의 시선과 그 변화를 가늠할 수 있기 때문이다.

여기서 '문화와 아이덴티티'라는 주제에 맞춰 '일본문화론'의 변용을 추적해온 아오키 다모쓰에 의거하여 일본문화의 독자성에 대한 시각의 변천과정을 살펴보면, 전후는 다음과 같이 네 가지 시기로 구분 가능하다. 제1기는 패전 직후부터 1955년 '전후의 종언' 선언 이전까지의 '부정적 특수성의 인식', 제2기는 '전후의 종언' 선언부터 1964년 도쿄올림픽 이전까지의 '역사적 상대성 인식', 제3기는 1964년 도쿄올림픽부터 1983년 무렵까지 경제대국화한 일본으로부터의 학습이 서구에서 역설되던 시기의 '긍정적 특수성의 인식', 제4기는 경제 대국 일본에 대한 서구의 경계와 이에 따른 무역마찰이 본격화한 1984년부터 냉전체제가 해체에 직면한 1990년 무렵까지의 '특수에서 보편으로라는 인식상의 중심이동'이 특징적이다.(靑木 1999, 29)

위의 구분에서 볼 때, 제1기는 앞 장에서 다룬 '근대주의'에 의한 일본문화의 '부정적 특수성'에 대한 인식과 그 극복을 강조하던 패전 직후의 사회적 분위기를 떠올리면 될 것이다. 거기서 일본문화는 아직 서구적 근대화의 세례를 받지 못한 채 온존해 있는 '봉건잔재'로 표상되었던 만큼 서구중심주의에 대한 동화적 전략의 걸림돌로 간주되었음은 말할 것도 없다. 그러나 제2~4기에는 제1기와는 완전히 대조적 양상이 전개된다. 전후 일본의 고도 경제성장과 경제대국화라는 배경 위에 일본문화를 점차 긍정적인 것으로 인식하는 방향이 고정되었으며 그 긍정성에 대한 확신도 점점 강해지는 양상을 보인다. 일본문화에 대한 상대주의적 소극 긍정에서 특수성의 적극 긍정으로, 그리고 거기로부터 더 나아가 그 긍정성을 일본에만 한정된 특수한 것으로 간주하다가 점차 일본만이 아니라 세계적으로도 보편성을 갖는 긍정성으로 전환시키는 질적 도약을 보이고 있다는 점이 특징적이다.

예를 들면, 제3기에 모습을 드러낸 나카네 치에(中根千枝)의 '종적(縱的) 사회'론은 제1기에는 일본 근대의 파행을 조장한 '봉건잔재'로 취급되었을 가부장적 온정주의에 대해 오히려 일본사회에 대한 긍정적 활력의 계기로 평가한다.(나카네 2002) 또한 도이 다케오(土居健郎)의 '응석(dependency) 문화론'은 제1기에는 주체적 자아의 확립과는 완전히 반대된다는 의미에서 부정적 뉘앙스가 강했을 '응석'이라는 유아적인 관계의존적 성향에 대해 오히려 일체감을 배양하여 사회관계를 안정화시키는 긍정적 문화로 평가를 역전시킨다.(도이 2001) 이처럼 제3기에는 제1기에서 부정적으로 취급되었을 일본문화의 특징적 요소들에 대한 평가를 역전시키고, 비록 서구중심주의적 시각에서 여전히 '특수'한 것으로 위치 짓고 있지만 그 '특수'의 존재의의를 전면적으로 긍정하고 있다는 의미에서 패전과 점령의 상처에서 벗어나 현대 일본의 완전한 자신감 회복을 상징하는 것이라 할 만한 것이다. 더욱이 서구중심주의가 제공하는 준거에서 볼 때 여전히 '특수'한 것이라는 자기규정을 갖고는 있지만, 그것을 '일탈'로 보지 않는다는 점에서 가능성만으로 볼 때는 앞서 다룬 아시아주의와 같은 역전적 전략에도, 근대초극론과 같은 일종의 해체적 전략에도 이어질 수 있는 여지를 중층적으로 내포한 것이었다.

그런데 1980년대 중반 서구경제의 거듭된 침체와 일본의 경제대국화와 더불어 서구 각국과의 무역마찰이 본격화하면서, 제3기에서 주로 '일본적 경영'의 측면에서 그 이전까지 일본에 한정하여 긍정하던 '소극적 특수성' 규정에서 더 나아가 제4기에는 적극적으로 '보편성'을 강조하는 역전적 전략으로서의 양상이 두드러진다. 이는 제3기 막바지에 미국을 중심으로 서구에서도 일본적 경영에 대한 찬탄과 함께 '일본 배우기'가 역설되면서 1979년 에즈라 보겔의 *Japan as Number One: Lessons for America*의 출간이 상징하던 것처럼 서구 원산이라 자부해온 서구형 자본주의와는 다른 '일본형 자본주의'에 대한 서구에서의 적극적 인정에 기인하는 바도 작지 않다.(青木 1999, 129)

그러나 이러한 사정은 앞에서 다룬 아시아주의와 같은 역전적 전략이 걸어간 궤적과 유사한 결과를 낳는다. 아시아주의가 결국 '대동아공영권' 같은 기만적인 대아시아주의를 낳았던 것처럼 1970년대 중반 이후의 서구중심주의에 대한 역전적 전략의 발상이 역설적으로 또 다른 '중심주의'로서의 일본중심주의를 낳는 데 적지 않은 이데올로기적 기여를 했다는 아이러니를 낳고 있었기 때문이다. 그 측면을 비판적으로 지적하는 강정인의 다음과 같은 분석은 이러한 일본문화론의 이데올로기적 성격과 그 운명을 이해하는 데에 도움이 된다.

초기 '일본인론'은 일본의 정체성을 서구중심주의가 제공하는 준거로부터의 일탈이라는 관점에서 규정하고자 했다는 점에서 동화적 담론으로 출발했다. 그러나 1980년대에 들어서 서구경제가 침체를 거듭한 반면, 일본 경제는 지속적인 번영을 구가하자, 이로 인해 일본이 중심과 주체로서의 지위를 차지하고 자신들의 보편적인 관점에서 서구 국가들의 특수성(주변성)을 규정하는 역전적 담론이 출현했다. 곧 일본의 정치가나 지식인들은 서구인들(특히 미국인)의 이기적인 개인주의, 물질주의, 부패 및 거만에 대한 경멸과 (미국을 쇠퇴하게 만든 인종적 이질성과 대비되는) 일본의 인종적 순수성 및 근면성에 대한 명시적인 긍지에 근거하여 일종의 역전적 오리엔탈리즘, 이른바 옥시덴탈리즘을 전개하기 시작했다. … 일본의 정치가 이시하라 신타로는 일본의 기술적 우위의 바탕이 된 일본인의 국민적 재능을 치켜세우면서, 그 원인을 일본의 '동양적 양식과 가치'에서 찾았다. 나아가 그는 이제 서구인들의 창조적 에너지가 고갈되었기 때문에 서구가 지배하던 근대는 종언을 고했고 미래는 기술력에서 우위를 지닌 일본의 시대라고 선언하기도 했다. 이와 더불어 미국의 일부 학자들 역시 '미국이 일본으로부터 무엇을 배워야 하는가'라는 문제의식에 따라 미국과 일본을 비교하되, 이번에는 일본을 중심에 놓고 미국을 비교하는 태도를 취했다. 그리하여 1989년 사회주의권의 붕괴와 더불어 일본은 한때 러시아를 제치고 미국인들이 가장 두려워하는 국가로 등장하기도 했다. 일본에 대한 서구의 두려움과 분개는 일본의 명백한 기술적 우위 및 경제적 성공에 일차적 원인을 두고 있었지만, 다른 한편 일본의 성공이 보편성과 우월성에 대한 서구문명의 자연스러운 주장, 즉 서구중심주의를 위협한다는 데 있었던 것으로 보인다. 그러나 1990년대 중반 이후 일본경제의 침체 및 미국경제의 회복과 더불어 미국우월주의 담론이 재부상하고 일본우위론은 자취를 감추고 말았다.(강정인 2004, 445-446)

이와 같이 일본문화론은 일본경제의 부침과 더불어 연동하는 이데올로기적 성격을 강하게 띤 것이었다. 그리하여 한때는 서구중심주의에 대한 강력한 역전적 담론으로서의 기능만이 아니라 '역전적 오리엔탈리즘'을 전개하는 양상을 나타냈는데, 특히 일본의 세계적 위상이 올라갈 때일수록 오히려 "'일본문화' 중심주의가 대두하여 역으로 '닫힌' 일본문화론에 경사해가는 … 역설적인 현상"(青木 1999, 160)을 동반해온 일본문화론은 그 특징 자체의 성격 때문에 일본경제의 침체기에는 그와 더불어 매력을 급격히 상실해간 한계를 노정시키는 것이었다.

그런 만큼 앞으로의 일본경제의 재도약은 언제든지 재차 일본문화론의 소환을 필요충분조건으로 삼을지 모른다. 그런 의미에서 현 아베 신조 총리가 일본경제의 회생을 핵심적 정치 목표로 삼으면서 그와 더불어 '아름다운 일본'이라는 슬로건을 함께 내걸고 있는 현실은 상징적이라 할 만한 것이다.

8. 맺음말: 서구문명 수용의 이중주와 그 유산

이상과 같이 일본에서는 메이지유신 이래 현대에 이르기까지, 그리고 정치적 패러다임으로 보면 보수파에서 다수의 진보파에 이르기까지 서구문명에 대한 순응적 동화가 주선율을 이루어왔다. 그와 더불어 다른 한편에서는 그에 대한 저항과 순응이라는 양날을 지닌 마르크스주의의 집단적 수용을 비롯하여 그때그때 아시아주의, 근대초극론, 일본문화론 등 서구중심주의에 대한 역전적 혹은 해체적 전략들도 시도되었다. 일본의 근현대는 일견 서구문명에 대한 모방과 학습의 한 길만으로 달려온 것 같아 보여도 이처럼 양 측면의 존재와 긴장관계가 서로 맞물리면서 이중주와 같은 궤적을 그려온 역사라 할 만한 것이다. 그런 의미에서 '일본적' 특징을 강하게 내포한 근대초극론이든 일본문화론은 말할 것도 없고, '탈아입구'나 전후의 '근대주의'를 비롯한 서구중심주의에 대한 순응적 동화와 마르크스주의의 집단적 수용 등에도 '일본적' 특징이 각인되지 않을 수 없었음에 틀림없다.

그런데 그 '일본적인 것'이 앞에서 언급한 미야지마의 비판에서 읽을 수 있는 것처럼 '동아시아 중심으로서의 일본'에 대한 불굴의 충동이라는 심리적 무드가 호출해온 것이라는 점에 재차 주의하지 않으면 안 된다. 왜냐하면 이 글에서 서구문명에 대한 열렬한 선망이나 선택적 수용, 전면적 저항, 부정이나 대안적 극복을 의도한 버전에 이르기까지 서구를 중심에 두고 전개된 논리의 배면에는 거의 대부분 일본중심주의적 심리가 강하게 똬리를 틀고 있었다는 점을 부각시켰는데, 여기서 이 두 가지 중심주의, 즉 서구중심주의와 일본중심주의가 맞물리거나 뒤엉켜 전개된 양상이 현대 일본사회에 남긴 유산에 대해 생각해보지 않으면 안 되기 때문이다.

그 유산의 한 흐름이 '동아시아 중심으로서의 일본' 지향에 대한 비판적 문제제기다. 그 전형이 1950년대 발표된 다케우치 요시미(竹內好)의 '방법으로서의 아시아'론이다. '위로부터' 추진된 순응적 동화의 일본 근대화와는 달리, 다케우치의 논의에서는 자발적 요구에 따라 '아래로부터' 추진된 중국의 근대화를 이념형으로 삼는다. 비록 국가적 근대화에 뒤져서 서구열강 및 일본에 제국주의적 침탈을 허용했지만, '아래로부터'의 힘에 의거하여 항일전쟁을 효과적으로 전개하고 '인민공화국'의 수립을 달성한 중국의 사례에서 '아시아'의 가능성을 발견한 것이었다. 서구중심주의에 대한 '위로부터' 추진된 순응적 동화와 함께 제국주의를 학습하여 실행해간 일본 근대화의 길과는 '다른 차원의 근대'에 대한 탐색이라는 의미에서 '방법으로서의 아시

아'라고 이름 붙인 것이었다.(다케우치 2004) 이는 나쓰메 소세키(夏目漱
石)가 메이지 시대에 일본의 '수박 겉핥기'식 '피상적' 근대화(夏目 1986)
를 비판했던 것에서 한 걸음 더 나아간 일본형 근대화에 대한 비판이
라는 측면을 갖는다. 더욱이 이때가 패전을 계기로 일본 근대의 파행
에 대한 반성과 함께 서구문명에 대한 더 철저한 학습과 체화가 강조
되어 '근대주의'가 마루야마를 비롯한 진보적 지식인 사회를 휩쓸고
재차 메이지 시대와 같은 '탈아입구'적 무드가 강조되던 시기였었다는
점을 감안한다면, 다케우치의 논의는 그때까지 '유일'한 근대화 노선
처럼 간주되던 일본형 근대화를 상대화하고 지금은 일반화한 '복수의
근대'에 대한 지평을 개척하는 선구적 역할을 한 것이라 부를 만한 것
이다.

　이와 같은 다케우치의 가능성을 한층 더 밀고나간 것이 앞서 언급
했던 미조구치 유조의 '방법으로서의 중국'이다. 미조구치의 연구는
종래의 서구중심주의적 시각을 전제로 근대화에 친화적인 요소의 맹
아나 그것의 부재를 논하던 기존의 중국연구와는 달리, 사상 및 역사
사료 그 자체를 근거로 역사상을 내재적으로 재구성하여 그것을 서구
근대와는 다른 중국의 '독자적 근대화'의 흐름으로 설명하는 과감한
수법이다.(溝口 1989) 굳이 비유한다면 일종의 '복수의 근대'론과 유사
한 설정이다. 또한 그가 유학에서 발원한 '공(公)'의 윤리성과 종족 결
합이 어우러진 역사적 전통을 바탕으로 사회주의에 친화적이라 규정
하는 중국 '근대'상을 제시하는 논의(미조구치 2013) 또한 '동아시아 근
대'의 재검토를 요청하는 연구라 할 수 있다.

　이와 같이 서구문명에 대한 순응적 동화의 주선율 속에서도 주로
중국연구를 중심으로 그때까지 '유일'한 근대화 노선처럼 간주되던 일
본형 근대화를 상대화하고 그것과는 다른 패턴의 '근대'에 대한 역사

적 탐색을 활성화하는 흐름이 다른 한쪽에 강력하게 존재한다. 그와 더불어 일국사의 범위를 넘어 아시아 교역권의 형성과 구조를 밝혀내어 '세계체제론'의 서구중심주의적 편견에 도전하는 연구도 촉진되었다는 점은 시사적이다. 전근대 '조공 시스템'에 초점을 맞춘 하마시타 다케시(浜下武志)의 연구(浜下 1997)나 전근대 아시아 역내 무역구조를 밝히는 스기하라 가오루(杉原薰)의 연구(杉原 1997) 등은 그 전형들이다. 또한 16~17세기 소농(小農)사회의 성립을 계기로 한 서구 '근대'와는 다른 조선의 독자적 '근대'상 제시(미야지마 2013b), 그리고 앞에서 언급한 대로 오늘날의 중국의 부상과 일본의 상대적 지위 하락을 '주변화'로 규정하는 미야지마의 논의나 근현대 일본의 행로를 '중국화'로 해석하는 요나하의 논의 등 또한 크게 보면 그 연장선상의 문제제기라 할 수 있는 것들이다.

다른 한편에서는 서구문명 및 '근대' 그 자체에 대한 서구에서의 근원적 문제제기를 이어받은 흐름이 동아시아 차원에서 볼 때 상당히 이른 시점부터 일본사회에 형성되기 시작한다. 물론 패전 이전의 '근대초극론'은 그런 시대적 분위기를 활용한 것이었지만, 그 의도와 결과는 앞에서 서술한 대로 기만적이었다. 오히려 전후에 들어서 종전의 서구중심주의에 대한 순응적 동화전략과 일본중심주의에의 충동은 '본격적'이라는 의미에서 처음으로 강력한 도전에 직면하게 된다. 1970년대 중반부터 구조주의의 영향을 받아 주로 인류학 영역에서부터 종전의 중심과 주변, 질서와 혼돈의 대립이라는 시각과는 다른 해체적 접근법이 모색되기 시작한 것은 그 출발점이라 할 만하다. 그 뒤를 이어 포스트구조주의도 소개되어 자본주의에 대한 비판적 파악도 개시된다. 특히 푸코 이후는 연구대상의 사회사적인 확대가 이루어져 근대적 주체와 지식에 대한 근원적 재검토를 추동하고, 특히 그

때까지 경시되어온 갖가지 영역, 즉 여성, 신체, 병, 죽음, 주술, 범죄, 폭력, 피차별민, 소수언어집단, 자연과 인간의 관계 등이 주제화되었다.(야스마루 2006) 그리하여 1990년대 이후 냉전체제의 붕괴, 일본경제의 장기적 침체, '세계화'의 심화 및 확산 등을 배경으로 서구에서의 '근대'에 대한 비판 및 해체를 의도한 '포스트'를 앞에 붙인 언설들과 문제의식이 일본에 확산되면서, 현대 일본에서 서구문명과 '근대'를 둘러싼 논의는 전형적인 의미에서의 '탈아입구'에 대한 상대화와 더불어 그 대안적 모색의 '백가쟁명'과 같은 양상을 나타내고 있는 것으로 보인다.

그러나 다른 한편, 주지하듯이 1990년대 이후 자민당 일당 지배라는 '55년체제'의 종식, 일본경제의 침체 개시와 더불어 일본의 이른바 우경화가 그 모습을 스스로 적나라하게 드러내기 시작했다는 점도 눈에 띈다. 그 상징적 언설이 니시베 스스무(西部邁)의 '전후 민주주의'에 대한 극복 주장이다. 그의 주장에 따르면, 욕망 추구의 민주주의는 전통을 파괴하고 사회적 유대를 이루는 일본의 전통적 가치와 규범을 붕괴시켰다는 것이다.(야스마루 2006) 그리하여 그런 생각에 동조하는 수많은 인사들에 의해 강력한 정치적 리더십 추구와 함께 전후 민주주의에 대한 강력한 대항 이데올로기를 주조하는 작업이 본격적으로 전개되기 시작했다. 그 전형이 한국에도 잘 알려진 바와 같이 전후 민주주의의 역사를 '자학사관'이라 부정하면서 등장한 '새로운 역사를 만드는 모임(새역모)'인 것이다. 그와 더불어 현 아베 총리가 일본문화론적 언설로서의 '아름다운 일본'을 끌어들이고 있는 것 또한 서구문명 수용과정에서 걸었던 근현대 일본의 행로의 또 다른 답습처럼 보인다.

이와 같이 서구와 근대에 대한 상대화의 흐름과 더불어 또 다른 한편에서 일본의 전통 회복을 주장하는 목소리가 높아져 가는 현상을 오사와 마사치(大沢真幸)가 패전 이전의 근대초극론적 시도의 답습처럼 조명하는 바는 일본의 장래를 생각하는 데에 시사적이다.(오사와 2010) '동아시아 중심으로서의 일본'에 대한 불굴의 충동이라는 심리적 무드와 어울려 서구중심주의에 대한 순응적 동화든 역전적 재평가든 해체적 탈구축이든 간에 그 어느 것도 일본중심주의로 수렴될 가능성이 완전히 사라졌다고는 할 수 없기 때문이다. 그러나 그렇다고는 해도 위에서 언급한 해체적 언설들의 존재와 그에 대한 인식과 공감이 우경화의 그런 시도들을 과거의 완전한 답습이라는 형태로 그대로 허용할지 말지는 단순히 예단하기는 어렵다. 그래서 더욱더 그 귀추가 주목되는 것이다.

■ 참고문헌

강상중 저 · 이경덕, 임성모 역. 1997. 『오리엔탈리즘을 넘어서』. 서울: 이산.

강정인. 2004. 『서구중심주의를 넘어서』. 서울: 아카넷.

고희탁. 2012. "에도시대 '민'의 정치적 각성과 그 역설." 『일본사상』 22호.

구메 구니타케 저 · 정애영, 방광석, 박삼헌, 서민교, 정선태 역. 2011. 『특명
　　전권대사 미구회람실기(1-5)』. 서울: 소명출판.

나카네 치에 저 · 양현혜 역. 2002. 『일본사회의 인간관계』. 서울: 소화.

다나카 아키라 저 · 현명철 역. 2006. 『메이지유신과 서양 문명: 이와쿠라 사
　　절단은 무엇을 보았는가』. 서울: 소화.

다케우치 요시미 저 · 서광덕, 백지운 역. 2004. 『일본과 아시아』. 서울: 소명
　　출판.

도이 다케오 저 · 이윤정 역. 2001. 『아마에의 구조』. 서울: 한일문화교류센터.

마루야마 마사오 저 · 김석근 역. 1995. 『일본정치사상사 연구』. 서울: 통나무.

마루야마 마사오 저 · 김석근 역. 1998. 『일본의 사상』. 서울: 한길사.

마루야마 마사오 저 · 김석근 역. 2007. 『『문명론의 개략』을 읽는다』. 서울: 문
　　학동네.

미야지마 히로시. 2013a. 『일본의 역사관을 비판한다』. 서울: 창비.

미야지마 히로시. 2013b. 『나의 한국사 공부: 한국사의 새로운 이해를 찾아
　　서』. 서울: 너머북스.

미조구치 유조 저 · 서광덕, 차태근, 김수연 역. 2009. 『중국의 충격』. 서울:
　　소명출판.

미조구치 유조 저 · 고희탁 역. 2013. 『한 단어 사전 公私』. 서울: 푸른역사.

성주현. 2004. "1904년 진보회의 조직과 정부 및 일본의 대응." 『경기사학』 8호.

야스마루 야스오 저 · 박진우 역. 2006. 『현대일본사상론』. 서울: 논형.

오사와 마사치 저 · 서동주, 권희주, 홍윤표 역. 2010. 『전후 일본의 사상공

간』. 서울: 어문학사.

요나하 준 저 · 최종길 역. 2013. 『중국화하는 일본』. 서울: 페이퍼로드.

임형진. 2008. "천도교의 성립과 동학의 근대화." 『동학학보』 16호.

최기영. 1994. "한말 동학의 천도교로의 개변에 관한 검토." 『한국학보』 76호.

후쿠자와 유키치 저 · 정명환 역. 2012. 『후쿠자와 유키치의 문명론』. 서울: 기
    파랑.

히로마쓰 와타루 저 · 김항 역. 2003. 『근대초극론』. 서울: 민음사.

青木保. 1999. 『「日本文化論」の変容: 戦後日本の文化とアイデンティティー』.
    東京: 中央公論社.

井上寿一. 2006. 『アジア主義を問いなおす』. 東京: 筑摩書房.

市川正明編. 1983. 『三・一独立運動(1)』. 東京: 原書房.

色川大吉編. 1970. 『岡倉天心』. 日本の名著 39. 東京: 中央公論社.

杉原薫. 1996. 『アジア間貿易の形成と構造』. 東京: ミネルヴァ書房.

夏目漱石. 1986. 『漱石文明論集』. 東京: 岩波書店.

西嶋定生. 1983. 『中国古代国家と東アジア世界』. 東京: 東京大学出版会.

浜下武志. 1997. 『朝貢システムと近代アジア』. 東京: 岩波書店.

古屋哲夫. 1996. 『近代日本のアジア認識』. 京都: 緑蔭書房.

松本健一. 2000. 『竹内好「日本のアジア主義」精読』. 東京: 岩波書店.

丸山真男. 1982. 『後衛の位置から: 『現代政治の思想と行動』追補』. 東京: 未来
    社.

溝口雄三. 1989. 『方法としての中国』. 東京: 東京大学出版会.

宮嶋博史. 2010. "日本史認識のパラダイム転換のために." 『思想』 No. 1029.

2

동남 · 남 · 서남 아시아

'아시아적 가치' 논쟁의 회고 및 전망[1)

전제국

I. 문제의 제기

특정 사안을 둘러싼 찬반논쟁은 합리적으로 문제의 해법을 찾아가는 민주적 의사결정과정의 첫 단계에 해당한다. 하지만 문화·가치에 관한 문제는 단순한 논쟁과 타협의 대상이 될 수 없다. '가치논쟁'은 종교논쟁 또는 이념논쟁과 마찬가지로 자칫하면 '결론 없는 무한 논쟁'을 낳으며 현실정치의 영역으로 넘어와 극한 대립과 갈등 및 분쟁의 도화선이 될 수 있기 때문이다.

그럼에도 동양과 서양은 200여 년 전 처음 접촉할 때부터 동서 문화의 상대적 우열에 대한 논쟁을 벌여왔다. 과거의 논쟁은 주로 서양이 동양문화의 전근대성과 비합리성을 지적하며 서양문화의 우월

---

1) 이 글은 경남대학교 극동문제연구소가 발간하는 『한국과 국제정치』 제15권 제1호 (1999년 봄·여름)에 게재된 졸고 "아시아적 가치 관련 동서논쟁의 재조명"을 수정 보완하였다.

성을 일방적으로 내세우는 데 그쳤다면, 작금의 논쟁은 반대로 아시아가 서양문화의 윤리적 퇴폐성과 아시아적 가치의 우월성을 주장하면서 동서양 간의 거대 담론으로 확산되었다는 데 특징이 있다. 특히 1990년대 냉전종식에 즈음하여 싱가포르의 리콴유(Lee Kuan Yew)와 말레이시아의 마하티르(Mahathir Bin Mohamad) 등 아시아의 일부 정지지도자들이 서구적 가치 및 서구식 발전 모델의 보편성을 부인하고 '아시아적 가치(Asian values)'에 뿌리박은 '아시아식 발전 모델'의 우월성을 내세우면서 동서양 간의 가치논쟁이 점화되었다. 더욱이 당시 동서양 간의 가치논쟁은 단순한 사회적 가치와 문화 · 전통의 범위를 넘어 사회질서와 정치안정, 민주주의와 인권 문제, 경제성장과 금융위기 등 국제정치경제의 영역으로 넘어와 일파만파의 파장을 일으켰다. 이는 또한 동서양 간의 담론에 그치지 않고 아시아 지역 내 정치지도자들 간의 찬반논쟁과 각국 내 엘리트 간의 정치논쟁으로 확산되었다.

하지만 아시아적 가치와 관련하여, 몇 가지 근원적인 문제가 제기된다. 첫째, 아시아 가치론자들이 주장하는 바와 같이, 아시아적 가치는 과연 모든 사회적 병리현상을 예방 · 치유하고 질서정연한 사회를 지켜주는 특효약인가? 둘째, 자유민주주의와의 차별성을 내세우는 '아시아식 민주주의(Asian-style democracy)'의 본질은 무엇인가? 아시아적 가치와 자유민주주의는 양립할 수 없는가? 셋째, 아시아적 가치와 경제발전은 어떤 관계에 있는가? 아시아론자들이 주장하듯이 아시아적 가치야말로 1960~70년대 동아시아 경제기적을 낳은 산파인가? 아니면 서구론자들이 주장하듯이 아시아적 가치는 오히려 1990년대 말 아시아 금융위기를 가져온 원흉인가?

이 글은 먼저 1990년대 '세기적 전환기(20→21세기)'에 아시아 가치론이 등장하게 된 정치경제적 배경과 동서논쟁의 확산과정을 재조명해보고, 이어서 아시아적 가치와 정치 · 경제 · 사회발전의 상관관계를 분석 평가해보겠다. 다음, 동아시아가 20세기에 이어 21세기에도 계속 세계 경제성장의 동력으로 작동하려면 아시아적 가치는 어떻게 진화 발전되어야 할 것인지 그 방향을 모색해보고, 나아가서는 동서양 간의 가치논쟁이 단순한 찬반논쟁을 넘어 21세기 '지구촌의 시대'를 살찌우는 자양분이 되기를 기대하는 뜻을 모아보고자 한다.

II. 동서논쟁의 뿌리 원인과 정치적 파장

1. 전후 동아시아의 부흥 vs. 서구문명의 쇠퇴

아시아적 가치논쟁은 제2차 세계대전 이후(이하 전후로 표기) 세계질서의 재편과정에서 파생된 역사적 산물이다. 전후 냉전체제하에서 세계정치질서는 미국과 소련을 축으로 하는 서양세력에 의해 주도되었지만, 세계경제질서는 동아시아의 연쇄적인 경제기적에 힘입어 점차 아시아-태평양 지역으로 주도권이 넘어오고 있었다. 더욱이 1990년대 초 동구권의 몰락이 미국을 신세계질서의 중심축으로 부상시키면서 '태평양 시대'의 개막을 재촉하였다. 이렇듯 21세기 아 · 태 시대의 개막을 눈앞에 두고 태평양 연안의 동쪽(아시아)과 서쪽(북미) 중에 어느 쪽이 새로운 세기를 주도할 것인가에 대한 대결이 시작되었는데, 동서양 간의 가치논쟁도 그 일환으로 촉발되었던 것으로 보인다. 다시 말해, 아시아적 가치논쟁은 탈냉전 질서의 주인공으로 등장한 '미국'과 전후 경제기적을 통해 자신감을 회복한 '동아시아권' 사이의 정치 · 경제 · 문화 · 심리적 대결에서 비롯되었다.

돌이켜보면, 아시아 국가들은 역사적으로 수십 · 수백 년간 서구열강의 식민지로 전락하여 국가 정체성(national identity)은 물론 각국 고유의 문화 · 전통에 대한 자긍심마저 상실하고 말았다. 해방이 된 이후에도 상당 기간 동안 경제적 빈곤과 문화적 열등감에서 벗어나지 못하고 있었다. 그런데 전후 일본의 부흥을 계기로 동아시아가 재기의 길로 접어들었다. 이들은 서구의 자유방임주의 모델 대신 일본의 신중상주의 모델을 원용하여, 국가개입주의와 자유시장주의를 접목시킨 실용주의적 발전 모델을 정립하고 국가주도의 수출지향적 산업화 전략을 강력하게 추진하였다. 이 전략은 당시 개방적 국제무역질서에 편승하여 고도 경제성장을 창출하며 동아시아를 전후 경제기적의 원산지로 일으켜 세웠다.

반면, 서구는 대외적으로는 동서냉전의 굴레에 묶이고 대내적으로는 복지국가의 환상에 사로잡혀 점차 경제력을 쇠진하면서 사양길에 접어들고 있었다. 특히 미국이 1980년대 후반 동서냉전의 막바지에 이르러 과도한 군비지출과 국제경쟁력 약화 등으로 인해 사상 유례없는 '쌍둥이 적자(재정 적자+무역적자)'를 산출하고 있었다.

이와 같은 동서양 간의 대조적 경제현상에 힘입어 아시아인들은 그동안 서구중심주의에 압도되어 역사 속에 파묻혀버린 아시아 고유의 문화 · 전통에 대한 자신감을 회복하고, 나아가서는 20세기의 경제기적을 바탕으로 21세기의 주인공이 되려는 꿈을 꾸게 되었다.[2] 차제에 동아시아 각국은 새로운 꿈과 희망에 부풀어 21세기를 지향한 야심

---

2) 이 글과 관련하여 서구중심주의는 서구적 가치의 '우월성'과 '보편성'을 근거로 비서방세계의 '서구화'를 강압하는 이데올로기를 지칭한다. 서구중심주의에 대한 상세한 논의로는 강정인(2004) 참조.

찬 비전을 내놓기 시작하였다. 예를 들어, 싱가포르는 1991년에 21세기 중반을 겨냥한 'Vision 2030'을 내놓았으며, 말레이시아도 향후 30년을 조망한 'Vision 2020'을 발표하였다. 이어서 필리핀이 1993년에 'The Philippines 2000', 인도네시아가 1994년에 '제2차 경제개발 25개년 계획'을 각각 내놓았다. 한 걸음 더 나아가, 리콴유 · 마하티르와 같은 일부 정치지도자들은 21세기 태평양 시대를 주도하려는 의도하에 아시아 특유의 문화 · 전통 · 가치의 장점을 내세우기 시작하였다.

2. 미국의 아시아 책략: 잠재적 도전세력 억압

그런데 냉전종식과 함께 세계 유일의 초강대국으로 등장한 미국이 아시아의 야심찬 꿈과 비전에 제동을 걸고 나섰다. 특히 미국식 자유민주주의 · 시장경제체제의 이념적 승리를 바탕으로 20세기에 이어 21세기도 계속 '미국의 시대(Pax Americana)'로 묶어두기 위한 세계 전략적 차원에서 '민주주의 확산'을 외교정책 목표로 천명하고, 그 일환으로 '동아시아 억누르기' 책략을 시행하였다.[3]

미국의 아시아 책략은 '자유민주주의', '인권', '자유무역주의' 등 서구중심의 가치를 인류 보편적 가치로 내세우고 이를 '정치무기'로

---

[3] 미국의 민주주의 확산 정책은 "민주주의 국가들끼리는 서로 전쟁하지 않는다."는 이른바 '민주주의 평화론(democratic peace theory)'의 가설에 뿌리를 두고 있다. 제2차 세계대전 이후 미국은 제3세계에 '미국식' 자유민주주의 · 시장경제체제를 이식하기 위해 노력해왔는데, 이는 세계평화를 도모하고 나아가서는 미국의 사상과 이념이 지배하는 세계질서를 창출하려는 데 전략적 목표가 있었던 것으로 보인다. 특히 동서냉전에서의 일방적 승리에 힘입어, 클린턴 행정부(1993~2001)에 이어 부시 행정부(2001~2009)는 민주주의 확산 정책을 강력하게 추진하였다. '민주주의 평화론'에 대해서는 도일(Doyle 1983, 205-235) 참조.

삼아 전후 동아시아 경제기적을 낳은 개발독재체제(developmental dictatorship)와 중상주의적 무역관행을 훼파하는 방향으로 전개되었다. 미국의 첫 번째 억압 대상은 일본이었다. 미국을 상대로 태평양전쟁을 일으켰던 일본이 패전 후에는 아이러니하게도 '미국의 안보우산' 아래서 고도 경제성장을 이룩하고 미국 중심의 세계경제질서에 잠재적 도전자로 부상하고 있었다.[4] 이에 미국은 장차 일본 중심의 동아시아 경제권 '엔 블록(Yen Bloc)'의 등장을 차단하고 아시아에 대한 주도권이 일본으로 넘어가는 것을 예방할 전략적 목표하에 '일본 길들이기(Japan-Bashing)' 정책을 추진하였다. 그 일환으로, 미국은 '자유무역주의'를 내세워 대일(對日) 압력을 행사하였는데, 예를 들어, 당시 눈덩이처럼 불어나고 있던 미국의 대일 무역적자는 일본의 불공정 무역에서 비롯되었다고 주장하면서 일본의 시장개방과 대미(對美) 무역수지 불균형의 시정을 강요하였다.

이와 병행하여 미국은 인도네시아, 싱가포르, 미얀마 등의 인권 문제를 빌미로 정치경제적 압력을 행사하였다. 예를 들어, 미국은 미얀마의 인권탄압에 대해 경제적 제재조치를 단행하였고, 인도네시아의 동티모르(East Timor)에 대한 무력진압을 규탄했으며, 싱가포르의 외신 검열 및 미국인 비행 소년 페이(Michael Fay)에 대한 태형 집행을 비난하였다.

미국의 다음 표적은 중국이었다. 미국의 입장에서 보면, 탈냉전시대 미국의 절대적 패권에 대한 잠재적 도전세력은 역시 아시아 최대의 정치·군사·경제세력으로 떠오르고 있던 중국이었다. 국제무대

---

4) 냉전종식 후 미국 각계에서는 미일 간 무역전쟁(경제냉전) 관련 시나리오를 내놓는 등 일본을 향후 미국의 최대 도전자로 지목하였다.(Dougherty 1991; *US News & World Report* 92/01/06 등 참조)

에서 중국의 정치적 영향력은 나날이 커지고 있었고 아·태지역의 경제도 동남아 화교집단으로 연계되는 거대한 중화경제권으로 통합될 가능성이 점쳐지고 있었다. 문화적으로도 중국은 유교문화의 원산지로서 향후 기독교문명권의 적대세력으로 등장할 것으로 예견되었다.(Huntington 1993) 이에 미국은 중국의 굴기(崛起)를 억누를 목적으로 소수민족의 인권탄압, 불공정 무역과 무역수지 불균형, 지적 소유권 침해, 무기수출 문제 등을 거론하며 중국을 압박하기 시작했다. 미국의 대중 압박은 이른바 21세기 '양강(G2) 시대'가 열리면서 더욱 공세적으로 전개되고 있다.[5]

3. 아시아의 정치적 대응과 동서 '가치논쟁'의 가열

한편, 미국의 민주주의 확산 정책에 편승하여, 제3세계에 자유화·

---

5) 2001년 미국 9·11 테러와 2008년 미국 금융위기를 계기로 미국의 절대적 패권은 저물어가고 중국의 부상이 가시화되면서 미중 패권경쟁이 가열되고 있다. 먼저, 미국의 절대패권이 중국에 의해 도전받자, 미국은 중국 정부의 종교탄압과 노동교화, 강압적 낙태와 가족계획, 티베트·신장 지역의 소수민족과 반체제 인사 탄압 등 인권 문제를 제기하며 국제정치무대에서 중국을 압박해왔다. 이에 대해 중국은 민주주의 발전의 다양성을 강조하며 중국 특색의 사회주의 시장경제체제로 맞서고 있다. 특히 미국의 인권 문제 제기에 대해 중국은 내정간섭이며 국가주권에 대한 도전으로 보고 체제안정과 관련된 '핵심이익'의 개념으로 대응하고 있다. 한편, 경제 문제와 관련하여, 미국은 중국의 국가주도 경제체제가 비효율성의 온상이라며 경제개혁을 요구하고 있다. 이에 대해 중국은 오히려 시장주도의 경제체제가 오늘날 미국의 경제침체를 낳은 원흉이라며 서구 선진국(G7) 중심의 세계경제질서의 변혁을 요구하고 있다. 이렇듯 오늘날 미중 경쟁의 직접적 원인은 양국 국익의 충돌에서 비롯되지만, 그 연원을 거슬러 올라가보면 미국의 가치(자유민주주의+시장경제)와 중국의 가치(사회주의 경제체제)가 서로 다름에서 파생되는 것으로 판단된다. 이상국 외 2013, 180-181 참조.

민주화·개방화의 물결이 확산되었고, 이는 곧 동아시아로 밀려와 역내 권위주의 정부들의 정치적 부담으로 작용하고 있었다. 이러한 외생적 민주화의 물결은 동아시아 각국에서 자생하고 있던 '민중의 힘(people's power)'에 의해 뒷받침되었다. 특히 전후 급속한 산업화 과정에서 개인주의, 물질만능주의, 소비향락주의 등 서구사조가 유입되어 아시아의 전통적 미풍양속과 사회기강을 무너뜨리는 등 사회질서를 위협하고 있었으며, 나아가서는 정치참여를 추구하는 중산층과 민주적 시민문화(civic culture)를 창출하여 권위주의적 정치질서에 도전하고 있었다.

이러한 뜻밖의 도전에 대응하여 아시아 정치지도자들은 대외적으로는 미국의 인권외교를 무력화하고 대내적으로는 산업화 과정에서 파생되는 사회병리현상과 민중의 힘을 억제할 목적으로 서구적 가치의 우월성과 절대성을 전면 부인하고, 그 대신 아시아적 가치의 우월성과 보편성을 공공연하게 주창하기 시작하였다. 이들에 의하면, 아시아 사회는 공동체주의적 가치규범과 권위·질서·조화를 중시하고 근검·절약과 숭문(崇文)사상 등의 문화·전통 덕분에 고도의 정치사회적 안정과 경제성장을 누리고 있는 데 반해, 이런 문화전통이 없는 서구사회는 끊임없는 정치 불안정과 사회적 혼란 및 경제적 침체를 겪고 있다는 것이었다.(Zakaria 1994, 109-126; Goh Chok Tong 1994, 417-422; Bellows 1990, 202)

특히 인권 문제와 관련하여, 아시아 지도자들은 미국의 인권외교를 내정간섭·주권침해로 규정하고 미국을 비난하는 한편, 1948년 UN 인권선언에 명문화된 인권기준의 보편성을 부인하였다.(*Time* 93/06/14; Mahbubani 1993 참조) 더욱이 일부 아시아론자들은 "서구적 가치는 유럽인들의 가치에 불과하지만 아시아적 가치는 인류 보편적 가치"라고 주장하였다.(*The Economist* 98/07/25) 이런 주장은 싱가포르 · 말레이시아를 넘어 일본 · 중국 · 태국 등 역내 지도자 및 학자들 사이에 광범위한 지지를 얻으며 점점 확산되었다.[6]

이에 맞서 서구론자들은 아시아 지역의 문화적 다양성에 초점을 맞추어 아시아적 가치의 허구성을 지적하는 한편, 서구적 가치의 절대적 보편성을 재강조하였다. 이들에 의하면, 아시아에는 다양한 문화 · 전통 · 종교 · 인종 · 이념 · 체제가 혼재해 있기 때문에 아시아 전체를 포괄하는 공통의 가치가 존재할 수 없으며, 따라서 아시아론자들이 내세우는 아시아적 가치란 것도 알고 보면 인위적으로 만든 허상에 불과하다는 것이었다.(*The Economist* 98/07/25; Moody 1996, 169) 심지어 일부 서구론자들은 아시아적 가치를 서구문화의 일부분으로 간주하면서 아시아 문화의 독자성을 부인하고 서구문명의 절대적 보편성을 강변하였다. 한편, 1990년대 말 아시아 금융위기는 서구론자들의 목소리를 높여주는 데 크게 한몫하였다. 후술하겠지만, 서구론자들은 "아시아 외환위기는 아시아적 가치에서 유래하는 족벌주의(nepotism), 정실주의(cronysm), 권위주의, 정경유착과 부정부패 등에 그 뿌리 원인이 있다."며 아시아 문화 · 전통을 폄훼하였다.

이처럼 동서논쟁이 극단적 방향으로 치닫는 동안 아시아 지역에서도 아시아 가치론에 반대하는 세력이 등장하여 찬반논쟁을 벌였다. 기독교문명의 영향을 받은 필리핀은 말할 것도 없거니와 한국 · 대

---

6) 당초 싱가포르의 지도자 리콴유 · 고촉통 및 외무관료 토미코(Tommy Koh) · 마흐부바니(Kishore Mahbubani) · 카우시칸(Bilahari Kausikan) 등에 의해 주창되기 시작한 '아시아 가치론'은 말레이시아 수상 마하티르에 의해 대외적으로 강변되었고, 이는 일본의 이시하라(Shintaro Ishihara) · 후나바시(Yoichi Funabashi), 중국의 리 쌍그루(Li Xiangglu), 태국의 차이와트(Chaiwat Satha-Anand) 등으로 확산되면서 이른바 '싱가포르 학파(Singapore School)'를 이루어갔다.

만·홍콩 등 유교문화권의 정치지도자들까지도 아시아 가치론에 반대하고 나섰다. 특히 아시아 가치론의 본산지인 싱가포르와 말레이시아에서 국가 리더십의 공식적 입장에 항변하는 정치 엘리트들이 나타나 찬반논쟁을 가열시켰다. 예를 들어, 싱가포르의 신세대 정치 엘리트 조지 여오(George Yeo)는 리콴유의 공동체주의론에 반대하여 개인주의·다원주의·민주주의의 필요성을 역설하였으며, 당시 말레이시아의 부수상 이브라힘(Anwar Ibrahim)은 마하티르의 아시아 가치론에 저항하다가 검찰에 기소되었다. 이렇듯 아시아적 가치논쟁은 동서양 간의 논쟁을 넘어 역내 정치지도자들 간의 정치논쟁, 그리고 각국 내 정치 엘리트 간의 찬반논쟁으로 깊어갔다.

III. 아시아적 가치와 사회발전

1. 아시아 공동체주의 vs. 서구 개인주의

아시아 가치론은 질서정연하고 건강한 사회를 창출함에 있어서 유교문화의 공동체주의가 서구 개인주의에 비해 훨씬 우월하다는 논리에서 출발한다.

먼저 아시아론자들은 개인주의에 뿌리박은 서구사회의 쇠퇴 현상을 지적하면서 아시아적 가치의 상대적 우월성을 내세웠다. 이들에 의하면, 서구사회에서 '개인의 불가침성'이 교조주의적 이념, 즉 '개인 우상주의'로 자리 잡으면서 극단적 개인주의·이기주의를 낳았고, 이것은 곧 개인의 사회적 책임 축소와 권위체계의 붕괴로 이어져, 윤리·기강의 해이와 방종, 가족의 붕괴와 미혼모 급증, 청소년 비행

과 마약·폭력·범죄의 확산 등 시민사회의 파탄을 가져왔다는 것이
다.(Zakaria 1994, 111-112) 이와 관련하여, 당시 싱가포르 고촉통 총리
는 다음과 같이 개탄하였다.

> 자유주의라는 빛 좋은 개살구가 들어와 전통적인 청교도 윤리를 대체
> 해버리면서 개인의 자유와 책임 간의 균형이 깨졌고, 경건한 기도는 타락
> 적 행위로, 절제·자율은 자기중심주의로, 그리고 가족애(家族愛)는 자유
> 연애·성적 타락으로 전락했다 … 그 결과 1960~90년간 미국의 GDP는
> 300% 증가한 데 비해 사회복지 비용은 600%, 폭력은 560%, 그리고 사생
> 아 및 이혼율은 400% 증가했고, 반면에 교육비는 225%, 그리고 고등학
> 생들의 SAT(Scholastic Aptitude Test) 평균 점수는 80점 떨어졌다.(Goh
> Chok Tong 1994, 418-422)

이런 현상 가운데 특히 '가족의 붕괴'가 서구사회에 창궐하는 만병
의 근원이라고 보았다. 아시아 가치론에 의하면, 부모의 역할은 학
교·정부에 의해 대체될 수 없음에도 불구하고, 서구에서는 국가복지
주의(state welfarism)의 환상에 사로잡혀 정부가 부모의 역할까지 맡아
버렸기 때문에 가족은 허수아비로 전락했고, 그 결과 무책임한 미혼모
가정이 정상적인 가정을 대체하고 부모의 사랑과 윤리교육을 제대로
받지 못한 통제 불능의 비행 청소년들이 양산되고 있다는 것이었다.
반면에 아시아 사회는 가족중심주의와 충효사상, 개인보다 사회를
앞세우는 공동체주의, 권위에 대한 존중과 질서·기강의 중시, 경쟁·
대결보다 합의·조화를 강조하는 가치규범이 있기 때문에 질서정연
하고 건강한 사회를 유지하고 있다고 주장하였다. 예를 들어, 리콴유
는 "아시아 사회는 역사적으로 수많은 영고성쇠(榮枯盛衰)를 겪으면서

도 모든 역경을 잘 극복하고 지금까지 생존과 번영을 누리고 있는 것은 바로 개인보다 사회 공동체를 중요하게 여긴 문화전통에 그 비결이 있다."고 강조하였다.(*Time* 93/06/14, 20-21)

그런데 근대화·서구화의 물결이 들어오면서 아시아 사회에도 점차 서구적 병리현상이 나타나고 있다는 데 아시아론자들의 깊은 고민이 있었다. 특히 전후 급속한 산업화 과정에서 물질주의·쾌락수의 등 서구문화의 암적 요소가 유입되면서 아시아 고유의 전통적 윤리도덕이 무너지고 이혼, 미혼모, 마약 등 병리현상이 늘어나고 있었는데, 이를 방치하면, 아시아 사회도 결국 머지않아 서구사회와 같이 퇴화될 것으로 예견되었다.

이에 아시아론자들은 두 가지 대안을 제시하였다. 첫째, 지나친 개인주의는 무질서와 방종을 초래하여 사회의 발전보다는 퇴화를 가져올 뿐이므로 개인의 자유와 권리를 최대한 억제해야 한다는 것이다. 후술하겠지만, 이런 논리는 사회질서 및 기강의 유지를 자유·평등·인권 등 민주주의의 이상보다 중시하는 '아시아식 민주주의론'으로 귀결되었다. 둘째, 서구적 사회병리현상에 대한 대증요법으로 공동체주의, 특히 유교문화의 '가족주의' 전통을 부활시켜 건강한 사회를 회복해야 한다고 주장했다.

2. 서구의 반격: 문화·전통의 변형 불가피성 강조

아시아 가치론에 맞서 서구론자들은 '가치·문화의 변형'에 초점을 맞추어 아시아 고유의 전통적 가치의 실존 자체를 부인하고 나섰다. 서구론자들은 "모든 가치·문화는 끊임없이 변하기 때문에 아시아론자들이 내세우는 아시아 고유의 전통적 가치의 원형은 이미 존재하지 않는다."고 반박하였다. 즉 이들에 의하면, 아시아론자들은 서구문명이 침투하기 전에 존재했던 아시아 고유의 전통적 가치를 현재의 가치인 것처럼 착각하는데 그것은 이미 역사 속에 파묻혀 더 이상 실존하지 않는 역사적 유물에 불과하다는 것이었다.(Moody 1996, 169)

일부 서구론자들은 또한 서구중심적 역사관을 통해 오늘날 아시아의 발전단계를 해석하였다. 이들에 의하면, 오늘날 아시아에서 겪고있는 모든 현상은 이미 서구에서 겪은 것들이라는 점을 강조하였다. 예를 들어, 영국인들이 18세기 산업혁명 당시에 '물질적 번영은 윤리도덕의 타락과 인간성의 퇴락을 가져올 것'이라고 우려했듯이, 오늘날 아시아인들도 똑같은 고민에 빠져 있다고 하였다. 여기에서 서구론자들은 "근대화와 서구화는 동전의 앞뒷면같이 상호 불가분의 관계에 있기 때문에 아시아가 아무리 서구화를 피하려 해도 결국은 근대화와 함께 점점 서구화되고 말 것"이라고 단언하였다.(Zakaria 1994, 126)

한편, 아시아 정치가들 중에도 문화변형론의 입장에서 아시아 가치론을 비판하는 사례가 나타났다. 예를 들어, 김대중 대통령은 "산업화와 함께 아시아 사회도 점차 가족중심주의적 사회구조에서 자기중심주의적 개인주의 사회로 변하고 있다"면서, "서구사회가 겪고 있는 윤리도덕의 타락은 서구문화의 내재적 약점 때문에 나타나는 불가피한 현상이 아니라, 오늘날 아시아 신흥 산업국가에도 나타나듯이, 이것은 산업사회의 공통 현상"이라고 주장하였다.(Kim, Dae Jung 1994)

3. 아시아 가치론의 과유불급(過猶不及)

문화의 변형 가능성에 대해서는 아시아론자들도 충분히 인식하고 있었다. 다만, 근대화와 함께 서구적 병리현상이 유입되어 아시아 고유의 전통적 가치규범을 위협하자, 아시아 정치지도자들은 서구의 경험을 타산지석(他山之石)으로 삼아 건강한 미래 사회를 건설하려는 의도하에 공동체주의에 뿌리박은 아시아 문화·전통·가치의 계승·발전을 주장하고 나섰던 것으로 보인다.

사실, 어떤 의미에서 보면, 서구적 병리현상에 대한 해법은 아시아적 공동체주의에 있는지도 모른다. 그런데 문제는 아시아론자들의 공동체주의적 가치규범에 대한 과신에 있다. 엄밀히 말해, 공동체주의가 개인주의에 비해 항상 더 좋은 것도 아니고 모든 사회병리현상에 대한 만병통치약이 될 수도 없다. "개인이 먼저냐 사회가 먼저냐?"의 문제는 "닭이 먼저냐 달걀이 먼저냐?"의 문제와 같기 때문에 정답이 있을 수 없다. 개인의 이익을 사회(집단)의 이익에 우선시키는 개인주의에 문제가 있듯이, 사회(집단)를 개인에 앞세우는 공동체주의에도 문제가 있다.

첫째, 사회질서와 관련하여, 가족주의적 문화풍토하에서는 윤리도덕의 타락과 청소년 비행, 이혼과 마약·범죄 등 사회병리현상이 만연될 확률이 비교적 낮겠지만, 이것만으로 '질서정연한 사회'가 자동적으로 유지되는 것은 아니다. 만약 공동체주의가 정치안정과 사회질서 유지에 결정적 변수라면, 한국의 동학혁명(1894), 4·19 학생혁명(1960), 5·18 민주항쟁(1980), 대만의 2·28 사건(1947), 중국의 천안문 사태(1989) 등 동아시아권의 민중저항운동을 어떻게 설명할 수 있겠는가?[7]

---

7) 그밖에도 1986년 필리핀, 1988년 미얀마, 1990년 대만, 1992년 태국, 1998년 인도네시아에서 목격했듯이, 동아시아에서도 아래로부터의 정치 저항운동이 일어나 권위주의체제를 붕괴시키거나 정권안보에 위협적인 변수로 등장하곤 하였다.

아시아론자들은 특히 권위와 질서를 중시하는 유교문화의 '사회 안정화 기능'을 높이 평가하지만, 유교문화·전통이 정치사회적 안정을 보장해주는 것은 아니다. 유교문화라고 해서 권위에 대해 무조건 복종만 강요하는 것이 아니며 군왕(정부)을 '비판'하고 폭군(독재)에 '저항'할 수 있는 '혁명사상'을 담고 있다. 이는 위의 여러 사례에서 보듯이 상황에 따라서는 정치사회적 불안정을 유발할 수도 있는 도덕정치(moral politics)의 명분도 가지고 있음을 의미한다. 뿐만 아니라, 유교문화에만 권위와 질서를 존중하는 가치규범이 있는 것은 아니다. 기독교문명에도 유교윤리에 못지않게 부모 공경, 권위 존중, 근면, 절제 등의 가치규범이 있다.[8] 그러므로 유교윤리가 기독교윤리에 비해 질서와 안정 유지에 절대적으로 유리하다고 말할 수 없다.

둘째, 사회적 역동성의 측면에서 보면, 공동체주의의 한계가 더욱 두드러진다. 개인의 존엄성과 자율성이 경시(輕視)되는 공동체주의적 문화공간에서는 개인의 창의성과 사고(思考)의 유연성, 의견의 다양성과 도전정신 등이 말살되기 쉽다. 따라서 공동체주의에 매몰된 사회는 장기적으로 역동성을 잃고 결국 공산주의와 같은 운명에 처하게 될지도 모른다. 이제 동아시아에 중요한 것은 공동체주의의 환상에서 벗어나 공동체주의와 개인주의의 양극을 조화롭게 접목시켜 질서정연하면서도 역동적인 사회를 재창출해나가는 데 있을 것이다.

셋째, 정치적 측면에서 보면, 공동체주의·국가주의는 아시아 정치지도자들에 의해 '정권안보의 도구'로 악용되었다는 데 치명적인 흠결이 있다. 이승만, 박정희, 김일성, 김정일, 장개석, 리콴유, 수하르

---

8) 『성경』 가운데 부모 공경 및 권위 존중에 대해서는 「에베소서」 6: 1-2, 5 및 「로마서」 13: 1-2 참조.

토 등 많은 역내 정치지도자들이 '짐이 곧 국가'라는 절대왕조 시대의 발상에 따라 국민으로부터의 비판을 원천 봉쇄하고 '국가이익'이라는 명분하에 개인의 자유와 권리를 자의적으로 유보·억압하면서 장기집권을 도모하였다. 이와 관련하여, 이브라힘 말레이시아 부총리가 "공동체주의가 권위주의적 통치행태를 정당화하고 인간의 기본권마저 부인하는 정치 도구로 악용되고 있다."고 개탄한 바 있듯이(*The Economist* 98/07/25), 아시아의 국가주의 문화전통은 권위주의·절대주의 체제를 옹호해줄 위험성을 품고 있다.

IV. 아시아적 가치와 정치발전

1. 아시아 민주주의론의 변명

아시아 가치론은 '아시아 민주주의론'으로 발전되어 결국 현실정치의 영역으로 넘어왔다. 아시아 민주주의론은 "서구문명의 산물인 자유민주주의는 아시아의 문화전통에 맞지 않기 때문에 아시아의 역사적 현실에 잘 맞는 아시아식 민주주의를 발전시켜나가야 한다."는 데 기본 명제를 두고 있다.

먼저, 아시아론자들은 "세계는 다양한 국가들로 구성되어 있기 때문에 특정 지역·국가의 경험이 곧 다른 지역·국가에 그대로 적용될 수 없다."는 전제하에 "아시아의 발전 모델이 서구에 적용될 수 없듯이 서구식 민주주의 모델도 아시아에 그대로 이식될 수 없다."는 점을 강조하였다. 특히 무질서와 방종을 수반하는 서구식 자유민주주의는 질서정연한 아시아 사회에 적합한 모델이 될 수 없고, 또한 권위와 질서를 존중하는 유교적 문화풍토와 양립할 수 없으므로 아시아 국가들은 서구 민주주의를 무조건 수용·이식해서는 안 되며 아시아 고유의 문화전통에 맞고 각국의 현재와 미래의 필요를 충족시켜줄 수 있는 정치체제를 제도화시켜나가야 한다는 것이다.(Zakaria 1994, 110, 119; Goh Chok Tong 1994; Fukuyama 1995, 20) 예를 들어, 투표제도가 '1인 1표' 또는 '1인 1표+1인 2표'이든 간에 각국의 문화전통과 정치사회적 여건에 잘 맞기만 하면 된다는 것이다.

다음, 아시아론자들은 민주주의의 다양성·포괄성에 방점을 두고 아시아식 민주주의의 정통성을 변론하였다. 이들에 의하면, 서구식 자유민주주의도 인류역사의 진화과정에서 파생된 단 '한 가지' 형태의 민주주의에 불과할 뿐, 절대 보편적인 형태가 아니라는 것이다. 또한 민주주의는 기본적으로 개방적이고 포괄적인 개념이기 때문에 모든 문화적 다양성을 한꺼번에 수용할 수 있으며, 따라서 영미식 자유민주주의이든 아시아식 민주주의이든 그 어떤 형태의 민주주의도 모두 들어갈 수 있다는 점을 강조하였다.(Kausikan 1997)

아울러, 아시아론자들은 일본·필리핀·소련 등의 체제전환 사례를 실증적 증거로 삼아 아시아식 민주주의의 정당성을 역설하였다. 이들에 의하면, 일본은 일찍부터 서구문물과 제도를 받아들였지만 이를 일본 특유의 봉건적 문화풍토에 맞게 변형·발전시켰기 때문에 지속적인 안정과 번영을 누리고 있는 데 반하여, 필리핀은 자국의 문화·전통에 맞지도 않는 미국식 민주주의를 무비판적으로 받아들였기 때문에 사회기강의 문란과 경제침체를 면치 못하고 있다는 것이었다. 마찬가지로, 구소련은 서구의 민주주의 설교에 현혹되어 서구식 정치체제를 무분별하게 이식하려다가 결국 체제붕괴를 맞이하고 극심한 무질서와 경제적 파탄에 빠져들었지만, 중국은 서구의 조언에 따르지 않고 중국 고유의 전통과 실정에 맞는 체제로 전환했기 때문에 정치안정과 경제성장을 동시에 누리고 있다는 것이다.

차제에 아시아론자들은 "서구는 이제 더 이상 민주주의에 대해 설교하지 말라!"고 경고하였다. 이들에 의하면, 서구의 언론 및 인권단체들은 세계 각국의 다양한 역사·문화·전통 및 발전단계를 무시한 채 서구식 민주주의를 최상의 절대적 가치로 부르짖으며 설교하지만, 서구식 민주주의의 무분별한 이식은 결국 정치적 혼란과 사회적 무질서를 유도하는 지름길일 뿐이라는 것이다.

2. 아시아식 민주주의의 본질과 우선순위

아시아식 민주주의의 핵심은 경쟁적 정당정치 대신 '합의에 의한 정치', 민주정부보다는 '좋은 정부'를 실현하여, '질서정연한 사회'를 먼저 창출하고, 그 다음에 질서와 안정을 유지하는 범위 내에서 개인이 자유를 누리도록 하는 데 있다. 여기에서 중요한 것은 개인의 자유·평등·인권의 보장이 아니라 사회의 질서·안정 유지 및 경제적 번영에 있으며, 이러한 가치를 실현시켜줄 수 있는 '좋은 정부'의 창출에 최고 우선순위를 두었다.(Kausikan 1993, 251; Kim Yung-myung 1997) 아시아론자들이 말하는 '좋은 정부'는 국민의 요구와 여론에 질질 끌려다니는 미국식 대의(代議) 정부가 아니라 민주적 책임성과 미래지향적 비전을 가지고 사회정의를 실현하고 '국민의 보호자'로서 공공질서와 경제적 번영을 가져다주는 '정직하고 효율적인 정부(honest & efficient government)'를 뜻한다.

이런 의미에서, 아시아식 민주주의는 가부장적 유교문화·전통과 자본주의적 시장경제 원리를 접목한 '연성권위주의(softauthoritarianism)'의 다른 표현에 불과하며, 특히 경제성장을 통해 정치적 정통성을 확보해나가는 '개발독재체제'를 의미한다. 다시 말해, 아시아 민주주의론은 동아시아의 경제기적을 실증적 명분으로 삼아 권위주의 정치질서를 옹호하려는 변(辯)에 지나지 않았다. 무엇보다도 '질서지상주의'가 핵심을 이룬다는 점에서 아시아식 민주주의의 '권위주의적 본성'이 드러난다. 한때 헌팅턴이 제3세계 지도자들에게 "질서 없이 자유를 누릴 수 없지만 자유 없이 질서는 가질 수 있다."는 논리로 강력한 권위주의체제의 제도화를 권장했던 것처럼 싱가포르의 리콴유도 "만인에 의한 만인의 투쟁이 전개되는 무정부적 자연상태하에서 인간은 자유를 누릴 수 없고 오로지 질서가 유지되는 상태에서만 자유를 누릴 수 있다."고 천명하였다.(Huntington 1968; Zakaria 1994, 111) 결국 아시아식 민주주의가 지향하는 질서지상주의는 "민주주의는 자유 없이 존재할 수 있다."는 논리로 비약되어 '자유주의가 삭제된 민주주의'를 합리화시키며 권위주의체제를 옹호하는 논리적 근거가 되었다.(Peet Meng Lau 1997)

물론 질서가 중요한 가치 가운데 하나인 것은 분명하지만, 그렇다고 자유·평등·인권보다 높은 가치라고 말할 수는 없다. 현대 문명사회에서는 '자유와 질서', '자유와 책임', '권리와 의무'는 늘 함께 존재해야 하는 것이지, 어느 하나가 다른 것보다 위에 있거나 다른 것을 대체할 수 없다. 그럼에도 불구하고 아시아 권위주의 정부들은 '자유 위에 질서', '개인 위에 국가', '정치안정 위에 경제성장'이라는 명분하에 개발독재를 합리화시켰다.

3. 아시아식 민주주의의 전망: 유교문화 vs. 자유민주주의

아시아식 민주주의의 미래 전망과 관련하여 두 가지 상반된 견해
가 표출된 바 있다. 먼저, '역사적 관점'에서 접근하는 서구론자들은
아시아도 결국 서구사회가 100년, 200년 전에 경험했던 역사적 전철
을 밟으며 근대화와 함께 민주화될 것으로 전망하였다.[9] 이들에 의하
면, 아시아 민주주의론은 아시아의 일부 정치지도자들이 국민들의 민
주화 열망을 억제하고 권위주의체제를 정당화시키기 위해 급조(急造)
한 정치도구에 지나지 않으며, 역사발전과정에서 일시적으로 나타나
는 전환기적 현상에 불과하다는 것이었다. 더욱이 공산주의가 몰락한
탈냉전 시대에는 자유민주주의밖에 선택의 여지가 없기 때문에 아시
아도 결국 자유민주주의의 길을 걸을 것으로 전망하였다.(Fukuyama
1992)

한편, 일부 서구론자들은 '문화결정론적' 관점에서 접근, "서구 기
독교문명의 산물인 민주주의가 아시아의 유교적 문화 · 풍토에 뿌리
내리기 어렵다."고 주장했다.[10] 예를 들어, 벨(Daniel Bell)과 브라운
(David Brown) 등은 아시아에는 공동체주의 문화유산으로 인해 권
위주의 질서가 주류를 이루고 있기 때문에 서구의 경험에서 나온 자
유민주주의를 아시아에 수출 · 이식하기 어려울 것으로 결론지었
다.(Bell, et al. 1995) 헌팅턴(S. Huntington)과 네어(Clark Neher)도 아시

---

9) 18~19세기의 서구사회도 현재의 아시아와 같이 자본주의적 경제질서와 제한적 참
여민주주의가 병존하던 단계였는데, 이후 근대화 · 산업화가 확산되면서 진정한 민
주주의 단계로 접어들었듯이 아시아도 결국은 근대화와 함께 민주화될 것으로 보
았다.
10) 이런 논리는 '서구식 민주주의와 아시아적 문화전통의 양립 불가능성'에 대한 아시
아론자들의 주장과 일맥상통한다.

아에는 처음부터 개인주의 · 법치주의 · 자유 · 평등 · 경쟁 등과 같은 민주적 원리가 없고 그 대신 공동체주의 · 연고주의 · 인치(人治)주의 · 국가개입주의 등의 전통이 강하기 때문에 자유민주주의가 성장 · 발전하기를 기대할 수 없다고 주장했다.(Neher 1994; Huntington 1991; Huntington 1997) 특히 헌팅턴은 유교와 이슬람 문화를 기독교문명에 가장 적대적이고 가장 비민주적인 문화권으로 분류하고, 서구 기독교문명에서 성장한 민주주의가 유교 · 이슬람 문화권에 접목되기란 매우 어려울 것으로 전망했다. 그럼에도 불구하고 "서구적 민주주의가 비서구사회에서 발달했다면 이는 서구열강의 식민주의 또는 정치적 강요의 산물"이라고 단정했다.(Huntington 1993, 41)

그렇다면 아시아적 가치, 특히 유교문화는 민주주의와 양립할 수 없을까? 결론부터 말하면, 유교 정치문화에도 기독교문화에 못지않은 민주주의 사상이 있으며, 일정한 필요조건만 갖추어지면 얼마든지 현실정치로 승화시킬 수 있다. 따라서 민주주의가 기독교문명의 산물이라는 이유 하나만으로 아시아 사회에 맞지 않다는 주장은 유교문화에 대한 이해의 부족에서 나왔거나, 아니면 민주화를 거부하는 아시아 독재자들의 변명에 지나지 않는다.

유교문화를 재조명해보면, 권위주의적 요소와 민주주의적 요소를 동시에 내포하고 있다. 예를 들어, 권위에 대한 존중과 위계질서의 강조, 개인보다 사회를 앞세우는 공동체주의 등은 권위주의를 뒷받침해주는 요소들이지만, 반면에 민본(民本)정치 · 인내천(人乃天) 사상은 서구의 국민주권론에 해당하며 또한 지배계층의 윤리적 의무를 강조하는 도덕정치 사상, 사회적 신분을 초월하여 인재를 등용하던 과거 시험제도, 합의 · 조화의 존중, 교육중시 사상 등은 민주주의를 지탱해줄 수 있는 요소들이다. 특히 민본정치 · 도덕정치 사상에는, 전술한 바와 같이, 군왕의 실정(失政)과 비행(非行)에 대해 비판하고 심지어는 폭군에 대해 저항할 수 있는 백성의 '혁명권'까지 내포하고 있다. 이런 민주사상은 특히 유교문화권의 한국·대만·홍콩 지도자들에 의해 강력하게 주창되었다. 예를 들어, 한국의 김대중 대통령과 대만의 이등휘 총통은 유교 정치철학에서 강조하는 "민심이 곧 천심이다.", "사람이 곧 하늘이다.", "백성을 하늘과 같이 공경하라.", "민의를 따르라."는 등의 민본정치사상에서 근대 민주주의의 씨앗인 '국민주권론'을 발견하고 유교문화전통에도 '아래로부터의 민주주의'가 싹틀 수 있는 소지가 얼마든지 있다고 역설하였다.(Kim, Dae Jung 1994; Lee Teng-hui 1995)[11]

그렇다고 이런 문화유산이 자동적으로 민주주의를 가져오는 것은 아니다. 유교문화의 두 가지 유전인자 가운데 어느 것이 우성화되느냐에 따라 민주화를 가로막기도 하고 앞당길 수도 있을 것이다. 여기에서 중요한 것은 유교문화에 내면화된 민주주의 씨앗을 뿌리고 가꾸어나갈 수 있는 '민중의 힘'과 '정치 엘리트의 민주화 의지'다. 유감스럽게도 1970년대까지만 하더라도 아시아에는 이 두 가지 필수조건을 모두 갖춘 나라가 거의 없었다. 그런데 전후 경제기적의 창출과정에서 '민중의 힘'이 성장하였고 이는 1980년대부터 강력한 정치세력으로 등장하여 아래로부터 민주화를 추동하였다. 먼저 유교문화권인 한국과 대만에서 아래로부터의 민주화 열망과 위로부터의 민주개혁 의지가 조응하면서 민주화를 가져왔고, 이어서 필리핀(기독교)·태국(불교)·인도네시아(이슬람)와 같은 비유교문화권에서도 '민중의 힘'에 의

---

11) 한편, 홍콩의 패튼 총독은 도덕정치사상과 백성의 저항권에 대해 강조하였다.(Patten 1996)

해 권위주의체제가 무너졌다.[12] 그런데 유교문명권에도 속하고 경제성장의 선두주자이기도 한 싱가포르는 도시국가의 태생적 한계에서 비롯되는 '위기의식'과 정치 리더십의 민주화 의지 부족 등으로 인해 아직도 권위주의 질서에서 완전히 벗어나지 못하고 있다.[13] 더욱이 북한의 경우는 공산화(일당체제)와 함께 유교문화 속의 민주주의 요소는 완전 고사(枯死)되고 권위주의 요소들만 남게 된 대표적 사례다. 특히 북한체제 공고화 과정에서 스탈린식 전체주의(totalitarianism)가 이식되고 지도자의 신격화·우상화와 주민들의 우민화가 진행되는 동안 인간이 만든 최악의 요소들만 집대성되어 오늘날 세계에서 유례를 찾

12) 특히 빈번한 군부 쿠데타로 점철되던 태국의 경우에도 1992년 5월 '시민의 힘'으로 군사정권을 무너뜨리고 문민정부가 들어서서 민주주의를 제도화시켜나갔다. 하지만 2006년 군부 쿠데타로 15년 만에 문민정부가 붕괴되었으며, 2014년 5월에 또다시 쿠데타가 일어나 민주헌정이 중단되고 계엄령이 선포되는 등 민주정치가 크게 퇴보하였다. 태국의 사례는 아래로부터 분출되는 민중의 힘으로 독재정권을 일시적으로 무너뜨릴 수는 있지만, 위로부터의 민주화 열망과 파워엘리트의 민주개혁 의지 없이는 민주주의가 오래 지속될 수 없음을 보여주고 있다.

13) 아시아 가치론의 원산지인 싱가포르도 리더십 세대교체와 함께 변화의 길을 걷고 있지만, 위로부터 통제된 변화에 불과하다. 특히 리콴유의 아들 리셴룽(李顯龍)이 2004년 총리가 되면서 '엄격한 도덕국가', '절제된 사회'를 지향하던 도시국가에도 변화의 물결이 일고 있다. 리셴룽은 "어제의 해법이 오늘의 해법이 될 수 없는바, 어제와 다른 오늘, 오늘과 다른 내일을 준비하려면, 고정관념의 틀에서 벗어나 창의적으로 생각하라.(Think out of the box.)"며 변화를 주도하고 있다. 그 일환으로, 지난 40년간 엄금해왔던 도박산업의 빗장을 풀고 카지노·호텔·쇼핑몰을 포함한 '복합 리조트 단지'를 개발·승인하였다. 그렇다고 신세대 리더십의 정치철학이 크게 바뀐 것은 아니다. 리셴룽도 리콴유·고촉통과 마찬가지로 도시국가의 태생적 취약성에 따른 위기의식이 몸에 배어 있기 때문에 자칫 소모적 정쟁에 휩싸일 가능성이 있는 서구식 다당제를 반대한다. 리셴룽이 꿈꾸는 싱가포르의 길(Singapore Way)도 제1세대와 마찬가지로 '야당이 없는 PAP(People's Action Party) 안에서 제한된 변화를 통해 지속적 국가발전을 이루는 것일 뿐, 야당에 대해 자유로운 정치토론이나 정치활동 공간을 확대할 의사는 전혀 없는 것으로 알려졌다.(송의달 2006, 14-16; 이철민 2007, A1)

아보기 어려운 '절대왕조 체제'로 전락하였다.[14]

한편, 아시아에는 공동체주의가 주류를 이루고 있기 때문에 자유민주주의가 싹틀 수 없다는 일부 서구론자들의 주장에도 역사적 현실성이 없다. 오늘날 미국식 민주주의가 개인주의에 뿌리박고 있는 것이 사실이지만, 그렇다고 처음부터 개인주의만 있고 공동체주의가 전혀 없었던 것이 아니다. 역사적으로 미국에도 청교도 정신과 종족별 집단주의에서 유래하는 공동체주의적 시민의식이 강하게 자리잡고 있었다.(Fukuyama 1995, 31) 이처럼 미국 사회도 개인의 이익을 사회단체에 기꺼이 종속시키던 문화·전통을 가지고 있었기 때문에 개인주의와 공동체주의가 균형을 이루며 민주주의의 건전한 발전을 가져왔다. 오늘날 아시아 사회에도 공동체주의적 문화유산과 개인주의적 신사조가 공존하고 있다. 이는 아시아 사회도 이제는 공동체주의와 개인주의가 서로 조화와 균형을 이루며 건전한 민주주의를 발전시킬 수 있는 역사적 단계에 이르렀음을 의미한다.

지금까지의 논의를 종합하면, "유교문화 풍토에서는 자유민주주의가 싹틀 수 없다."는 일부 서구론자들의 검증되지 않은 이론이나 아시아론자들의 논리에는 설득력이 없다. 유교문화를 비롯한 아시아적 문화전통에도 민주주의의 씨앗이 내포되어 있으며, 이것은 이미 발아되어 아시아 전역으로 파급 확산되면서 역내 정치질서의 주류로 자리매김하고 있다. 물론 아시아 어떤 나라도 영미식 민주주의를 그대로 모방·이식할 수도 없고, 또 그렇게 할 필요도 없다. 동일한 모태에서

---

14) 프리덤 하우스(Freedom House)가 2014년 기준 210개 국가(+영토)의 정치적 권리(political rights)와 시민의 자유(civil liberties)를 조사한 결과에 의하면, 북한은 소말리아, 수단, 시리아, 사우디아라비아, 티베트 등과 나란히 세계 최악(worst of the worst)의 12개국에 속하는 것으로 나타났다.(Freedom House 2015, 20)

나온 미국식 민주주의와 영국식 민주주의가 실제 운영방식에서는 서로 다르듯이, 아시아에 들어온 민주주의도 각국 나름대로의 문화·전통과 역사적 현실에 맞게 진화되기 마련이다. 중요한 것은 민주주의의 겉모습(외형)이 아니라 속 내용(실질)이다. 아시아식 민주주의도 진정한 민주주의를 지향하는 것이라면 우선 '민주주의' 앞에 붙인 '아시아식(Asian-style)'이라는 수식어부터 떼어내고 민주주의의 실질을 실천해나가야 할 것이다.

V. 아시아적 가치와 경제발전

20세기 초 맑스(Karl Marx)와 베버(Max Weber)의 논쟁에서 시작된 '가치와 경제의 상관관계'에 대한 논의는 20세기 후반 아시아적 가치 논쟁으로 이어졌다.[15] 아시아론자들은 전후 동아시아의 경제기적을 실증적 근거로 삼아 유교문화와 경제발전의 선순환 관계를 내세우는데 반해, 서구론자들은 1990년대 말 아시아 금융위기를 보고 아시아적 가치와 경제위기의 악순환 관계를 주장하였다.

---

15) 당시 맑스는 가치가 경제발전을 이끄는 것이 아니라 경제발전과 함께 변화된다고 주장한 데 반하여, 베버는 가치를 경제발전의 주요 인자로 규정하였다. 베버에 의하면, 가치는 경제발전을 촉진시키기도 하고 저해하기도 하는데, 예를 들어 청교도 윤리가 서구의 자본주의 발달을 가져왔지만, 아시아에는 상공업과 육체적 노동을 천시하는 유교문화 때문에 경제발전이 늦어졌다는 것이다.

1. 아시아적 가치와 경제기적

아시아론자들은 아시아적 가치야말로 전후 동아시아의 연쇄적인 경제기적을 창출한 결정인자라고 주장하였다. 이들에 의하면, '일본→4소룡(한국·대만·홍콩·싱가포르)→ASEAN Four(말레이시아·태국·인도네시아·필리핀)→사회주의 경제권(중국·베트남 등)'으로 이어지는 동아시아의 경제적 역동성은 질서·안정을 중시하고 근검·절약 및 교육을 강조하는 아시아적 가치에 뿌리를 두고 있으며, 이는 아시아식 민주주의에 의해 현실화되었다는 것이다. 이들은 또한 올바른 경제정책만으로 경제발전이 이루어지는 것이 아니라 공동체의식과 사회기강, 윤리의식, 근면한 국민, 높은 교육열 등 경제외적 조건이 필요하다는 점을 강조하였다.(*Far Eastern Economic Review* 89/02/09; Zakaria 1994, 114, 116-117) 다행히 동아시아에는 이처럼 경제발전을 뒷받침해주는 무형의 '전통적 가치'가 있었고 또한 국가발전을 주도할 수 있는 '좋은 정부'가 있었기 때문에 경제기적을 창출할 수 있었다는 것이다.

이런 주장은 실물경제에 토대를 두고 있었기 때문에 서구에서도 아시아 가치론을 옹호하는 경향이 지배적이었다. 아시아 지역에 투자하고 있던 서구 자본가들은 인도·필리핀 등 민주주의 체제의 비효율성을 지적하면서 한국·대만·싱가포르 등 '강한 국가(the strong state)'의 효율성과 경제성장의 견인차 역할을 높이 평가하였다. 이에 따라 미국의 일부 첨단기업들은 아시아 기업의 성장 모델을 원용하여 비공식 네트워크와 인간적 신뢰관계에 기초한 새로운 경영체제로의 구조적 재편을 시도하였다.(Fukuyama 1998, 26)

2. 아시아 금융위기의 파장

그런데 1990년대 말 아시아 금융위기는 서구론자들의 반격에 결정적인 빌미를 제공해주었다. 1997년 태국의 외환위기로부터 시작된 역내 금융위기가 말레이시아, 필리핀, 인도네시아, 한국, 홍콩 등으로 파급 확산되자, 서구 제국은 아시아의 위기가 유럽으로 확산될 것을 우려하여 IMF의 긴급 구제금융을 서두르는 한편, 동아시아 발전 모델의 내재적 모순과 아시아적 가치의 부정적 측면을 들춰내기 시작하였다.

먼저, 아시아 전역이 외환위기에 접어들자, 미국 사회 일각에서는 1989년 베를린 장벽의 붕괴가 미국식 '자유민주주의' 정치 모델의 승리를 의미했듯이 1997년 아시아 시장의 붕괴는 미국식 '자유시장주의' 경제 모델의 승리를 가져왔다고 확신하면서, "우리가 곧 세계다."라는 환상과 자만에 빠져들었다.(Emmerson 1998, 48)

다음, IMF의 자유시장주의 경제법칙이 강요되는 상황에서 서구론자들은 아시아가 경제위기에 빠지게 된 것은 정부·기업 간의 공생관계(symbiosis)에 기초한 동아시아 발전 모델의 내재적 한계에서 비롯되었으며, 이는 곧 '아시아적 가치의 허구성'을 입증하는 것이라고 주장하였다. 이들에 의하면, 아시아 금융위기의 직접적인 원인은 족벌주의적 기업경영과 가산제적 자본주의(crony capitalism), 국가개입주의 전통과 정부·은행·기업 간 부패 고리의 삼각동맹, 정책결정과정의 폐쇄성과 권위주의 정치구조, 금융거래의 불투명성 등에 있지만, 이 모든 것의 뿌리 원인은 아시아적 가치에서 비롯되었다는 것이다. 이와 관련하여, 영국의 시사주간지 『이코노미스트(The Economist)』는 "아시아적 가치가 경제붕괴를 초래했다."면서, 예를 들면 "가족주의는 족벌주의(nepotism)로 변질되었고, 비공식적 인간관계의 존중은 정실주의(cronyism)를 낳았고, 합의·조화에 대한 강조는 급행료 행정과 부패의 정치를 가져왔으며, 권위존중과 보수주의 전통은 경직성과 개혁 불감증으로 연계되었고, 교육에 대한 강조는 암기식 교육과 창의성 말살을 유도하였다."고 꼬집었다.(*The Economist* 98/07/25, 23-28) 미국의 일부 언론에서도 아시아적 가치의 현주소는 가부장적 권위주의와 가산제적 자본주의에 있다고 혹평하면서, "지난 10여 년간 아시아의 고속성장은 외국자본이 밀물처럼 투자되었기 때문에 나타난 일시적인 현상에 불과하며, 최근 금융위기는 외국자본이 썰물처럼 빠져나갔기 때문에 생긴 불가피한 현상"이라고 일축하였다.(*The Sun* 97/12/16, 27A; Kapstein 1998, M1, M6)

한편, 뜻밖의 경제위기와 서구의 비판에 직면하여, 아시아론자들은 강경파와 온건파로 나뉘어 나름대로의 주장과 처방을 내놓았다. 먼저, 싱가포르의 리콴유는 한걸음 물러나서 아시아적 가치의 약점은 족벌주의에 있다고 인정하면서, 금융위기에 제대로 대응하지 못한 나라들은 모두 족벌주의가 뿌리 깊은 나라들이라고 지적하였다. 그러면서도 위기 대응에서 중요한 것은 역시 '좋은 정부'에 의한 건실한 경제운영이라는 점을 재강조하면서 아시아적 가치에 뿌리박은 아시아식 민주주의를 고수할 것을 권장하였다. 다음, 말레이시아의 마하티르는 강경파 입장에서 "아시아 통화위기의 원인은 시장의 금욕(金慾)에서 비롯되었다."고 진단하고 "미국식 자본주의가 아시아 경제위기의 해법이 될 수 없으며 아시아 문제는 역시 아시아 방식으로 해결해야 한다."고 역설하였다. 특히 서구의 IMF체제 요구에 대해, 마하티르는 "IMF의 식민지가 되느니 차라리 굶어죽겠다."고 항변하면서, 금융자본의 이전(移轉)에 대한 국제적 통제를 강화해야 한다고 주장하였다.

3. 문화결정론적 접근의 한계

이상에서 본 바와 같이 아시아론자들과 서구론자들은 각자의 입장에서 아시아의 경제기적과 경제위기를 '문화결정론적(cultural determinist)'으로 접근, 인과관계를 풀어내고 있다. 물론 이 세상의 어떤 것도 역사·문화·전통의 공백 상태에서 어느 날 갑자기 하늘에서 뚝 떨어지는 것은 없다. 동아시아의 경제기적이나 금융위기도 알고 보면 결국 아시아 고유의 문화·전통에 어느 정도 뿌리를 두고 있음이 분명하다. 그렇다고 문화·전통이 경제의 성공과 실패를 좌우하는 결정적인 변수가 될 수는 없다. 경제발전은 문화적 변수 이외에도 너무나 많은 변수들에 의해 좌우되기 때문이다.

그럼에도 아시아 경제 문제에 관한 문화결정론적 접근은 오랜 관행처럼 지속되고 있다. 예를 들어, 1960년대 한국의 정치지도자 및 서구화된 엘리트들은 한국의 빈곤은 무역·상공업을 천시하고 겉치레를 중시하는 유교문화에 뿌리 원인이 있다고 판단하고 유교문화유산의 청산 운동을 벌였다. 유교문화의 원산지인 중국에서도 같은 현상이 일어났다. 중국 공산당은 중국의 낙후성이 사회주의체제에서 연유된 것이 아니라 유교문화에 원인이 있다고 단정하고 공자·맹자의 격하 운동을 전개하였다. 그런데 1970년대에 이르러 한국·대만·홍콩·싱가포르가 신흥산업국(NICs)으로 부상하고 1980년대에 중국이 개방·개혁에 성공하자 아시아론자들은 이를 유교문화의 덕택으로 보았다. 그런데 1990년대 말 동아시아 전역에 금융위기가 덮치자, 서구사회의 일각에서는 이를 또다시 유교문화의 탓으로 돌렸다. 이와 같이 문화결정론적 설명에는 논리적 일관성도 없고 경험론적 타당성도 없다.

특정 문화 속에는 경제발전에 기여하는 요소도 있고 경제성장의 발목을 잡는 요소도 있다. 유교적 가치규범 가운데 근면·절약·교육의 강조 등은 경제성장에 순기능적으로 작용하겠지만, 반면에 상공업을 천시하고 개인의 창의성을 묵살하며 체면을 중시하는 풍토는 경제·과학기술 발전에 역기능적으로 작용했을 것이다. 100여 년 전 베버가 말했듯이 '가치'는 경제발전을 촉진시키기도 하고 지연시키기도 한다. 그럼에도 1960~70년대 아시아의 경제성장을 유교문화의 덕으로 돌리는 아시아론자들의 주장, 또는 1990년대 아시아 금융위기를 아시아적 가치의 탓으로 돌리는 서구론자들의 주장에는 모두 내재적 한계가 있다. '잘해도 문화의 탓, 잘못해도 문화의 탓'으로 돌리는 문화결정론은 '귀에 걸면 귀걸이 코에 걸면 코걸이(耳懸鈴鼻懸鈴)'가 아니고 무엇인가?

무엇보다 중요한 것은 우리에게 주어진 문화유산을 어떻게 경제발전의 에너지로 승화시켜나가느냐에 달려 있다. 경제발전에 유리한 문화유산이 아무리 많더라도 발전지향적 정치 리더십과 전문 기술관료, 올바른 정책과 합리적인 법·제도, 정치사회적 안정과 개방적 국제무역 질서 등 내·외생적 변수와 결합되지 못하면 아무런 의미가 없다. 국가·사회의 영고성쇠를 좌우하는 열쇠는 역사전통·문화유산에 있는 것이 아니라 이를 국가경제의 성장 동력으로 재창출해나가는 '사람'에 달려 있다.

VI. 정치체제와 경제발전: 21세기 정보화 시대의 전망

1. 정치와 경제의 관계: 일차원적 가설

아시아적 가치논쟁에서 파생된 또 하나의 쟁점은 '정치체제와 경제 발전의 상관관계'에 관한 것이다. 아시아론자들은 "아시아식 민주주의(연성권위주의)는 경제성장을 가져오고 서구식 민주주의는 경제침체를 가져온다."는 일차원적 가설을 세워놓고, 서구식 자유민주주의가 투자심리의 위축과 근로의욕의 감퇴, 자원의 낭비와 경제침체를 초래한 반면, 아시아식 민주주의는 고도의 정치사회적 안정 위에 자본투자를 극대화시키고 한정된 자원의 최적 배분과 전략 부문에의 집중투자 등을 통해 지속적인 고도 경제성장을 가져왔다고 주장하였다.

한편, 서구론자들은 "권위주의는 경제침체를, 민주주의는 경제발전을 가져온다."는 정반대의 가설을 세워놓고, 민주주의와 시장경제는 상호 불가분의 관계를 이루며 선순환적 발전을 가져오는 데 반해, 권위주의는 경제침체를 유도하는 지름길이라고 역설하였다.(Attali 1997, 56)[16] 이들은 특히 1990년대 아시아 경제위기의 뿌리 원인을 권위주의에서 찾으면서 민주주의야말로 모든 경제의 병을 치유하는 데 가장 효과적인 처방이라고 내놓았다. 『뉴욕 타임스(*The New York Times*)』 등 주요 언론을 보면, 아시아 금융위기의 직접적인 원인은 무엇보다도 권위주의체제하에서 생성된 정경유착과 부정부패, 정부의 무책임 등에 있다고 단정하고, 금융위기에 전염되지 않은 나라들은

---

16) 이와 같은 맥락에서 캡스타인(Ethan Kapstein)은 "권위주의체제하에서의 경제성장은 예외적 현상에 불과하다."고 주장하였다.(*Los Angeles Times* 98/01/19, M1, M6)

대만·필리핀·일본 등 민주국가들이며 위기 당사국들 중에서도 비교적 빨리 위기를 극복하고 있는 나라들은 역시 한국·태국 등 민주화를 본격적으로 추진하고 있는 국가들이라는 것이다.(Lee 98/01/18; *The Sun* 97/12/16) 미국의 정치학자 에머슨(Emmerson)은 "아시아 각국의 금융위기 극복과정을 보면 정치적 자유가 많은 나라일수록 비교적 경제위기에 영향을 덜 받거나 또는 위기를 빨리 극복하고 있는데 이는 민주주의가 경제적 질병을 치유하는 데 효과적임을 입증한다."고 결론 내렸다.(Emmerson 1998, 48, 50, 53) 특히 위기 극복과 관련하여, 서구론자들은 민주적 책임정부의 구현 없이는 경제위기만 심화될 뿐 위기구조에서 벗어날 수 없을 것으로 전망하였다.

이와 함께 아시아 지도자들 중에서도 민주주의와 경제발전의 불가분의 관계에 대한 주장이 나오기 시작했다. 필리핀 라모스 대통령, 한국의 김대중 대통령, 대만의 이등휘 총통은 '민주주의와 경제성장의 병행발전론'에 입각하여 "경제성장 없이 민주주의가 발전할 수 없고 민주주의 없이 경제도 발전하지 못한다."고 주장하였다.(Neher 1994, 961; Kim, Dae Jung 1994; Lee Teng-hui 1995)

그렇다면 정치체제와 경제발전은 과연 얼마나 밀접한 관계가 있을까? 먼저, "연성권위주의는 경제성장을 가져오는 반면에 자유민주주의는 경제침체를 초래한다."는 아시아 가치론의 가설은 보편타당성이 없다. 제3세계의 역사를 보면, 권위주의체제하에서 비약적 경제성장을 이룩한 국가들이 있는가 하면, 저발전에서 벗어나지 못한 나라들도 많다. 예를 들어, 대만·싱가포르·태국·말레이시아·인도네시아 등 동아시아 국가들은 군사독재 또는 권위주의체제하에서 지속적인 고도성장을 기록하며 서구 민주주의를 무색하게 만든 데 반해, 브라질·페루 등 남미의 군사독재체제는 민주주의 국가들보다 훨씬 낮은 경제성장을 기록하였다. 이는 권위주의체제가 경제발전을 자동적으로 보장해주는 것이 아님을 입증한다.

이렇듯 권위주의가 경제발전의 선행조건이 아니듯이, 민주주의도 경제발전의 필요충분조건이 될 수 없다. 만약 동아시아가 민주주의를 실현하고 있었다면, 서구론자들이 주장하듯이, 족벌주의·정경유착·부정부패 등 부조리 현상이 생성되지도 않았고 금융위기가 오지 않았을지도 모른다. 그렇다고 전후 수십 년간 동아시아 특유의 개발독재 체제하에서 유례없는 고속성장을 창출한 '역사적 사실'마저 부인할 수는 없다.

또한 서구론자들이 주장하듯이 민주주의가 모든 경제적 질병의 만병통치약이라면, 아시아에서 비교적 일찍부터 민주주의를 유지해왔던 필리핀과 인도가 한국·대만·싱가포르 등 권위주의 국가들에 크게 뒤져 있었던 것을 어떻게 설명할 수 있겠나? 더욱이 자유민주주의의 산실인 미국에서도 2008년 주택 부문의 부실과 대형 투자은행 '리먼 브라더스(Lehman Brothers)'의 파산을 계기로 금융위기가 촉발되어 순식간에 글로벌 차원의 금융위기로 확산되었는데(전제국 2010; 이윤석 2009), 이는 특정 문화·가치가 경제성장과 침체를 좌우하는 결정인자가 될 수 없음을 단적으로 뒷받침해주고 있다.

1990년대 아시아 금융위기만 보더라도 각국별로 그 원인이 다양하고 복합적이기 때문에 단순히 권위주의적 정치문화에 모든 원인이 있었다고 단정할 수 없다.[17] 〈표 1〉에서 보듯이, 각국의 민주화 수준과

---

17) 대부분의 경제학자 및 실물경제 팀에서는 아시아 금융위기의 원인을 단기외채 누증, 외국인 단기자본투자의 과잉, 부적절한 환율제도, 금융제도의 저발전과 유동성 부족, 정부의 금융감독 부재, 정치 불안정, 민주화 과정에서 파생된 역기능 현상 등에서 찾고 있다.

〈표 1〉 아시아 금융위기 전후 국가별 정치적 자유와 경제적 탄력성

국 가 별	정치적 자유 (1996)	경제적 탄력성 (1997~98)	문화권
일 본	1.5	-10.5	유 교
한 국	2.0	-47.0	유 교
대 만	2.0	-12.4	유 교
필 리 핀	2.5	-52.7	기독교
홍 콩	3.0	-19.0	유 교
태 국	3.0	-49.1	불 교
싱가포르	4.5	-31.5	유 교
말레이시아	4.5	-64.7	이슬람
인도네시아	6.0	-78.3	이슬람

*정치적 자유: 1(가장 높은 자유)~6(가장 낮은 자유)
경제적 탄력성: 1997. 3.~1998. 3. 기간 중 각국 주식 시장 가격 변동폭
출처: Emmerson(1998, 53)

금융위기 사이에 분명하고 일정한 관계를 찾아보기 어렵다. 거시적으로 보면, 정치적 자유가 많은 나라들이 비교적 경제위기에 영향을 덜받았던 것처럼 보이지만, 미시적으로 보면 특별한 관계가 없다. 또한일본·대만·필리핀 등 민주국가들에 못지않게 싱가포르·중국·베트남 등 권위주의 국가들도 지역 금융위기에 전염되지 않은 채 비교적 잘 대응하였다. 따라서 민주주의의 경제적 효과성이 지나치게 과장되어서는 안 되겠다.

2. 동아시아 경제변동의 원인 탐색: 탈냉전 세계질서의 변화

그렇다면 1960~70년대 경제기적의 산파역을 맡았던 동아시아의국가주도 발전 모델(개발독재체제)이 1990년대 외환위기에 직면하여

속수무책이었던 이유가 무엇인가? 여기에서 우리는 문화·가치·체제의 문제에서 벗어나 '시대 환경의 변화'에 주목할 필요가 있다. 인류문명의 패러다임이 바뀌는 역사적 전환기에 이르면 국가의 발전전략·정책으로부터 경제주체들의 경제활동에 이르기까지 모든 것의 변화를 요구하기 때문이다.

먼저, 한국을 비롯한 제3세계 국가들은 대체로 해방 후 초기 산업화 과정에서는 국가가 직접 나서서 유치산업을 보호하고 한정된 자원을 전략 부문에 집중 투자하는 등 국가개입주의 정책을 선호하였다. 당시 국제정치경제 질서도 동아시아의 수출지향적 산업화 전략의 성공에 한몫을 하였다. 자유무역주의가 세계경제질서의 주류로 등장하면서 아시아 수출품에 대한 무역장벽이 사라졌고, 냉전적 국제정치질서하에서 서구 제국은 제3세계를 서방 진영으로 흡수·통합하기 위한 전략적 차원에서 권위주의체제는 물론 신중상주의적 무역 행태도 묵인해주었다. 이 같은 배경하에 한국·대만 등 동아시아 국가들은 발전지향적 개발독재체제를 구축하고 신중상주의 정책을 강력하게 추진하였으며, 그 결과 유례없는 경제성장을 이룩할 수 있었다.

그러나 1980~90년대 냉전종식과 함께 '세계화·정보화 시대'가 열리면서 모든 것이 바뀌었다. 국내적으로는 경제성장에 힘입어 참여지향적인 중산층이 태동하고 개인주의적 성향의 신세대가 사회 중추세력으로 등장하면서 권위주의체제의 생존성을 위협하고 있었다. 국제적으로도 권위주의적 정치행태와 보호무역 관행이 더 이상 용납되지 않았다. 동서냉전이 자유민주주의·자본주의의 일방적 승리로 끝나고 '민주주의·인권·시장경제'가 인류문명의 새로운 패러다임으로 등장하면서 인권탄압·보호무역 등 옛 행태는 국제적 제재의 대상이 되었다. 이에 따라 아시아식 개발독재 모델이 설 수 있는 공간이 점차 사라지고 있었다.

인류문명이 산업화 시대에서 정보화 시대로 넘어오면서 '경제성장의 추동력'도 바뀌었다. 산업화 시대에는 표준화된 교육과 기술, 외국자본의 도입, 숙련 노동력과 근검절약, 정치사회적 안정 등의 결합만으로도 고속 경제성장을 이룩할 수 있었다. 그러나 정보화 시대에서는 이런 것들만으로 부족하다. 이제는 단순한 비용-효과 분석에 기초한 비교우위(comparative advantage)보다는 '다양성의 우위(diversity advantage)', 그리고 집단적 통일성보다는 '창의성'이 국가 생존과 발전의 결정인자로 등장하였다. 그 결과, 다양성보다 통일성, 개인보다 공동체를 중시하는 아시아적 가치는 점차 실효성을 상실해가고 있었다.

이렇듯 탈냉전 신세계질서의 태동은 개별 국가의 사회구조, 정치문화, 경제성장의 동력 등 모든 것의 변화를 유도하며 경제주체들의 발상과 행태, 발전전략과 경제정책의 획기적인 변혁을 요구하고 있었다. 따라서 그동안 고도성장에 이바지하였던 동아시아의 연성권위주의 모델은 한계선상에 이르러 더 이상 경제발전의 선행조건이 될 수 없게 되었다. 그 결과 20세기에서 21세기로 바뀌는 1990년대 말에 이르러 동아시아는 미증유의 금융위기를 겪으며 큰 오점을 남겼다.

앞으로도 계속 동아시아가 세계경제성장의 동력으로 작동하려면, 다양성과 창의성을 최대한 존중해주는 민주주의를 정착시켜 그동안 권위주의체제하에서 얼어붙은 사회구조에 활력을 불어넣어야 할 것이다. 물론 민주주의가 경제사회적 역동성을 자동적으로 가져오는 것은 아니지만, 적어도 권위주의처럼 국가사회 발전의 동력이 되는 다양성 · 창의성 · 유연성을 말살하지는 않을 것이다. 이와 관련하여, 아시아적 공동체주의와 서구적 개인주의 · 다원주의의 접목을 주창한 싱가포르의 신세대 엘리트 조지 여오의 말에 경청할 필요가 있겠다.

아시아적 가치도 개인의 창의성을 존중하는 민주주의와 결합되어야만
진가(眞價)를 발휘할 수 있다. 과거 아시아의 저발전과 낙후성은 민주주
의 원리의 부재에 그 원인이 있었다. 의견의 다양성이야말로 보이지도 않
고 예측할 수도 없는 불확실성에 대한 최상의 보험이다. 오늘날과 같은 정
보화 시대에서는 진정한 민주주의 없이 강대국이 될 수 없다.(*The Straits
Times* 89/01/28, 4)

VII. 결론

이 세상에는 절대적인 것도 없고 영원불변한 것도 없다. 기독교문
명이든 유교문화이든 인간에 의해 만들어진 모든 것은 상대적이며 끊
임없이 변하기 마련이다. 다만, 어떤 문화·가치가 인간의 타고난 본
성과 인류 공통의 소망을 상대적으로 잘 담아냈는가에 따라 그 효용
성과 생존성이 다를 뿐, 그 어떤 것도 만고불변(萬古不變)의 절대 보편
적 가치가 될 수 없다. 그럼에도 세기적 전환기에 글로벌 차원의 담론
을 이끌었던 아시아 가치논쟁을 재조명해본 결과, 동서 양쪽은 각각
자기편의 문화·가치야말로 진정한 '인류 보편적 가치'임을 내세우고
치열한 찬반·우열논쟁을 벌였지만, 결론도 없고 대안도 없었다. 이
런 담론은 사실상 무의미하다. 인류문명의 발전에 아무런 도움이 되
지 않기 때문이다. 이와 관련하여, 필자는 몇 가지 제언으로 결론을
대신하고자 한다.

첫째, 인류역사상 나타난 주요 문명들은 서로 '다름(특수성)'도 있지
만 '같음(보편성)'도 있음을 인식할 필요가 있다. 사람마다 생김새와 성
격·생각이 다르듯이, 아시아와 유럽, 유교문화와 기독교 문명 등은

각기 타고난 역사적 뿌리와 문화전통·가치체계가 서로 다를 수밖에 없다. 하지만 인간의 타고난 본성은 동서고금을 막론하고 변함이 없기 때문에 문명 간의 장벽을 넘어 공통점과 보편성도 존재한다. 특히 기독교·유교문화와 같은 대표적인 인류문명은 각각 오랜 역사를 통해 끊임없이 교류하며 진화되어온 사상·철학·이념·관습·행태의 '복합체(complex)'이므로 특정 문화 속에 담겨 있는 가치들은 다른 문화에서도 쉽게 찾아볼 수 있다. 예를 들어, 기독교문명에서 성장한 민주사상은 유교철학에서도 찾아볼 수 있고, 유교윤리에서 강조하는 공동체 중심의 가치규범들은 기독교윤리에도 내면화되어 있다. 다만, 시대·상황의 변화에 따라 우선순위가 바뀌고 지향점이 서로 달라졌을 뿐이다. 그런 만큼 아시아 문화가 서구문명에 비해 국가발전에 '절대적으로' 유리하다거나 불리하다고 단언할 수 없다.

그럼에도 1990년대 아시아적 가치를 둘러싼 동서양 간의 논쟁은 '문화결정론적'으로 접근, 평행선을 그리며 끝없는 다툼을 계속해왔는데 이는 역사적 현실성도 없고 논리적 타당성도 없다. 먼저, "유교문화와 자유민주주의는 양립할 수 없다."는 주장은 허구(虛構)다. 유교문화권에서도 얼마든지 민주주의가 발달할 수 있는데, 이는 일본·한국·대만의 민주화로 입증되었다. 또한 아시아적 가치가 안정된 정치, 질서정연한 사회, 역동적인 경제를 자동적으로 가져오는 것이 아니듯이, 서구적 가치라고 해서 항상 무질서와 경제침체, 사회적 퇴화를 유도하는 것이 아니다. 특히 아시아적 가치의 경제효과에 관한 '경제성장 촉진론'이나 '경제위기 유발론'은 모두 실증적 근거가 희박하다. 아시아적 가치가 스스로 경제기적을 가져온 것이 아니듯이, 동일한 가치가 경제위기를 몰고 온 것도 아님을 분명히 알아야 한다.

둘째, 오늘날 우리의 삶 속에 녹아 있는 전통적 문화·가치는 역사적으로 우리에게 주어졌을 뿐, 그 자체가 국가 사회의 영고성쇠를 결정짓는 독립변수가 아님에 유의해야 한다. 중요한 것은 우리에게 주어진 문화전통 속에서 발전적 요소를 찾아내어 국가발전의 에너지로 승화시켜나가는 데 있다. 특정의 문화·가치는 어떻게 발양시켜나가느냐에 따라 정치발전과 사회적 안정 및 경제성장을 촉진할 수도 있고 저해할 수도 있기 때문이다.

회고해보면, 인류문명이 20세기에서 21세기로 넘어오면서 역사발전의 패러다임이 바뀌었고, 이에 따라 전후 경제기적의 산실로 부상했던 동아시아가 새로운 도전에 직면하게 되었다. 20세기 산업화시대까지만 하더라도 '합리성·통일성·일관성'이 정치적 통합과 사회안정·경제발전을 추동하는 핵심 인자였지만, 21세기 정보화시대에서는 단순한 합리성·통일성을 넘어 '창의성·다양성·신속성·유연성' 등 새로운 인자(因子)가 국가 사회의 성장 동력으로 부상하였다.[18] 그럼에도 동아시아권은 전후 경제기적에 도취되어 인류문명의 패러다임 전환에 신속하게 적응하지 못하였고, 이는 결국 1990년대 말 미증유의 금융위기로 이어졌다. 동아시아가 앞으로도 계속 성장과 번영을 누리려면 공동체주의의 단단한 껍질 속에 매몰된 '개개인의 실존'을 인정하고 '창의성·유연성' 계발에 전략적 중점을 두는 한편, 통일성 속에 파묻혀버린 '다양성'을 찾아내어 경직된 사회구조에 활력을 불어넣어야 할 것이다.

셋째, 향후 문화·가치에 관한 담론은 상호 배타적 우열경쟁을 넘어 '상호 보완적 융화'를 지향하며 '하나된 지구촌(a global village)' 건

---

18) 21세기 IT 혁명으로 인해 세상이 빛의 속도로 바뀌고 있으며, 또한 세계가 '하나의 네트워크'로 연결되면서 문화·가치·이념 간의 장벽이 무너지고 각양각색의 인종·문화·종교가 함께 어우러져 살아가는 '지구촌의 시대', '다양성의 시대'가 열리고 있다.

설에 이바지해야 할 것이다. 이 세상의 어떤 것도 완전하지 않듯이, 기독교문명이나 유교문화는 각각 나름대로의 명암(明暗)이 있다. 그러니 서로를 비교하여 우열을 가릴 수도 없거니와, 어느 한쪽의 문화·가치가 다른 쪽을 대체할 수도 없다. 이는 일방의 문화·가치가 상대방의 부족함을 채워줄 수 있는 '보완재(complementary goods)'는 될 수 있어도 대체재(substitute goods)가 될 수 없음을 뜻한다.

　이런 인식하에 앞으로의 가치논쟁은 유치한(?) 우열논쟁에서 벗어나 상대방 문화·가치의 소중함을 인정하고 양쪽의 문화·전통 속에 내면화되어 있는 핵심 가치를 '상호 보완적으로' 접목·융화시켜나가는 방향으로 전환하여 온 인류가 함께 어우러져 살아가는 신세계질서를 창출해나가는 데 한몫할 수 있기를 기대해본다. 오늘날 인류는 과거와 전혀 다른 새로운 시대·환경에 살고 있기 때문에 과거처럼 단순히 아시아적 공동체주의나 서구적 개인주의만으로는 한 단계 더 높은 인류역사를 창출할 수 없다. 이제 동양과 서양이 각자의 문화적 편견과 교만에서 벗어나, 서로 마음의 문을 활짝 열고, 상대방의 문화·가치에서 자신의 부족한 부분을 보완해나가는 방향으로 논의의 초점을 돌린다면, 오늘날 인류가 직면한 병리현상들을 치유하고 공공선을 극대화할 수 있는 길을 찾게 될 것으로 확신한다. 이 책의 주제인 서구중심주의의 극복 역시 이러한 방향에서 이루어져야 함은 물론이다.

■ 참고문헌

강정인. 2004. 『서구중심주의를 넘어서』. 서울: 아카넷.

송의달. 2006. "싱가포르의 세습정치 완성: 아버지의 기적, 아들이 이어간
다." 『주간조선』 1907호(6월 5일), 14-16.

이상국·서주석·이명철. 2013. 『미중 소프트 패권경쟁시대 한국의 전략적
선택』. 서울: 한국국방연구원.

이윤석. 2009. "글로벌 금융위기의 추이 및 전망." 『한국경제포럼』 제2권 제2
호(여름), 71-89.

이철민. 2007. "취임 3주년 싱가포르 리셴룽 총리 인터뷰." 『조선일보』(9월 18
일), A1.

전제국. 2010. "글로벌 금융위기와 국방경영." 백승주 외. 『한국의 안보와 국
방 2010』. 133-155. 서울: 한국국방연구원.

Attali, Jacques. 1997. "The Crash of Western Civilization: The Limits of
the Market and Democracy." *Foreign Policy*, No. 107(Summer), 54-
64.

Bell, Daniel, David Brown, Kanishka Jayasuriya & David M. Jones. 1995.
Towards Illiberal Democracy in Pacific Asia. New York: St. Martin's
Press.

Bellows, Thomas. 1990. "Singapore in 1989: Progress in a Search for
Roots." *Asian Survey*, Vol. 30, No. 2(February), 201-209.

Dougherty, Andrew. 1991. *Japan 2000*. Langley: Central Intelligence
Agency.

Doyle, Michael W. 1983. "Kant, Liberal Legacies and Foreign Affairs."
Philosophy and Public Affairs, Vol. 12, No. 3(Summer), 205-235.

Emmerson, Donald K. 1998. "Americanizing Asia?" *Foreign Affairs*, Vol. 77, No. 3 (May/June), 46-56.

Freedom House. 2015. *Freedom in the World 2015* https:// freedomhouse.org/report/freedom-world/freedom-world-2015(검색일: 2015.9.3).

Fukuyama, Francis. 1992. *The End of History and the Last Man*. New York: Penguin Books.

Fukuyama, Francis. 1995. "Confucianism and Democracy." *Journal of Democracy*, Vol. 6, No. 2, 20-33.

Fukuyama, Francis. 1998. "Asian Values and the Asian Crisis." *Commentary*, Vol. 105, No. 2, 23-27.

Goh Chok Tong. 1994. "Social Values, Singapore Style." *Current History*(December), 417-442.

Huntington, Samuel. 1968. *Political Order in Changing Societies*. New Haven: Yale University Press.

Huntington, Samuel. 1991. "Democracy's Third Wave." *Journal of Democracy*, Vol. 2, No. 2(Spring), 12-34.

Huntington, Samuel. 1993. "The Clash of Civilization?" *Foreign Affairs*, Vol. 72, No. 3(Summer), 22-49.

Huntington, Samuel. 1997. "After Twenty Years: The Future of the Third Wave." *Journal of Democracy*, Vol. 8, No. 4(October), 3-12.

Kapstein, Ethan B. 1998. "Cronyism is Going on in East Asia." *Los Angeles Times*(January 18), M1, M6.

Kausikan, Bilahari. 1993. "East and Southeast Asia and the Post-Cold War International Politics of Human Rights." *Studies in Conflict and Terrorism*, Vol. 16, 214-261.

Kausikan, Bilahari. 1997. "Governance That Works." *Journal of Democracy*, Vol. 8, No. 2(April), 24-34.

Kim, Dae Jung. 1994. "A Response to Lee Kuan Yew: Is Culture Destiny? The Myth of Asia's Anti-Democratic Values." *Foreign Affairs*, Vol. 73, No. 6(November/December), 189-195.

Kim, Yung-myung. 1997. "Asian-Style Democracy." *Asian Survey*, Vol. 37, No. 12 (December), 1119-1134.

Lee Teng-hui. 1995. "Chinese Culture and Political Renewal." *Journal of Democracy*, Vol. 6, No. 4(October), 3-8.

Lee, Martin. 1998. "Testing Asian Values." *The New York Times*(January 18).

Mahbubani, Kishore. 1993. "The Dangers of Decadence: What the Rest Can Teach the West." *Foreign Affairs*, Vol. 72, No. 4(September/October), 10-14.

Moody, Peter R., Jr. 1996. "Asian Values." *Journal of International Affairs*, Vol. 50, No. 1(Summer), 166-192.

Neher, Clark D. 1994. "Asian Style Democracy." *Asian Survey*, Vol. 34, No. 11, 949-961.

Patten, Chris. 1996. "Asian Values and Asian Success: A Speech by the Governor of Hong Kong." *Survival*, Vol. 38, No. 2(Summer), 5-12.

Peet Meng Lau. 1997. "The Red Herring of Liberal Democracy: Making the Case for Procedural Democracy in Asia."(August 25) http://www.sintercom.org/polinfo/polessays/asian_values.html.

Zakaria, Fareed. 1994 "Culture is Destiny: A Conversation with Lee Kuan Yew." *Foreign Affairs*, Vol. 73, No. 2(March/April), 109-126.

"Asian Values Revisited." *The Economist*(July 25, 1998).

"Asian Values." *The Sun*(December 16, 1997), 27A.

"Capitalism vs. Capitalism." *US News & World Report*(January 6, 1992).

"Society vs. the Individual." *Time*(June 14, 1993).

Far Eastern Economic Review(February 9, 1989), 1.

Los Angeles Times(January 19, 1998), M1, M6.

The Straits Times(weekly overseas edition, January 28, 1989), 4.

동남아시아 탈서구중심주의로서의 '아시아적 가치': 수카르노의 제3세계주의를 중심으로[1]

박은홍

1. 문제의 제기

서구열강으로부터 독립한 동남아시아 국가들에게 주권의 완전한 회복은 절체절명의 과제였다. 인도네시아와 버마를 대표하는 민족주의자들인 수카르노와 아웅산은 서구 식민주의로부터 탈출하기 위해 일본 파시스트들과의 제휴도 마다하지 않은 터였다. 1955년 인도네시아 반둥에서 열린 아시아·아프리카회의에서 인도네시아 수카르노 (Sukarno) 대통령은 아시아, 아프리카 국가들이 더 이상 강대국들의 노리개가 아님을 공표하면서 반제국주의, 반식민주의 기치를 내걸었다. 반둥정신은 곧 제3세계주의를 의미했다.(Escobar 2004, 207) 자본주의와 공산주의 사이에 놓인 제3세계주의는 한 시대의 모순을 담고

---

[1] 이 글은 "'제3세계주의'와 '아시아적 가치'의 혼종성"(『민주사회정책연구』 18호, 2010) 을 개고한 것이다.

있었다. 탈식민지인들은 식민주의자들의 민주주의 담론을 낚아채고 자립운동에 불을 당겼다.(Patel and McMichael 2004, 241) 특히 반둥회의 제안국이었던 인도네시아와 버마에서의 제3세계주의는 '인도네시아식 사회주의', '불교 사회주의' 등으로 표현되었다.(Loh 2006, 34)

인도네시아의 수카르노는 바로 반둥회의를 성사시킨 장본인이었다. 이에 걸맞게 그는 '제3세계주의(third worldism)'의 토착화(localization)를 선도하였다. 그가 제창한 건국이념으로서의 '빤짜실라(pancasila)'를 제도화하기 시작한 것이다.[2] 빤짜실라는 가족주의, 협의주의, 그리고 상부상조 이 세 가지 인도네시아 특유의 가치관을 근간으로 하였다. 수카르노는 빤짜실라가 국내외 혁명 수행을 위한 보편적 가치로서 종교, 종족, 정치적 신념의 차이를 뛰어넘어 모든 인도네시아 국민들에게 수용될 수 있다고 믿었다.(고우성 1998) 그는 빤짜실라를 인도네시아의 철학적 기초, 인도네시아 국가의 존립 기반이 되는 세계관으로 확립하고자 하였다. 나아가 수카르노는 빤짜실라를 민족주의 세력, 이슬람 세력, 공산주의 세력 이들 세 세력의 협력체제를 의미하는 나사콤(NASAKOM) 체제로 구체화시켰다. 수카르노는 빤짜실라를 국제혁명 과업을 수행하는 데 적용할 수 있는 보편적 가치로 보았던 것이다.(고우성 1998, 39)

---

2) 다섯 가지 국가이념을 뜻하는 '빤짜실라'는 민족주의, 국제주의, 민주주의, 사회정의, 신에 대한 믿음을 가르킨다. 우선 민족주의란 다양한 종족으로 이루어진 인도네시아 국가의 통일과 보존을 의미한다. 국제주의란 각각의 민족주의를 존중해주는 사해동포주의(四海同胞主義)를 가리킨다. 민주주의란 토론(musyawarah)을 통해 합의(mufakat)에 도달하는, 즉 만장일치제로서의 인도네시아식 민주주의 원리다. 사회정의란 경제적·정치적 평등의 동시적 실현을 의미한다. 신에 대한 믿음이란 종교적 관용과 호혜를 전제로 인도네시아인들은 반드시 신을 믿어야 함을 의미한다. 수카르노는 이슬람, 개신교, 가톨릭, 힌두교, 불교, 유교 등 여섯 종교를 공식적인 종교로 인정하였다.(Kingsbury 2002, 45; 크리스터 2005, 214-227)

그런데 반제국주의와 반식민지 정치해방을 주도한 제3세계 엘리트들의 국가주권개념이 서구 식민주의자들의 국가주의 이데올로기와 근본적으로 다르지 않다는 비판이 있게 된다.(Patel and McMichael 2004) 이를테면 1959년 아시아에서 제3세계주의를 주도하였던 인도네시아의 수카르노 대통령은 정파 간 갈등이 고조되던 시점에서 의원내각제를 명기한 1950년 헌법을 폐기하고 대통령제를 명기한 1945년 헌법으로의 회귀를 일방적으로 선언하였다. 수카르노는 자유주의적 무정부성을 극복한다는 명분하에 가족체제를 기반으로 하는 '교도민주주의(Demokrasi Terpimpin)'를 공표하였다. 그러나 수하르토(Suharto) 군부세력은 교도민주주의가 인도네시아 공산당(PKI) 주도로 흐르면서 사실상 빤짜실라를 벗어나고 있다고 판단하고 무력으로 교도민주주의체제를 전복하고 신질서(Orde Baru)체제를 수립하였다. 이후 인도네시아 공산당과 연계되어 있던 교도민주주의의 정책들, 특히 교도경제(Ekonomi Terpimpin)가 신질서체제에 의해 폐기되었지만 정당체제를 통제하였던 수카르노의 많은 정치 전술들이 우익 신질서체제에 의해 계승되고 발전되었다.(Gungwu 2005, 78) 이를테면 반공주의체제로서의 신질서를 이끈 수하르토 역시 수카르노와 마찬가지로 탈서구중심적 맥락에서 서구 자유주의가 파괴적이고 갈등적이라고 비난했다.(Robison 1996, 316)[3]

이 글은 수카르노가 제기한 탈서구중심적 '빤짜실라' 이념을 반제국주의, 사회주의 지향의 제3세계주의가 토착화된 '아시아적 가치'

---

3) 전 인도네시아 대통령 유도요노도 서구식 민주주의가 인도네시아 고유의 가치 및 '원칙적 합의'에 위배된다고 역설하면서 인도네시아에 나타나고 있는 여러 사회적 병폐들을 해결할 수 있는 대안으로서 수카르노 초대 대통령이 구상한 '인도네시아식 민주주의'를 재정립하고 구현해야 한다고 주장하였다.(송승원 2008, 128)

로 간주하고, 동남아시아 맥락에서의 탈서구중심주의가 자본주의만
이 아니라 서구에 기원을 두는 사회주의와도 차별성을 두려고 한 점
에 주목하면서, 이것이 반자유주의적 국가주의로 귀결되는 과정을 고
찰하고자 한다.[4] 다시 말해 이 글은 제3세계 민족혁명이 대외적으로
는 영토주권을, 대내적으로는 국가통합을 최고의 덕목으로 삼았지만
국가주권에서 시민주권으로 주권개념을 발전시키지 못한(박은홍 2011,
211) 중대 사례(crucial case)에 대한 연구다.

2. 아시아적 가치와 제3세계주의

1970년대 후반부터 부상하기 시작한 '아시아적 가치(Asian value)'는
다분히 동아시아 신흥공업국들의 '개발'성과를 토대로 하였다. 이때의
아시아적 가치란 강한 가족 연대, 효심, 검소, 규율, 성실, 근면 등과
같은 덕목으로서 이러한 '가치'가 개발과 경제성장의 원인이 되었다
는 것이다. 이러한 측면에서 제3세계주의가 연대, 평등과 같은 가치
를 탈서구, 탈식민의 맥락에서 중시한다면 아시아적 가치는 개발주의
(developmentalism)를 탈서구, 탈식민의 맥락에서 정당화한다.[5]

---

4) 이러한 문제의식은 강정인(2004)이 소개하는 '서구'에 대한 일반적 인식에서 비롯되
   었다. 이 문헌에 따르면, '서구'는 강한 이데올로기적 함의를 지니는데, 이는 '발전된
   =좋은=바람직한'이라는 의미가 발전된 '자본주의'와 '자유민주주의' 체제로 한정되
   어 적용된다는 것을 의미한다. 공산주의 역시 근대 유럽 문명의 소산이지만, '자본
   주의 서구 대 공산주의 동구'의 대립이라는 냉전의 유산과 맞물려 '서구'로 인식되지
   않는다.(강정인 2004, 53)
5) 이를테면 말레이시아의 마하티르 전 수상은 서구 기독교문명의 세계지배에 대한 이
   슬람 국가로서의 대응과 자부심을 폐쇄주의가 아닌 자본주의 세계에의 적극적 가담
   과 경제성장을 통해 발휘한다는 것으로 압축한다.(이선향 2000, 42)

주지하다시피 사이드(Edward Said)에 의해 오리엔탈리즘(Oriental-ism)으로 비판받은 서구중심의 문화정치학은 급진적 보편주의(radical universalism)를 지향한다.[6] 반면 아시아적 가치론은 '아시아적 민주주의(Asian-style democracy)' 혹은 '아시아적 가치 민주주의(Asian values democracy)'를 정당화하는 강한 상대주의(strong relativism)에 서 있고, 더 나아가 오리엔탈리즘에 반대되는 또 다른 극단으로서 서구를 일방적으로 폄하하는 옥시덴탈리즘(Occidentalism)의 양상을 보이기까지 한다.[7] 다시 말해 오리엔탈리즘을 서구가 지닌 긍정적 차이의 '특권화', 비서구가 가진 부정적 차이의 '낙인화(강정인 2004, 72)'로 특징짓는다면, 옥시덴탈리즘은 비서구가 지닌 긍정적 차이의 '특권화', 서구가 가진 부정적 차이의 '낙인화'로 요약될 수 있다.

　또한 옥시덴탈리즘의 경향을 보이는 아시아적 가치론에서 서구 개인주의 대 아시아 집단주의와 같은 이분법은 '서구'를 로크(J. Locke)나 홉스(T. Hobbes)의 사회계약사상 등과 같은 개인주의나 자유주의 흐름에 국한시키고 공화주의나 공동체주의를 강조하는 아리스토텔레스(Aristoteles), 헤겔(G. W. F. Hegel) 등은 배제하는 일종의 방법론적 선택주의 혹은 방법적 편의주의를 취하고 있다.(임홍빈 2003, 90)[8] 여기에서 영국의 인도 식민지 지배를 정당화하였다는 혐의를 받고 있는 밀

---

6) 문화정치학(cultural politics)은 문화와 정치가 밀접하게 연관되어 있음을 전제로 한다. 헌팅턴은 문화적 정체성이 정치적 행동을 결정하는, 즉 특정 국가에 대한 연대의식과 적대의식을 가르는 핵심적 요인이 된다고 주장한다(Kamrava 1999, 13). 그러나 '문명 간 충돌'에서의 그의 문화결정론적 시각은 문화의 상대성과 동태성을 주장하던 과거 그의 주장과 배치된다.(박은홍 2005, 21)
7) 1996년 마하티르 수상은 유럽 정상들 앞에서 "아시아의 가치가 보편의 가치이며 유럽의 가치는 유럽의 가치일 뿐이다."라고 공언한 바 있다.
8) 뒤르켐(Emile Durkheim)도 서구 개인주의를 전통의 해체에 따른 근대의 산물로 보았다.(Giddens 1971, 99)

(John Stuart Mill)[9]에서 볼 수 있듯이 한때 서구 자유주의가 문명화라는 이름으로 비서구권을 향한 식민주의를 정당화하였던 사실을 주목할 필요가 있다.[10]

나아가 아시아적 가치론은 국가가 사회 일반 이익을 체현하고 이것의 수호자인 것으로 보는 유기체적 관점을 취하고 있는 것으로 지적된다. 아시아적 가치의 문화상대주의는 식민지 경험에 따른 일반 대중들의 트라우마를 국가안보, 정권안보 차원에서 활용하는 국가주의와 밀접한 관련이 있다는 것이다. 이들에게 국가에 대한 반대란 일탈이고 역기능이다.(박은홍 2006, 129; Robison 1996, 311)[11]

아시아적 가치론은 방법론적으로 베버(M. Weber)의 문화주의적 해석 방식에 의존한 자발적 오리엔탈리즘(auto-Orientalism)이라는 비판을 받기도 한다. 싱가포르 사회학자인 첸(Peter S. J. Chen)의 논문에서 아시아적 가치의 성격이 특징적으로 나타나는데, 여기에서 그는 아시

---

9) 존 스튜어트 밀은 그의 부친 제임스 밀(James Mill)이 식민주의를 '진보이념(idea of progress)'으로 정당화했듯이 『대의정부론』에서 "스스로 진보를 이룩할 능력이 없는 민족에게는 좋은 독재자를 만나는 것이 문명 상태로 나아가기 위한 거의 유일한 희망이 된다. 이런 곳에 사는 사람들은 지배국가에 의해 또는 그 목적으로 지배국가가 파견한 대리인들에 의해 통치되지 않으면 안 된다."(밀 2012, 317-318)고 했다.

10) 대영제국의 경우 1801년 내각에 전쟁 및 식민청 장관직이 신설되었고, 11년 후 식민청(Colonial Office)에서 인도청(Indian Office)이 분리되어 독립부서가 되었다. 식민청에는 1849년까지 23명의 관리가 소속되었고, 1907년에도 125명에 불과했다.(박지향 2007, 93)

11) 사이드는 오리엔탈리즘을 '동양'과 '서양'이라고 하는 것 사이에서 만들어지는 존재론적, 인식론적 구별에 근거한 하나의 사고방식이라고 정의한다. 오리엔탈리즘의 출발점을 18세기 말로 잡는다면, 이때의 오리엔탈리즘이란 동양을 지배하고 재구성하며 위압하기 위한 서양의 스타일로서(사이드 2000, 14), 동양은 비합리적이고 열등하며 도덕적으로 타락한 비정상의 전형이고, 서양은 합리적이고 도덕적이며 성숙한 정상의 전형이라는 동양 폄하의 논리다.

아적 가치로서 집단정신, 상호부조, 효, 우의, 가치 지향성 등을 들면서, 이것들이 근대화의 부정적 여파를 상쇄하는 데 중요한 기여를 하였다고 주장한다. 이외에 칸(Herman Kahn 1979) 등은 동아시아에서의 유교윤리와 경제성장 간의 긍정적 관계를 처음으로 주장하였다. 이들은 프로테스탄트 윤리에 버금가는 기능적 등가물을 찾고자 하는 이슬람권, 불교권, 유교권 방어론자들에게 이론적 기초를 제공했다. 그러나 첸에 의해 조명을 받은 강한 가족애, 효심, 검소, 규율, 자기희생, 성실, 근면 등은 경제개발 와중에 중요한 가치였고 중요한 요소일 수 있었음에 틀림없지만,[12] 이러한 가치들은 동-서양의 모든 주요 철학과 종교에서 찾아볼 수 있음(Alatas 2003, 113)은 주지의 사실이다.

바(Michael D. Barr)는 이러한 아시아적 가치담론의 기원을 1955년 반둥회의에서 찾고 있다. 이를테면 제3세계주의 담론이 현재의 아시아적 가치담론에 얼마나 영향을 미쳤는지 알 수는 없어도 '아시아적 가치'를 옹호하는 마하티르의 담론과 제3세계 담론의 진원지가 되었던 1955년 반둥회의에서의 수카르노의 개막 연설이 그다지 거리가 있어 보이지 않는다는 것이다.[13] 아시아-아프리카 연대와 비동맹을 강조하는 반둥회의가 서구적 가치와의 차별성을 강조하는 아시아적 가

---

12) 1989년 1월 리콴유 싱가포르 수상은 국회 개원 연설에서 "지난날 우리를 유지시켰던 아시아의 전통적 도덕관, 책임감, 사회의식이 서구의 개인주의적이고 자기중심적인 인생관에 밀려나고 있다."고 우려하면서 아시아적 가치로서 "사회를 개인보다 우위에 두고, 가족을 사회의 근간으로 두고, 논쟁보다는 합의로 해결하고, 인종과 종교적 관용과 화합"이라는 네 가지 덕목을 제시하였다.(헌팅턴 1997, 438)
13) 1955년 반둥회의 연설에서 수카르노는 다음과 같이 언급했다. "고전적 형태의 식민주의만을 생각하지 말라. 식민주의는 소수의 외세에 의한 경제적 통제, 지적 통제, 실질적인 물리적 통제 등과 같은 현대적 외양을 갖추고 있다. 그들은 매우 다양한 위장된 형태를 보인다. 그들은 결코 그들의 전리품을 쉽게 포기하지 않는다."(Barr 2002, 13)

치의 모태가 되었다고 볼 수 있는 것이다.(Barr 2002, 13)

냉전 시기 제3세계주의는 탈식민화 이념을 상징했다. 사회주의, 평등주의, 국제주의의 전망을 제시한 제3세계주의는 수카르노, 티토(Tito), 네루(P. J. Nehru) 등과 같은 카리스마적 인물들의 공통된 이념이었다. 그것은 수십 년에 걸친 반제국주의 투쟁의 성과였다. 이때 제3세계에서의 정통성은 민족주의와 연관이 있었다. 보다 구체적으로 국내적으로는 새로운 국가질서를, 국제적으로는 보다 강화된 주권을 추구하였다. 제3세계에서의 혁명적 대중운동은 새로운 민족국가건설을 목표로 하였는바, 그것은 곧 소수 이방인의 지배에 맞서 민족의지와 민족정체성을 구현하는 것으로부터 시작되었다. 이는 경제적 종속, 지주계급 혹은 민족부르주아지에 의한 착취, 식민지 상태, 국제사회에서의 취약한 국가 지위 등에 대한 인식에서 비롯되었다. 이때 많은 제3세계 국가들에서의 국가는 국내적 정통성이 아닌 국제사회 내에서의 정통성을 의식했고, 그러기에 단일정당제도를 정당화하고 (Schutz and Slater 1990, 8), 이를 주도하는 카리스마적 지도자는 구세주(saviour)를 자처했다. 이것이 바로 위기와 대혼란 시기에 출현한 카리스마적 지도자가 권력을 독점하게 되는 배경이다.

반면 제3세계주의는 1970년대에 들어오면서 혁명적인 탈식민화의 이념과 수사학을 상실하였다. 새로운 세대의 지도자들은 냉전의 주역들과의 동맹을 전제로 한 채 중앙집권적 국가주도하의 개발주의를 강조하고 나섰다. 이를테면 미국과의 동맹하에 공산주의 세력을 초토화하고 개발주의를 내건 수하르토가 비동맹운동의 새로운 지도자로 부상하였다.(Hadiz 2004, 56) 그리고 자본주의 사회에 해당하는 아시아 국가들에서 국가기구와 당을 군부관료와 민간관료가 지배하고 있는 것에 대해 새로이 부상한 자율적인 사회세력이 개혁을 요구하자 이때 통치자(guardianist)가 동원한 이데올로기가 '아시아적 가치'였다. 이들 엘리트의 정치적 강박(political obsession)이 반공산주의(anticommunism)에서 반자유주의(anti-liberalism)으로 바뀐 것이다.(Robison 1996, 315)

특히 1980년대에 들어와 경제적 승리주의(economic triumphalism)와 다를 바 없는 아시아적 가치담론의 위력이 더 커졌다. 아시아적 가치를 내건 승리주의의 주역인 국가는 정치적 경쟁 대신 하나 됨을 강조하였고, 이 같은 맥락에서 의사결정과정에서의 합의를 강조하였다. 그러나 이때의 합의는 다양한 집단 간의 협상이라기보다는 국가에 의한 강제였다. 이 같은 맥락에서 안보, 사회적 규율, 사상과 표현의 책임성이 강조되었다. '동아시아의 기적'은 이러한 교도적(guided) · 후견적(clientelistic) 국가가 자본과 노동을 집약적으로 동원한 결과였다. 이렇듯 개발국가(developmental state)를 옹호하는 아시아적 가치론은 서구가 경제적 · 사회적으로 쇠퇴하고 있다고 주장하면서 그 원인을 과도한 자유주의와 민주주의, 그리고 책임과 역할, 관계를 소홀히 하는 권리의식에서 찾는데(Robison 1996, 315; 무자파 1996, 96; 이선향 2000, 166), 이러한 반(反)자유주의가 바로 제3세계주의의 탈서구-탈식민주의 관점과 일치되는 지점이다.

아시아적 가치론은 〈그림 1〉에서 볼 수 있듯이 개인에 초점을 둔 서구 민주주의와는 달리 가족, 집단, 전통을 중시하는 아시아식 민주주의 모델을 주장한다.[14] 서구 민주주의가 개인 간의 평등을 전제로 한다면, 아시아적 민주주의는 권위에 대한 복종과 양립한다는 것

---

14) 이를테면 혁명이념을 담은 인도네시아의 1945년 헌법의 제14장을 보면 "경제는 가족중심주의에 바탕을 두고 공동협력으로 이루어나간다."(양승윤 1998, 155)고 기술되어 있다.

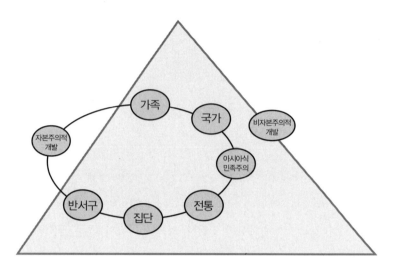

〈그림 1〉 아시아적 가치와 제3세계주의

이다.(Stockwin 1998, 60) 이러한 권위에 대한 복종을 정당화하는 논리는 가부장적 국가주의(paternalistic statism), 자민족중심주의(ethnocentrism)와도 연관성이 높다. 이는 곧 제3세계를 자처하는 중국의 중화주의가 지역패권을 지향하듯이, 태국과 베트남이 한때 캄보디아 역사를 지배의 시선으로 본 데에서 알 수 있듯이, 오리엔탈리즘과 같은 배제와 차별의 시선인 '자기중심주의(egocentrism)'가 제3세계 각 국가별·종족별로 내재되어 있는 까닭으로 '문화로서의 식민주의'(Chakrabarty 2000; Chatterjee 1993)가 일국적·지역적 수준에서 재생산되고 있음을 의미한다.[15]

---

15) 러시아 전통 인형 마트로시카와 같은 제3세계 내 '자중심주의'의 위계구조는 베버 (Max Weber)의 혁명적 카리스마적 지배의 민족우월주의를 매개로 한 권위주의화와도 연관이 있다.

3. 제3세계주의의 토착화: '빤짜실라'의 이념·제도·실행

인도네시아의 탈식민화 과정에서 제기된 제3세계주의의 토착화된 담론 '빤짜실라'는 전통, 가족, 집단, 위계 등의 탈서구를 지향하면서도 제2차 세계대전 이후 독립한 많은 제3세계 국가들의 이념이 사회주의와 친화적이었듯이 인도네시아식 사회주의의 근간이 되었다.[16]

빤짜실라 탄생의 배경은 '서구'로서의 네덜란드에 의한 350년간의 식민지배였다. 제2차 세계대전이 발발하면서 일본이 아시아의 해방자를 자임하면서 동남아시아에 진출하는데, 이들은 네덜란드 식민주의 세력을 물리치고 인도네시아도 점령했다. 당시 수카르노[17] 등 민족운동 지도자들은 일본을 유럽 식민주의를 패퇴시킨 해방자로 여겼다.

일본은 점령한 동아시아 지역에 소위 대동아공영권을 만들고자 했다. 그러기에 점령 초기 현지인들에게 일본은 환영의 대상이었다. 그러나 이들 지역이 일본의 전쟁을 수행하기 위한 수단으로 전락하자

---

16) 인도네시아의 20세기 역사는 크게 일곱 시기로 구분된다. 식민지 시기(1900~42), 일본 점령 시기(1942~45), 혁명 시기(1945~49), 입헌 민주주의 시기(1950~57), 교도민주주의 시기(1957~65), 신질서 시기(1965~98), 개혁 시기(1998~현재).(Jones 2007, 442) 각 시기별로 국가체제와 이데올로기의 차이가 있었다.

17) 수카르노(1901~70)는 반둥 공과대학을 졸업한 후 건축자격사를 얻었다. 대학 재학 시절부터 급진적인 학생 클럽을 만들었고, 1927년 인도네시아국민당(PNI)을 조직하여 민족독립운동에 참가하였다. 네덜란드 식민당국에 체포되어 1929~31년까지는 수감 생활을 하였다. 그리고 또다시 1933~42년까지 10년간 유형생활을 하였다. 1942년 일본군에 의해 석방되어 일본군의 점령에 협력하고, 1945년 네덜란드군이 복귀하지 않은 사이에 일본군의 묵인을 얻어 독립을 선언하였다. 1946~49년까지 네덜란드와 맞서 싸웠으며, 헤이그 협정이 성립되어 네덜란드로부터 주권을 반환받아 초대 대통령이 되었고, 1963년에는 교도민주주의체제하에서 국민협의회에 의하여 종신(終身) 국가원수로 지명되었다. 1965년 9월 30일 군부 쿠데타 이후 그 실권이 약화되었고, 1966년 7월 종신 국가원수의 자격이 박탈되었다.

일본에 대한 현지인들의 시각이 바뀌었다. 이를테면 네덜란드 식민지 였던 인도네시아에서 일본은 독립운동 지도자로서 수마트라에 추방 되어 있던 수카르노를 수도 자카르타로 불러들여, 반연합군 선전과 함께 국민들에게 노동력과 물자동원을 촉구하도록 하였다. 여성, 소년, 청년 조직들이 생겨났다. 일본은 초기에 이슬람 지도자들에게 호의적이었으나 한 저명한 무슬림 지식인이 도쿄에 있는 일본 천황을 향해 절하는 것을 거부하자 태도를 바꾸었다. 일본의 점령을 지지했던 젊은 민족주의자들은 이후 자신들이 따돌림을 받고 있다는 것을 알아챘다.(하이듀즈 2012, 193) 1945년 초 일본군의 패배가 가시화되자 일본은 수카르노와 하타[18]를 사이공에 있던 일본군 사령부로 불러 일본이 인도네시아의 독립에 동의한다는 의견을 전달했다.(하이듀즈 2012, 199)

그러기에 종전 직후 1945년 9월 일본군을 무장 해제하기 위해 상륙한 영국군 등 연합군은 고조된 민족혁명의 분위기 속에서 수카르노와 하타가 이끄는 세력과 협력하지 않을 수 없었다. 이때 옛 식민주의자였던 네덜란드군이 연합군의 일원으로 인도네시아에 다시 들어왔다.(양승윤 1998, 71) 일본이 물러간 이후 연합군의 지원으로 재건된 네덜란드 식민 행정부는 모든 인도네시아 군도에 대한 통제에 나서면서 수카르노와 하타를 위시한 민족운동 세력에 대한 검거에 나섰다. 1947년 1월 네덜란드가 인도네시아 민족주의세력에 대한 전면적인 군사공격을 개시하자 인도네시아 독립운동 지도부는 산악지대

---

18) 하타(1902~80)는 네덜란드 유학 시절부터 독립운동을 벌였고, 1932년 귀국 후 네덜란드 식민당국에 체포되어 유형지로 끌려다니다가 일본군에 의해 구출되었다. 부통령을 지냈으나 1956년 수카르노의 독재를 비판하고 사임하였다. 수카르노 체제를 전복한 수하르토 쿠데타를 지지하고 이른바 신질서하에서 특별고문직을 맡았다.

로 피신했다. 거의 즉시 유엔안전보장이사회가 휴전을 요구했고 양측
은 수용했지만, 전쟁은 중단과 재개를 반복하면서 2년을 더 끌었다.
1948년 12월에 네덜란드가 공세를 재개해서 수카르노와 대부분의 고
위 지도자들을 붙잡았을 때 미국은 입장을 바꿨다. 따라서 유엔안전
보장이사회도 전투의 즉각 중지, 수감된 인도네시아 지도자들의 석
방, 1950년 7월 이전에 인도네시아인에게 주권 반환을 요구했다.(코헨
2009, 419)

마침내 네덜란드에 대한 미국의 지지가 철회되면서 1949년 12월 27
일 공식적으로 주권이 네덜란드로부터 인도네시아로 이양되었다. 그
렇지만 1950~57년까지의 의회민주주의 시기에 지역 간, 정파 간, 종
족 간 갈등으로 극도의 혼란이 지속되었다. 이러한 배경하에서 1959
년 수카르노는 대통령령으로 '민족혁명의 완수'를 위한 대중 동원을
목적으로 국민전선(Barisan Rakyat)을 결성할 것을 결정했다. 수하르토
군부세력의 쿠데타로 인해 권좌에서 물러나기 직전인 1965년 8월 17
일 독립기념일 연설에서 수카르노는 자카르타-프놈펜-하노이-베이징-
평양으로 이어지는 반제국주의 전선 축을 공표하고 전 국민의 무장을
촉구하였다. 반면 인도네시아 군 내부에서는 수카르노의 친공산당,
친베이징 정책에 대한 불만이 고조되고 있었다.

이념: 전통으로서의 '고똥 로용'

제2차 세계대전 시기의 일본의 점령, 1945~49년 기간의 네덜란드
로부터의 독립투쟁을 거치면서 인도네시아인들은 문화정책을 포함해
서 새로운 국가건설을 위한 정책과 프로그램을 만들기 시작했다. 네
덜란드가 인도네시아의 독립을 승인했을 때 행정부는 서구식 교육을

받은 일단의 엘리트들에 의해 장악되어 있었다. 이들은 권력분립, 의회주의를 기조로 한 서구의 자유주의적 통치방식을 모방하였다.

그러나 수카르노의 정치철학으로는 후일 인도네시아 국민당(PNI)의 이념이 된 민중주의, 즉 마르하에니즘(Marhaenism)이 있었다. 마르하엔(Marhaen)은 1920년대에 수카르노가 서부 자바 농촌지역에서 우연히 만난 농부의 이름이다. 마르하엔은 단순하지만 그 자신의 생산수단을 갖고 있다는 점에서 마르크스주의의 프롤레타리아트와 달랐다. 수카르노는 제국주의가 인도네시아의 모든 국민을 산업-중간계급이 아닌 착취와 빈곤의 역사를 공유하는 마르하엔 계급으로 만들었다고 주장했다. 그러기에 수카르노의 관점에서 마르하엔보다 유복한 계급도 마르하엔 계급과 연대해야 했다. 계급투쟁이 곧 독립투쟁이었기 때문이다.

마르하에니즘과 동일선상에 있는 이념은 가족주의란 의미의 크클루아르가안(kekeluargaan)이다. 크클루아르가안은 초기 급진적 민족운동 지도자이자 족자카르타 왕자인 드완토로(Ki Hadjar Dewantoro)에 의해 알려졌다. 그는 사회를 유기체로, 그리고 조화, 집단책임, 독립을 사회행동의 지도이념으로 보았다. 사회는 가족의 기능과 같은 것으로 사회 속의 개인의 자기 결정권은 집단의 요구에 부응해야 한다는 것이었다. 그가 소망하는 인도네시아의 정치체제는 자비로운 가부장적 정치질서였다. 개인의 인권과 선택은 유기체적인 사회 전체에 복속되어야 하고, 상호 의존적 조화를 유지하는 것이 지도이념이라는 것이다.(Eklöf 2003, 28)

특히 드완토로는 자바 언어인 추종자란 의미의 카울라(Kawula)와 지도자란 의미의 구스티(gusti)를 사회 내 개인들 간의 조화로운 관계를 묘사하는 데 사용하였다. 그는 카울라와 구스티 간의 관계를 토대로 상호의무를 전제로 한 위계적인 자바 왕국을 이상으로 생각했다. 여기에서는 사회의 집단적 이해가 개인의 권리와 이해에 앞선다. 이해관계를 둘러싼 충돌은 집단책임, 이기성 극복, 영혼주의 등을 포함하는 윤리성을 통해 해결된다. 이러한 가족주의 개념은 귀족적이면서 보수적인 자바의 전통적 이데올로기, 윤리, 정치문화로부터 유래한 것으로 보인다.(Eklöf 2003, 29)

주목해야 할 것은 민족투쟁과 불가분의 관계를 갖고 있는 전면적 사회변화를 추구한 수카르노와 같은 인도네시아의 급진적 민족지도자들이 이러한 가족주의 원칙을 수용하였다는 점이다. 전통적 가치가 자유주의적 서구 정치 모델과 물질 지향적 서구사회의 대안으로 받아들여지면서 전통적 가치의 동원을 통해 분열과 이해관계의 충돌을 잠재우는 것이야말로 민족운동 내 분열을 막고 인도네시아의 종족적·종교적·사회적 다양성을 넘어 하나의 민족국가를 세우기 위해 필요한 것이었다. 이것이 일종의 '가족국가(Negara kekeluargaan)'관이었다.(송승원 2010)

가족국가관은 수카르노가 제창하여 건국이념이 된 '빤짜실라'에 보다 잘 표현되었다. 수카르노는 빤짜실라, 즉 민족주의, 국제주의, 민주주의, 사회정의, 신에 대한 믿음 이 다섯 가지 원리를 세 가지 원리, 즉 사회적 민족주의, 사회적 민주주의, 신에 대한 믿음으로 압축할 수 있다고 말했다. 또 그는 이 세 가지 원리를 다시 하나의 원리(Ekasila), 즉 상호부조란 의미인 '고똥 로용(gotong royong)'으로 줄일 수 있다고 언급했다. 수카르노는 부자와 가난한 자 사이, 이슬람교와 기독교 사이, 인도네시아인과 외국인 사이 등등에 고똥 로용 원리가 수립될 수 있기 위해 인도네시아 국가는 마땅히 고똥 로용 국가가 되어야 한다고 주장했다.(고우성 1998, 36)

주목할 것은 이때의 고똥 로용은 가족주의와 같은 맥락의 공동체로서 전통적 상호부조 개념으로서 후원-수혜관계로 이루어진 공동체를 의미한다는 점이다. 이를테면 이 공동체 내에서 추종자는 지도자의 명령에 자발적으로 복종해야 하고, 그것은 도덕적 책무다.(Neher and Marlay 1995, 77)

제도: 국가주의로서의 '교도민주주의'

1950~60년대에 걸쳐 제3세계주의를 이끌었던 인도네시아의 수카르노는 인도네시아와 그 자신을 국제무대 위에 부각시키는 데 주력하였다. 그는 인도네시아 국민을 일상적 욕구에서 가상적 혹은 실질적 민족의 적과 대결하도록 민족혁명전선으로 이끌어냈다. 그는 끊임없이 인도네시아를 신흥 국제세력의 지도자로 호명하였다. 엄청난 자금이 기념비 건립과 수도 자카르타 재건에 투여되었다. 바야흐로 인도네시아는 반식민주의 전선의 최선봉에 서 있었다. 그리고 식민지 상태에 있는 다른 아시아, 아프리카 국가들에 대한 도덕적·외교적 후원을 자처하였다.[19] 1955년에 29개국을 반둥에 초청한 아시아·아프리카회의도 이러한 배경하에서 열렸다.(SarDesai 1997, 267-268)[20] 수카

---

19) 1950년대 내내 국내 문제가 누적되는 가운데 수카르노는 국외 문제에 더 전념하였다. 그는 자유롭고 능동적인 중립주의와 이를 실현하기 위한 '반제국주의 붉은 벨트' 구축에 주력하였다.

20) 1955년 4월 18일부터 24일까지 열린 아시아-아프리카 양 대륙 모임에서 '반둥정신'이라고 불리는 평화 10개 원칙이 채택되었다. 그것은 ① 기본적 인권 및 유엔 헌장의 목적과 원칙 존중, ② 모든 나라의 주권과 영토 보존 존중, ③ 인종 평등과 대소 국가 평등의 존중, ④ 타국의 내정 불개입과 불간섭, ⑤ 유엔 헌장에 따라 각국의 개별적 또는 집단적 자위권 존중, ⑥ ⓐ 집단적 방위 조치가 특수한 강대국의 특수 이익에 봉사되지 않도록 할 것, ⓑ 어떤 나라도 다른 나라에 압력을 가하지 말

르노는 제3세계 여러 나라에 인도네시아 민주주의의 위용을 보여주고자 하였다.

1945년 직후 등장한 인도네시아식 민주주의란 빤짜실라의 네 번째 원칙인 협의(musaywarah)와 만장일치(mufakat)를 토대로 한 정치체제였다. 1945년 6월에 열렸던 독립준비위원회는 인도네시아식 민주주의를 가족주의 국가관을 구현하기 위한 정치체제로 정의하였다.(송승원 2008, 130) 그리고 이에 따라 전통 촌락에서 마찬가지로 국가 차원에서도 합의정치가 이루어져야 한다고 보았다.

1945년 헌법[21]은 대통령에게 막강한 권력을 부여하였다. 1945년 8월 18일 헌법이 채택되고 수카르노는 수도 자카르타에서 인도네시아 독립을 선언하였다. 그는 이후 4년 동안 네덜란드로부터 독립하기 위한 군사적 · 외교적 투쟁을 전개하였다.(Eklöf 2003, 28-29) 당시 구호는 '비네카 퉁갈이카(Bhinekka Tunggal Ika)', 즉 다양성 속의 통일이었다.(Mehden 1974, 74-75)

독립 이후 처음으로 치러진 1955년 선거는 성공적이었다. 그러나 이 선거는 몇 가지 문제를 낳았다. 첫 번째로 의회 내 다수 의석을 차지한 4개 정당이 정부정책에 대해 일관되게 거부권을 행사하였다. 그 결과 정책은 장기적 안목이 부재한 채 난관에 빠졌다. 권좌를 둘러싼

것, ⑦ 영토 보전과 정치적 독립에 대하여 침략 행위나 협박 또는 힘의 행사를 하지 않을 것, ⑧ 국제 전쟁은 유엔 헌장에 합치되는 교섭, 조정, 중재 또는 사법적 해결과 같은 평화적 수단이나 당사국이 채택한 평화적 수단으로 해결할 것, ⑨ 상호 이익과 협력의 증진, ⑩ 정의와 국제적 의무에 대한 존중 등이다.

21) '1945년 헌법'은 1945년 5월부터 활동을 시작한 독립준비위원회가 심의, 확정한 것으로 독립 선언 다음날인 1945년 8월 18일 공포되었다. 전문 16장으로 구성되었으며 전문에는 국가 최고 이념인 '빤짜실라'와 국가 목표를 정해놓았다. 1945년 헌법은 인도네시아가 350여 년 동안 네덜란드의 식민통치를 겪고, 또 3년 반의 일본 식민통치를 경험하는 과정에서 만들어졌다.(양승윤 1998, 150)

부패도 급증하였다. 또 선거운동 과정에서 정당들과 정치 엘리트들 간의 반목이 심화되었다. 특히 좌-우, 자바-비(非)자바 갈등이 심각해 졌다. 인도네시아공산당(PKI)은 사회 내 팽배한 불만을 토대로 급부 상하였지만 1948년에 소비에트식 공산혁명을 꾀한 마디운(Madiun) 사 건 등 반정부 반란행위로 그 평판에 흠결이 생겼다.

이외에도 여러 군도에서 지역 반란이 일어났다. 특히 1953년 9 월 아체 지역에서 일어난 다우드 버르흐(M. Daud Beureueh)의 반란 은 1949년 서부 자바의 카르토수위르요(S. Kartosuwirjo)[22]와 1951년 8 월 남부 술라웨시의 무자카르(Kahar Muzakkar)가 전개한 다룰 이슬람 (Darul Islam) 운동과 맞물려 자카르타 정부를 당황시켰다. 다룰 이슬 람 운동은 정교일치와 신법통치의 이슬람 국가건설을 목표로 하는 운 동이었다. 다우드는 아체 지역에 빤짜실라를 이념으로 하는 정부는 더 이상 존재하지 않는다고 주장하고, 그 지역을 아체 자치국(Negara Bagian Aceh)으로 명명하였으며 카르토수위르요의 인도네시아 이슬람 국(Negara Islam Indonesia)의 일부라고 선언하였다.(제대식 2003, 74)

이렇듯 빤짜실라를 거부하는 반란이 지방에서 빈번하자 1957년에 수카르노는 정당 간 갈등에 따른 정국 불안과 민족 분열의 원인을 서 구 정치제도의 문제점에서 찾고 이를 해결한다는 명분하에서 교도 민주주의(Demokrasi Terpimpin)를 들고 나와 군부의 힘을 빌려 계엄 령을 선포하고 의회의 기능을 정지시킴과 동시에 '교도경제(Ekonomi Terpimpin)'를 선포하였다.

---

22) 카르토수위르요는 1940년 서부 자바의 가룻 지역에서 이슬람신비사상연구소를 설 립하여 후진을 양성하였다. 그는 영향력을 계속 키워 히지불라 무장세력의 우두머 리가 되었다. 1948년 5월 인도네시아 이슬람국을 세우고 다룰 이슬람운동을 전개하 였다.(양승윤 1998, 94)

헌정체제로 보자면 이는 1955년 선거 이래로 단속적으로 기능해왔던 의원내각제 시대가 막을 내리고 전국적인 비상계엄령을 통해 대통령에 권력을 집중시켰던 1945년 헌법으로의 회귀를 의미했다. 새 헌법에 따라 의원내각제가 대통령제로 바뀌고 자유로운 정당활동이 금지되었다. 그 대신 노동자, 예술인, 여성, 군부 등 여러 대중조직과 직능집단 대표들을 입법부 의원으로 임명하였다. 그리고 직능집단에 해당하는 일부 정당들만이 살아남았다. 이들을 기반으로 선출직이 아닌 임명직 고똥 로용 국회가 구성되었다.(Vickers 2005, 144; 양승윤 2001, 153) 이외에 최고자문위원회, 국가기획원 실무위원회, 인도네시아 중앙협의회 등 여러 자문기구들이 설치되었다. 이들 기구는 투표가 아니라 합의제 방식으로 운영되었다. 주목할 것은 교도민주주의의 출범을 계기로 군부가 내각과 의회에서 각각 3분의 1의 지분을 확보하였다는 점이다. 그렇지만 군부는 반대급부로 공산당의 합법적인 정치참여를 용인했다.

1959년 독립기념일에 발표한 정치선언(MANIPOL)에서 수카르노는 사회정의와 정치교육을 통한 모든 주요 정부기관의 혁명화와 혁명정신의 부흥을 촉구했다. 이때의 혁명은 인간이 인간을 착취하지 않는 사회주의 혁명이며 국가가 국가를 착취하지 않는 혁명이었다. 수카르노는 "혁명을 단순히 독립을 쟁취하고 민족정부를 구성하고 외국인 행정관료를 민족구성원으로 바꾸고 교과서에 나와 있는 대로 서구 모델을 도입하면 끝난다고 생각했으나 이는 근대 제국주의와 독점자본주의 시대의 혁명의 의미를 잘못 이해한 것"이라고 역설하였다.

특히 수카르노는 서구식 민주주의를 '50%+1 민주주의'라며 비난하였다. 그는 1인 1표에 기초한 서구식 민주주의를 분열적인 것으로 보고 통합을 필요로 하고 위계와 조화를 중시하는 인도네시아 문화에 공개토론과 경쟁을 중시하는 유럽식 자유주의가 부적절하다고 보았다. 그는 동남아시아가 그렇듯이 자바, 수마트라와 그 외 섬 사회들 역시 후원-수혜관계로 이루어지는 수직적 연대 사회로 보았다. 이 같은 맥락에서 수카르노는 후원-수혜관계를 전제로 한 전통적 상호부조 개념인 고똥 로용을 교도민주주의의 이념적 토대로 삼았다.(Neher and Marlay 1995, 75-77)

결국 교도민주주의하에서 수카르노는 자기 자신이 국가이익을 상징하고 여러 이해관계 위에 군림하는 위대한 지도자가 되고자 하였다.[23] 그러나 수카르노에 대해 비판적인 시각에서 보자면 교도민주주의는 수카르노 1인 독재를 위장한 것이자, 촌락 수준의 여러 절차들을 국가-정부 수준에 난삽하게 적용시키려 한 것에 다름 아니었다. 고똥 로용은 수카르노 1인의 결정을 모든 사람들이 동의해야 함을 정당화할 뿐이었다.(Neher and Marlay 1995, 77) 반면 수카르노로서는 중앙집권적 체제를 이용하여 국내의 모든 급진세력을 결집하여 국내외 반동세력에 대항하고자 하였다.

실행의 귀결: 빤짜실라 민족혁명의 실패와 '수카르노 없는 빤짜실라'의 지속

수카르노는 사회주의와 공산주의 이념이 지니는 경제적 평등주의를 칭송하면서 이들 이념이 혁명을 조직하고 사회발전을 이루는

---

23) 수카르노는 또한 자신이 어떤 마술적인 힘을 갖고 있다고 생각하지 말 것을 주문하면서 자신의 예견은 사회의 역사라는 보편적 원칙에 근거한 것이며, 자신이 어떤 마술적인 힘을 갖고 있다면 이는 자신이 "인민의 고통이 내리는 지시를 알고 있으며, 상황을 알고 있고, 그리고 효능 있는 과학, 마르크시즘을 알고 있기 때문"이라고 주장하였다.(크리스티 2005, 379-380)

데 기여할 것으로 믿었다.(Kingsbury 2002, 45) 이러한 맥락에서 수카르노는 제3세계주의의 토착화를 위한 혁명의 3대 축으로 민족주의(Nasionalisme), 종교(Agama), 공산주의(Komunisme)를 절충한 나사콤 체제를 제창하였다.(Kingsbury 2002, 45) 또 독립기념일인 1959년 8월 17일 '우리 혁명의 재발견'이라는 제목의 연설에서 정치선언(Manifesto Politik)과 새로운 국가이념의 근간이 되는 1945년 헌법(Udang-Udang Dasar 1945), 인도네시아식 사회주의(Sosialisme a la Indonesia), 교도민주주의(Demokrasi Terpimpin), 교도경제(Ekonomi terpimpin), 인도네시아 정체성(Kepribadian Indonesia), 이 다섯 가지 개념의 머리말을 딴 매니폴 우스덱(Manipol-USDEK)에 대한 충성, 특히 1945년 헌법과 민족정체성으로서의 빤짜실라에 대한 충성을 요구하였다. 충성에 대한 강조는 언론의 자유, 의사표현의 자유에 대한 통제로 이어졌다. 반란은 이들 원리에 대한 배반행위였고, 그러기에 이에 대한 군사적 응징이 정당화되었다.(Gungwu 2005, 75)

그러나 매니폴 우스덱의 강요는 아체와 같은 독자성이 높은 지역의 반감을 부추겼다. 이를테면 당시 네덜란드 식민당국의 강압통치에 완강하게 저항했던 아체인들은 자신들이 역사적 · 문화적 · 정치적 · 지리적으로도 자바 중앙정부와는 어떠한 관련도 없음을 주장했다. 이들이 볼 때 자바인들은 자바 출신만이 인도네시아의 대통령이 되어야 한다고 생각하고, 실제로 대통령뿐 아니라 정부의 고위관리나 군부의 지도자 대다수가 자바 섬 출신이었기에 인도네시아는 네덜란드를 대신한 새로운 식민정부일 뿐이었다. 독립 직후 있었던 연방국가 논의가 중단된 것도 이 같은 맥락에 있었다. 자바에 기반을 두고 있던 인도네시아 공산당(PKI)은 아체의 반란을 식민주의적 · 호전적 · 봉건적 · 파시스트적이라고 비난하면서 중앙정부의 아체 진압을 지지하였

다.(Ricklefs 2001, 301)

실제로 교도민주주의는 자바에 대한 지방의 반감을 진정시키기에 늦은 감이 있었지만 지방자치 활성화를 위한 법들이 실행되려고 하던 무렵에 선포되었다. 원래 지방자치 관련법들이 실행될 경우 중앙정부 내 고위관료들의 권력은 축소될 수밖에 없었다. 그러나 지방자치법들이 폐기됨에 따라 역으로 수도 자카르타에 기반을 둔 권력기구의 권한이 강화되었다. 이들 권력기구는 수카르노의 정치적 기반인 인도네시아 국민당(PNI)에 의해 장악되어 있었다. 나아가 수카르노가 주지사 임명 과정에 개입함에 따라 지방권력을 수카르노 측근들이 차지하였다. 이와 함께 군이 지방행정에 개입할 수 있는 통로가 제도적으로 구축되었다. 이러한 배경하에서 군이 국유화된 네덜란드 소유 기업을 인수하였다. 이들은 자신들이 정부를 장악할 수는 없어도 국정운영 파트너가 될 수 있다고 자처하였다. 이와 함께 보수적 정치집단의 요구에 따라 중국계 이방인, 즉 화인(華人)[24]들의 지방경제 참여를 금지하였다. 이 조치는 서칼리만탄과 같은 농촌지역에 기반을 두고 있던 화인 자본가들에게 심대한 타격을 주었다. 이들은 보상도 받지 못하고 주거지를 떠나 도시에 새로운 보금자리를 마련해야 했다. 나아가 대만계 화인 소유 기업들을 국유화하였다. 일부 화인들은 아예 인도네시아를 떠났다. 네덜란드인들과 마찬가지로 유라시아인 등 여타 외국인들도 교도민주주의의 협박을 받고 싱가포르나 호주, 기타 안전한

---

24) 해외 중국인에 대한 일반적 명칭으로서 '화교(華僑)', 그리고 특히 현지 태생의 중국인을 가리키는 '화예(華裔)' 외에 '화인'이라는 용어가 광범위하게 쓰이고 있다. 화교가 영어로 'overseas Chinese'로 번역되는 데 비해, 흔히 'ethnic Chinese'로 번역되는 화인은 중국에서 간행된 책자들에서 해외에 거주하며 그곳 토착사회의 국민으로 살고 있는 중국인들을 가리키는 데 사용되고 있다.(조흥국 2000, 22)

지대로 이주하였다. 인도네시아에 잔류하게 된 화인들은 인도네시아식 이름으로 개명할 것을 요구받았는데, 이들 대부분의 이름은 자바인들보다도 더 자바적인 이름으로 바뀌었다. 이러한 조치는 인종주의적이고 식민주의적 차별의 연장선상에 있다는 비난을 받았다.(Vickers 2005, 145; 신윤환 2001, 53)

1920년대 이후 사회주의 성향의 지식인운동과 정치운동을 해온 수카르노가 혁명이념을 추구하였다는 것은 지극히 당연했다. 그는 서구식 민주주의가 불충분하다고 간주하고 이를 부정하면서 자본가에 의해 희생당하는 서구 민주주의와는 다른 정치-경제민주주의를 천명하였다. 그는 사회주의를 사회정의, 반(反)자본주의로 정의하였다. 그러나 종교적 사회주의자들은 계급전쟁, 집단주의, 민족혁명을 주장하는 마르크스-레닌주의를 거부하고 이슬람, 혼합경제, 자유민주주의에 기반한 정치강령을 내세웠다. 반면 공산주의자들은 토착 신앙의 일부를 받아들인 가운데 정통 마르크스-레닌주의 노선을 걸었다. 이들은 민족혁명, 주요 산업과 외국인 자본에 대한 국유화, 노동자-농민의 지도성을 강조하였다.(Von Der Mehden 1974, 74) 실제로 수카르노는 반제국주의 혁명의 이름으로 네덜란드 소유 산업체를 국유화하였다. 이는 수하르토 장군의 책임하에 진행되었다. 공산주의자들은 무토지 농민에게 토지를 배분하기 위해 일방적으로 지주들로부터 토지를 빼앗았다. 자연히 무슬림 정당 지지자들인 지주계급과 도시 중산층이 수카르노로부터 멀어지기 시작했다. 무슬림-군부동맹은 수카르노의 혁명노선이 진행되면서 수카르노에 협력하고 있는 공산주의자들의 권력장악을 경계하기 시작했다.(Tarling 1999, 105)

이 당시 인도네시아 군부는 지방의 분리주의운동을 탄압하는 과정에서 영향력을 증대시켜놓은 상태였다. 군부는 수카르노에 대한 지지의 대가로 행정과 경제관리 분야에서 요직을 차지하였다. 정당체제, 의회민주주의와의 동거가 불편했던 군부도 서구식 자유주의를 부정적으로 보고 있던 터였다. 물론 수카르노는 군부의 영향력을 견제하기 위해 공산주의자들과의 유대를 강화하였다. 공산주의자들로서도 군부로부터의 박해를 피하기 위해 수카르노의 보호를 필요로 했다. 공산주의자들은 그 보답으로 수카르노 개인에 대한 숭배를 선동하였다. 서이리안 해방작전과 말레이시아와의 대결노선을 펼칠 때도 공산주의자들은 수카르노를 찬미하는 대대적인 집회를 열었다. 수카르노의 반미-친공 수사(修辭)가 절정에 이르면서 그는 반서구의 상징이 되었다.(Tarling 1999, 105; Gungwu 2005, 76-77)[25]

그러나 문제는 교도민주주의를 거의 모든 사람들이 불만스러워하였다는 점이다. 교도민주주의하에서도 후원-수혜체계가 여전히 작동하고 있었고, 이 체계 밖에 있는 성원들의 삶은 여전히 보장되지 않았다. 자카르타의 도시빈민들조차 도시재건 사업 때문에 쫓겨나야 했다. 경제가 악화되고 있는 상황에서 인민들은 생존을 위해 새로운 일자리를 찾아야 했다. 임금은 물가를 따라가지 못했다. 1965년 중반 무렵 물가는 매주 두 배가량 뛰었다. 임금이 동결되어 있던 공무원들이 커다란 타격을 받았다. 1965년에 들어와 인플레이션은 600%에 이르렀다.(Vickers 2005, 152)[26] 수카르노의 교도경제는 인도네시아의 생활수준을 1930년대 대공황보다 못한 수준으로 떨어뜨렸다. 생산활

---

25) 교도민주주의 시기 대중운동의 중심적 이슈는 서이리안 해방작전, 말레이시아와의 대결 노선, 토지개혁 등이었다.

26) 수카르노는 당시 경제위기에 대해 다음과 같이 표현했다. "인도네시아의 경제는 무너지고 있다고 한 이들은 모두 지옥으로 가라. 지옥으로 가라. 너희들의 심리전은 효과가 없다. 우리는 너희들의 심리전을 개의 멍멍거림으로 본다."(크리스티 2005, 385)

동이 저하되고 대외무역이 중단되어 생필품을 구하기 힘들게 되었다. 외채가 급증하고 생산과 수출이 부진을 면치 못하였다. 마침내 우익 무슬림 세력, 사회당, 기독교 정당들로 구성된 반공동맹의 반격이 시작되었다. 일단의 반공집단이 '문화선언'을 공표하였다. 여기에는 수카르노 체제의 부패를 비판했다는 이유로 투옥되었던 지식인들이 포함되어 있었다.[27] 이들은 미국 정보기구로부터 자금 지원을 받았다. 반면 교육받은 미취업 청년들의 좌절감이 인도네시아 공산당 가입의 동기가 되었다. 인도네시아 공산당에 의해 조직된 학생 시위대들은 그들의 정치적 반대자들을 공포에 떨게 하였다. 이러한 배경하에서 인도네시아 공산당은 한때 300만 명의 당원을 거느렸는데, 이는 아시아에서 중국 다음으로 큰 규모였다.(Hadiz 2004, 65; Vickers 2005, 153; SarDesai 1997, 268; 신윤환 2001, 54)

그러나 군부의 입장에서 세력을 키우고 있던 공산주의 세력은 무신론자들이었고, 공산주의 세력을 포용한 나사콤 체제는 분명히 종교를 강조하는 빤짜실라 이념과 1945년 헌법정신에 위배되는 것이었다. 수카르노가 전투적 노동자, 농민을 지지 기반으로 하는 공산당 쪽으로 기울자 군부는 수카르노와 거리를 두기 시작했다. 이 시점에서 수카르노와 인도네시아 공산당의 제거를 목표로 한 수하르토 장군 주도의 유혈 쿠데타가 발발하였다.

애초 수카르노의 사회주의는 빤짜실라라는 전통적 상징을 끌어안은 혼합주의(electicism)에 기반한 것이었다. 그의 인도네시아식 사회주의는 극단적 유물론을 부정하면서, 미국의 독립선언문으로부터는

---

27) 실제로 군 장교와 관료들의 부패가 급증하였는데, 그중에서도 인허가, 경찰, 세금 관련 공무원들의 부패가 심각했다. 반면 말단 공무원들은 자전거, 택시 운전사 같은 또 다른 직업을 가져야 할 정도로 열악했다.

정치적 평등을, 기독교와 이슬람으로부터는 정신적 평등을, 마르크스로부터는 과학적 평등을 끌어와 이것을 합친 것이 국가적 정체성으로서 마르하에니즘(Marhaenism), 연대와 협력을 의미하는 고똥 로용이었다.(Mortimer 2006, 82) 그러나 탈서구중심적 제3세계주의의 토착화된 담론으로서의 빤짜실라는 가부장적 통치, 일방주의, 소수자에 대한 차별 등의 한계를 보이면서 역설적이게도 수하르토 우익 군부에 의해 '수카르노 없는 빤짜실라'의 형태로 지속되었다.

4. 결론

수카르노의 빤짜실라는 탈식민화 과정에서 반제-반식민 제3세계 혁명과 인도네시아 사회주의 혁명을 매개하는 이념이었다. 식민지 시기를 거쳐 인도네시아라는 근대 민족국가가 세워지는 과정에서 볼 수 있듯이 탈식민화의 과정은 매우 복잡한 양상을 띠었다. 자바와 비(非)자바의 갈등, 친공과 반공의 갈등, 의회주의와 반의회주의의 갈등 속에서 제3세계주의의 토착화된 이념으로서의 빤짜실라가 국가통합의 역할을 맡았다.

이념의 측면에서 수카르노에 의해 발명된 빤짜실라는 전통을 새롭게 재구성한 것이었다. 그러나 빤짜실라의 추상성은 빤짜실라의 핵심 가치인 고똥 로용, 즉 상호부조를 제도화하는 데 실패하였다. 고똥 로용은 지속적인 토론(musyawarah)을 통한 합의(mufakat)의 결과인데, 빤짜실라가 제도화된 교도민주주의와 그 실행으로서의 매니폴 우스덱은 상호협력의 기반을 만들기보다는 일방주의, 국가에 의한 강제를 정당화하였다. 특히 자바중심주의에 적대적인 지방에서 볼 때 분권화에 역행하는, 소수자에 차별적인 빤짜실라와 교도민주주의는 식민주의의 연장일 뿐이었다. 결국 빤짜실라라는 전통적 가치를 발명함으로써 이를 사회주의와 접목시키고 이를 기반으로 서구를 넘어서는 제도와 문화를 만들려고 했던 수카르노의 제3세계주의 실험은 빤짜실라라는 혼합주의에 불만을 가진 이슬람 근본주의 세력과 빤짜실라 자체를 자바인들의 패권이념으로 바라보는 소수종족들의 반발을 샀다.

요컨대 수카르노의 제3세계주의는 아시아적 가치론과 유사하게 전통과 가족, 집단과 국가를 동원하면서 서구 제국주의와 신식민주의를 적대로 설정하였다. 이들 간에 차이가 있다면 제3세계주의의 경우 '친좌파(red recognition)'적이었던 반면, 아시아적 가치는 '반좌파(red peril)'를 특징으로 하였다. 그럼에도 불구하고 이들 양자는 '반서구(white peril)'를 공통적 정서로 갖고 있었다.

그러나 제3세계주의의 토착화된 체제로서의 인도네시아식 민주주의는 서구발 사회주의와 전통적 공동체주의의 혼합이었다는 점에서 탈서구중심적이라기보다는 '우리식(our style)'을 매개로 서구를 향한 인정투쟁(struggle for recognition)을 벌였다는 표현이 보다 정확할 것이다. 이때 인도네시아식 민주주의의 근간이 되는 빤짜실라는 아시아적 가치론과 마찬가지로 개인적 자유보다는 집단을 강조하고, 경쟁을 집단적 합의와 공동선에 위배된다고 본 점에서 아시아적 가치론의 비자유주의적 민주주의, 가부장적 국가주의에 대한 정당화와 일맥상통한다.

결론적으로 제3세계주의 이념의 하나로서의 빤짜실라는 실질적 민족자결권을 추동한 탈식민주의의 맥락에 있었지만 서구 자유주의 관점에서 보자면 독립적이면서 다원적인 시민사회를 거부하는 가부장적 국가주의와 다른 소수종족을 차별하는 자바중심주의를 보여주었다는 점에서 유럽 열강으로 대표되는 외부 식민주의를 대체한 내부 식민주의(internal colonialism)로 해석될 수 있는 소지가 있었다. 요컨대 제3세계주의로서의 인도네시아의 빤짜실라는 서구에 기원을 두고 있는 '자유주의적 제국주의'의 대당 개념(antithetical concept)으로서의 '반자유주의적 국가주의'의 전형이라고 볼 수 있다.

■ 참고문헌

강정인. 2004. 『서구중심주의를 넘어서』. 서울: 아카넷.

고우성. 1998. "정치적 이데올로기로서의 빤짜실라: 수카르노와 수하르토체제 하에서의 활용방법 비교." 『동남아시아연구』 제6호.

무자파, 찬드라. 1996. "이슬람과 인권, 그리고 동아시아." 『계간 사상』(겨울호).

박은홍. 2005. "'아시아적 가치'와 아시아 시민사회." 조효제 · 박은홍 편. 『한국, 아시아 시민사회를 말하다』. 서울: 아르케.

박은홍. 2011. "제3세계, '자유의 왕국'을 향한 영구혁명." 『문학과 사회』(여름호). 24권 2호.

박은홍. 2006. "인권침해에 대한 '문화적 변명'은 가능한가?" 조효제 편. 『아시아 인권의 현장담론』. 서울: 에이미디어.

박지향. 2007. 『영국사: 보수와 개혁의 드라마』. 서울: 까치.

사이드, 에드워드 W. 2000. 『오리엔탈리즘』. 서울: 교보문고.

송승원. 2008. "인도네시아식 민주주의: 그 담론의 함의와 골롱안(Golongan) 정치." 『동남아연구』 제18권 2호.

송승원. 2010. "인도네시아의 정치사상과 시민교육의 변동 양상 연구." 미발표 논문.

스튜어트 밀, 존 저 · 서병훈 역. 2012. 『대의정부론』. 서울: 아카넷.

신윤환. 2001. 『인도네시아의 정치경제: 수하르또 시대의 국가, 자본, 노동』. 서울: 서울대출판부.

양승윤. 1998. 『인도네시아 현대정치론』. 서울: 한국외대 출판부.

양승윤. 2001. "인도네시아의 정당과 정치." 고우성 외. 『동남아의 정당정치』. 서울: 오름.

이선향. 2000. 『마하티르의 도전: 말레이시아의 정치경제와 아시아적 가치』. 서울: 학문과사상사.

임홍빈. 2003. 『인권의 이념과 아시아가치론』. 서울: 아연출판부.

제대식. 2003. "인도네시아 아체(Aceh) 분리독립운동의 배경과 전개." 『동남 아시아연구』 13권 1호.

조흥국. 2000. "동남아 화인의 역사와 정체성." 박사명 외. 『동남아의 화인사 회』. 서울: 전통과현대.

코헨, 워런 저·이명화, 정일준 역. 2009. 『세계의 중심 동아시아의 역사』. 서 울: 일조각.

크리스티, 클라이브 저·노영순 역. 2005. 『20세기 동남아시아의 역사』. 서울: 심산.

하이듀즈, 매리 저·박장식, 노영순 역. 2012. 『동남아의 역사와 문화』. 서울: 솔과학.

헌팅턴, 새뮤얼 저·이희재 역. 1997. 『문명의 충돌』. 서울: 김영사.

Alatas, Syed Farid. 2003. "Religion, Values, and Capitalism in Asia." C. J .W. -L. Wee ed. *Local Cultures and the 'New Asia'*. Singapore: ISEAS.

Barr, Michael D. 2002. *Cultural Politics and Asian Values*. London and New York: Routledge.

Chakrabarty, Dipesh. 2000. *Provincializing Europe: Postcolonial Thought and Historical Difference*. Princeton: Princeton University Press.

Chatterjee, Partha. 1993. *The Nation and Its Fragments*. Princeton University Press.

Eklöf, Stefan. 2003. *Power and Political Culture in Suharto's Indonesia*. Copenhagen: NIAS Press.

Escobar, Arturo. 2004. "Beyond the Third World: Imperial Globality, Global Coloniality, and Anti-Globalization Social Movements." *Third World Quarterly*. Vol. 25, No. 1.

Ghosh, R. N. 1985. "John Stuart Mill on Colonies and Colonization." Dicussion Paper.

Giddens, Anthony. 1971. *Capitalism and Modern Social Theory*. Cambridge: Cambridge University Press.

Gungwu, Wang. 2005. *Nation Building: Five Southeast Asian Histories*. Singapore: ISEAS.

Hadiz, Vedi R. 2004. "The Rise of Neo-Third Worldism? The Indonesian Trajectory and the Consolidation of Illiberal Democracy." *Third World Quarterly*, Vol. 25, No. 1.

Jones, Tod. 2007. "Liberalism and Cultural Policy in Indonesia." *Social Identities*. vol. 13, no. 4(July)

Kahn, Herman. 1979. *World Economic Development: 1979 and Beyond*. London: Croom Helm.

Kamrava, Mehran. 1999. *Cutural Politics in the Third World*. New York and London: UCL Press.

Khudori, Darwis. 2007. *Rethinking Solidarity in Global Society: the Challenge of Globalization for Social and Solidarity Movements*. Selangor: Strategic Information and Research Development Centre.

Kingsbury, Damien. 2002. *The Politics of Indonesia*. Oxford: Oxford University Press.

Loh, K.W. 2006. "Globalization, Development and Democratization in Southeast Asia." Francis Loh Kok Wah et al. eds. *Southeast Asian Responses to Globalization*. Singapore: ISEAS.

Mehden, Fred R. Von Der. 1974. *South-East Asia, 1930-1970*. New York: Norton Company, Inc.

Mortimer, Rex. 2006. *Indonesian Communism Under Sukarno: Ideology and Politics, 1959-1965*. Ithaca and New York: Cornell University Press.

Neher, Clark D. and Ross Marlay. 1995. *Democracy and Development in Southeast Asia*. Boulder: Wesview Press.

Patel, Rajeev and Philip McMichael. 2004. "Third Worldism and the Lineages of Global Fascism." *Third World Quarterly*. vol. 25, no. 1.

Ricklefs, M.C. 2001. *A History of Modern Indonesian since c.1200*. California: Stanford University Press.

Robison, Richard. 1996. "The Politics of 'Asian values'." *The Pacific Review*. vol. 9, no. 3.

SarDesai, D. R. 1997. *Southeast Asia: Past & Present*. Chiang Mai: Silkworm Books.

Schutz, Barry M. and Robert O. Slater. 1990. *Revolution & Political Change in the Third World*. Boulder: Lynne Rienner Publishers.

Stockwin, J. A. A. 1998. "Beyond the 'Asian Model' of Democracy?" http://www.dijtokyo.org/doc/dij-jb_10-stockwin.pdf.

Tarling, Nicholas ed. 1999. *The Cambridge History of Southeast Asia*. Vol. 4. Cambridge: Cambridge University Press.

Vickers, Adrian. 2005. *A History of Modern Indonesia*. Cambridge: Cambridge University Press.

Von Der Mehden, Fred R. 1974. *South-East Asia 1930-1970*. Jarrold and Sons Ltd.

서구와 탈서구, 근대와 탈근대: 인도 역사학의 여정

이지은

이 글에서 필자는 18세기 식민지 시대부터 현재에 이르는 약 250년 이상의 기간 동안 인도의 근대 역사학을 이끌었던 서구중심주의적 경향과 이를 극복하려는 탈서구중심주의의 흐름을 추적해보고자 한다. 인도의 유럽 세력과의 접촉은 이보다 훨씬 이른 16, 17세기에도 계속되었지만 그 형태는 무갈 황제나 각 지방 군주들의 허가에 의한 무역 활동이었기에 비교적 호혜적인 것이었다. 또한 16세기에 포르투갈의 식민활동이 있었으나 고아(Goa)라는 좁은 지역에 국한된 것이었기에 인도아대륙 전체를 시야에 넣는다면 오히려 예외적이다. 따라서 인도 역사에서 서구중심주의가 문제로 인식될 수 있는 시기는 대체적으로 인도에서 유럽 세력의 일방적인 독주가 이어지고 영국의 식민지배가 시작된 18세기 이후라고 여겨진다.

18세기에 들어서며 영국에 의한 식민통치가 실시되는 과정에서 인도 역사는 식민 지식으로서 구축되는 상황을 맞게 된다. 동시에 지식인들의 사고 역시 식민화 현상을 겪게 되는데, 그런 가운데 식민사관을 극복하기 위한 민족 지식인들의 새로운 역사서술조차 결국 식민사관의 답습에 그치고 마는 아이러니로 귀결되었다. 이러한 한계에도 불구하고 민족주의 역사학은 독립 이후에 인도의 주류 역사학으로 자리 잡게 되지만, 이에 대한 도전은 계속된다. 한편, 국제 지식 사회에서 포스트식민주의 담론이 활발하게 전개되고, 그 속에서 서구에서 활동 중인 인도 출신의 학자들이 논의를 이끌어가는 가운데 인도 역사학계에서는 서구중심주의의 문제가 아닌 커뮤널리즘의 문제가 논의의 중심으로 떠오르게 된다. 이 글의 후반부에서는 이때 심대한 사회적 파장을 불러일으킨 커뮤널리즘의 역사적 맥락을 찾아본다. 구체적으로 식민지 시기 종교적 민족주의의 대두와 '원리주의화' 과정을 살펴보고, 인도에서 새로 형성되고 있는 원리주의 역사서술의 일단을 간략하게 살펴보는 것이 그 내용이 될 것이다. 마지막으로 종교분쟁으로 얼룩진 인도 현대사를 식민지배의 유산으로서 재평가해볼 것이다.

I. 식민사관과 인도 근대 역사학의 시작

I-1. 식민통치: 영토의 지배와 지성의 지배

영국 동인도회사는 1600년에 출범한 이후 1612년에 인도에 진출했다. 1717년에는 무역에서 면세 혜택을 보장받았고, 1757년에는 벵갈 지방을 공식적으로 통치하기 시작했다. 1858년 인도에 대한 통치권이 동인도 회사에서 영국 정부로 넘어가게 되면서 인도는 국가 차원에서 식민지배를 받게 되었다. 인도는 영제국 식민지 중에서도 가장 이른 시기부터 통치를 받기 시작한 지역으로, '왕관의 보석'이라 불릴 만큼

규모의 측면에서도, 상징성의 측면에서도 영제국의 여러 식민지 중에서 중심적인 위치를 차지했다.

영국의 입장에서 인도는 초기에 취득한 해외 영토로서 여러 가지 측면에서 실험적인 공간이기도 했다. 새로 열린 동양이라는 세계에 대한 지적 호기심으로 시작된 학문연구는 오늘날 동양학(orientalogy/oriental studies)이라 불리는 영역의 주요한 분과를 이루었다. 인도에 대한 연구는 특히 인도학(Indology)이라는 이름으로 지칭되었는데, 이러한 명칭은 과학과 이성에 입각한 근대적 학문영역이라는 인증인 셈이었으나, 바꾸어 말하면 인도에 대한 지식을 철저히 서구의 기준과 서구의 시각으로 재단하였다는 뜻이기도 했다. 인도학은 기존의 문헌학 전통은 물론이고 새로운 영토의 식민통치를 위한 제반 지식으로서 요구된 실용학문들 ―법학, 인류학 등― 이 그 주된 내용을 이루고 있었다. 이에 더하여 식민정부의 수많은 조사활동에 의한 방대한 결과물과 인도에서 활동하던 학자-관료들이 구축한 기록과 저술을 포함하는 지식의 총체를 식민 지식(colonial knowledge)으로 파악해볼 수 있다. 식민 지식은 식민지에 대한 연구와 지식의 집적이되, 식민통치자의 입장에서 축적되고, 그들의 시각으로 정리, 해석되었으며, 식민통치자의 이익을 위해 봉사한다는 점에서 철저히 서구중심적인 성격을 띠었다. 그 속에서 식민지인들은 '식민지에 대한' 지식의 대상으로 머물 수밖에 없었다.

역사연구는 식민 지식 중에서도 상당한 중요성을 갖는 분과 중 하나였다. 역사학이 유럽에서 근대적 학문으로 자리 잡은 19세기 이래 유럽 각국은 민족사 서술에 큰 역량을 기울였다. 당시 유럽에서 역사 서술이란 국민국가의 형성과 밀접한 관계를 갖는 행위로서, 역사를 가지지 못한 집단은 민족이나 국가로 인정받지 못하였고, 역사가 없다는 것은 문명이 없는 종족이라는 낙인과도 같았다. 이 점은 당시 영국 지배자들이 인도를 보던 시각에도 그대로 적용되었다. '이민족'인 이슬람의 통치 이전까지 편년을 포함한 정통 역사서가 없다는 점은 인도인 —중에서도 특히 힌두— 을 '역사를 갖지 못한 종족'으로 인식하게 했고, 근대적 역사학의 방법론에 의거한 인도사의 구축은 인도에 '문명을 가져다준 시혜자'라는 영국의 이미지를 강화시키는 일이었다.

I-2. '몰역사성의 역사'

인도의 근대적 역사연구는 영국 식민지배의 형성과 함께 성립되었다고 해도 과언이 아니다. 서구 근대 역사학의 관점에서 본다면, 이슬람 세력이 지배를 시작하며 성립된 이슬람 역사서술 이전에는 인도에 전통적으로 역사란 없었다고 한다. 식민지 시대의 인돌로지 학자들은 일찍부터 인도 문헌학 연구를 축적해가면서 특히 고대문헌 중 근대 역사학의 기준에 부합하는 역사서술이 거의 존재하지 않는다는 사실을 인식했다. 그들은 적절한 사료의 부재 속에서 인도의 역사를 구축해내야 했다. 여기에는 종교문헌에 포함된 역사서술의 요소를 포착해내는 일, 여러 지역 왕조들의 연대기를 통한 역사적 사실의 연대(年代) 또는 순차성의 복원, 고고학 발굴을 통한 입증 작업 등이 포함되었다. 이러한 과정을 통해 식민지 시대에 재구성된 인도의 과거는 서구적 시각에서는 '몰역사성의 역사(history of ahistoricity)'를 찾아내는 과정이었다.(Lal 2003, 27)

주로 고대로부터 전승되어온 종교, 철학 기록을 통해 인도의 역사를 이해해야 했던 유럽 학자들은 그 기록을 해석하고 체계화하는 과정에서 자연스럽게 자신들의 사고방식을 개입시켰고, 따라서 초기의 인도사 형성은 필연적으로 오리엔탈리즘의 절대적인 영향력 아래에서 형성되었다. 동양학자들이 재현해낸 인도 고대사는 과학적 탐구의 결과였지만, 한편으로는 환상적이기도 했다. 이들은 대상 지역을 낭만적인 시각으로 바라보았고 때로는 사료로 뒷받침하지 않은 채 역사와 문화를 미화하거나 과장하기도 했다. 18세기 영국의 대표적인 동양학자인 윌리엄 존스(William Jones)는 "유럽인들은 아시아를 열등하다고 치부"한다고 문제를 제기하며 아시아의 역사, 문화에 대한 낭만적 의견을 개진한다. 존스에 의하면 "산스끄리뜨는 그리스 어보다 완벽하고 라틴 어보다 풍부한 어휘를 자랑하며, 이들 유럽 언어보다 우아하고 세련되었다. 인도인들은 … 과학과 철학의 수준도 높았다. … 인도인들은 수학, 기하학, 논리학에 정통하였다. 플라톤 사상은 기실 모두 인도에서 기원한 것이고, 형이상학은 인도 육파 철학에 이미 나타나 있었다."(Jones 1807, 12-13, 34-37, 44) 그런데 존스가 찬미한 인도의 문화란 동시대의 문화가 아니라 모두 고대의 것이었음에 주목할 필요가 있다. 산스끄리뜨는 고대에 형성되어 실생활에서는 사용되지 않는 문어이며, 그가 유럽보다 앞섰다고 주장하는 수학, 과학, 철학도 대부분 기원전에 성립된 베다와 베단따 문헌에 나타나는 것이다. 실제로 존스는 "아시아를 여행하다 보면 … 자연스럽게 유럽의 우월성을 인정하게 되며", "과학에 대해서는 아시아인들은 서양 국가들과 비교하면 어린애 수준"이라고 말했다.(Jones 1807, 12, 19) 서양인들이 존스도 우월성을 인정한 이성과 과학을 발전시키는 동안 인도인들은 무엇을 하였는가? 존스는 그래도 문학이나 예술 같은 '상상력'의 영역에서 보다 높은 수준에 올라 있었다고 인도의 우월성을 찾아낸다. 인덴(Ronald Inden)은 이를 달리 표현하여 명료한 개념이 없는 '상상의 관념론(idealism of imagination)'을 구축하였다고 말한다.(Inden 1990, 7)

초기 인돌로지의 전통을 잇는 역사서술은 고대사를 부각시키고 있으며, 따라서 정체된 인도 역사라는 이미지 확립에 일조했다. 먼 과거에 꽃피었던 문명을 더 이상 발전시키지 못한 채, 당시의 제도를 고스란히 유지하며 정체되어 있고 변하지 않는 것이 바로 인도 사회라는 것이다. 마르크스(Karl Marx)는 변치 않는 인도라는 가정을 비판 없이 받아들였고, 이 가정은 아시아적 생산양식(Asiatic mode of production) 이론에 가장 핵심적 요소가 되었다. 자급자족적인 촌락경제와 토지의 공동소유는 아시아적 생산양식을 가져온 아시아 사회의 특성이다. 여기서 더 나아가 1957년에는 마르크스의 영향을 받은 비트포겔(K. A. Wittfogel)이 동양적 전제주의(Oriental despotism) 이론을 발표하였다. 원래 동양적 전제주의는 그리스 시대에 문명화된 그리스(또는 유럽)와 야만적 페르시아(또는 동양)를 구분하고 동양인의 굴종적 성격에 걸맞은 정치체제로 상정된 것이었다.(강정인 2004, 157-165) 20세기에 부활한 동양적 전제주의는 이에 더하여 변화하지 않는 동양사회가 전제되어야 가능한 이론이다. 동양의 정적인 사회에 독점적 치수권을 갖는 전제적인 군주가 유럽에는 존재하지 않는 동양적 전제주의를 만들었다는 내용이기 때문이다.(Wittfogel 1957) 이와 같이 정체된 사회, 변화 없는 역사라는 인도의 관념은 대부분의 유럽 지식인들에게는 진리와도 같이 여겨졌다.

I-3. 식민 지식으로서의 인도사

인도를 직접 지배하기 시작한 영국 출신의 학자-관료집단의 활약으로 인도와 관련된 많은 정보들이 식민 지식의 형태로 축적되기 시작했고, 역사는 그 중요한 분과 중 하나였다. 『영령 인도사(*The History of British India)*』를 저술한 제임스 밀(James Mill)을 필두로 한 식민지 학자-관료들은 인도사를 혹독하게 비판하며 '정체된 인도 역사'의 모델을 만들었다. 밀은 『영령 인도사』중 고대사에 500페이지가 넘는 많은 분량을 할애하며 매우 비판적인 서술을 보여준다. 고대사 서술과 연대기는 물론이고 사회의 계서제, 정부 형태, 법률, 지세제도, 종교, 예술과 문학까지도 판단의 대상이 된다. 밀의 서술에 의하면 힌두의 지리학, 연대기, 역사는 다 똑같이 기괴하고 터무니없으며, 이러한 기록을 한 브라만들은 가장 뻔뻔하고 솜씨 없는 날조자들이었다. 고대 인도의 정부구성은 대충대충이었고, 운영도 서툴렀다. 힌두의 법은 불완전하고 불명확하여 있으나마나 하며, 사법제도는 다른 나라들의 예에 크게 못 미치는 수준이다. 이렇게 끝없이 이어지는 고대 인도에 대한 비판은 "유럽인들은 봉건 시대에조차도 힌두들보다는 훨씬 우수"했으며, "힌두들은 … 노예 근성에 있어서 탁월하다."는 평가로 이어진다.(Mill 1817, 466-467) 그런데 밀은 고대 인도에 대한 혹독한 비판과 비교하면 이슬람 통치 시대에 대해서는 비교적 관대한 평가를 하고 있다. "인도에 있어서 인간성은 힌두 정부에서 이슬람(Muhammadan) 정부로 진행되면서 괄목할 만하게 성장했다."는 것이다.(Mill 1817, 628) 이슬람의 통치는 힌두 시절보다는 나았고, 물론 이후에 온 영국의 통치는 그 둘보다 훨씬 가치 있는 것이다. 이렇게 밀이 정리한 역사의 흐름은 인돌로지 학자들이 묘사한 찬란한 고대문화와는 상반되는 것이었다. 그리고 계몽주의 이후의 진보사관과 부합한다. 인도는 고대의 암흑과도 같은 세상에서 새로운 통치자가 등장함에 따라 점차 발전하고 있다. 지금 인도의 과거를 보다 나은 것으로 개선시키고 있는 것은 바로 영국의 통치이며, 바로 여기에서 영국의 인도 통치가 정당화될 뿐 아니라, 영속화되어야 하는 이유를 찾을 수

있다는 것이다.

인도의 과거가 변화도 발전도 없는 것이었다는 가정은 인도 사회에 변화를 가져오는 촉매제로서 영국의 통치가 필수 불가결함을 주장하기 위해서는 반드시 사실이어야 했다. 제국주의 역사서술의 주류를 이룬 학문적 전통은 계몽주의 시대 이후의 진보사관을 인도 역사에 대입하고 있으며, 인도사에 진보와 발전을 가져오는 가장 결정적이고도 바람직한 변화는 영국에 의한 인도의 통치와 기독교에 의한 인도인들의 교화라는 사실을 강조하고 있다. 18세기를 지나면서 유럽이 이룩한 이성을 통한 진보의 성취를 인도에게도 가르쳐줘야 한다는 믿음은 식민통치의 정당성을 설파하는 것으로 이어졌다. 진보사관은 화려하게 꽃피었던 고대문명을 그린 초기 인돌로지의 역사서술 전통과는 상반되는 것으로 보이기도 하지만, 사실은 인돌로지가 생산해낸 '발전 없는 인도 역사'라는 관념을 기반으로 하여 인도사를 서술하였다. 인도 역사에 본격적인 발전의 동력을 제공하는 것은 영국의 통치라는 사실이 중요했으므로, 영국 통치 이전의 인도 역사에 설사 약간의 진보가 있었다 하더라도 제국주의자들의 역사서술에서는 그 중요성을 인정받지 못했다.

II. 민족의식의 각성과 민족주의 역사서술

II-1. 민족주의 역사학의 성립

식민통치를 경험했던 다른 나라들의 경우에서도 볼 수 있듯이, 제국주의적인 지배를 영속화시키려는 사상, 제도, 분위기 등은 곧 역풍에 직면하게 된다. 인도의 경우에는 바로 영국인들 자신이 가져온 근대적 각성의 결과이기도 했다. 영국 정부가 실시한 영어 교육, 서양식 교육의 세례를 받고 새롭게 성장한 근대적 지식인들은 초기에는 아리아 민족(Aryan) 이론을 받아들이며 영국의 지배를 환영하기도 했었지만, 결국 이민족의 지배가 가져오는 여러 가지 모순에 눈뜨게 되었던 것이다. 유럽인들에 의해 성립된 인도 근대 역사학의 대부분은 민족의식으로 새롭게 각성된 인도 지식인들에게는 받아들이기 어려운 것이었고, 결국 민족주의 운동과 함께 민족주의적 역사학이 부상하게 된다.

인도의 지식인이자 정치가였던 나오로지(Dadabhai Naoroji)는 민족주의 전통의 효시이며 기념비적 저작으로 손꼽히는 『인도의 빈곤(Poverty of India)』[1]에서 식민치하에서 피폐된 현실과 영국에 의한 경제적 착취에 최초로 주목했다. 그는 식민치하 인도 빈곤의 원인을 영국으로의 부의 유출에서 찾았고, 농노제 식의 행정제도가 극소수의 특권계층만을 살찌우기 때문이라고 보았다. 식민 본국인 영국의 경제 정책들이 인프라 개발과 물가, 임금의 상승을 가져와 인도 경제가 발전하고 있다는 착시를 일으키지만, 결과적으로는 왜곡된 가격 구조에 의한 무역과 식민정부와 관료들의 송금 등을 통하여 인도의 부를 영국으로 가져가고 있다는 것이다.(Naoroji 1901) 또한 영국 하원의원을 지내기도 했던 나오로지는 그가 발전시킨 부의 유출이론(drain theory)을 런던의 동인도협회(East India Association)와 영국 의회에서 개진하

---

1) 동인도협회 봄베이 지부에서 1876년 발표한 발표문으로 1878년에 출판되었다. 이후 1901년에 발표문 『인도의 빈곤』의 개정판과 이후 영국 정부와 교환한 서신, 영국 하원에서의 발언 등의 내용을 합쳐서 『인도의 빈곤과 비영국적 통치(Poverty and Un-British rule in India)』를 발간했다. 본문에서는 내용이 보강된 후자를 참조하였다.

여 영국 당국의 인도 행정에 영향을 미치려는 실질적인 시도도 하였다. 피폐한 인도의 현실이 근대에 시작된 영국의 착취 때문이라는 것은 영국의 지배가 인도에 발전을 가져왔다는 제국주의 역사서술과는 완전히 상반되는 주장으로, 이후 민족주의 역사서술에 지대한 영향을 끼쳤다.

II-2. 민족주의 역사서술의 전략 1: 영광의 고대사

식민사관에 대한 반발로 탄생했던 만큼, 인도의 민족주의 역사학은 '정체되고 변화하지 않는 인도 역사'와 '인도와 인도인의 발전을 가져온 영국의 식민통치'라는 제국주의가 남긴 신화를 무력화시켜야 하는 과제를 안고 있었다. 이에 따라, '역동적으로 발전하는 인도 역사'를 그려내면서, 동시에 '식민통치가 가져온 인도의 피폐'를 입증함으로써 식민사관을 극복하려 했다. 나오로지의 부의 유출이론은 제국주의적 인도사 서술을 반박하기 위한 전략이 수립되는 데 결정적 기여를 했다. 그 전략의 하나는 찬란했던 과거의 문화와 함께 영국의 식민치하에서 피폐된 현실을 부각시키는 것이었다. 나오로지가 제시했던 식민통치의 경제적 수탈에 대비하여 영국 통치 시기 이전, 특히 이슬람이라는 외래적 요소가 도입되기 이전의 발전했던 고대문화를 부각시키는 역사서술이 나타났다. 이를 위해서 민족주의 사학자들은 초기 인돌로지 학자들이 남긴 유산을 적극적으로 수용했다. 아리아 민족이 꽃피운 고대의 찬란한 문화가 곧 베다 문화라는 것은 인도의 민족적 자긍심을 드높이는 사실이었다. 아리아 민족이론도 민족주의적 변용을 겪으며 이전 인돌로지 학자들의 주장과는 구분되는 형태로 발전할 수밖에 없었다. 그 대표적인 것이, 베다(Veda) 문화의 주인은 아리아 민족 중에서도 아시아 쪽으로 이동한 아리아인이었고, 그들 아시아의 아리아인만이 인도인의 조상이라는 띨락(Bal Gangadhar Tilak)의 주장이다.(Tilak 1903) 이는 아리아 이론을 이용하여 인도인들을 영국의 '열등한 동생'으로 만들어 식민통치를 정당화시켰던 제국주의 이데올로기를 반박하기 위한 것이었다. 인도인의 조상인 아시아의 아리아인과 유럽인들을 구분함으로써 인도와 식민통치자 영국을 혈연적으로 떼어놓음과 동시에 자랑스러운 고대문화는 인도'만'의 것임을 명백히 하고자 한 것이다.

인도 고대를 영광의 시대로 재현한 대표적인 역사가는 마줌다르(R. C. Majumdar)였다. 마줌다르는 "오류와 반쪽짜리 진실, 사실과 판단의 왜곡 등으로 ⋯ 인도의 역사서술을 망쳐온 제국주의의 정신을 확실하게 일소"하는 것을 그의 역사서술의 목적으로 삼았던 역사가였다.(Majumdar 1969, xxvi) 그는 고대사 전공자였음에도 불구하고 세 권의 『인도 독립운동사』를 단독 저술하였을 정도로 민족운동에도 깊은 관심을 가지고 있었다. 그의 고대사 저술은 빛나는 베다 문화를 이룩한 아리아인이 그들의 문화를 인도아대륙을 넘어서는 보다 넓은 지역으로 확장시켜나갔음을 강조한다. 그는 고대사 서술에서 이 시대 인도인들의 세계 각 지역과의 상업적·문화적 교류에 큰 중요성을 부여하고, 인도의 불교 및 힌두교를 신봉하던 사람들이 동남아시아 각지로 진출하여 지배세력이 되었던 상황을 '식민화(colonization)'로 표현한다.(Majumdar 1927) 마줌다르는 동남아시아의 이슬람화 이전 시기의 상당 부분을 사실상 인도사의 확장으로 보는 셈인데, 그가 그려내고 있는 상업교류와 활발한 식민화를 통한 해양제국의 건설은 인도의 과거가 영국의 현재에 맞먹을 만큼 발전되어 있었고 당대의 어느 세력보다도 선진적이었다는 점을 암시하고 있다. 이러한 서술은 비서구인들 역시 역사적으로 서구보다 우월하고 강력한 문명을 꽃피운 적이 있다는 사실을 근거로 비서구세계의 문화적 긍지를 고양한다는 오리엔탈리즘에 대한 역전적 담론을 구사하는 전략의 대표적인 형태다.(강정인 2004, 440) 그러나 동시에 인도를 향한 유럽의 왜곡된 시선을 거부하면서 또 다른 형태의 오리엔탈리즘을 고대의 인도와 동남아의 관계에 그대로 투사하고 있다는 점에서는 아이러니한 일이기도 하다.

 화려하게 꽃피었던 인도의 고대문화와 영국의 식민치하에서 피폐된 현실을 대조하는 서술 전략은 인도사를 정체된 역사로 규정한 제국주의적 역사서술을 극복하기 위한 효과적인 방법으로 보인다. 그러나 고대사와 힌두 문화를 강조하는 이 역사관 역시 18세기 인돌로지의 연구성과에 크게 기대고 있는 것으로, 동양학자들이 도출해낸 아리아 이론에서 현재의 인도인들이 베다 문화를 꽃피운 우수한 종족의 후예라는 점을 받아들여 민족적 자긍심을 고취시키려 했다. 동시에 같은 아리아 인종인 유럽인들과의 혈연적 관계는 미미하다는 점을 강조하여 인도인의 독자성을 드러내고자 노력했으나 아리아 이론이라는 인돌로지의 핵심 개념을 과감하게 넘어서지는 못했다.

II-3. 민족주의 역사서술의 전략 2: 발전하는 인도 역사

제국주의 역사서술을 반박하기 위한 전략 중 두 번째 것은 역동적이고 발전해가는 인도 역사를 그려냄으로써 정체된 인도라는 이미지가 오류임을 밝혀내는 것이다. 대부분의 동시대 학자들이 '변화, 발전, 진보' 등의 개념을 긍정적으로 이해하고 있으며 역사서술에서 평가의 잣대로 이용하고 있음은 주지의 사실이다. 대표적인 민족주의 사학자이며 인도의 독립운동사를 집대성한 것으로 평가되는 짠드라

(Bipan Chandra)의 근대사 서술은 이를 극명하게 보여준다. 그는 인도 가 영국의 지배하에 들어갈 수밖에 없었던 내적 이유를 무갈 시대 말기의 민족의식과 국가관의 결여에서 기인한 역사의 정체에서 찾고 있다. 그는 기본적으로 영국의 식민통치는 "영국의 무역과 산업의 이익을 위해 인도 경제를 재편하고 규제하였으며, 그들의 질서와 안전을 보장하기 위해 근대적 행정체제를 도입"하였으므로 궁극적으로 영국의 이익을 위한 것이었다고 생각했다.(Chandra 2009, 18) 그러나 동시에 영국 통치의 긍정적 효과를 인도 사회에 새로이 가져온 개혁과 사회변화의 동력에서 찾기도 했다. 또한 그는 근대 시대에 서양세계가 이룩한 과학과 기술의 발전을 높이 평가하여 "과학과 기술이 인간 진보의 새로운 지평을 열었다."고 말하며, 이는 인도 문제를 바라보는 영국의 시각을 통하여 인도에도 영향을 미친 것으로 본다.(Chandra 2009, 117) 그러나 민족주의자인 짠드라에게 영국의 통치는 궁극적으로 긍정적으로 평가될 수는 없었다. 그에게 있어서 영국의 통치는 착취를 통하여 인도 인민들을 역사상 최악의 도탄에 빠뜨렸다는 점에서 퇴보였고, 19세기 후반부터 본격화되는 인도 민족주의의 성장과 이후의 대중화는 인도 역사의 근대성과 진보를 가장 뚜렷하게 보여줄 수 있는 역사적 사건이었다. 즉 영국의 식민통치에 의한 근대화와 발전이 없지는 않았으나, 근대적 민족국가의 성립이라는 결정적인 진보는 인도인의 집단적 각성과 단결에 의해 가능했다는 것이다.

이와 같이, 근대 이후 동시대에 이르는 많은 인도 역사가들은 과거 인도인들의 역사서술에서 나타나지 않았던 발전과 진보라는 개념을 역사적 평가의 잣대로 이용하고 있다.(Hardy 1961, 307) 또는 적어도 인도의 근대적 역사서술에서 사용된 발전과 진보의 개념은 이전과는 다른 근대성에 대한 긍정의 뉘앙스를 가지고 사용되었다고 말할 수 있겠다. 이때 발전과 진보라는 개념은 계몽주의의 연장선상에서 인도사를 바라보고 평가했던 제국주의적 인도사 서술에서 나타났던 것임을 밀의 『영령 인도사』를 통하여 앞서 살펴본 바 있다. 이는 일견 당연한 것으로 받아들여지지만, 사실은 근대적 계몽주의의 배경을 가지고 탄생하여 인도의 제국주의적 통치에 큰 영향력을 행사한 공리주의자들의 논리에서 조금도 벗어나지 못하고 있다는 점을 간과할 수 없다. 딜릭(Dirlik 2005, 223)은 발전지상주의를 "공식적 식민주의보다 더 오래 지속되는, 아마도 가장 끈질긴 식민주의의 유산"이라고 말하기도 하였는데, 근대 이후의 비서구사회에 대한 정확한 통찰이라 할 것이다.[2]

이와 같이 민족주의 성향의 인도 역사가들은 식민사관을 극복하기 위하여 영광의 고대사를 재현하고 인도 역사를 진보와 발전의 역사로 서술하고자 했다. 그러나 그 인식의 근거는 서구의 역사관과 동양학 연구에 크게 기대고 있었던 것도 부인할 수 없는 사실이다. 인도 근대 역사학에 있어서의 민족주의적 전환은 식민지배에서 벗어나기 위한 피지배 지식계층의 지적 · 사상적 운동이었지만, 피지배자의 사유 자체는 이미 지배자에게 저항할 수 없을 만큼 지배자의 그것과 닮아 있었다.

---

2) 딜릭은 이와 관련하여 근대성의 삼각형에서 과학 · 기술, 역사, 발전이 세 개의 모서리를 이루고 있으며, 특히 발전은 과학과 기술에 대한 믿음에 의해 강화되고, 목적론에 의해 형성된 역사에 의해 정당화되었다고 한다.(Dirlik 2005, 218-224) 그런 점에서 발전을 근대성이 지향하는 가장 중심적인 이데올로기로 간주하고 있다고 보인다.

III. 독립 이후 인도 역사학의 변화

III-1. 『서벌턴 연구』: 식민 지식과 민족주의 역사학의 극복

1980년대에 인도 사학계에는 식민 지식으로서의 인도사와 민족주의 역사학이 갖는 한계를 지적하며 이에 대한 도전이 나타난다. 이 도전은 '오리엔탈리즘과 부르주아 민족주의로 대변되는 엘리트주의의 극복'을 목표로 하여 서구에서 활동하던 인도 출신의 역사학자들을 중심으로 『서벌턴 연구』라는 부정기 저널을 발간하며 시작되었다.(Guha 1982, 1) 이들은 주로 인도 근현대사에 대한 식민주의와 부르주아 민족주의의 접근이 민중을 소외시키고 소수 서구적 엘리트 시각만을 반영하고 있다는 문제의식을 구체화시킨 연구들을 발표했다. 초기의 『서벌턴 연구』는 오리엔탈리즘과 민족주의를 엘리트주의적인 편견에 사로잡혀 인민(people)들의 기여를 인정하고 제대로 해석하는 데 실패했다고 비판하며, 엘리트 정치와는 완전히 독립적으로 존재해온 '인민의 정치(politics of the people)'를 복원할 것을 목표로 하였다.(Guha 1982, 3-6) 인민의 정치의 복원은 『서벌턴 연구』 제1권이 발간된 바로 다음 해에 출판된 구하의 단행본에서 그 일단이 드러난다. 구하(Ranajit Guha)는 식민지 시대 110건의 농민봉기에 대한 분석을 통하여 농민들 스스로가 엘리트의 지도와는 별개로 스스로 반란을 만들어냈다는 것은 독자적인 '의식'이 존재했다는 의미라고 해석한다. 이 측면이 간과된 결과 인도 농민봉기의 역사학에서 정치가 제거되었고, 농민봉기는 토착 엘리트와 외국 엘리트 정치의 지엽말단으로 밀려나게 되었다는 것이다. 따라서 반란의식의 주권성, 일관성, 논리를 보여줌으로써 인민의 정치가 분명히 존재하였음을 밝히고자 하였다.(Guha

1983, 12-13)

초기의 『서벌턴 연구』는 대부분 문맹으로 기록을 남길 수 없었던 서벌턴의 의식을 자료의 행간을 읽음으로써 추출해내서 식민주의와 민족주의 역사학이 간과한 서벌턴의 역사를 재구성하는 데 방점이 찍혀 있었다. 역사적 주체로서의 서벌턴을 상정하고 이들의 의지가 구체화된 인민의 정치 역시 엘리트 정치와는 별개로 역사를 움직이는 동력이 될 수 있음을 천명했던 것이다.[3] 그런데 인도 민족주의를 오로지 엘리트 정치의 결과물로만 보는 것은 식민주의와 민족주의가 동시에 범하는 오류이며, 이는 식민주의와 민족주의가 동일한 인식론적 근거에서 작동하고 있기 때문에 발생한 것이다. 인민의 정치는 파편화되어 있었고 민족주의로 나아가는 데 늘 실패할 수밖에 없었지만, 인민의 정치가 실패해온 과정이 바로 엘리트주의 역사연구가 놓치고 있는 인도 근현대사의 중요한 부분이다. 즉 초기 『서벌턴 연구』의 서구중심주의 비판은 민족주의가 식민주의로부터 이행해나가면서 민족을 제

---

3) 이는 서벌턴의 행위성(agency)을 역사의 주요 동력으로 고려한다는 점에서 일견 '아래로부터의 역사(history from below)'와 비슷하게 보일 수 있다. 실제 딜릭 같은 학자는 『서벌턴 연구』를 '아래로부터의 역사'의 인도판 아류쯤으로 평가하고 있으며(Dirlik 1994, 340), 『서벌턴 연구』에 인도의 마르크스주의 계열 역사학자들이 참여하거나 관심을 기울인 것도 이런 점 때문이었다고 보아야 할 것이다. 그러나 구하는 그의 초기 연구를 통해 이미 영국의 마르크스주의적 사회사가들의 주장과는 선을 긋고 있다. 그는 민중들 사이에 정치의식 또는 정치조직이 수립되기 이전의 상태를 묘사하기 위해 홉스봄(E. J. Hobsbawm)이 사용했던 '전정치적(pre-political)'이라는 개념은 인도 식민 시대에는 적용되기 어렵다고 말한다. 농민봉기에 대한 그의 연구는 오히려 식민지 시대 인도 농민들이 주도했던 전투적 운동 중 정치적이지 않은 것을 찾아보기 어렵다는 결론에 도달하고 있다. 아무런 방향과 형식도 갖지 못한 채 충동적 행위를 봉기라는 형태로 분출시키는 '전정치적 민중'을 상정하는 '아래로부터의 역사'와 비교하여 서벌턴 연구가 묘사하는 식민지 인도의 서벌턴은 의식과 조직을 비롯한 정치성 전반에 있어서 훨씬 각성된 집단이었다.(Guha 1983, 5-10)

대로 된 민족으로 만들지 못하였으며, 그 주된 원인은 민족의 주체인 '서벌턴'이 복원되지 못하고 서구의 인식론을 답습하는 엘리트주의에서 벗어나지 못하였기 때문이라고 지적한다.

이후 서벌턴의 정체성과 서벌터니티의 개념에 대한 논의가 진행되면서 5권 이후로『서벌턴 연구』는 인민의 정치에 대한 초기의 관심보다는 좀 더 해체적이고 근대성에 대한 비판을 수반하는 방향으로 진행되었다. 이러한 발전은 서벌턴은 배제시킨 채 영국 제국주의 엘리트와 인도 민족주의 엘리트들의 합작품으로 탄생한 국민국가에 대한 비판으로 연결되기에 한편으로는 자연스러운 것이기도 하다. 전기『서벌턴 연구』와의 차이점을 꼽는다면, 전기에는 서벌턴의 행위성을 부각시키고, 설령 실패한 것일지라도 그들의 시도를 사료 속에서 발견해내어 '역사화'하는 연구에 집중했다고 할 수 있다. 후기의 연구는 서벌턴을 소외시킨 엘리트 중심의 근대성을 비판하는 것에 방점이 찍히는 것으로 보인다.『서벌턴 연구』후기의 성격은 해체의 방식을 비롯한 포스트모더니즘의 영향을 보다 강하게 드러내고 있으며, 필자는 이 점에서 이를 인민의 정치를 추구한 초기의 연구와는 구분해야 한다고 생각한다.

Ⅲ-2.『서벌턴 연구』이후의 포스트식민주의 역사학

『서벌턴 연구』가 초기에서 후기로 진행되어감에 따라 서벌턴의 개념에 대한 보다 이론적인 접근이 이루어지기 시작했다. 일련의 관련 논의에 큰 계기를 마련한 것은『서벌턴 연구』제4권에 실린 스피박(G. C. Spivak)의 글로서, 서벌터니티(Subalternity)의 성격에 대한 논의다. 스피박의 분석에 따르면(Spivak 1985, 333-344), 서벌턴의 행동과 사고는 계급, 민족, 성별 등 어느 하나의 본질적인 혹은 근본적인 범주로 특권화시키거나 단일화시켜 설명할 수 없다. 서벌턴의 정체성은 바로 '차이'에 있으며 서벌턴의 개념은 '차이의 공간(a space of difference)'을 가리키는 개념인 것이다. 또한 서벌턴은 다양성과 차이를 근본적인 특질로 하는 집단이기에 그들 사이에는 늘 모순, 이질성, 갈등, 대립 등이 존재한다. 마르크스주의가 이질성 속에서도 계급성을 가상 주요하고 본질적인 범주로 삼아 그들이 연대를 이루고 통일성을 추구한다고 주장하는 것과는 달리, 『서벌턴 연구』는 이들이 지배집단에 예속되어 있기 때문에 이질성을 극복하고 통일성을 이루려는 시도는 끊임없이 방해받으며 늘 실패하게 된다고 분석한다. 이것이 서벌턴이 갖는 '차이'의 진정한 의미다. 서벌턴의 이러한 개념화는 인도사를 민족이라는 본질주의적인 범주로 서술하고자 하는 민족주의적 역사연구나 계급이라는 정체성을 인도의 사회집단들의 행위를 분석하는 근본적인 기준으로 삼고 있는 전통적인 마르크스주의 역사연구에 대한 비판적인 개념임을 시사하는 것이다. 또한 이들이 거부하는 민족, 계급범주가 서구의 개념이라는 점에서 『서벌턴 연구』가 갖는 탈서구중심주의적 성격에 주목할 필요가 있겠다.

그러나 결국 스피박은 민중의 정치를 재건하는 『서벌턴 연구』의 방법론에 비판적 입장을 보인다. '스스로 말할 수 없는' 서벌턴의 역사를 재구성하여 서술하게 되면 '재현(representation)'의 문제가 발생하여 타자를 대변하는(speaking for) 행위를 통하여 결국 서술자의 인식론적 폭력으로 이어진다는 것이다.(Spivak 2010b, 28-37) 이에 대한 스피박의 대안은 '말걸기(speaking to)'다.[4] 기본적으로 역사 속에서 자신

---

4) 스피박은 '말걸기' 전략의 예로 1926년 목매 자살한 부바네스와리 바두리의 예를 들

을 드러낼 방법이 전혀 없었던 서벌턴을 사료로부터 불러내어 스스로 말하도록 하는 방식으로 제안한 것이다. 또한 지식인들은 서벌턴에게 목소리를 주는 역할을 해야 하는데, 이 역할을 수행하기 위해서 '배운 것을 잊는(unlearn)' 노력이 필요하다고 한다.(Spivak 2010a, 267; Spivak 2010b, 46)[5]

포스트식민주의는 이론적으로는 지금까지 전 세계를 지배해온 서구중심주의에 대한 비판이며, 스피박, 바바(Homi Bhabha)[6] 등의 인

고 있다. 젊은 나이의 미혼 여성인 부바네스와리의 자살은 불륜에 의한 임신 때문이거나 '민족'의 이름하에 죽는 헌신으로 오인되기 쉬웠다. 실제로 그의 죽음을 두고 그런 소문이 나돌았다. 부바네스와리는 생리 중 자살을 결행했는데, 이는 사띠(Sati: 죽은 남편을 따라 몸을 불태우는 형식의 순사, 종교적 의미로는 남편의 죽음 여부에 관계없이 남편의 명예를 위해 목숨을 바치는 행위, 스피박의 논의에서는 남편의 자리에 민족을 등치시킨다. 사띠를 행할 때는 정결한 몸을 갖는 것이 필수 조건이므로 생리가 끝나기를 기다려야 한다.)의 금기를 깨뜨리는 행위를 함으로써 사띠의 형식을 통한 순사가 아니라는 것과 그가 임신을 하지 않았다는 사실을 동시에 보여주는 것이었다. 자살한 지 10년이 넘은 후에 밝혀진 바에 따르면, 부바네스와리는 인도 독립을 위한 무장단체의 일원이었으며 요인을 암살하라는 명령을 받고 있었다. 이 명령을 감당할 수 없었던 부바네스와리는 결국 조직에 대한 신의로 목숨을 버린 것이었는데, 생리 기간을 기다려 자살함으로써 자신의 자살이 불러올 오해를 불식시키고자 하였다. 스피박은 이를 '말할 수 없는' 서벌턴인 여성이 자신의 몸을 이용하여 말하기를 시도한 것으로 해석하며, 서벌턴에게 역사 속의 목소리를 주려는 노력을 그들을 대변하려고 하는 것과는 다른 '말걸기'라고 하였다.(Spivak 2010a, b)

5) Spivak 2010a는 1988년에 출판된 책에 포함된 「서벌턴은 말할 수 있는가?」 초판이며, Spivak 2010b는 2010년에 발행된 모리스(Rosalind Morris) 편집본에 실린 동일 제목의 수정판이다. 두 글은 상당한 차이를 보이며, Spivak 2010b에서는 '말걸기'라는 표현을 배제하고 있기에 인용 표시에서 구분하였다.

6) 바바는 식민지 인도의 상황과 당시의 식민담론을 텍스트로 이용했음에도 불구하고, 스피박과는 달리 인도 역사학계의 탈식민 논의에 깊숙이 개입하지는 않기에 본문에서 따로 다루지 않았다. 바바가 전개한 논의의 골자는 다음과 같다. 사이드의 식민주의가 식민지배자가 피지배자에게 가하는 일방적인 인식적 폭력이라면, 바바는 피지배자를 식민담론 안에 위치시키고 식민담론을 피지배자뿐 아니라 지배자에게

도 출신 학자들은 오늘날 가장 대표적인 포스트식민주의 연구자들이다. 이들은 역사학자가 아닌 문학 비평가임에도 인도사 연구자들에게는 어느 정도 주목의 대상이 되었다. 그 이유는 인도 역사, 그중에서도 인도의 식민 경험을 자신들의 이론에 대한 실증의 근간으로 삼았으며, 인도사의 맥락에 한정될지언정 식민담론에 대한 통찰로부터 시작되었다는 점에서 찾을 수 있을 것이다. 그렇다 하더라도 "식민지 인도라는 특정한 역사적 상황을 정신분석학의 비역사적 틀에 집어넣고 거기서 빚어진 모형을 일반화한다."는 바바에 대한 평가처럼(이경원 2010, 443) 역사성의 빈곤이라는 비판으로부터 자유로울 수는 없을 것이다. 이들의 주장은 여러 분야를 넘나드는 방대한 담론을 취급하고 있으면서도 이론적으로 지나치게 정교하고 복잡하여 탈(脫)식민이라는 '실천'에 걸맞은 논의인가 하는 의문이 제기되고 있으며, 지나치게 이론에 치중하고 있어 현실에 대한 대안을 제시하지 못한다는 비판도 수긍할 만하다. 더욱이 논의의 주체가 되어야 할 제3세계의 서벌턴은 그들의 논의에 접근할 수도, 이를 이해할 수도 없다는 사실은 이들 포스트식민주의 이론가들의 담론 역시 대다수의 비서구인들을 대상화시키고 있다는 점에서 그들이 극복하고자 하는 서구중심주의와 크게 다르지 않음을 보여준다.

한편 인도 학자들은 후기 『서벌턴 연구』나 포스트식민주의 이론에

도 모순적 메커니즘을 작동시킨 양가적(ambivalent) 과정으로 본다. 또, 양가적 식민담론의 모순과 균열은 저항으로 발전할 수 있는데, 이 저항의 가능성을 읽어내는 공간이 혼종성(hybridity)이다. 식민적 모방 역시 식민권력을 강화시키면서도 동시에 지배자의 순수성과 진정성을 오염시키는 양가적 현상으로서 원주민의 저항의지가 개입되지 않은 일종의 무의식적 산물이다. 그러나 혼종성은 원주민에 의한 개입과 전복의 장으로 파악될 수 있고, 권력의 기반이 되는 담론적 질서 자체를 붕괴시킬 수 있기 때문에 더 위협적이다.(이경원 2011, 389-415)

대해서는 비판적인 입장을 견지해왔다. 초기에 『서벌턴 연구』의 일원으로 뜻을 함께했던 사르까르(Sumit Sarkar)는 초기에 나타난 '엘리트/서벌턴'의 이항대립이 후기에 '식민/토착민' 또는 '서구/제3세계'의 이항대립으로 변모되는 것에 주목하며, 『서벌턴 연구』의 인도 근현대사 문제인식이 '민족주의의 형성과 발전에 인민이 기여한 바를 파악하는 데 실패'한 것에서 '민족국가의 역사적 실패'로 변화하였음을 지적했다.(Sarkar 1997, 92) 마르크스주의 계열로 분류되는 사르까르에게 이러한 변화가 '서벌턴 연구에서 서벌턴의 쇠퇴'로 인식된 것은 아마도 당연한 일일 것이다. 또 다른 마르크스주의 문학 비평가인 아마드(Aijaz Ahmad)는 탈식민성(postcoloniality) 역시 '계급의 문제'라고 말하며 포스트식민주의를 전 지구적으로 보다 깊숙이 자본을 침투시키려는 포스트모더니즘의 연장선상에 있는 담론이라고 일축한다.(Ahmad 1995, 16)

이와 같이 인도에서는 포스트식민주의 역사연구에 대한 비판적 담론의 장에서 좌파계열의 학자들이 주류를 이루는 것으로 보인다. 그러나 좌파학자들의 비판에 국한시키지 않더라도 전반적으로 포스트식민주의 이론가들은 서구학계에서 얻었던 큰 반향과 주목에도 불구하고, 정작 인도 학계에서는 조금 유리된 느낌을 지울 수 없다. 아마도 바바와 스피박이 역사학자가 아니며,[7] 따라서 그들의 글에서 종종

---

7) 차떼르지(Partha Chaterjee), 쁘라까시(Gyan Prakash) 등의 후속 연구자들은 보다 본격적으로 인도사 또는 인도사 서술을 주제로 글을 발표한 바 있다. 이들의 글은 앞서 언급한 이론적인 글보다는 인도의 역사학 담론에 보다 적극적으로 개입하고, 반향을 얻고 있는 것으로 보인다. 그러나 사르까르는 차떼르지의 연구가 '물질/정신' 또는 '세계/고국(home)'이라는 '기이한(curious)' 새 이항대립을 도입한 것에 불과하다고 한다.(Sarkar 1997, 95-96) 결국 후기 『서벌턴 연구』의 연장선상에서 논의를 진행시키고 있다는 것이다.

등장하는 인도 식민 시대의 장면들은 복잡한 이론들 사이사이에 끼어든 삽화에 불과하다는 점도 한 이유가 될 것이다. 그러나 보다 타당한 이유는 포스트식민주의 담론이 국제적인 무대에서는 인도 출신의 지식인들에 의해 주도되는 양상이었음에도 불구하고, 동시대 인도의 사회적·정치적 상황과는 매우 동떨어진, 그야말로 '외래의' 담론이었기 때문이다. 포스트식민주의 이론이 기본적으로 서구적 인식론과 이론 틀을 전제로 하고 있으며, 비서구세계의 대다수 사람들을 소외시키고 있다는 점에서는 탈식민담론도 오리엔탈리즘과 큰 차이가 없다는 사실은 앞서 언급했던 바와 같다.

IV. 힌두 민족주의에서 커뮤널리즘으로[8]

IV-1. 인도 사회와 커뮤널리즘의 문제

1990년대 인도 역사학계를 지배한 최대의 이슈는 바브리 마스지드

---

8) 인도에서 '커뮤니티(community)'란 카스트, 종교, 거주지 등을 기준으로 분류된, 결속력과 공동체의식을 가진 집단을 의미한다. 식민지 시대부터 1960년대경까지의 커뮤니티의 용례를 보면 카스트 또는 종교에 의한 구분인 경우가 많았고, 1980년대를 거치면서 종교적 구분에 의한 집단을 커뮤니티라고 부르는 경우가 점점 늘어났으며, 1990년대 이후에 각종 문헌과 미디어에 나타나는 커뮤니티는 대부분 종교적 집단을 의미한다. 인도적 맥락에서의 커뮤널리즘(communalism)은 이러한 커뮤니티의식을 지나치게 내세워 커뮤니티 간 반목과 갈등을 조장함으로써 국가 또는 사회의 통합을 저해하고 인도의 국시(國是)인 세속주의(secularism)를 저해하는 부정적 성향에 대하여 사용되고 있다. 지금까지 커뮤널리즘은 우리나라에서 종파주의, 공동체주의, 종교 공동체주의 등으로 번역되어왔다. 종파주의라는 번역은 명백한 오류이며, 공동체주의는 인도의 맥락에서 커뮤널리즘이 갖는 특수한 종교성과 결속을 저해하는 부정적인 뉘앙스로 사용되었다는 것을 간과하게 만들 우려가 있고, 종교

(Babri Masjid)를[9] 둘러싼 과격 힌두 민족주의 단체들의 문제제기와 대중운동이었다. 인도 출신 '스타' 학자들이 국제무대에서 민족주의의 실패를 논하고 있을 때, 그들의 고국에서는 종교 민족주의 운동이 극성을 부리고 있었던 것이다. 힌두 민족주의 자매단체인 국가자원봉사단(Rashtriya Swayamsevak Sangh: RSS), 세계힌두협회(Vishwa Hindu Parishad: VHP), 인도인민당(Bharatiya Janata Party: BJP), 준(準) 군사조직인 바즈랑 달(Bajrang Dal) 등이 주도한 이 운동은 바브리 마스지드의 건립과 전사(前史)에 관련된 역사적인 쟁점을 중심으로 하고 있었다. 북인도 도시인 아요드야(Ayodhya)에 1529년 건설된 이슬람 사원 바브리 마스지드는 원래 이곳이 라마(Rāma)의[10] 탄생지임을 기념하는

공동체주의가 의미상 가장 부합하는 번역어인 것으로 보이나, 이는 인도의 특수성이 지나치게 부각되어 일반적인 의미에서 너무 멀어진다는 문제점이 있다. 또한 인도에서 1960년대까지도 커뮤널리즘이 종교적 커뮤널리즘뿐 아니라 카스트 집단에 의한 커뮤널리즘을 의미하기도 했음을 지적해야 하겠다. 따라서 필자는 번역에 대한 합의가 도출될 때까지 커뮤널리즘이라는 영어식 표기를 사용하고자 한다.

9) '바부르(Babur)의 (이슬람)사원'이라는 의미. 바부르(재위: 1526~30)는 1526년부터 영국 식민통치 이전까지 인도를 통치한 이슬람 왕조인 무갈 왕조의 창립자다. 바부르의 휘하 장군인 미르 바키(Mir Baqi)가 아요드야를 점령하고, 이곳에 이슬람 사원을 건립한 후 황제인 바부르의 이름을 붙여 바부르에게 헌정한 것으로 알려져 있다. 영국 식민정부의 기록에 의하면 아와드(Awad) 지방을 정복한 후 바부르가 직접 건설을 주도했다고도 한다.

10) 힌두교의 3신 중 하나인 비슈누(Vishnu)의 10개 화신 중 하나로 끄리슈나와 더불어 가장 대중적으로 사랑받는 신격이다. 비슈누파의 신이며 신화에서는 북인도 지역의 통치자였지만, RSS와 자매단체들은 라마를 종파와 지역을 초월한 전 힌두의 영웅으로 부각시켰다. 결과적으로 라마는 현대에 이르러 '람 박띠' 종파의 중심 신격으로 전국적으로 종파를 초월하여 숭배된다. 라마와 연관된 신화집은 대서사시 『라마야나』로서 라마의 일대기와 그의 주변 인물들에 관한 이야기를 그리고 있다. 『라마야나』는 힌두교에서 신화집 뿌라나(Purana)에 준하는 종교적 권위를 인정받는 성서이며, 때로는 '제5의 베다'로 인정되기도 한다. 혹자는 라마야나의 힌두교에서의 이러한 위치 때문에 라마가 전(全) 힌두의 신격으로 격상될 수 있었다고 말한

힌두 사원을 파괴하고 그 위에 다시 세워진 것임을 주장했기 때문이다. 이들은 라마의 탄생지를 복원하기 위해 이슬람 사원을 파괴하자고 선동했고, 수년간의 캠페인 끝에 1992년 12월 2만여 명의 라마 추종자들이 삽과 곡괭이를 들고 아요드야로 모여들어 500년 역사의 바브리 마스지드를 폐허로 만들었다. 이 캠페인은 정치적 의도를 가지고 대중의 감정을 조작했다고 비판받았으며, 실세로 RSS 자내단체 중 정당인 BJP의 정치적 성공을 가져왔다. 수년간 북인도 대부분의 지역을 휩쓴 힌두 원리주의 캠페인은 당연히 인도인들의 종교적 정체성에 호소하는 것을 주요 전략으로 삼았고, 인도인들 중에서 이슬람을 신봉하는 자들은 힌두가 아니므로 힌두스탄(Hindustan)의 주인이 될 수는 없으며, 따라서 2등 시민의 지위를 감수할 것을 강요했다. 상대적으로 힌두는 인도의 종교와 문화적 전통을 지켜온 전통의 수호자이며 이 나라의 주인으로 묘사되었다. 이러한 힌두 민족주의 인식이 아요드야의 라마 탄생지 재건 캠페인을 계기로 대중들에게 보다 널리 전파될 기회를 갖게 된 것이다. 힌두들의 종교적 정체성과 이교도들에 대한 증오의 감정을 촉발시킨 힌두 민족주의의 전략은 효과적으로 힌두 대중들, 즉 스스로를 '힌두'라고 규정하는 이들을 선동하였다. 이방인이며 2등 시민인 무슬림은 인도 안의 타자가 되어 '우리'인 힌두를 단결시키는 촉매제로 이용되는 한편, 심각한 소외와 폭력의 대상이 되었다.

아요드야의 라마 성지와 이슬람 사원을 빌미로 한 힌두-무슬림 간의 폭력 사태는 1947년 인도와 파키스탄 분리독립의 원인이 되었던 심각한 종교 폭동이나 수천 명의 목숨이 희생된 2002년 구자라트의

다.(Jaffrelot 1996, 389)

학살 사건 등과 동일선상에서 벌어진 일이었다. 20세기 초반에 식민 정부에 의해 선포되었던 벵갈 분할령을 기점으로 시작된 힌두와 무슬림의 경쟁과 갈등은 식민지 시기 내내 여러 사건을 통해 반복되다가 민족주의 운동의 양대 조직인 인도국민회의(Indian National Congress)와 무슬림연맹(Muslim League) 사이의 불화로 더욱 증폭되어 제2차 세계대전 종전 이후 본격적으로 독립을 논의할 시점에는 극심한 유혈폭동의 형태로까지 나타났다. 단일성보다는 다양성이 두드러지는 인도 사회에서 종교적 정체성은 민족의식의 구심점으로 작용했고, 이는 힌두나 무슬림 모두 마찬가지였다. 우리는 앞서 인도국민회의의 주류를 이룬 —따라서 독립 인도에서 주류 역사학으로 자리 잡게 된— 이른바 '세속적(secular)' 민족주의를 중심으로 역사인식을 개괄하였지만, 종교성을 민족의 근간으로 본 힌두 민족주의, 이슬람 민족주의도 각각의 역사관을 확립하고 있었다. 이들 중 이슬람 민족주의자들은 정당인 무슬림연맹을 중심으로 하여 인도와는 별개로 파키스탄을 건설하여 독립했고, 힌두 민족주의자들은 인도에 남아 힌두대연맹(Hindu Mahasabha), RSS 등의 정당과 사회단체를 결성하고, 정치에 참여하며 지속적으로 활동했다. 이슬람 민족주의의 역사인식은 파키스탄에서 주류 역사학으로 자리 잡았고, 힌두 민족주의의 역사인식은 인도에서 '커뮤널리즘'에 입각한 사관으로 주류인 세속적 민족주의 역사학자들과 마르크스주의 학자들 모두에게서 비판받으며 학계에서는 뚜렷한 족적을 남기지 못했다.

IV-2. 힌두교 개혁운동의 민족주의적 성향

이와 같이 민족국가의 탄생과 이를 뒷받침한 종교적 민족주의라는 관점으로 볼 때 인도 현대사의 흐름에는 인도에서 흔히 '커뮤널리즘'으로 표현되는 힌두와 무슬림 간의 갈등의 중첩 양상이 보이며, 종교 갈등이 야기한 사건들이 상대적으로 중요한 역사적 사실로 인식되며 큰 파장을 일으킨 것도 사실이다. 그러나 우리가 여기서 쉽게 간과하는 부분은 그 성격이 종교적이든 그렇지 않든 간에, 인도에서 민족주의의 태동은 영국의 식민주의, 즉 서구문명에 대한 반작용으로 시작되었다는 사실이다. 최초의 힌두 민족주의는 주로 상층 카스트 성원들이 주도했던 종교적·사회적 개혁운동에서 발전해 나왔다. 예를 들어 1875년 창립된 아리아 사마즈(Arya Samaj) 같은 단체는 영국 식민 지배와 기독교 선교에 대항한 대표적인 운동이었다고 할 수 있다. 당시 영국의 대(對) 인도 정책은 공리주의의 영향력하에 있었고, 1813년에 허가된 기독교 선교활동은 공리주의적 정책하에서 더욱 활발한 활동을 펼치고 있었다. 공리주의자들과 복음주의자들은 공통적으로 힌두교를 포함한 토착문화를 야만적인 것으로 불신했고, 문명의 세례를 받지 못한 인도인들을 궁극적으로 구원할 수 있는 것은 서구식 교육과 기독교 개종이라고 생각했다. 아리아 사마즈의 일차적 목표는 전통적인 사회질서와 힌두의 문화를 유지하는 한편 이를 서구화되어 가는 사회에 일정 정도 적응시키는 것이었다. 즉 전통문화의 보존과 근대화라는 상반되는 목표를 모두 지향한 것인데, 다신교적 우상숭배라는 신앙의 형태와 인간의 불평등을 전제로 하는 사회제도인 카스트는 배격하고 베다로 대표되는 성전(聖典)에 나타나는 힌두 전통의 핵심을 보존하는 식의 선별적인 개혁으로 나타났다.[11]

---

11) 여기서 아리아 사마즈가 배격한 카스트는 세분화된 내혼집단(內婚集團)인 자띠(jati)를 의미하며, 브라만, 샤뜨리야, 바이샤, 슈드라의 4개 범주로 구분하는 바르나는 받아들였다. 아리아 사마즈의 창시자인 사라스와띠(Dayananda Saraswati)에 의

근대 인도의 대표적인 종교·사회개혁운동인 아리아 사마즈의 예에서 드러나듯이 식민통치 시대의 급속한 서구문명의 유입에 대한 인도인들의 반응은 극단적 전통주의와 전향적 근대화의 사이 어딘가에서 자리를 찾았다. 아리아 사마즈의 운동은 근본적으로 종교색을 강하게 띠고 있으면서도 종교적 원리주의의 성격보다는 '비판적 전통주의(critical traditionalism)'로서의 의미를 갖는 운동으로 이해되었다.(Parekh 2003, 563) 비판적 전통주의는 근대성과 전통을 대척적인 것으로 보아 전통을 배척하는 근대주의(modernism)와는 달리, 과학과 이성을 통해 전통을 일부 수정하면서도 그 가치를 추구하는 방식으로 서구문명에 대항하고자 했다. 아리아 사마즈는 다신론과 범신론, 하층 카스트와 여성에 대한 차별을 적극적으로 배격하여 일신교적·평등주의적 종교를 추구하면서도, 힌두 신앙과 힌두적 삶의 가치를 힌두 고전이라는 전통에 의거하여 설명하고 옹호하였다. 사라스와띠는 이를 '이성과 조화를 이루는 신앙'이라 부르며 당시까지 인도에 존재하던 전통 신앙과도 다른 보편적인 진리라고 하였다.(Saraswati 1875, 723) 이와 비슷한 비판적 전통주의로 인도의 독립운동가로 널리 알려진 간디(M. K. Gandhi)의 '스와라즈(Swaraj)'를 꼽을 수 있다. 스와라즈는 자치(自治)를 뜻하지만, 단순히 인도인에 의한 인도의 통치를 넘어서 인도의 문명과 정신에 입각한 통치를 의미하는 단어로 사용되었다. 서구적 산업, 기계문명, 물질을 거부하고 인도의 문명과 정신을 기반으로 한 사회를 대안으로 제시한 것이다. 그러나 간디가 말하는

하면, 베다 시대에 인정된 바르나 제도는 아이들의 후견인이나 스승이 아이들의 적성과 자질을 살펴 후천적으로 결정되는 것이었다.(Saraswati 1875, 113) 또한 그는 바르나는 베다 시대부터 존재했던 힌두 고유의 이상적 사회제도로서 서구적인 개인주의적 가치가 포함되지 않은 것이라고 하였다.(Smith 1994, 28)

인도의 문명과 정신은 정통주의적(orthodox) 전통이 아니라 이미 시작된 근대성에 의거하여 상당 부분 수정된 '시대의 의무(yugadharma)'였다.(Parekh 1999, 95)

아리아 사마즈는 비판적 전통주의의 성격을 갖고 있었지만 그들의 중요한 활동 중 하나였던 슛디(Shuddhi: 정화) 운동이 내포하고 있던 원리주의적 성향은 향후의 '커뮤널리즘'을 염두에 두며 고찰해볼 필요가 있다. 그것은 슛디 운동이 좀 더 직접적이고 적극적인 태도로 서구화에 대항했고, 그 과정에서 이슬람 역시 힌두 문화와 대치되는 외래적 요소로 간주하여 배척함으로써 종교분쟁의 초기적 증상을 보여주고 있기 때문이다. 슛디는 그 어휘가 갖는 의미대로 타 종교에 의해 더럽혀진 사람들을 정화하자는 운동으로, 원래 힌두였으나 여타 종교로 개종한 사람들을 힌두교로 재개종시키는 활동을 말한다. 다야난다는 1923년 '인도힌두정화위원회(Bharatiya Hindu Shuddhi Mahasabha)'를 조직하여 평화적 재개종운동을 추진하고자 했다. 슛디는 아리아 사마즈의 공격적인 활동 중 대표적인 것이었다. 당시 가속화되었던 기독교 선교사들의 선교활동에 대한 전통주의의 대책으로 마련된 것이었지만, 기독교 이외에도 이슬람, 시크교 등으로 개종한 이들 —주로 불가촉천민이나 수드라 등의 하층민— 을 다시 힌두로 재개종시켰고, 나중에는 조상 중 힌두였던 이가 있는 사람이라면 누구든지 개종시킬 수 있는 것으로 간주되었다.(Jones 1994, 101) 이는 결국 무슬림들로부터 큰 반발을 사게 되었는데, 의지로 선택할 수 있는 이슬람과 같은 종교와는 달리 힌두교는 원래 '개종'의 종교가 아니므로 이미 무슬림이 된 사람들을 다시 개종시킬 수 없다는 힌두교와 이슬람의 교의에 의거한 반박이었다. 이로 인하여 슛디 운동에 대한 찬반이 첨예하게 엇갈렸고, 결국 1926년 아리아 사마즈의 대표적인 선교사이며 힌두정화위원회의 장이였던 슈라다난다(Swami Shraddhananda)의 암살로 이어졌다.[12)]

IV-3. 힌두 민족주의와 힌두 국가

1990년대 이후 오늘날 인도의 커뮤널리즘을 주도하고 있는 것으로 비판받는 정당, 즉 인도인민연합(Bharatiya Jan Sangh: BJS, 현재 인도의 제1당인 BJP의 전신)을 비롯한 연계 단체들과 보다 직접적으로 연관되어 있는 식민지 시대의 힌두 민족주의자는 사바르까르(V. D. Savarkar)다. 그는 유럽의 민족주의 운동에 깊은 관심을 가지고 연구하였고, 특히 이탈리아의 민족운동을 인도에 적용하려 했다.[13)] 유럽의 경험으로부터 수입된 개념을 인도에 적용시키는 과정에서 전통을 새롭게 구축할 필요가 있었다. 유럽의 역사적 경험으로부터 성립된 '민족'에 부합하는 개념이 인도에는 부재하였고, 다양한 집단들이 형성해온 다양한 정체성이 중첩된 인도의 상황에서 한 국가의 주류를 형성하는 민족이라는 단일한 정체성을 도출하는 것이 당시 민족주의적 엘리트들

---

12) 이보다 이른 1897년에 이슬람과 무슬림 지도자들에 대해 악평을 서슴지 않았던 또 다른 아리아 사마즈의 지도자 람(Lekh Ram) 역시 암살당했는데, 람의 저술은 힌두-무슬림 간의 갈등이 정치적으로 증폭되기 이전부터 이슬람을 타깃으로 하고 있었다는 점이 주목된다. 그는 이슬람을 기독교와 함께 외래문화로서 비판한 것이 아니라 나름의 도덕적 잣대로 평가하며 '암살과 도둑질, … 변태적 성행위의 종교'라고 묘사했던 것이다.(Jones 1994, 101) 이 사건을 기준으로 본다면 폭력이 동반된 커뮤널리즘의 역사는 생각보다 일찍 시작된 것일 수도 있다.

13) 그는 젊은 시절 이탈리아의 민족주의자 마치니(Mazzini)를 존경하여 그의 모델로 삼았다고 전해지며, 1904년 결성한 무장혁명을 지지하는 비밀단체 '근대적 인도(Abhinav Bharat)' 역시 마치니의 '젊은 이탈리아(Young Italy)'를 모델로 한 것이었다.(Keer 1988, 23-24)

의 과제였다. 사바르까르뿐 아니라 당시의 많은 민족주의 엘리트들은 인도 '민족'의 정체성을 종교를 통해 찾고자 했다.

사바르까르는 18세기의 동양학자들로부터 동시대 민족주의자에 이르기까지 인도 문화와 인도인을 설명하기 위해 사용했던 주요 개념인 '아리아(Arya)'[14] 인종으로부터 출발했다. 그는 아리아인을 '인더스 강 이편에 살고 있는 민족과 국민의 불가결한 일부를 이루고 있는 모든 사람들'로서, '바이딕(vaidik)이든 바이딕이 아니든(avaidik), 브라만(brahman)이든 짠달라(chandala)든' 관계없이,[15] '공통의 문화와 공통의 혈통과 공통의 나라와 공통의 정체(正體)를 이어받은' 모든 이들이라고 설명했다.(Savarkar 1923, 32-33) 사바르까르의 아리아인 개념은 '인더스 강'이라는 지리적 경계를 넣고 있다는 점에서 포괄적이지만 아리아인을 '힌두'와 직접 연결시키는 실마리가 되고 있다. 인더스(Indu, Sindhu)라는 지리적 명칭은 이 지역의 거주자를 의미하는 '힌두'라는 어휘의 기원이기도 하기 때문이다. 또한 지리적 경계 내에 살고 있는 모든 이들을 말하고 있는 것처럼 보이지만 사실은 같은 '문화'를 공유

---

14) 고대 인도-이란 어 계열의 어휘로 '고귀한'이라는 의미로 사용되었다. 고대 인도-이란 문헌을 통하여 이들이 스스로를 '아리아'라는 호칭으로 불렀음을 알 수 있고, 이는 자신들의 혈통 또는 문화에 대한 자부심을 표현한 것으로 보인다. 이후 18세기 유럽 학자들이 제시한 아리아인종설로부터 20세기 히틀러에 의해 이용되기까지 인종 또는 민족 개념으로 다루어져 왔으나, 아리아를 인종 개념으로 이해하는 것에 대해서는 많은 문제제기가 있으며 현재 학자들 사이에서는 지양하는 바다.

15) '바이딕(또는 베딕)'은 베다를 모체로 하는 종교를 믿는 사람이나 그 신앙을 의미한다. 인도에서 기원한 종교 중 우리에게 알려진 최고(最古)의 것은 베다를 성전으로 하는 종교인데, 이 베다 종교와 여기에서 이어진 힌두교의 여러 종파를 정통으로 보아 바이딕이라 한다. '아바이딕'은 바이딕이 아니라는 의미로 인도에서 기원한 종교 중 베다를 따르지 않는 불교, 시크교 등의 비정통 종교를 가리킨다.

브라만과 짠달라는 각각 카스트 위계질서에서 가장 높은 집단과 가장 낮은 집단을 가리키는 말이다.

하는 사람들만을 말하며, 이때 문화란 힌두 문화를 의미하는 것이다. 브라만과 짠달라를 모두 포함한다는 것은 카스트의 고하 구분이 없다는 뜻이나, 카스트가 없는 이들, 즉 힌두가 아닌 이들은 이 범주에 끼지 못한다. '바이딕'과 '비(非)바이딕'을 두루 포괄한다는 것은 베딕 힌두교뿐 아니라 불교, 자이나교, 시크교 등 비베딕 계열의 인도 종교를 모두 포함한다는 뜻이다. 이는 곧 불교, 자이나교, 시크교 신봉자들을 포괄적인 힌두의 범주에 포함시키는 것이며, '바이딕'이나 '비바이딕'으로 구분될 수 없는 외래종교, 즉 이슬람과 기독교는 배제하고 있는 것이기도 하다. 결국, 사바르까르와 같은 힌두 민족주의자들에게 있어서 이 시대의 아리아인, 민족국가 인도의 국민을 정의하는 결정적인 특질은 그들의 '힌두성(性)(Hindutva)'이다.(이지은 2013, 422-423) 민족주의자로서 외래적 요소를 민족으로부터 배제시키려는 태도는 일견 자연스럽게 느껴질 수도 있으나, 왜 힌두성'만'이 인도의 정체성이 되어야 하는가에 대한 근거는 명확지 않다. 이것은 다양한 종류의 사람들이 다양한 경로를 통해 인도아대륙에 들어와 살게 되었다는 역사적 사실과 이들이 공통의 경험을 통한 동화의 결과 역사와 언어와 문화를 공유하고 있다는 현실은 고려하지 않는 기준이다. 힌두의 역사가 곧 인도의 역사이며 힌두의 문화만이 인도 문화라는 원리주의적인 사고다. 사바르까르는 개인적인 스승-제자 관계를 통하여, 그리고 1930년대부터 1942년까지 '힌두대연합(Hindu Mahasabha)'의 회장직 역임을 통하여 힌두 민족주의 진영에 큰 영향력을 행사하였고, 이에 따라 힌두 민족주의를 원리주의적으로 이해하려는 사람들도 늘어났던 것으로 보인다.[16]

---

16) 예를 들어 1949년 간디를 암살했던 극우 힌두 민족주의자 고드세(Nathuram

오늘날 커뮤널리즘 단체의 원조 격인 RSS는 식민통치하인 1925년에 헤드게와르(K. B. Hedgewar)의 주도로 탄생하였다. 헤드게와르가 민족주의적 힌두들을 조직화해야겠다고 마음먹게 된 것은 영국의 식민통치에 대한 문제의식과 더불어 '무슬림들로부터의 위협' 때문이었다.(Jaffrelot 1996, 34) 또한 설립자인 헤드게와르는 그 조직을 '힌두 국가의 축소판(the Hindu Rashtra in miniature)'이라 일컬었다.(Deshpande and Ramaswamy 1981, 188) 그 주요 지도자들은 힌두 국가를 이루는 이상적 사회란 바르나 제도에 기반한 사회라고 생각했고, RSS의 임무는 사라져가는 계서적 사회구조를 복구하는 일이었다. 예를 들어 힌두 민족주의의 대표적 사상가이며 헤드게와르의 뒤를 이어 RSS를 이끌었던 골왈까르(M. S. Golwalkar)는 "힌두의 사회질서[바르나 질서]에 단점이라 할 만한 것은 없는데, [단점이 아닌 것을 단점으로 간주함으로써] 고대의 영광을 되찾는 것을 방해하고 있다."고 바르나 제도를 정당화했다.[17](Golwalkar 1939, 63) 그렇다면 헤드게와르가 RSS에 구현되었다고 말한 힌두 국가란 무엇인가? 힌두 국가는 곧 힌두 라즈(Hindu Raj)에 의해 통치되어 힌두 사회의 이상이 실현되는 국가다.[18] 힌두 라즈의 개념은 다양한 측면에서 설명될 수 있지만 단적으로 힌두교의 원리(Hindu Dharma)에 입각한 국가의 통치와 운영을 말하며, 이상적인 힌두 사회의 모습은 지배자를 비롯한 모든 구성원들이 힌두교가 규정한 각각의 의무(Dharma)에 충실한 삶을 살아가는 것이라 할 수

Godse)는 사바르까르의 제자로 그의 직접적인 영향력하에 있었던 인물이다. 이러한 연관 때문에 간디 암살의 배후가 사바르까르라는 음모설이 끊임없이 제기되어왔다.

17) [ ]안의 내용은 의미를 명확하게 하기 위하여 필자가 보충한 부분이다.

18) 한편, 영국의 역사학자 베일리는 보다 '근대적' 어휘로 힌두 국가를 설명했다. 힌두 국가란 "힌두교가 국가를 이루는 중심적 원리로 작용하며, 힌두 문화가 그 나라의 시민권에 기본 전제가 되는 나라다."(Bayly 1993, 8)

있다.[19] 힌두 다르마가 사회의 근간을 이루는 힌두 국가에서는 바르나에 의거한 사회질서(chaturvarnya)가 기틀을 이루게 된다. 결국 RSS의 궁극적 목표인 힌두 국가는 이러한 이상을 실현할 수 있는 통치의 문제로 귀결되는데, 이것은 기독교와 이슬람에 대항하여 힌두교 선교와 사회활동을 하기 위한 사회조직임을 표방하며 출범한 RSS가 점차 실질적인 권력 획득에 관심을 갖게 된 이유이기도 했다.

힌두 라즈를 통한 힌두 국가를 실현하기 위하여 RSS 지도자들은 1951년 인도인민연합이라는 정당을 설립하였다. 창당을 주도한 무케르지(S. P. Mookherjee)는 힌두 국가의 이상에 대한 자신의 생각이 골왈까르와 완전히 일치한다는 사실을 확신시킨 후에야 창당을 허가받았다고 알려져 있다.(Jeffrelot 1996, 117) 초기에 이 정당의 성격은 철저히 RSS의 이상을 실현하기 위한 정치적 도구로 한정되었으며, 흔히 RSS나 다른 자매단체들과 함께 '단(團)가족(Sangh Parivar)'이라는 이름으로 불렸다.[20] 창당 후에도 사회단체인 RSS는 정당 BJS와 상호 보완적 관계를 유지하며, 특히 BJS는 그 인적 자원을 RSS에서 충당하는 경우가 많았다. 힌두 국가의 완성을 목표로 하는 RSS의 이상을 공유하며 그 이상의 실현을 위한 정치적 도구로서 만들어진 것이 BJS였다는 것을 고려하면 두 단체의 밀접한 관련성은 자연스럽게 느껴진다. 따라서 BJS의 후신인 '인도인민당(BJP)'이[21] 많은 힌두-무슬림 분쟁 사

---

19) 다르마는 일반적으로 종교 또는 법(法)이라고 번역되나, 진리, 원리, 원칙, 종교적 의무, 도덕적 의무 등을 의미할 수 있다.

20) RSS, BJS 등의 단체명이 모임, 집단을 뜻하는 'Sangh'으로 끝나기 때문에 이러한 이름이 붙었으나 이후에 설립된 'Sangh'이 들어가지 않는 자매단체들도 집합적으로 모두 이렇게 불리고 있다. 따라서 'Sangh'은 원조단체인 RSS를 의미한다고 보아야 할 것이다.

21) BJS는 1977년에 반(反)국민회의 야당 연합인 인민당(Janata Party) 창당에 참여하

원 중 아요드야의 '라마' 성지를 택하여 대대적 캠페인을 시작한 것도 이러한 맥락에서 이해될 수 있다.

라마의 일대기를 그린 성전(聖典)인 『라마야나』에 나타나는 몇 가지 에피소드는 힌두교 신화에서의 라마의 성격과 위치를 잘 드러내준다. 국왕인 아버지와 계모의 약속에 의해 나라에서 추방당하게 되었을 때 라마는 아버지의 약속을 지키는 아들의 도리를 다하겠다며 명령에 복종한다.(Ramayana II-18) 또 마왕(魔王)에게 빼앗긴 아내를 처절한 전쟁을 겪으며 되찾고 난 직후 내뱉은 일성은 무사이며 남성으로서 자신과 가문의 명예를 회복했다는 선언이었다.(Ramayana VI-117) 라마가 왕이 되어 나라를 다스리게 되었을 때는 천상의 행복을 위하여 수행을 하는 하층민 슈드라를 단칼에 죽이기도 하는데, 수행을 하는 것은 슈드라의 다르마에 걸맞지 않은 일이기 때문이었다.(Ramayana VII-85) 각각의 카스트가 자신들의 다르마를 바르게 실천하도록 규율을 세우는 것이 통치자의 다르마이기에 다르마에 걸맞지 않은 행동을 한 수드라를 벌하는 것 또한 라마의 의무였다. 이와 같이 다르마를 지키는 것을 지고의 미덕으로 삼은 라마의 치세는 '라마의 통치'라 불리며 가장 이상적인 형태의 통치로 그려졌다. 힌두교의 많은 신 중 힌두 라즈와 가장 직접적으로 연관되는 신격이 라마이며, 라마의 탄생 성지를 힌두의 것으로 복원한다는 이들의 운동 목표에는 힌두 고전에서 이상으로 삼는 '라마의 통치'를 복원하는 것과 비슷한 상징성이 쉽게 부여될 수 있었던 것이다.

면서 인민당에 흡수되었다. 이후 1980년 야당의 연합전선이 무너지고, 인민당 내의 구(舊) BJS 당원들이 다시 BJP를 창당하였다.

IV-4. 원리주의 정권의 수립과 '역사전쟁'

라마의 탄생지를 재건하자는 캠페인을 효과적으로 이용한 BJP는
몇 차례의 연정과 입각, 실각을 반복한 끝에 1998~2004년까지 집권
하였고, 다시 지난 2014년 총선에서 승리하여 현재 집권하고 있다. 이
글의 전반부에서 언급했듯이 독립 이후 오랜 기간 동안 '세속적 민족
주의' 역사관이 인도의 주류 사관으로 깊이 자리 잡고 있었고, 역사학
계는 세속적 민족주의를 표방하는 학자들과 마르크스주의 계열의 학
자들이 장악하고 있다고 해도 과언이 아니다. BJP가 집권하면서 집권
자들에게 심각하게 대두된 문제 중 하나는 역사를 다시 쓰는 문제였
다. 자신들의 정권이 창출될 수 있었던 실마리를 제공한 것이 아요드
야의 라마 사원과 바브리 마스지드의 건설, 파괴와 관련된 역사적 해
석과 태도의 문제였던 만큼, 역사 문제는 BJP 정권에게는 중요하게
고려되었을 것이다.[22] 더구나 간디, 네루를 비롯한 인도국민회의 지도
자들을 중심에 두는 세속적 민족주의를 대체하여 힌두 민족주의가 보
다 전면으로 부각될 수 있는 근·현대사 연구와 서술이 절실하게 필
요한 상황이기도 했다.

BJP의 집권 이후 먼저 정책적 차원의 대응이 이루어졌다. 아요드
야 관련 논쟁에서 바브리 마스지드가 지어진 자리에 원래 라마 사원
이 있었으며, 바로 그 자리가 실제로 라마가 탄생한 위치와 일치한다
는 주장을 펼쳤던 그다지 널리 알려지지 않았던 학자가 문화부 산하

---

22) 바브리 마스지드-라마 사원과 관련된 논쟁은 적어도 역사학계에서는 BJP 측의
주장이 신화와 역사적 사실도 구분하지 못하는 '역사의 신화화(mythification of
history)'에 불과하다고 반박되었다.(Lal 2003, 123) 뿐만 아니라 수많은 소위 '세속
적' 역사가들이 힌두 민족주의 진영에 불리한 연구들을 쏟아내었다.

의 역사학연구심의회(Indian Council of Historical Research)의 의장으로 발탁되었다. 그가 심의회 의장이 되어서 한 일은 역사학연구심의회가 심혈을 기울여 제작 중이던 현대사 사료집 중 두 권의 출판계획을 철회한 것이었다. 출판이 철회된 사료집의 편집자는 우연히도 가장 명망 높은 마르크스주의 계열의 역사학자 두 명이었다. 심의회는 그 두 편집자가 사료편집의 근거를 제출하지 못했기 때문이라고 철회의 이유를 밝혔지만, 사실은 편집된 내용에 RSS가 반식민 투쟁에서 별다른 역할을 하지 않았던 것은 물론, 영국과 적극적으로 협력했음을 보여주는 사료들이 포함되어 있었기 때문이라고 의심되었다.(Menon 2000)

이와 비슷한 시기에 역사교과와 관련된 교육개혁안이 발표되었다. 2000년 인도 인적자원개발부(Ministry of Human Resource Development: 교육부에 해당)는 중등교육기관에서 역사과목을 사회과학과 완전히 통합시키는 안이 포함된 교과과정을 발표했다. 또한 이 개혁안에 따르면 교육부는 교과서를 검열하고, 고등학교 과정에서는 특정 교과서를 제외시킬 수도 있었다. 이러한 개혁안이 BJP 정권하에서 나온 것은 당시의 많은 미디어에서 지적하듯이 역사교과서 곳곳에서 힌두 민족주의자들에게는 '불편한 진실'이 발견되기 때문이라는 것은 어렵지 않게 짐작할 수 있다. 실제로 검열을 통하여 많은 역사교과서들이 시정 명령을 받았고, 특히 시대를 불문하고 종교와 관련된 부분들이 문제가 되었다. 이외에도 BJP 정권은 이른바 '사라스와띠 문명'의 발굴이나 베다의 과학적 입증과 같은 주로 고대사와 연관된 부분에 대한 비과학적 접근으로 많은 학자들의 비판을 받았다. 역사를 새로 쓰는 일련의 프로젝트는 BJP의 실권과 함께 한동안 자취를 감추었으나, 재집권 후 2년이 지난 오늘날 우리는 비슷한 광경을 목도하고 있다. 이번 정권이 압도적인 지지로 집권하게 된 것을 고려한다면 원리주의의 도전은 전보다 훨씬 강력한 힘으로 '역사'를 몰아세울 것으로 예상된다. 우리는 인도 역사교과서가 '세속주의'라는 헌법적 원리에 반(反)하여, 보다 정교하고 체계적으로 '힌두 국가'의 이상에 적합하도록 다시 써지는 모습을 보게 될 수도 있을 것이다. 애초에 서구가 지배하는 식민통치에서 벗어나려는 목적으로 시작되었던 종교적 민족주의가 반동(反動)으로 이어지는 현상은 비단 인도만의 것은 아닐 것이다.

V. 식민통치의 유산을 다시 생각하다

식민통치자에 의해 구축된 인도사가 가진 문제점에 이의를 제기하며 인도인을 주인으로 삼는 새로운 인도사 서술이 등장한 것은 인도가 하나의 민족이라는 선언과도 같은 것이었다. 실제로 민족주의 역사서술은 19세기 말부터 시작된 민족주의 운동과 밀접하게 연관되어 있었으며, 제2차 세계대전 이후의 독립, 국민국가 형성, 그리고 인도 '국민'으로서의 정체성 마련에 지적 배경을 제공했다. 인도가 가지고 있던 지역적·인종적·문화적·역사적 다양성은 인도를 하나의 국가로 묶는 데 장애요인으로 작용했다. 인도의 각 지역에서 살아오던 사람들에게 '인도인'이라는 단일한 정체성을 부여하기 위해 손쉽게 도입할 수 있었던 것은 종교적 정체성이었고, 이는 '민족정체성'으로 오인되어 실제로 식민통치 시기에는 상당히 효과적으로 통합에 기여하기도 했다. 또한 이 과정에서 종교전통을 미화하고 전통의 권위에 기대어 식민통치자가 도입한 서구적인 관습과 제도에 비판을 가하였다. 그중에는 앞서 살펴본 간디의 예처럼 반(反)서구적 성격의 문명론이라

할 정도의 논리적 완결성을 보여주는 주장도 있다. 그러나 식민통치를 가져온 서구문명에 대한 반감과 저항은 힌두성을 기반으로 한 인도의 정체성을 조작해냈고, 힌두/이슬람 민족주의로 나아가게 되었다. 종교적 정체성을 기반으로 한 민족주의는 정치적으로는 인도와 파키스탄의 분리독립으로 귀결되었으며, 독립 이후에는 종교 원리주의로 부활하여 다른 종교집단에 대한 배타성과 폭력으로 나다니게 되었다.

원래 민족주의의 구심점으로 기능했던, 따라서 영국의 식민주의에 대한 안티테제의 형태로 구체화되었던 힌두/이슬람 민족주의가 공동의 적인 식민통치자를 간과하고 결국 서로를 최대의 적으로 간주하여 갈등을 빚게 된 상황은 식민통치 시대 내내 계속되었던 분할통치(divide and rule) 정책으로 설명되었다. 1905년 벵갈을 동, 서로 분리하려 했던 벵갈 분할이 힌두-무슬림 분리정책의 시초로 여겨진다. 이외에도 분할통치의 예는 이미 18세기부터 마라타 전쟁을 비롯하여 여타 지방세력을 각개격파하는 과정에서 늘 나타나던 정책이었다. 이후 힌두-무슬림 간의 분할통치정책은 1920년대 대중 민족주의의 시대가 도래하고 인도국민회의가 인도 민족운동의 최대 세력으로 부상한 이후 이슬람 진영을 국민회의로부터 분리시키려는 식민정부의 정치적 모색으로 더욱 강력하게 작동되었다. 1930년대부터는 인도인들에게 선거권을 부여하는 과정에서 무슬림, 하층 카스트 등의 소수집단에게 의석 할당과 분리 선거권을 허가할 것인가의 문제가 불거졌다. 이 역시 민족주의자들에게는 힌두-무슬림, 상층 카스트-하층 카스트 간의 분할통치정책의 하나로 비판의 대상이 되었다. 인도와 파키스탄의 분리독립, 즉 인도의 분단도 분할통치정책의 결과 중 하나다.

우리가 지금까지 살펴본 힌두 민족주의의 성격은 앞서 정리했던 민족주의 역사서술에 나타나는 전반적인 인식론의 특징을 보여준다. 그리고 민족주의는 그 인식의 근거를 상당 부분 유럽의 동양학 연구와 공유하고 있다. 특히 이슬람과 기독교라는 외래종교를 접하기 이전의 고대를 순수한 힌두 문화가 꽃피었던 영광의 시기로 간주한다는 점에서 그러하다.[23] 식민 지식 역시 민족주의적 인식에 큰 영향을 끼쳤다. '힌두'라는 포괄적 정체성을 중심으로 형성된 민족정체성은 식민지 시대에 명명된 '힌두교(Hinduism)'라는 개념만큼이나 허약한 것이다. 식민지 관리들은 인도에서 기독교나 이슬람 같은 외래종교를 믿는 이들과 문명화되지 않은 부족민들을 제외하면 모든 사람들은 다 힌두라고 믿었다. 이러한 믿음하에서 온갖 형태의 신앙과 제식을 싸잡아 힌두교를 '발명'하였다. 다양성으로 가득한 인도를 하나로 묶을 수 있는 단일성이 있다면 그것이 힌두교였고, 따라서 힌두교는 쉽게 '인도의 정신'이 되었다.(Inden 1990, 86) 이렇게 힌두 민족주의자들은 영국 식민통치자들에 의해 잘못 부여된 종교적 정체성을 근거로 하여 국가의 정체성을 정의하고, 국민 중 일부를 타자화하고 있는 것이다. 그들이 비판하는 세속적 민족주의와 마찬가지로 서구 오리엔탈리즘의 인식론을 공유하고 있음은 물론이고, 스스로에 대한 정체성의 근거마저도 식민주의에 의한 부적절한 인식을 따르고 있다는 사실은 힌두 민족주의의 허약한 근간을 그대로 드러내고 있다.[24]

---

23) 인도에 기원후 1세기에 처음으로 교회가 세워졌고, 2세기 말에는 기독교도들이 들어와 정착하기 시작했다. 기독교의 도래를 근대의 산물로 본 것은 역사에 대한 이들의 편협성 때문이다.

24) 그럼에도, 커뮤널리즘을 오리엔탈리즘과 식민주의적 구조로 당연시하는 요즈음의 경향에 대해 피식민국의 모든 지식인들이 동의하는 것은 아니라는 점을 지적하고자 한다. 커뮤널리즘이나 카스트의 고착화와 같은 사회 문제들에 대한 일방적인 식민주의 책임론에 대한 문제의식은 포스트식민주의 반대론자들과 마르크스주의자들

이 주로 제기했다. 그것은 커뮤널리즘의 발생과 커뮤널리즘이 가져오는 온갖 폐해를 포스트 식민사회의 구조적 특성으로 감수할 수만은 없다는 자기반성이거나, 또는 종교의 격막을 가로지르는 계급의 구성을 꿈꾸는 마르크스주의자의 신념의 표현일 수도 있다. "식민주의는 이제 그 자신의 잔혹함에 대해 책임을 져야 하는 것은 물론, 편리하게도 우리의 잔인성에 대한 책임도 떠안고 있다."라는 인도 지식인의 성찰은 귀담아 들을 필요가 있다고 본다.(Ahmad 1992, 196-197)

■ 참고문헌

강정인. 2004. 『서구중심주의를 넘어서』. 서울: 아카넷.

딜릭, 아리프 저 · 황동연 역. 2005. 『포스트모더니티의 역사들—유산과 프로젝트로서의 과거』. 서울: 창비.

이경원. 2010. 『검은 역사 하얀 이론—탈식민주의의 계보와 정체성』. 서울: 한길사.

이지은. 2013. "인도 식민지 시기와 국가형성기 하층카스트 엘리트의 저항 담론 형성과 역사인식: 조띠라오 풀레(1827-1890)와 빔라오 암베드까르(1897-1956)." 『동양사학연구』 125집, 405-440.

Ahmad, Aijaz. 1992. *In Theory: Classes, Nations, Literatures*. New Delhi: Oxford University Press.

Ahmad, Aijaz. 1995. "The Politics of Literary Postcoloniality." *Race and Class* 36(3): 1-20.

Bayly, Susan. 1993. "History and the Fundamentalists: India after the Ayodhya Crisis." *Bulletin of the American Academy of Arts and Sciences* 46(7): 7-26.

Chandra, Bipan. 2009. *History of Modern India*. Hyderabad: Orient Blackswan.

Deshpande, B. V., S. R. Ramaswamy. 1981. *Dr. Hedgewar the Epoch Maker*. Bangalore: Sahitya Sindhu.

Dirlik, Arif. 1994. "The Postcolonial Aura: Third World Criticism in the Age of Global Capitalism." *Critical Inquiry* 20(2): 328-356.

Dutt, Manmatha Nath 역. 1893. *The Ramayana—Translated into English Prose from the Original Sanskrit of Valmiki*. Calcutta.

Golwalkar, M. S. 1939. *We, or Our Nationhood Defined*. Nagpur: Bharat Publications.

Guha, Ranajit. 1986(초판 1982). "On Some Aspects of the Historiography of Colonial India." In *Subaltern Studies I: Writigns on South Asian History and Society*. edited by Ranajit Guha, 1-8. New Delhi: Oxford India University.

Guha, Ranajit. 1997(초판 1983). *Elementary Aspects of Peasant Insurgency in Colonial India*. Delhi: Oxford University Press.

Hardy, Peter. 1961. "Modern Muslim Historical Writing on Medieval Muslim India." In *Historians of India, Pakistan and Ceylon*. edited by C. H. Philips, 294-309. London: Oxford University Press.

Inden, Ronald. 1990. *Imagining India*. Oxford: Blackwell.

Jaffrelot, Christophe. 1996. *The Hindu Nationalist Movement and Indian Politics 1925 to the 1990s-Strategies of Identity-Building, Implantation and Mobilisation*. New Delhi: Viking.

Jones, Kenneth W. 1994(First Paperback Indian edition). *Socio-religious Reform Movements in British India*. New Delhi: Cambridge University Press.

Jones, William. 1807. *The Works of Sir William Jones* vol. 3. London.

Jordens, J. T. F. 1981. *Swami Shraddhanand: His Life and Causes*. New Delhi: Oxford University Press.

Keer, Dhananjay. 1988. *Veer Savarkar*. Bombay: Popular Prakashan.

Lal, Vinay. 2003. *The History of History—Politics and Scholarship in Modern India*. New Delhi: Oxford University Press.

Majumdar, R. C. 1927. *Ancient Indian Colonies in the Far East*. Lahore: Punjab Sanskrit Book Depot.

Majumdar, R. C. 1969. "Preface." In *British Paramountcy and Indian Renaissance* part I, *History and Culture of the Indian People* vol.

9. edited by R. C. Majumdar, xxi-xxxv. Bombay: Bharatiya Vidya Bhavan.

Menon, Parvathi. 2000. "Falsification of History." *Frontline* 17(6). http://www.frontline.in/navigation/?type=static&page=flonnet&rdurl=fl1706/17061120.htm(검색일: 2015. 08. 30).

Mill, James. 1817. *The History of British India* vol. 1. London: Baldwin, Cradock, and Joy.

Naoroji, Dadabhai. 1878. *Poverty of India.* London: Vincent Books.

Naoroji, Dadabhai. 1962(초판 1901). *Poverty and Un-British Rule in India.* Delhi: Publication Division, Government of India.

Parekh, Bhikhu. 1999(초판 1998). *Colonialism, Tradition and Reform— An Analysis of Gandhi's Political Discourse.* New Delhi: Sage Publication.

Parekh, Bhikhu. 2003. "Non-Western Political Thought." *The Cambridge History of Twentieth-Century Political Thought.* edited by Terence Ball and Richard Bellamy, 553-578. Cambridge: Cambridge University Press.

Saraswati, Dayananda 저 · Durga Prasad 역. 1972(힌디 초판 1875). *Satyarth Prakash, An English Translation of the Satyarth Prakash: Literally, Expose of Right Sense (of Vedic Religion) of Maharshi Swami Dayanand Saraswati, "The Luther of India", Being a Guide to Vedic Hermeneutics.* Jan Gyan Prakashan.

Sarkar, Sumit. 1997. *Writing Social History.* New Delhi: Oxford University Press.

Savarkar, V. D. 2005(초판 1923). *Hindutva: Who is a Hindu?* New Delhi: Hindi Sahitya Sadan.

Smith, Brian K. 1994. *Classifying the Universe—The Ancient Varna System and the Origins of Caste.* New York: Oxford University

Press.

Spivak, Gayatri Chakravorty. 1994(초판 1985). "Subaltern Studies:
Deconstructing Historiography." In *Subaltern Studies* vol. IV. edited
by Ranajit Guha, 330-363. New Delhi: Oxford University Press.

Spivak, Gayatri Chakravorty. 2010(초판 1988)a. "Can the Subaltern
Speak?" In *Can the Subaltern Speak?—Reflections on the History
of an Idea*. edited by Rosalind C. Morris, 237-291. New York:
Columbia University Press.

Spivak, Gayatri Chakravorty. 2010b. "Can the Subaltern Speak?" In *Can
the Subaltern Speak?—Reflections on the History of an Idea*. edited
by Rosalind C. Morris, 21-78. New York: Columbia University
Press.

Tilak, Bal Gangadhar. 1903. *The Arctic Home in the Vedas*. Poona:
Kesari.

Wittfogel, Karl A. 1957. *Oriental Despotism—A Comparative Study of
Total Power*. New Haven: Yale University Press.

서구가 바라본 오리엔트,
오리엔트가 바라본 서구

엄한진

1. 서론

이 글은 오리엔트에 대한 서구의 정치적·학문적 개입과 달리 우리에게 잘 알려져 있지 않은 서구에 대한 오리엔트의 인식과 대응을 다룬다. 그런데 이 약자의 시선은 오리엔탈리즘으로 대표되는 강자의 시선과 많이 닮아 있다. 와하비즘, 이슬람 개혁주의에서 이슬람주의로 이어져 온 종교담론이든 근대주의, 아랍 사회주의, 아랍 민족주의로 이어져 온 세속적인 담론이든 기독교 서구문명 대 이슬람의 오리엔트라는 이분법적 세계관을 상당 부분 공유했던 것이다. 그리고 이러한 이분법적 사고와 본질주의적 인식은 오리엔트 지역, 즉 대략 중동, 북아프리카, 그리고 동유럽 일부에 해당하는 지역이 분열, 폭력, 퇴행에서 벗어나지 못하게 하는 강력한 장애물로 작용하고 있다. 지리적으로 이 글은 중동 및 북아프리카 지역(Middle East & North Africa: MENA) 중 아랍 세계를 중심으로 논의를 전개한다. 이 지역에 관한 서구중심주의(Eurocentrism)[1]는 서구를 중심으로, 중동 · 북아프리카 또는 오리엔트 지역을 주변으로 간주하는 것이다. 이러한 인식은 직접 오리엔트를 다루는 담론인 오리엔탈리즘뿐 아니라 계몽사상, 맑스주의, 진화론 등 근대 서구사상 일반에 만연되어 있었다. 탈서구중심주의로서의 역오리엔탈리즘(reverse orientalism)은 오리엔탈리즘을 뒤집어놓은 대항담론으로서 서구 또는 다른 비서구와의 관계에서 자민족중심주의의 성격을 지니고 있다는 점에서 오리엔탈리즘에 대한 근본적인 비판이 되지 못한 측면이 있다. 오리엔탈리즘적 인식에 잘 들어맞는 극단적인 이슬람 담론이 아랍 및 이슬람 세계의 담론을 주도하게 된 것은 이러한 대항담론의 종속성과 한계를 잘 보여준다. 서구의 세계지배를 배경으로 등장한 서구중심주의는 탈식민화 이후에도 사라지지 않았다. 중동 및 북아프리카 지역의 경우 석유자원과 지정학적인 이해관계에 따른 강대국들의 개입을 배경으로 지속되고 있는 것이다. 아랍 예외주의, 이슬람 예외주의와 같이 아랍 또는 이슬람 세계가 서구에 비해 열등하고 경제발전과 민주주의를 이루기 어려운 태생적인 한계가 있다는 담론이 대표적인 사례다. 보다 최근에는 이슬람과 기독교가 근본적으로 적대적인 관계에 있으며, 이 지역이 안고 있는 문제의 원인이 이슬람에 있다는 식의 인식이 광범위하게 확산되었다. 이러한 담론 차원의 문제는 현실에 존재하는 오래된 문제를 지속

---

1) 강정인은 'Eurocentrism(유로센트리즘)'에 대한 번역어로 서구중심주의적, 서구중심주의, 유럽중심(주의)적, 유럽중심주의가 가능하다고 했다. 또한 유사어로 'western-centered(서구중심적)', 'Euro-Americanism(유럽 미국주의)', 'westocentrism(서구중심주의)', 'west-centrism(서구중심주의)', 'west-centric(서구중심적)' 등의 사례를 제시했다.(강정인 2004, 40-41) 그리고 서구중심주의 개념의 내용을 서구우월주의, 서구보편주의/역사주의, 문명화/근대화/지구화로 설명한다.(강정인 2004, 25)

시키는 역할을 하기도 한다. 따라서 이 지역이 안고 있는 문제를 해결하는 데 담론의 역할이 중요한 것이다. 이러한 문제의식에서 이 글은 오리엔트의 주된 부분인 아랍 세계를 중심으로 오리엔트에 대한 서구의 시각과 서구에 대한 오리엔트의 시각을 살펴보고 양자가 동전의 양면과 같이 연관되어 있고 닮아 있음을 살펴보고자 한다. 이 글에서는 서구에 대한 인식을 편의상 세속세력과 종교세력으로 구분해 살펴보지만 근대 초에는 이슬람 개혁주의 대 이슬람 근대주의로 구분하고 아랍 민족주의와 사회주의가 주도권을 쥐게 된 20세기 중반부터 세속적 이념 대 종교적 이념으로 구분하는 것이 더 적절하다고 할 수 있다. 이와 함께 이러한 한계를 극복하고자 제시되었던 대안들을 살펴본다.

2. 오리엔트에 대한 서구의 인식

'오리엔트(Orient)'는 옥시덴트(Occident)나 유럽(Europe), 서양, 서구(West)에 대응하는 용어로서 과거 비잔틴제국과 페르시아 제국, 그 이후에는 오스만 제국에 속해 있던 지역 중 발칸 반도 등 유럽 지역을 제외한 부분을 의미했다. 주로 중동 및 북아프리카 지역과 이 지역의 주요 종족이었던 투르크인, 아랍인, 페르시아인[2]을 염두에 둔 개념인

---

2) 투르크인은 중앙아시아에 뿌리를 두고 투르크계 언어를 사용하는 종족을 가리키며 현재 터키, 중앙아시아 등지에 분포되어 있다. 아랍인은 아랍 어를 사용하는 사람들을 가리키는 표현으로 초기에는 아라비아 반도에 거주하였고 이슬람 탄생 이후에는 중동 및 북아프리카 지역으로 거주지역이 확산되어 현재 아랍연맹 가입국의 수가 22개에 이르고 있다. 페르시아인은 아리안 족의 일원이며 페르시아 어를 사용하는 사람들을 가리킨다. 현재 이란, 아프가니스탄, 타지키스탄 등에 거주하며 일반적

데, 이는 당시 오스만 제국의 영토였던 이 지역이 영국, 프랑스, 러시아 등 열강의 각축장이 되었던 것과 연관성이 있다. 오리엔트의 범위를 살펴보면 비잔틴 제국(동로마 제국)의 영토였던 발칸 지역을 포함하기도 하며, 또한 부분적으로라도 오스만 제국에 속해 있던 발칸의 문제와 중동의 문제는 함께 다룰 필요가 있기도 하다. 정확히 말하면 오리엔트는 오리엔트 아랍과 발칸 지역을 포함하는 것이다. 다만 열강의 동쪽, 지중해 동안에 위치한 양 지역은 20세기 후반 사회주의권의 존재, 국민국가 해체, 유럽과 아시아로의 구분 등으로 인해 그 연관성이 약화되었다. 이 글에서는 오리엔탈리즘을 강조하기 위해 오리엔트라는 용어를 사용하지만 발칸 지역은 논의에서 제외한다.

'오리엔트 문제(Oriental question)'는 바로 이러한 서구의 개입이 초래한 현상으로서 오스만 제국을 해체시키고 이를 다수의 정치적 단위로 분할하려 했던 열강의 기획이 야기한 이 지역의 갈등을 가리키는 용어다.(후라니 2010) 제국 해체 이후 투르크 민족의 독립국가건설, 아랍 민족의 국가건설을 둘러싼 아라비아 반도의 사우드 왕가와 요르단의 하심 왕가 간의 주도권 싸움, 팔레스타인 지역의 미래를 둘러싼 아랍인들 간의 갈등과 아랍인들과 유대인들 간의 갈등은 오리엔트 문제의 대표적인 양상이었다. 한편 오리엔트에 대한 서구인들의 관념을 대표하는 용어가 '오리엔탈리즘[3]'이다. 이 용어는 '오리엔트'라고 불린 지리적 · 문화적 · 언어적 · 민족적 단위에 대한 담론을 가리킨다.

으로 이란인과 동의어로 쓰인다. 종교적으로는 투르크인, 아랍인은 대부분 수니파 무슬림이고 페르시아인은 시아파 무슬림이다.

[3] 오리엔탈리즘에 대해서는 이 주제에 대해 가장 잘 알려진 사이드(E. Said)의 『오리엔탈리즘』(1999), 오리엔탈리즘을 근대 일본에 적용한 재일교포 학자 강상중의 『오리엔탈리즘을 넘어서』(1997)를 참조할 수 있으며 강정인의 『서구중심주의를 넘어서』(2004)도 서구중심주의에 대한 논의의 일환으로 다루어지고 있다.

이 새로운 학문 분야이자 예술 사조의 시작은 14세기 유럽 대학들에 오리엔트 지역 언어 강좌가 개설되면서부터다. 오리엔트에 대한 관심은 특히 1798년 나폴레옹의 이집트 정벌을 계기로 본격화되었고 제국주의 시대에 꽃을 피우게 된다.(엄한진 2014, 34)

그런데 오리엔트에 대한 서구인들의 담론은 정치적인 목적에 동원된, 상당한 왜곡을 포함한, 서구중심주의적인 성격을 띤 것이었다. 오리엔탈리즘이 비서구사회에 대한 서구의 인식을 대표하는 용어라는 점에서 알 수 있듯이 오리엔트 지역은 서구중심주의 논의에서 핵심적인 지위를 차지한다고 할 수 있다. 물론 서구의 지식과 지식인이 모두 오리엔트라는 개념을 사용하는 것은 아니며, 오리엔트에 대해서 오리엔탈리즘적으로 바라본 것도 아니다. 그러나 다양한 시각이 존재함에도 불구하고 이 지역에 대한 외부세계의 인식이 상당 부분 1세기 전에 형성된 오리엔탈리즘의 영향을 크게 받고 있다는 점에서 오리엔탈리즘을 중동 및 북아프리카에 대한 서구의 인식을 대표하는 것으로 간주해도 무방할 것이다.

유독 이 지역이 심각하게 겪고 있는 정치적·사회적 저발전의 원인은 무엇인가? 왜 국가 및 지역 간, 종교 및 종파 간 갈등이 오랫동안 지속되고 있는가? 갈등이 빚어내는 극단적인 폭력성은 어떻게 설명해야 하는가? 아랍 및 이슬람 세계에 관한 이 오래된 질문들은 한편으로는 현실을 반영한 것이지만, 다른 한편으로는 오리엔트 지역에 대한 외부세계의 관심이 어떤 점에 초점을 두고 있는지 잘 보여준다. 이 질문들은 이 지역의 특수성을 강조하는 '아랍 예외주의'나 '이슬람 예외주의'와 연결되어 있는 것이다. 아랍 예외주의와 이슬람 예외주의는 이·팔 분쟁과 더불어 냉전종식 이후 중동 정치와 관련해 서구학계가 지속적인 관심을 보인 대표적인 주제라고 할 수 있다. 아랍과 이슬람을 동일시하는 시각으로 인해 상당 부분 중첩되는 이 두 관점은, 아랍 사회는 부족 차원의 연대가 강해 통합적인 국민국가를 형성하기 어렵다는 인식, 이슬람 사회는 일상생활이나 정치에 권위적인 문화가 강하다는 인식, 그래서 아랍 사회 및 이슬람 사회에서는 민주주의가 불가능하다는 인식을 주요 내용으로 하고 있다. 아랍 및 이슬람세계의 본질적인 한계와 그로 인한 후진성이 강조됨으로써 아랍의 시민사회와 사회운동, 도시 문제, 교육 문제, 산업구조, 환경 문제, 일상생활, 종교생활 등 중요한 보편적인 주제들이 외부세계의 관심에서 벗어나 있는 것이다. 이러한 편향성이 외부세계의 관점에만 해당되는 것은 아니다. 오스만 제국 말기 이래 아랍인들 자신이 제기한 과제 역시 위 질문들과 일맥상통하는 것이었다. 이슬람 사회 또는 아랍 사회가 정체를 겪게 된 원인, 사회의 발전과 근대적이고 자주적인 국가건설을 위한 방법에 대한 논의 등 주로 내적인 원인과 특수성에 대한 관심이 이 지역의 논의를 주도해왔던 것이다.

오리엔탈리즘은 이 지역의 정체 또는 퇴행적 성격(backwardness)이 어디에서 기인했는지에 대해 서구 제국주의 세력이 제시한 답변이었다. 원인은 아랍 또는 이슬람 사회 내부에서 찾아졌다. 이슬람을 탄생시킨 베두인 족[4]의 문화를 예로 들면서 부족 차원의 연대가 강해 국민국가의 건설과 사회통합을 달성하기가 어렵다는 설명, 가족·사회·국가 모두에서 발견되는 아랍 고유의 권위주의(Arab authoritarianism)로 인해 개인의 권리나 민주주의의 발전이 원천적으로 불가능하다는 설명, 이슬람이 사회를 장악하고 있어서 세속적인

---

4) 베두인(Bedouin)은 아랍 어로 '사막 거주민'을 의미하며 아랍인 중 아라비아 반도와 시리아의 사막지대에 거주하는 유목민 집단을 가리킨다.

정치·경제·사회·문화가 발전하기 어렵다는 등의 설명이 주어졌다. 특히 오리엔탈리즘이 오리엔트 세계의 가장 중요한 특징으로 이슬람을 상정한 이후 지금까지도 이슬람은 정치체제, 사회운동, 일상생활, 사고방식, 여성의 지위, 전쟁과 테러리즘 등 이 지역의 현실을 설명하는 가장 강력한 요인으로 간주되고 있다.(사이드 1999) 예를 들어 대표적인 중동 연구자인 루이스가 제시한 '이슬람의 유전자(Islamic gene)'라는 개념은 아랍 또는 중동이 겪고 있는 문제를 제국주의 등 외적인 요인이 아니라 이슬람이라는 내적인 요인에서 비롯된 것으로 설명한다.(Lewis 2001). 이러한 오리엔탈리즘의 설명은 서구와 오리엔트, 광의적으로는 서양과 동양 사이에 질적 단절이 존재한다는 인식에 기반을 두고 있었다. 서구는 이성적·평화적·문명적·능동적이고 오리엔트는 감성적·폭력적·야만적·수동적이라는 극단적인 이분법이 보고서, 학술적인 글, 소설, 미술 작품 등을 통해 형성된 오리엔트에 대한 서구담론의 기본구조를 이루었다.

3. 서구에 대한 오리엔트의 인식

근대 이후 오리엔트 또는 이슬람 세계 지식인들에게 서구는 자신들의 사회를 인식하는 데 핵심적인 위치를 차지하였다. 문명, 서구문명, 근대성, 기독교, 제국주의 등 서구와 연관된 개념들을 중심으로 자신을 설명하였던 것이다. 따라서 서구 및 서구문명에 대한 입장 차이가 주요 사상 및 이데올로기를 가르는 중요한 기준이기도 했다. 아랍 또는 이슬람 세계에 등장했던 주요 사상이나 이데올로기로 우리는 와하비즘, 살라피즘, 이슬람 개혁주의, 아랍 민족주의, 맑스주의,

아랍 사회주의, 이슬람주의 등을 떠올리게 된다. 그리고 이들을 종교적 성격의 담론과 세속적 성격의 담론으로 구분하는 경향이 있다. 예를 들어 갈리운(Burhan Ghalyoun)은 아랍 세계의 담론을 세 가지 유형으로 구분한다. 위의 두 진영에 국가를 추가한 것이다. 첫째는 외부세계의 관심을 독점해온 이슬람주의 담론이다. 둘째는 세속적이고 테크노크라트적인 국가의 담론이다. 나세르주의, 바트주의 등 국가권력과 연관된 잘 알려진 이데올로기가 여기에 속한다. 아랍 세계에서 가장 두드러진 경쟁구도를 형성해온 양자는 이슬람과 대중을 장악하기 위한 헤게모니 투쟁을 오랜 기간 벌여왔다. 세 번째 담론은 느슨하게 결합되어 있는 '세속주의 진영'의 담론이다. 갈리운은 이 집단을 느슨하고 불안정하게 결합되어 있는 지식인 집단, 정당, 단체, 좌파 사상가들로 정의한다. 그는 이 진영을 이슬람주의자들과 달리 강력한 사상적 전통도 대중적인 인지도도 갖추지 못한 것으로 평가한다. 이러한 결함으로 인해 깊이 있는 사상이나 효과적인 정치전략을 산출하지 못해왔다는 것이다. 바로 이러한 세속주의 진영의 허약함이 극단적인 이슬람 세력의 부상을 초래했다고 진단한다.(Abu-Rabi' 1996, 262)[5]
물론 이슬람 세력이 광범위한 대중적인 지지를 얻을 수 있었던 가장 직접적인 배경은 세속적인 국가권력이 국민의 자유를 억압하는 상황에서 이에 대한 대중의 불만을 이슬람 세력이 효과적으로 이용하였기 때문이다. 권위주의적인 국가도 서구적 사고를 가진 엘리트도 저버린, 무시당한 대중에게 단순하고 선명한 이슬람주의 담론은 구원의

---

5) 유사한 시각에서 아부라비는 현대 아랍 사상을 네 가지 경향으로 구분하였다. 이슬람적 경향, 민족주의적 경향, 자유주의적 경향, 맑스주의 및 좌파적 경향. 그리고 여기에 아랍 민족주의에서 전형적인 방식으로 나타난 초국적인 지역주의를 추가할 수도 있다고 했다.(Abu-Rabi' 2004, 63-92)

메시지였던 것이다.

그런데 이념적 지향의 차이에도 불구하고 이 세 유형의 담론은 일련의 공통점을 가지고 있었다. 우선 서구와 역사적·지리적으로 가장 가까운 타자인 오리엔트의 지식인과 엘리트 집단은 근대성을 서구와 동일시하는 경향을 보였다. 예를 들어 한국 사회의 지식인들은 근대 이후의 역사를 일본이나 서구와의 관계 등 민족 문제, 문명 간의 관계 등과 함께 자본주의, 근대화, 발전 등 특정 국가에 국한된 것이 아닌 보편적인 역사적 과정의 측면에서 설명하고자 한다. 이와 비교해볼 때 아랍 및 이슬람 세계의 담론은 자본주의보다는 서구가 더 강조되고, 전통 대 근대보다는 기독교 대 이슬람, 또는 이슬람 대 근대성이라는 이분법이 두드러진다. 한국인에게 서구가 보편적인 이념과 문명의 담지자로 여겨졌다면 아랍인들에게 서구문명은 인류 전체에 유효한 보편적인 것이라기보다 한 지역에 국한된 문명으로 인식된 것이다.

미국과 유럽 국가들의 군사적 개입이 끊이지 않는 최근 중동 및 북아프리카 지역의 현실을 고려하면 이 지역 사람들이 사회의 주요 모순을 서구라는 외세의 존재라고 생각하는 것을 충분히 이해할 수 있다. 서구의 것으로 간주되는 근대성의 핵심 가치인 성장, 진보, 과학기술, 개인주의에 대해서는 진영에 따라 다소 상이한 태도를 보인다. 다른 지역과 마찬가지로 발전주의적 성격이 강한 국가권력이나 세속적인 진영의 경우에는 이를 긍정적으로 평가하지만 이슬람 진영은 대체로 성장이나 과학기술에 대해서는 우호적이지만 민주주의, 인권, 자유, 성 평등에 대해서는 대체로 부정적인 입장을 보인다. 아래에서는 서구에 대한 인식을 중심으로 세속적인 진영과 종교적인 진영의 입장을 살펴본다.

1) 이슬람 담론에서의 서구

기독교 근본주의가 미국 사회의 급속한 근대화에 대한 대응으로 나타난 근대의 산물이었듯이, 이슬람주의 등 이슬람 정치담론은 식민주의 및 신식민주의라는 조건에서 서구의 근대성에 대한 대응으로 탄생한 근대적인 현상이다. 이슬람 진영의 개혁주의자들은 신의 의시를 따르지 않는 무슬림은 심판을 받게 된다는 믿음에서 출발하여, 비무슬림 민족과 그들의 문화에 대한 이슬람 국가의 관용적인 태도에 반대했다. 이와 함께 지역 성인에 대한 숭배와 화려한 종교행사, 미신과 주술을 몰아내기 위해 노력했다. 이슬람 개혁주의 가운데 시기적으로 가장 먼저 나타난 것은 18세기 아라비아 반도의 유목사회를 배경으로 탄생한 와하비즘이었다. 와하비즘은 와하브(M. Ibn Abdul Wahab, 1703~91)가 주창한 이슬람 사상이었다. 그는 당시 아라비아 사회를 타락했다고 평가하고 그 원인은 무슬림들이 이슬람의 가르침과 이슬람 초기 사회의 모습에서 벗어나 있기 때문이라고 생각하였다.(서정민 2011, 24) 이러한 진단의 논리적 귀결로 그는 이슬람법의 전면적인 적용을 대안으로 제시하였다. 그가 제시한 대안에는 미국의 기독교 근본주의와 유사하게 극단적으로 보수적인 신학, 경전을 문자 그대로 받아들여야 한다고 주장하는 문자주의, 시아파, 수피즘과 같은 이슬람의 분파조차 기독교나 유대교와 같이 이단으로 간주하는 불관용적인 태도, 그리고 현재 와하비즘에 충실한 사우디아라비아가 잘 보여주듯이 여성을 열등한 존재로 간주하는 입장이 포함되어 있었다. 이러한 극단적인 논리는 이후 전 세계의 정치적 이슬람 세력, 그리고 무장투쟁의 성장에 핵심적인 역할을 하게 된다. 그런데 와하비즘의 경우에는 서구의 팽창이 시작되기 이전 시기의 현상이라 아직 서구와의 관계라는 문제가 제기되지 않았다. 이들의 관심은 아라비아 반도를 중심으로 한 오스만 제국 내부의 사회적·종교적 현실에 머물러 있었다.

서구와 근대성에 대한 관심이 나타난 것은 서구의 압력이 거세지면서부터였다. 당시 아랍 지식인 그룹에서 태동했던 이슬람 개혁주의[6]의 대표자들에게 중요한 용어는 서구에 비해 뒤져 있는 상황을 가리키는 '후진성(backwardness)'이었다. 그리고 이 '후진성'을 극복하기 위해서는 서구사상을 이슬람에 적용해야 한다는 개혁적인 처방을 제시했다. 이러한 이슬람 진영에서의 개혁운동은 열강의 압력, 그리고 1839~76년 오스만 제국의 술탄 압둘메짓과 압둘아지즈 치하에서 시도된 개혁정책인 탄지마트(Tanzimat),[7] 이집트와 여타 아랍 지역에서 지식인들이 전개한 담론상의 개혁운동인 '나흐다(Nahda)' 등 오스만 제국의 근대화 운동을 배경으로 등장하였다. 본래 '나흐다'는 아랍 어로 '권력과 힘'을 의미하는 용어인데, 서구열강과의 접촉과 오스만 제

---

6) 이슬람 개혁주의는 알 아프가니(J. Al-Afghani)를 필두로 영국이 지배하던 파키스탄과 이집트에서 각각 마우두디(A. A. Maududi)와 압두(M. Abduh)를 중심으로, 프랑스 지배하의 알제리에서 율법학자들의 운동(Mouvement des ulémas)을 중심으로, 그리고 네덜란드 지배하의 인도네시아 등 이슬람 세계 여러 지역에서 나타난 종교운동이다. 이 운동들은 외세 및 이들과 유착된 구 지배세력, 그리고 서구사상을 추종하며 종교를 경시하는 세속적인 민족주의자를 비판하는 가운데 근대적인 조건에 부합하는 이슬람의 재해석을 시도하였다.

7) 19세기 이후 유럽 열강들의 부상으로 위기의식을 느낀 제국의 개혁주의 관료들에 의해 행정제도, 토지제도, 징병제도, 교육제도, 사법제도 등 여러 분야에서 변화가 시도되었고 이를 탄지마트라고 부른다. 이 용어는 당시 터키 어로 오스만 제국의 '재조직'을 의미했다. 중앙집권을 강화하지만 법치국가나 의회민주주의와 같은 서구식 민주주의를 도입하기도 한다. 국가 주도의 세속적인 교육제도를 도입하고 사법 분야 등 여러 분야에서 법치주의를 강화한다. 또한 병역, 조세의무를 부과해 근대 국민국가로서의 조건을 갖추고자 하였다.

국의 개혁이 나타났던 시기에 당시까지 침체되었던 아랍 문화를 부활시키자는 아랍 부흥운동을 의미하게 된 것이다.

1798년 나폴레옹의 이집트 원정은 이집트 사회가 문화적으로 서구화되는 계기가 되었다. 나폴레옹 군대 철수 이후에도 프랑스의 기술적·문화적 영향은 계속되었고, 당시 이집트의 군주였던 알리(Muhammad Ali, 1769~1849)는 유럽에서 나폴레옹이 수행한 과업을 이슬람 세계에 도입하는 개척자로서의 역할을 자임했다. 이를 위해 그는 일종의 '역원정'(counter-expedition)을 시도하였다. 즉 프랑스, 특히 파리에 서구문물을 배우기 위한 지식인들의 파견을 추진하였던 것이다. 당시 파리에서 공부한 학자들은 개혁운동 '나흐다'의 주역이 되었다. 이러한 배경으로 인해 대략 나폴레옹의 이집트 원정을 전후한 18세기 말에서 1950년대까지가 '나흐다의 시대'로 간주된다. 한편 '나흐다'라는 용어가 르네상스나 리소르지멘토[8]를 의미한다는 점에서 그 이전 오스만 제국 시절이 아랍인들의 입장에서는 유럽의 중세에 대한 일반적인 표상처럼 일종의 암흑기였다는 인식이 내포되어 있다. 후라니(2010)가 이 시기를 '자유주의 시대(the liberal age)'로 규정했던 것도 19세기 유럽과 같이 구체제에서 벗어나 지적·제도적 개혁이 시도되었다는 유사한 평가 때문이었다. 아랍의 전통적인 언어, 문화, 역사를 복원시키고 아랍 및 이슬람 문화를 정치에 연계시키려 했다는 점에서 유사한 시기 유럽 대륙에 등장했던 낭만주의와 비교되기도 한다. 물론 전통의 복원이나 정체성에 대한 관심은 자유주의나 낭만주의의 차이를 넘어 근대 국민국가의 형성과정에서 발견되는 공통된 특징이기

---

8) 리소르지멘토(Risorgimento)는 이탈리아 어로 '부흥'을 의미하며 주로 19세기 이탈리아 통일운동을 의미한다.

도 하다.

나흐다를 통해 시도되었던 것에는 '해방'이 있다. 사상과 언어의 해방, 신민에서 시민으로의 전환, 오스만 황실의 지배로부터 '아랍 민족'의 해방, 여성해방 등이 시도되었다. 이와 함께 '민족'이라는 관념의 부상, 이상적인 시대로서의 과거의 재발견, 권위에 대한 비판, 입헌 민주주의 체제의 시도와 같은 현상이 나타났다. 이 과정에서 이슬람 근대주의(Islamic modernism)에서 세속주의까지 다양한 스펙트럼을 가진 사상들이 등장하게 된다. 당시 지식인들의 문제의식은 오스만 제국이 쇠퇴하게 된 원인, 그리고 이를 극복하고 진보를 달성하기 위한 조건에 관한 것이었다. 이를 토대로 논의된 주제로는 새로운 정치체제, 이슬람의 재해석, 이슬람과 근대성의 화해 등이었다. 이 논의 주제들은 20세기 후반 탈식민화와 자주적인 국민국가건설의 맥락에서 다시 제기되는데, 이때에는 특히 혁명과 민주주의에 대한 논의가 전면을 장식하게 된다. 그러다가 1970~80년대가 되면 이슬람주의자들이 급진적인 종교담론의 틀에서 나흐다, 근대성, 정체성 문제를 거론하게 된다.(Ismail 2003, 579-580)

이슬람 개혁주의의 대표자인 압두(M. Abduh)는 샤리아(이슬람법)에 당대 문제에 대한 해답이 있으며 이 해답은 그 문제가 제기된 시대의 정신에 부합해야 한다고 했다. 그런데 그 시대는 서구의 지배로 특징지어지는 시대였고, 당시 시대정신은 서구의 승리에 관한 것이었다. 그리고 이슬람 근대주의가 제시한 당대 문제에 대한 답변 역시 서구가 제시한 전제를 기반으로 한 것이었다. 바로 이러한 모순으로부터 정체성 문제가 제기된다. 다양한 입장에서 다양한 답변이 제기되었지만 두 가지 주요 경향을 가려낼 수 있다. 첫 번째 경향은 전투적인 이슬람주의 진영의 혁명적인 정치와 연관된 것이었고, 두 번째는 이슬람적 유산을 비판적으로 재구성하는 것이었다. 전자는 실천에 치중하였고, 후자는 사상의 혁신에 관심이 있었다. 그렇지만 양자는 상당한 공통점을 가지고 있었다.(Ismail 2003, 585) 리다(Rashid Rida) 역시 이슬람으로부터 개혁에 부합하는 요소들을 끌어내려 했다. 리다는 정치권력이 세속적인 성격을 띤 것이지만 종교적인 통제에 종속되어야 한다고 생각했다. 그에 따르면 세속적인 법과 정치는 이슬람 원리가 실행되는 장소인 것이다. 정치는 당대의 세속적인 요구에 부합하더라도 샤리아의 틀을 벗어나서는 안 된다는 것이다.(Kerr 1966, 189)

이 점에서 파키스탄에서의 이슬람 국가건설의 토대를 제시한 이크발(Muhammad Iqbal, 1877~1938)의 입장이 중요하다. 이크발은 동양과 서양 양자 모두를 비판하면서 양자의 만남으로 야기된 긴장을 해결하는 방안을 제시하였다. 서구에 대한 이크발의 비판은 종교를 거부하고 과학으로 종교를 대체하며 인간성을 침해하는 물질주의를 확산시킨다는 것이었으며, 동양에 대한 그의 비판은 이성을 포기하고 종교를 유일한 요소로 간주함으로써 과학과 철학을 희생시켰다는 점에 있었다. 이크발은 양자 모두를 지양하는 대안을 존재의 본질로서의 '자아' 개념에서 찾았다. 이는 신적인 것과 연계해 스스로에 의한 지식(self-knowledge)을 탐구하는 것을 의미했다. 무슬림의 진정한 자아는 신과 하나가 되는 단일성(tawhid, unity)에서 달성될 수 있다. 그는 서구를 모방하는 것이 낳는 폐해를 극복하기 위해 정체성을 보존할 필요성을 제기하였다. 진정한(authentic) 자아가 되는, 즉 자아의 성취를 위한 방안으로서 과거 또는 자신의 뿌리로 회귀해야 한다는 그의 생각은 혁명적인 이슬람주의자들에게로 이어지게 된다.(Ismail 2003, 586)

이슬람 개혁주의의 연장선상에서, 그러나 보다 대중운동의 양상을 띠며 등장한 것이 무슬림형제단이었다. 최근 이집트 대선에서 승리하는 등 아랍 세계 최대의 이슬람 정치세력 지위를 차지하고 있는 무슬림형제단이 태동한 것은 영국의 지배를 받던 1928년 이집트에서였다. 반체제운동의 일환으로 이 단체를 창설한 알-바나(Hassan Al-Banna, 1906~49)[9]에게도 서구는 당시 현실을 해명하는 데 핵심적인 화두였다. 비록 그가 서구를 총체적으로 거부하는 경향이 있었지만 시기에 따라서는 보다 우호적인 견해를 보이기도 했다. 그는 서구 식민주의(Western colonialism), 서구문명(Western civilization), 기독교(Christianity)를 구분하면서 각각에 대해 상이한 입장을 표명했다. 예를 들어 1929년 그는 서구사회의 종교교육 관행에서 배울 바가 있다고 하였고, 이집트 사회에 오래전부터 존재해온 기독교 공동체의 경우 이는 서구의 일원이 아니라 이집트 사회의 일부라며 서구 제국주의와 무관한 현상이라는 점을 강조했다. 더 나아가 유럽의 기독교에 대해서도 그 자체를 부정하기보다 그것이 세속적인 서구의 식민주의에 이용되는 측면만을 비판했다. 그는 기독교뿐 아니라 서구문명에 대해서도 서구의 식민주의와 구분하여 평가했다. 서구의 식민주의는 전혀 용납하지 않았지만 서구문명에 대해서는 서구가 만들어낸 물질적인 진보만을 받아들이는 태도를 보였다. 반면에 서구의 사상이 유입되는 데에는 명백히 반대 의사를 표명했다. 헌팅턴(1997)의 구분과 같이 물질적인 차원의 '근대화'는 수용하지만 정신적인 차원의 '서구화'는 거부하였던 것이다. 특히 교육을 통해 서구사상이 확산되는 것에 대한 경계심을 나타냈다. 특히 그는 서구사상을 교육하는 것이 식민지배에 봉사하는 서구화된 토착 엘리트를 창출하는 기능을 하는 점을 비판했다. 같은

---

9) 알-바나는 이집트 태생으로 자신의 조국이 1922년 영국으로부터 독립했지만 여전히 종속적인 상태에 머물러 있는 상황에서 이슬람 원리에 충실히 따르는 것을 이집트 사회의 대안으로 제시하였다.

맥락에서 '정신적 식민화(mental colonization)'의 위험성에 대해서도 지적했다.

서구사상에 대한 알-바나의 부정적인 시각은 당시 이집트 지식인 사회의 상황을 배경으로 한 것이었다. 후세인(Taha Hussein, 1889~1973)이나 압달-라지크(Ali Abd al-Raziq, 1888~1966)와 같은 당시 주요 학자들이 코란을 서구학문의 이론이나 방법론으로 설명하는 등 새로운 경향이 나타나는 것을 비판하고자 한 것이었다. 이러한 입장은 새로운 해석을 경계하는 이슬람 내부의 일반적 경향의 일환이었다고 볼 수 있다. 그는 서구문명을 배교, 간음, 고리대금업, 이기주의, 도덕적·정치적 파산 등의 개념과 연관시켰다. 이러한 평가는 당시 유럽 사회가 공황, 전체주의, 국가 간 세력 다툼과 같은 양상을 보였다는 점을 고려하면 더 잘 이해될 수 있을 것이다.(Abu-Rabi' 1996, 79-82) 알-바나가 이끌었던 무슬림형제단의 서구문명에 대한 부정적인 평가는 이후에 등장한 이슬람주의자들에게서도 찾아볼 수 있다. 서양, 즉 유럽이나 미국은 무엇보다도 신을 제대로 믿지 않는 집단으로, 개인주의, 성 개방, 상업적인 대중문화 등으로 인해 인간사회의 기본적인 윤리를 잃어버린 세계로 묘사된다. 그리고 이러한 서구문명의 세계적인 지배가 초래하는 문제를 해결할 대안으로 이슬람을 제시하는 경향이 있다.

서구문명에 대해 전반적으로 비판적인 알-바나의 시각은 1980년대 이후 중동, 북아프리카 등지에서 가장 강력한 이념으로 부상하게 되는 현대 이슬람 급진주의의 시조라고 간주되는 쿠트브(Sayyid Qutb, 1906~66)의 사상에서도 확인할 수 있다. 무슬림형제단의 지도자였던 쿠트브는 나세르 혁명 초기 정권에 협조하기도 하였지만, 1954년 나세르 암살 기도 사건이 계기가 된 무슬림형제단에 대한 나세르의 탄압으로 투옥되었고 1966년 처형될 때까지 여생의 대부분을 옥중에서 보내게 된다. 그가 급진적인 노선으로 전환하게 된 원인 중 하나는 바로 미국 체류 기간 중 경험한 서구사회의 모습에 대한 환멸이었다. 그는 미국을 서구 물질주의를 가장 극단적으로 보여주는 사례로 생각했으며, 여가에 몰두하는 미국인들의 모습, 그리고 영성의 부족을 비판하기도 했다.(Landau 2005, 32) 1960년대 아랍 세계 전체의 정신적 지주였던 나세르의 세속주의 노선을 비판하며 경쟁자로 부상한 그에게 근대 서구문명은 인간의 의식과 욕구, 정신적 · 영적 활동 등 인간에 충분한 관심을 기울이지 않는 결함을 지닌 것이었다. 그의 견해에 따르면 서구의 물질적 진보는 인간에 대한 관심의 퇴보를 초래하였다. 그리고 세계는 물질적인 안락 때문에 서구에서 기원한 근대문명을 받아들였지만 결과적으로 지적 · 정서적인 면에서 균형 잡힌 발전이라는 측면에서는 전근대사회의 인간들보다 못하다고 평가하였다.(Abu-Rabi' 1996, 157) 맑스주의 역시 실패하였다고 평가하면서 현실에서 실험된 사회주의체제가 인간 본성에 부합하지 않는다는 점을 주된 원인으로 지적하였다.(서정민 2011, 51-52) 서구문명에 대한 흔한 비판과 유사하게 그도 물질문명, 정신적 가치의 부재, 도덕적인 타락 등을 근거로 서구 및 서구화를 부정적으로 평가하였고 이슬람 원리에 의해 통치되는 사회를 대안으로 제시하게 된다.

그에 따르면 근대인의 경우 정신적인 면과 물질적인 면이 분리되는 양상을 보이는 것은 과학이 종교를 누르고 근대사회의 주역으로 부상했기 때문이다. 인간은 분리될 수 없는 총체적인 존재인데 기술적으로 앞선 서구사회에서 인간은 그렇지 못하다는 것이다. 근대 서구인들이 심리적 · 정신적 · 영적 측면에서 혼돈에 빠지게 되었다면 이슬람은 인간 개개인을 신이 부여한 고귀한 사명을 지닌 소중한 존재로 간주한다는 것이다. 쿠트브는 인간과 사회의 위기에 직면한 서구사회에 다음과 같은 대안을 제시하기도 하였다. 첫째, 신의 대리인으로서의 인간이 모든 사안에서 제일 중요한 평가의 기준이 되어야 한다. 둘째, 근대인은 자신의 이성적 능력을 과신해서는 안 된다. 셋째, 도덕적·정신적 퇴보는 이제 종말을 고해야 한다. 넷째, 인간과 기술 간의 균형이 회복되어야 한다. 다섯째, 물질적·기술적 요소가 인간보다 우선시되어서는 안 된다. 여섯째, 근대사회가 겪는 소외와 정신적 문제에 대한 유일한 치유 방법은 인간 자신에 대한 더 심오한 지식에 있다. 일곱째, 희망은 근대문명이 초래하는 문제를 제어함으로써만 되찾아질 수 있다. 여덟째, 진정한 자유는 인간의 본성이 요구하는 바에 철저한 주의를 기울임으로써 얻어질 수 있다.(Abu-Rabi' 1996, 157-161)

이상에서 살펴본 이슬람 개혁주의와 무슬림형제단의 서구 인식은 이집트의 무슬림형제단, 튀니지의 엔 나흐다, 이란 정권, 아프가니스탄의 탈레반, 알 카에다 등 현대의 주요 정치적 이슬람 세력에게로 계승된다. 현대 이슬람주의의 대표적인 이론가인 라마단(Tariq Ramadan)은 유럽을 거점으로 활동한다는 점이 작용해서인지 서구와 이슬람 세계 간의 관계에 보다 유연한 입장을 보이고 있다. 그에게 서구사회는 새로운 과학기술이 끊임없이 사회를 변화시키는 세계로, 반면에 소위 '이슬람 세계'는 여전히 종교와 전통에 의존한 사회로 간주된다. 이러한 시각에서 보면 두 세계 간의 거리와 갈등이 완화될 가능성은 매우 희박할 수밖에 없다. 그렇지만 라마단은 무슬림으로서의 정체성을 포기하지 않고도 현대 사회가 직면한 문제에 대한 대응을 할 수 있을 것이라는 낙관적인 견해를 보인다. 그리고 근대화와 서구화의 구분을 해법의 하나로 제시한다. 서구문명에 대한 부정보다는 이슬람 문명을 포함한 문명의 다원성에 대한 서구사회의 인정에 더 강조점을 두는 것이다.(Ramadan 2001) 전반적으로 이슬람주의자들이 서구와 근대성, 서구문명과 기독교를 동일시하고, 서구의 '문명'과 자신들의 '문화' 및 '종교'를 이질적인 것으로 간주하고, 서구의 지배를 어떻게 극복해야 하는가에 대한 관심이 지적 담론을 지배하고 있지만 라마단의 경우와 같이 근대성과 서구를 구분하여 서구의 근대성을 근대성의 한 특수한 형태로 간주하는 견해도 존재하는 것이다. 상대적으로 유연한 그의 입장은 서양의 성 평등사상과 여성을 가정에 가두는 전통적인 문화를 동시에 비판하는 이중적 태도에서도 찾아볼 수 있다.(Landau 2005, 74)

2) 세속적인 진영의 서구 인식

19세기 초부터 오스만 제국의 황실이나 지방정부 모두 서구의 제도와 기술을 도입하는 식으로 제국의 생존을 도모했다. 이러한 배경에서 이슬람에 의존하지 않고 당대의 문제에 답하고자 했던 세속적인 지식인들이 등장했다. 일반적으로 이 유형의 지식인들은 '근대주의자(modernists)'로 불리었고 동시대에 등장한 '이슬람 개혁주의자(Islamic reformists)'와 쌍벽을 이루는 지식인 집단이었다. 개혁적인 정권이나 근대주의자들은 자신들의 개혁 시도를 혁명, '(서구)문명으로의 진입' 등으로 표현했다. 이들에 따르면 문명에의 진입은 그동안 '오리엔트'를 질곡에 빠뜨렸던 '아시아적인 장막'을 찢어버림으로써 세속적인 의미의 구원의 길을 개척하는 것을 의미했다. 즉 이슬람보다 전제주의와 같은 동양적 전통이 문제라는 인식을 가지고 있었던 것이다. 아랍의 세속적인 이데올로기는 공히 19세기 이후 근대성의 전 지구적 확산과 아랍 사회의 근대성 수용은 불가피한 현상이었다고 평가한다.

케말과 이집트의 자유주의 정권 와프드당은 이러한 흐름을 대표하는 사례였다. 터키의 사회학자이자 케말이 추진한 근대적인 개혁을 뒷받침한 대표적인 이론가였던 괴칼프(Ziya Gökalp, 1876~1924)는 다음과 같은 슬로건을 제시했다. "투르크 민족, 이슬람, 그리고 유럽 문명의 일원." 이 표현이 상징적으로 보여주듯이 근대 터키의 건국 이후 모든 정치지도자들은 유럽화의 꿈에 젖어 있었다.(Rodinson 1966, 139) 한편 근대주의는 이슬람 개혁주의와 뒤섞일 수도 있었다. 이런 유형의 운동은 교육개혁을 통해 성묘와 성자숭배 및 주술적 종교관행을 바로잡는 한편, 근대의 경제적·기술적 여건에 적응할 필요가 있음을 강조했다. 또한 이슬람 국가와 사회가 활력을 되찾기 위해서는 유럽 열강으로부터 자치를 획득해야 한다는 의식을 고취시킴으로써 때로는 대단히 정치적인 성향을 띠기도 했다.(라피두스 2009, 806)

이러한 수렴의 경향에도 불구하고 근대주의자들은 일반적으로 이슬람과 같은 전통에의 호소를 근대성이 창출한 새로운 조건으로부터의 도피로 간주했다. 이러한 시각을 가진 사상가 중 가장 급진적인 견해를 가졌던 인물 중 하나는 시리아의 알-하피즈(Yasin al-Hafiz, 1930~78)일 것이다. 맑스주의자이자 아랍 민족주의자였던 그는 1966년 아랍혁명노동자당을 창건했다. 이 당은 현재도 시리아, 이라크 지역에서 활동하고 있다. 그의 사상은 근대주의자들의 시각이 식민화와 탈식민화를 거치면서 급진화를 경험한 결과였다. 1967년 6일 전쟁에서의 굴욕적인 아랍 진영 패배 이후 그는 과거 지향적인 살라피즘[10]이 대다수의 아랍 지식인들을 사로잡았고, 그것이 아랍의 정신적 패배를 가져왔고, 결과적으로 군사적 패배의 배경이 되었다고 평가했다. 특

---

10) 살라피즘은 선조(Salaf)의 길을 따른다는 의미를 지닌 이슬람 사상으로 철저하고 극단적인 종교생활을 실천하고자 한다.

히 아랍의 대학과 학문이 처한 문제에 주목하면서 그는 대학에서 사상의 자유가 후퇴하고 대학이 사회에서 유리되고 있다고 비판하였다.

이슬람주의를 반근대적 현상으로 비판하는 대표적인 사례로는 민주주의를 강조했던 이집트 철학자 자카리야(Fuad Zakariya, 1927~2010)의 논의를 들 수 있다. 그는 1970~80년대 사다트나 무바라크 정권 등 아랍의 정권들이 이슬람법의 적용에 관심을 둔 이유가 자신들의 권력을 유지하기 위한 것이라고 비판하였다. 권력은 강력한 대중적인 지지 기반을 가진 이슬람 세력을 의식해 이슬람에 대한 립서비스를 한다는 것이었다.(Abu-Rabi' 1996, 248-251) 그는 반종교적이지는 않았지만 정교분리주의에 입각해 종교가 공적 영역에 결부되는 것에 반대하고 사적 영역에 국한되어야 한다는 입장을 피력했다. 1992년 암살된 이집트 지식인 푸다(Faraj Fuda, 1945~92)는 이러한 세속주의의 태도를 가장 전형적으로 보여준 사례였다. 평생을 세속주의의 확산에 바쳤던 그는 자카리야와 마찬가지로 이슬람의 역사는 그 절정기에서조차 마호메트 사후 네 명의 칼리프 중 셋이 살해된 것에서 알 수 있듯이 피로 점철된 것이라고 평가한다. 그는 무슬림형제단 등 이슬람주의 세력이나 아랍 세계에서 가장 권위 있는 이슬람 교육 및 연구기관인 알-아즈하르(Al-Azhar)가 대표하는 제도권 내부의 이슬람 세력 모두 국민들의 두려움을 이용해 세력을 유지하며 사회를 종교 및 종파로 분열시킴으로써 근대적인 국민국가의 형성을 가로막는 역할을 한다고 평가하였다. 그는 쿠트브 등 당시 이슬람주의자들의 견해를 다음과 같이 반박하였다. 첫째, 이집트 사회는 기본적으로 종교적 성격을 지닌다. 이슬람주의자들이 주장하는 것과 달리 이슬람 이전 암흑시대를 의미하는 '자힐리야'[11] 상태에 있지 않다. 그리고 이집트 사회는 종교적 극단주의를 거부한다. 둘째, 이집트 사회에 샤리아(이슬람법)의 적용을 주장하는 것은 그 자체가 목적이 아니라 이슬람적인 정치체제를 수립하기 위한 방편일 뿐이다. 우리가 진지하게 논의해야 하는 주제는 이슬람에 관한 것이 아니라 민주주의, 인권, 여성의 권리, 소수집단의 권리와 같은 것이다. 그에 따르면 이슬람주의자들은 이러한 주제들에 어떤 답변도 주지 않았으며 정치, 경제 등에 관한 이슈를 다루는 어떠한 구체적인 방안도 세시하지 못했다. 셋째, 푸다는 이슬람주의자들이 얘기하듯이 샤리아의 적용이 사회의 제반 문제를 해결하는 묘약이라고 여기는 것은 매우 순진한 생각일 뿐이라고 평가절하했다.

아랍 세계에서 좌파의 주역은 맑스주의가 아니라 사회주의적 성격을 띤 아랍 민족주의였다. 1958년 이라크에서 쿠데타로 군주제를 종식시킨 후 사회주의적 개혁을 시도했던 카심(Abd al-Karim Qasim, 1914~63)의 사회주의 정권(1958~63년) 정도를 제외하면 급진적인 좌파는 정치적으로 큰 성공을 거두지 못했다. 다만 노동운동의 한 부분으로 명맥을 유지해왔다고 할 수 있다. 제1차 세계대전 및 러시아 혁명 직후에 이집트를 중심으로 맑스주의가 도입되고 공산당이 창설되는 등 일찍이 급진적인 좌파가 등장하였다. 그렇지만 식민지배 상황에서 맑스주의는 민족주의와 결합하여 알제리의 '북아프리카의 별

---

11) 이 개념을 중요하게 만든 쿠트브는 그의 주저 『진리를 향한 이정표(Milesdtines)』에서 신의 가르침을 모르는 이슬람 이전의 '무지'의 상태를 가리키는 이 개념을 통해 당시 이집트 사회를 비판하였다.(쿠트브 2011) 그에게 세계는 이슬람 원리에 따르는 세계와 무지한 세계로 나뉘어 있다. 그 이후 이러한 이분법적 사고는 이슬람주의의 일반적인 특징이 된다. 보자르슬란에 따르면 특히 아프가니스탄 전쟁이 중요한 계기가 되었다. 즉 무슬림들 사이에서 이 전쟁은 이슬람 대 서구, 이슬람 대 자힐리야의 전쟁으로 인식되어 서구 대 이슬람이라는 서구의 이분법적 문명론이 이슬람 세계의 세계인식으로 내면화되는 결과를 낳았다는 것이다.(Bozarslan 2008, 232)

(l'Etoile de l'Afrique du Nord)'의 사례처럼 혁명적인 민족주의 노선을 띠게 된다. 결국 20세기 후반 정치적 성공을 거둔 것은 이집트, 이라크, 시리아, 리비아 등에서 권력을 장악한 아랍 민족주의였다. 심지어 당시 소련조차 공산주의자들보다는 아랍 민족주의자들과의 관계를 선호했다. 이러한 과정을 거치면서 아랍 세계의 공산주의자들은 이슬람주의자들과 함께 정권의 주요 탄압 대상이 되었고 노동운동이나 일부 지식인 사회 또는 해외에서만 명맥을 유지하게 된다.

아랍 민족주의가 주도하는 아랍의 좌파에게 서구와의 관계, 민족 문제가 중요한 위상을 차지한 것은 필연적 결과였다. 이미 제2차 세계대전 종전 이후부터 독립에 이르는 기간 동안 사회주의 진영에서 계급투쟁은 식민지 인민과 강대국 간의 투쟁으로 간주되었다. 이러한 '제3세계주의', 즉 계급 적대를 한 사회 내부가 아니라 외부에 위치 지우는 이념은 한 사회 내부의 계급, 그리고 계급투쟁의 존재를 중시하지 않았다. 근대주의 또는 '서구주의'가 서양을 모방함으로써 서양과의 격차를 극복하려 했다면 아랍 민족주의는 아랍 민족의 통일과 피억압 민족과의 연대를 통해 서구를 물리침으로써 서구를 따라잡으려 했다. 아랍 사회의 불행은 여러 국가로 갈라져 있기 때문이고, 이는 서구의 분할지배 전략의 산물로 간주되었다. 그리고 아랍의 통합, 대이스라엘 투쟁, 비동맹운동과 제3세계주의가 서구의 지배를 극복하는 대안으로 간주되었다.

그런데 세속적인 세력도 이슬람을 아랍 세계의 중요한 자산으로 간주하였다. 정권을 포함한 지배세력뿐 아니라 대중들의 사고에서도 서구의 반대편에는 이슬람이라는 종교가 있었던 것이다. 모두 시리아 태생인 알-아르수지(Z. Al-Arsouzi, 1899~1968), 아플락(M. Aflaq, 1910~89), 알-비타르(S. A. Al-Bitar, 1912~80) 등 아랍 민족주의의 공동

창시자이자 대표적인 이론가들에게 이슬람은 아랍 민족주의의 구성
요소로 간주되었다. 참고로 이들의 종교는 각각 알라위파(Alawis), 그
리스 정교, 수니파[12]였다. 예를 들어 아플락은 이러한 입장을 "이슬람
은 아랍 민족주의의 영혼이다."라고 표현하였다.(Carré 1991, 47) 현실
적으로는 적대적인 관계에 있지만 무슬림형제단과 아랍 민족주의는
공히 마호메트가 직접 통치하던 이슬람 초기의 이상적인 공동체를 복
원하고자 하였다. 이런 점에서 아랍 사회주의는 사회주의적 요소보다
아랍적 요소가 강하다고 평가될 수 있다. 이는 아랍 사회주의를 대표
하는 카다피가 '녹색사회주의'의 이름으로 '근대적인 이슬람 혁명' 또
는 '아랍-이슬람 혁명'을 주창하고 아랍 민족과 이슬람을 동일시한 데
서도 확인할 수 있다. 대표적인 알제리 출신의 프랑스 역사학자이자
좌파 지식인인 갈리소(René Gallissot)는 이렇게 사회주의에 이슬람이
결합하게 된 배경을 아랍 민족주의자들이 의존할 수밖에 없는 대중들
의 사고에서 찾았다. 즉 아랍인들이 자신들의 상황을 자본주의의 확
장, 종속적인 자본주의의 결과로서가 아니라 외세, 즉 서구의 영향으
로 이해했고 그 결과 이슬람이 기독교 유럽에 대한 대응으로 인정받
았기 때문이라는 것이다.(Gallissot 1977, 553)

---

12) 현재 이슬람 세계에서 수니파에 속하지 않는 독립 분파들은 수적인 면에서 10분
의 1 정도인데, 그중 이란, 이라크 등지에 존재하는 시아파가 가장 큰 세력이다.
이슬람에서 분파 또는 이단이 형성된 계기는 이슬람 초기 마호메트 사후 '칼리프
(Caliph, 이슬람 공동체의 지도자)' 지위의 승계 방식을 둘러싼 갈등이었다.(엄한진
2014, 102-103) 시리아에 거점을 두고 있는 알라위파는 시아파의 한 분파로 시리아
의 아사드 정권의 기반이 된 세력이다.

3) 동전의 양면: 오리엔트의 서구 인식 속의 오리엔탈리즘

역설적이게도 오리엔탈리즘으로 대표되는 서구의 왜곡된 오리엔트 인식에 대한 오리엔트 지식인들의 대응은 상당 부분 오리엔탈리즘을 닮은 것이었다. 바로 위에서 살펴본 종교적·세속적 진영 모두에서 우리는 오리엔탈리즘의 영향을 발견할 수 있다. 즉 이들에게 서구의 지배는 보편적인 역사적 단계로서의 근대나 자본주의의 산물로서가 아니라 서구 기독교문명의 영향으로, 그리고 기독교 세계와 이슬람 세계의 대립구도로 인식되었던 것이다. 또 하나의 공통점은 두 진영 모두에서 서구와 오리엔트 이외의 지역에 대한 관심을 찾아보기 힘들다는 점이다. 이들의 세계인식은 서구와 오리엔트 이외의 지역을 배제하고 동시에 자본주의 세계체제와 같은 세계 전체 차원을 경시하는 것이었다. 이는 서구의 오리엔탈리즘을 뒤집어놓은 역오리엔탈리즘의 성격을 띠는 것이라 할 수 있다.(Bozarslan 2011)

'역오리엔탈리즘(reverse orientalism)'이라는 용어는 다양한 의미를 가지고 있다. 첫째, 오리엔트인들 자신이 오리엔트의 문제를 문화적 차원의 문제에 국한시키는 경향을 가리킨다. 다만 서구인들의 오리엔탈리즘과 정반대로 자신들의 문화를 긍정적으로 평가한다. 둘째, 서구의 지배를 보편적인 역사적 단계로서의 현대나 자본주의의 산물로서가 아니라 서구 기독교문명의 영향으로, 그리고 기독교 세계와 이슬람 세계의 대립구도로 인식하는 것이 대표적인 양상이다. 셋째, 오리엔탈리즘의 대상이 되는 사회가 오리엔탈리즘적 사고를 내면화해 자기 자신이나 자신보다 열등한 사회를 이러한 시각에서 해석하는 것이다. 한국인들이 미국인들의 인종주의를 내면화해 흑인이나 동남아시아인들을 멸시하는 것이 그 예가 될 수 있다. 넷째, 서구의 오리엔탈리즘을 정반대로 뒤집어 오히려 자신들이 우월하다고 인식하는 것이다. 한국이 세계의 중심이고 한국 또는 아시아의 정신문화가 서양의 물질문명보다 우월하다는 사고가 이에 해당된다.(비판사회학회 2012, 708)

오리엔트의 서구 인식은 오리엔탈리즘으로 대표되는 서구의 오리엔트 인식의 복제품으로 볼 수 있다. 기독교의 서구 대 이슬람의 오리엔트라는 이분법적 사고를 그대로 차용하고 있으며, 이는 또한 세계에 대한 극도로 단순화된 이해를 동반한다. 아랍 세계의 경우 "우리가 누구인가?"와 같은 정체성 문제가 중요한데, 이 역시 자신들의 내부에 들어와 있는 서구와의 관계를 어떻게 인식할 것인가라는 문제와 긴밀히 연관된 것이다. 이슬람주의의 세계인식에서도 모든 문제의 원인이 서구 또는 이슬람 사회 자신에게 돌려진다. 서구 대 이슬람, 이슬람 창시 이전 아랍 사회와 같이 신의 말씀을 알지 못하는 무지의 상태를 의미하는 '자힐리야' 대 이상적인 이슬람 공동체를 의미하는 '움마'의 이분법은 강력한 무기가 되어 정권이나 사회집단을 단죄하는 극단주의 현상을 초래한다. 정교분리주의, 민주주의, 인권 등과 관련된 담론이 중동 및 아랍의 정권과 이슬람주의 세력을 압박하는 외부세계의 효과적인 수단이듯이 소비사회, 종교의 쇠퇴, 개방적인 성 문화 등은 아랍인들이 서구사회를 비판하는 오래된 무기다. 서구에 대한 오리엔트인들의 사고에는 기독교, 물질문명, 휴머니즘, 제국주의 등 이질적인 요소들이 상호 어떤 관계에 있는지에 대한 고민 없이 혼재되어 있다. 물론 이러한 지적 담론의 이면에는 서구사회에 대한 환상이 존재한다. 소비사회, 대중문화, 민주주의에 대한 대중들의 열망은 1980년대 이후 아랍 세계가 경제적으로 개방화의 길을 걷게 되고 서구문화가 확산되는 것에 비례해 커져왔다. 미국에 대한 시각 역시 마찬가지다. 정치 군사적인 면에서의 미국의 개입에 대한 증오가 커지는 이면에 '미국적인 삶'에 대한 열망이 존재하는 것이다.(Hammond 2007)

4. 대안적인 담론

중동 및 북아프리카 지역의 경우 동양사회 정체론 비판이나 인도의 포스트식민주의론, 근대성에 대한 대안적인 논의에 필적할 만한 논의를 찾아보기 힘든 게 사실이다. 그 원인 중 하나는 IS의 사례에서 짐작할 수 있듯이 미국, 유럽 등 외세의 개입이 세계 어느 지역보다도 강도 높고 지속적으로 진행되어온 점에서 찾을 수 있을 것이다. 유럽에 가장 가까운 타자로서 이 지역이 겪고 있는 현실이 서구담론에의 종속성을 지속시키고 있는 것이다. 내전, 무장투쟁, 테러리즘 등의 조건에서는 극단적이고 단순화된 설명만이 힘을 얻을 수 있는 것이다. 이슬람주의가 대항 이데올로기를 독점하는 현상은 이러한 맥락에서 이해될 수 있다. 현실의 복합성과 다양성을 강조하는 담론만이 서구가 이 지역에 공급하는 이분법적인 인식과 대결적인 세계관을 극복할 수 있겠지만, 이러한 담론이 들어설 여지는 좁아 보인다. 이러한 문제의식을 가진 몇몇 사례를 살펴보자.

우선 종속이론, 제3세계주의의 대표적 인물인 이집트 학자 아민(S. Amin)의 유럽중심주의(Eurocentrism) 비판을 보자. 그는 동명의 그의 저작에서 '유럽중심주의'를 문화주의로 규정하였다. 즉 유럽 문화나 오리엔트 문화와 같이 서로 다른 문화들은 자신들만의 초역사적으로 불변하는 요소들을 가지고 있으며, 이것들이 해당 지역의 발전의 정도를 선험적으로 결정짓는다는 사고를 가지고 있다는 것이다. 즉 각

사회의 운명이 모든 인류에 보편적인 법칙에 따르는 것이 아니라는 것이다. 아민은 이렇게 유럽중심주의가 상정하는 각각의 문화 고유의 특성들이 허구적인 것임을 밝히고자 했다. 유럽인들이 만든 세계사가 유럽 문화의 기원을 그리스 사상에서 찾고 기독교만을 인정하고 인종주의적인 성격을 토대로 이들이 초래한 근대의 세계사를 정당화하는 기능을 하며, 역으로 이 시기 다른 사회들이 겪었던 정체를 정당화하기 위해 인위적으로 만들어낸 산물임을 드러내고자 했다. 그에 따르면 유럽인들의 세계인식은 반(反)보편주의적이다. 왜냐하면 이 현상이 인간사회의 유지와 발전의 보편적인 법칙을 발견하는 데 관심이 있지 않기 때문이다. 동시에 이 현상은 보편주의적이다. 왜냐하면 서양의 모델을 이 시대가 제기하는 모든 문제의 유일한 해결책으로, 모든 지역이 모방해야만 하는 것임을 자처하기 때문이다. 엄밀히 얘기하면 사이비 보편주의라는 것이다. 그러면서 이러한 근대 서구인들의 유럽 중심주의가 어느 시대에나 존재하는 특정 종족의 자국 중심주의와 다른 특수성을 지닌다는 점을 강조한다. 즉 이 현상은 멀리 잡아야 르네상스, 보다 본격적으로는 19세기에 형성된 근대의 산물, 자본주의에 조응하는 문화이자 이데올로기라는 것이다.(Amin 1988)

더 나아가 오리엔트와 옥시덴트를 넘을 수 없는 장벽으로 갈라져 있는, 그리고 질적으로 다른 세계라는 지배적인 인식을 비판하면서 양자 간의 떼려야 뗄 수 없는 역사적·문화적·정치적·경제적 관계를 강조하는 입장도 있다. 레바논의 지성 코름(G. Corm)은 수천 년 지속되어온 오리엔트와 옥시덴트의 적대적 관계, 9·11테러가 확인시켜준 이 갈등이 사실은 역사, 문명, 문화, 종교 등 오래된 요인과 무관한 당대의 극히 세속적인 차원의 현상임을 지적한다. 양자 간의 갈등적 관계는 먼 과거나 종교가 아니라 제국주의와 식민지배에 그 뿌리를 두고 있다는 것이다. 그러면서 기독교 서구문명 대 이슬람의 오리엔트 간의 넘을 수 없는 간극 자체가 아니라, 이러한 간극이 존재한다는 인식이 어디에서 기원했는지를 추적한다. 신비롭고, 전통적이고 비합리적인 오리엔트 대 물질주의적이고 합리적이고 개인주의적인 서구라는 이분법의 기원은 그리 멀지 않은 19세기 서구의 지식세계에서 찾을 수 있다는 것이다. 그러면서 오리엔트의 학자들도 이러한 왜곡된 인식에서 자유롭지 않았다고 평가한다. 근대 서구사상이 사실은 민족 간, 문명 간 위계질서를 주창하는 인종주의, 그리고 기독교라는 종교적인 가치에 물들어 있다는 비판, 그래서 정치와 종교의 분리를 의미하는 정교분리주의에 충실하지 못하다는 비판도 덧붙인다. 그리고 서구의 정치사상이 기독교 교리를 활용한 기독교 서구 대 비기독교문명 간의 숙명적인 대결이라는 사고에서 벗어나야 한다는 과제를 제시한다. 더 나아가 그는 비서구사회에 대한 서구의 인식은 여전히 이성이 아니라 정치권력, 국가 이성에 의해 주도되고 있다고 평가했다. 그래서 편견과 왜곡에 대한 비판이 중요하다는 것이다. 이런 의미에서 코름은 서구인들의 지적 게으름과 무책임을 극복해야 한다고 강조하였다.(Corm 2002, XXV-XXVI)

보다 구체적으로 오리엔트에 대해 지역 내부와 외부에서 생산된 왜곡의 사례는 무궁무진하다. 몇 가지 예를 들어보자. 이슬람 세계는 기독교 세계와 달리 정치와 종교가 분리 불가능하다는 견해가 대표적인 예일 것이다. 먼저 비교의 기준이 되는 기독교 세계에서 정치와 종교, 국가와 교회, 국왕과 교황의 관계가 시대와 지역에 따라 동일하지 않았다는 점만으로도 이러한 담론이 지닌 근본적인 한계를 짐작할 수 있다. 기독교 세계의 경우와 마찬가지로 이슬람 세계의 경우도 정치와 종교의 관계는 매우 다양한 양상을 보였다. 라피두스의 설명이 이

점을 잘 보여준다.

　전근대에는 이슬람 사회에 대한 두 개의 대안적인 개념이 있었다. 하나는 국가와 공동체, 정치와 종교의 영역이 하나로 통합된 '칼리프제'다. 두 번째는 세속국가가 무슬림 종교생활의 진정한 버팀목이었던 반(半)독립적인 종교단체 위에 군림하는 '술탄제'다. 전자의 경우 국가가 이슬람 사회의 모든 면을 표현했고, 후자의 경우 이슬람 사회는 국가와 종교계로 나뉘었다. 무슬림 공동체와 국가의 관계는 가변적이고 모호했다. 무슬림 공동체는 때로는 국가에 복종하고 헌신했으며, 때로는 독립적이고 비우호적인 태도를 취했다. 때로는 지배체제 고유의 정당성을 인정했고, 때로는 진정한 이슬람 사회에 역행한다는 이유로 지배체제를 부정했다. 한편 대부분의 무슬림 공동체는 국가를 별 기대 없이 바라보았다. 그들은 정치질서의 필요성을 인정하면서도, 정치적 개입을 경멸하고 공동체와 개인의 종교생활에 몰두했다. 정치적인 현실을 받아들이면서도, 진정한 칼리프 시대를 동경하고 정의로운 시대의 도래를 갈망했다. 전근대 이슬람 사회가 근대에 남긴 유산은 명확하게 정의된 국가와 사회의 구조가 아니라, 둘 사이의 다양한 변형과 내재적인 다의성이었다.(라피두스 2009, 1368-1369)

　이슬람이 고립된 조건에서 전통적인 삶을 고수한다는 이미지를 가진 베두인 족의 종교라는 인식은 이슬람 사회의 부정적인 양상을 설명하는 전가의 보도였다. 그러나 이 역시 간단한 역사적 사실로 쉽게 기각될 수 있다. 저명한 이슬람 세계 연구자인 가르데의 논의를 살펴보자. 그에 따르면 이슬람은 르낭(E. Renan)이나 맑스(K. Marx)가 말하는 '사막의 종교'라기보다 초기 이슬람 공동체가 형성되던 메디나라는 대상들의 오아시스의 예가 입증하듯이 '도시의 종교'였다.(Gardet

1977, 12) 적어도 마호메트에게 무슬림의 전형은 사막 텐트 속의 유목민 베두인 족이 아니었다. 코란은 다음과 같이 베두인 족에 대한 마호메트의 불신을 기록하고 있다. "베두인 족은 말한다. '우리는 믿는다.' 그들에게 얘기하라. '당신들은 믿고 있지 않다! 이슬람의 신앙을 실천하는 것은 우리들이다. 당신들의 가슴에는 신앙이 들어와 있지 않다.'"(코란 49장 14절, Gardet 1977, 12에서 재인용) 무슬림으로서의 삶은 일정 정도의 공동체적 생활을 요구했다는 점에서 이슬람은 유목민의 종교라기보다 정주민의 종교였다는 것이다. 이슬람이 전파된 최초의 지역은 대상들의 무역로가 교차하는 곳에 위치한 상업도시들이었다. 이 도시들은 사막에 둘러싸여 있었지만 사막과는 확연히 다른 모습을 지닌 공간이었다. 당시 사회의 핵심 계급이었던 상인들이나 수공업자들은 도시적 성격이 강한 집단이었다. 이후 이슬람의 전파과정에서 메소포타미아, 이집트, 마그레브 등의 오래된 농촌 마을들을 정복하게 된다. 이 밖에도 이란, 아프가니스탄의 산악지역, 인도 및 인도네시아의 섬들, 아프리카의 방대한 초원지역도 이슬람 세계의 일부가 된다. 그 결과 경제적으로도 농업, 어업, 임업 등 다양한 경제활동에 종사하는 사람들이 무슬림의 일원이 된다. 도시, 농촌 마을, 오아시스, 노마드의 캠프 등 무슬림의 생활공간이 다양성을 가지게 된 것이다.

동일한 문제의식에서 코름 역시 중동 및 북아프리카 지역이 기후, 지형, 경제, 종교, 문화의 측면에서 매우 다양한 면모를 띠고 있다는 점을 강조한다.(Corm 2015) 또한 이 지역의 역사에서 종교의 비중이 크지 않았으며 이슬람이 타 종교에 대해 매우 개방적인 태도를 보였다는 점을 지적한다. 실제 이 지역에서 종교가 중요해진 것은 국가 및 종교세력에 의해 재이슬람화가 추진된 1980년대부터다. 그럼에도 불구하고 이러한 인식이 지속되는 것은 바로 정체성을 이슬람에서만 찾는 경향, 즉 오리엔탈리즘의 유산 때문이라는 것이다. 아랍 사상의 다양성도 강조한다. 일반적으로 아랍 사상과 이슬람 사상, 이슬람 문명과 아랍 문화를 동일시하고 아랍-이슬람 문명이라는 표현이 이러한 단순한 표상을 잘 보여준다. 그러면서 이슬람 이전의 문명, 유럽 사상과 문화의 영향, 이슬람 개혁주의, 민족주의, 민주주의와 시민사회를 강조하는 자유주의, 아랍주의, 사회주의 등 다양한 사상과 문화의 존재에 관심을 기울여야 한다고 지적한다. 또한 이러한 다양성이 부각되기 위해서는 자유로운 사고가 가능해지고 시민사회가 발전해야 한다고 덧붙인다. 다양성과 함께 이슬람 탄생 이후 중동 및 북아프리카 지역의 오랜 전통인 통합의 전통에 주목하는 것도 기독교 대 이슬람, 시아파 대 수니파, 아랍 대 비아랍 등 구미 국가들이 자신들의 이해관계에 입각해 확산시켜온 이분법적인 담론, 그리고 이를 무기로 한 분할지배 전략을 극복하는 무기가 될 수 있다. 종족, 종교, 종파의 다양성을 필연적으로 분열을 낳는 것으로, 이슬람 탄생 이후 오랜 제국체제를 거치면서 형성되어온 통일성을 획일적이고 억압적인 것으로 간주하는 외부세계의 평가와 달리 이슬람 세계의 역사는 통일성 속의 다양성 존중이라는 힘든 과제를 잘 수행해온 경험을 보여주고 있다. 이슬람의 핵심 가치로서의 보편주의와 현대에까지 이어져 오는 이에 대한 무슬림들의 열망이 그 동력으로 작용했던 것이다. 코란에서 이슬람은 모두를 아우르는 평등한 공동체와 동의어였다. 이슬람학의 대표적인 인물인 마시뇽(L. Massignon)은 이슬람은 "함께 살기를 원하는 것"이라는 정의를 제시했다. 이슬람의 역사에는 통합된 공동체에 대한 열망이 존재해왔다. 과거의 제국과 같은 큰 국가보다는 종교 공동체로서의 일체감을 느낄 수 있는 상태에 대한 염원이 엘리트 집단

뿐 아니라 일반 민중의 의식 속에도 깊이 자리하고 있었던 것이다. IS 현상 등 다소 부정적인 면모를 보이고 있기는 하지만 자신들과 관계가 없고 먼 곳에 있더라도 무슬림들이 겪는 문제라면 내 문제와 같이 생각해 시위도 하고 심지어 무자헤딘[13]의 경우처럼 다른 무슬림 사회의 분쟁에 동참하기도 하는 것은 상당 부분 이러한 정서의 산물이라고 할 수 있다.

그러나 외부세계의 시각에서 통합의 문화를 자랑하는 이슬람 세계의 면모를 찾아보기는 어렵다. 이슬람의 분파들, 특히 시아파 대 수니파로의 분열과 갈등이 지금까지도 이슬람 세계의 주된 특징으로 인식되고 있다. 어쩌면 각 부족과 지역의 다양성과 이 부분들이 지녔던 지역주의(이클리미야, iqlimiyya)나 부족적 연대(아사비야, assabiyya)를 강조했던 할둔(Ibn Khaldun, 1332~1406)이 서양에서 가장 호응을 받아온 아랍 학자 중 하나가 된 것도 이러한 서구적 시각의 특징과 무관하지 않을 것이다.[14] 비록 그 자신은 노동이 재화의 가치를 창출하는 핵심적인 요인이라는 점을 밝혔고 아랍 세계 최초의 사회학자라 불릴 정도로 선구적인 역할을 하였지만, 그의 이론에 대한 후세의 활용에는 사회체제나 정권에 대한 비판을 분열로 간주하고 통합을 내세우는 정치도구화의 측면이 있는 것이다. 살라메(Salamé 1994, 17)가 아사비야

---

13) 무자헤딘은 아프가니스탄 내전(1978~92)에 참전했던 이슬람권 출신 자원병이 출발점이 된 이슬람 자원병을 의미하는 용어다. 이후 유고슬라비아, 소말리아 등 무슬림들이 연루된 분쟁에서도 자원병이 참여하는 관행이 이어지게 된다. 최근 IS에 세계 각지에서 무슬림이 합류하는 양상도 그 연장선상에 있다고 할 수 있다.

14) 그의 주저 『역사서설(al-Muqaddimah)』에서 할둔(Ibn Khaldun)은 아랍 부족들의 성쇠를 스텝 부족인 베두인 족과 연관된 개념인 아사비야(assabiyya), 즉 집단의 연대, 특히 혈연관계에 기초한 연대의 응집과 약화를 통해 해석하는 역사관을 제시했다.(할둔 2003)

가 지닌 원심력의 중요성, 국가를 부정하는 잠재적인 성격, 근대적인 국가 형성을 가로막는 기능 등을 강조하는 것에서도 국가 간, 종교 및 종파 간 분열이라는 현실을 아랍적 특수성으로 설명하는 시도를 찾아볼 수 있다.

5. 맺음말

위에서 우리는 중동 및 북아프리카 지역이 역사적으로 경험한 서구에 대한 지적 종속에 대해 살펴보고 대안에 대해 논의하였다. 기독교 서구 대 이슬람의 오리엔트, 이슬람 대 근대성과 같은 대립쌍들이 19세기 이후 본격화된 서구와의 접촉을 배경으로 등장해 현재까지 이 지역의 담론의 토대가 되고 있는 점을 살펴보았다. 현재 이 지역이 보여주고 있는 극단적인 담론과 실천은 오랜 연원을 가지는 서구의 담론 및 실천과 동전의 양면인 것이다. 이슬람의 정치와 종교, 권위주의, 부족주의, 비합리주의 등 아랍 사회의 특성, 무슬림들 간의 연대의식, 종파 간 갈등 등 무수한 주제들에 대한 왜곡이 가능했던 것은 이 지역에 대한 단순한 무지와 오류를 넘어 바로 이 글에서 살펴본 근본적인 담론의 종속에 기인한 바 크다. 알 카에다나 IS를 미국이 지원했다는 등의 음모론이 끊이지 않는 것도 이러한 종속성을 근거로 한 것임을 알 수 있다.

전 세계에 서구의 근대성을 확산시키려는 서구화는 상당한 성과와 함께 한계를 경험하였다. 무엇보다도 이 서구의 처방에 따른 발전전략의 실패를 들 수 있다. 서구가 경험한 길을 뒤따르려는 '근대주의적' 대응은 서구사회에의 종속도 감수했지만 결과적으로 대부분의 비서구사회가 발전에 실패하면서 설득력을 잃게 되었다.(Latouche 1992, 51) 아랍 세계 역시 마찬가지였다. 이슬람 테러리즘 등 현재 이 지역에서 나타나는 극단적인 양상들은 이 발전의 실패, 서구화에 대한 환멸이 어느 정도였는지 보여주는 징표라고 할 수 있다. 정치적·경제적 발전의 실패에 대한 대응이 토착적인 문화에서 대안을 찾은 데에는 미국, 유럽 등 서구중심의 세계질서가 한계에 직면했음을 보여주는 것이기도 하다. 이집트의 맑스주의 이론가 압델말렉(A. Abdel-Malek)은, 사이드가 『오리엔탈리즘』을 출판하기 훨씬 전인 1960년대 초에 19세기 유럽의 오리엔탈리즘이 식민화 과정의 보조 장치, 다시 말해 식민지 백성들이 유럽 열강들에게 더 잘 복종할 수 있게 하는 수단으로 작용했다고 비판하였다. 이와 함께 1950년대를 전후해 진행된 탈식민화(decolonization)로 인해 제국주의의 이데올로기였던 오리엔탈리즘이라는 지식이 존재 근거를 상실하게 되었고, 역으로 탈식민화는 비유럽 또는 오리엔트인들 스스로에 의한 오리엔트 사회 연구를 가능케 하였다고 말했다. 불행히도 50년이 지난 현재 그의 전망은 실현되지 않았다. 그의 논리를 따른다면 주된 이유는 탈식민화가 제대로 이루어지지 않았고 심지어 재식민화 현상이 나타나기 때문일 것이다.

■ 참고문헌

강상중 저 · 이경덕, 임성모 역. 1997. 『오리엔탈리즘을 넘어서』. 서울: 이산.

강정인. 2004. 『서구중심주의를 넘어』. 서울: 아카넷.

라피두스, 아이라 M. 저 · 신연성 역. 2009. 『이슬람의 세계사 2』. 서울: 이산.

뤼자르, 피에르-장 저 · 박상은 역. 2015. 『왜 IS는 성공했는가』. 서울: 현실문화.

비판사회학회 엮음. 2012. 『사회학: 비판적 사회읽기』. 파주: 한울.

사이드, 에드워드 W. 저 · 박홍규 역. 1999. 『오리엔탈리즘』. 서울: 교보문고.

서정민, 2011, "옮긴이 해제." 쿠트브, 사이드 저 · 서정민 역. 『진리를 향한 이
정표』. 서울: 평사리.

엄한진. 2014. 『이슬람주의: 현대 아랍 세계의 일그러진 자화상』. 서울: 한국
문화사.

쿠트브, 사이드 저 · 서정민 역. 2011. 『진리를 향한 이정표』. 서울: 평사리.

프롬킨, 데이비드 저 · 이순호 역. 2015. 『현대중동의 탄생』. 서울: 갈라파고스.

할둔, 이븐 저 · 김호동 역. 2003. 『역사서설: 아랍, 이슬람, 문명』. 서울: 까치.

헌팅턴, 새뮤얼 저 · 이희재 역. 1997. 『문명의 충돌』. 서울: 김영사.

후라니, 앨버트 저 · 김정명, 홍미정 역. 2010. 『아랍의 역사』. 서울: 심산.

Abu-Rabi', Ibrahim M. 1996. *Intellectual Origines of Islamic Resurgence
in the Modern Arab World*. New York: State University of New
York Press.

Abu-Rabi', Ibrahim M. 2004. *Contemporary Arab Thought: Studies in
Post-1967 Arab Intellectual History*. London: Pluto Press.

Amin, Samir. 1988. *L'eurocentrisme: Sritique d'une idéologie*. Paris:
Anthropos.

Bozarslan, Hamit. 2008. *Une histoire de la violence au Moyen-Orient*.

paris: La Découverte.

Bozarslan, Hamit. 2011. *Sociologie politique du Moyen-Orient*. Paris: La découverte.

Carré, Olivier. 1991. *L'Utopie islamique dans l'Orient arabe*. Paris: Presses de la fondation nationale des Sciences Politiques.

Corm, Georges. 2002. *L'Europe et l'Orient*. Paris: La découverte.

Corm, Georges. 2002. *Orient, Occident: La fracture imaginaire*. Paris: La découverte.

Corm, Georges. 2015. *Pensée et politique dans le monde arabe*. Paris: La découverte.

Gallissot, René. 1977. "Le socialisme dans le domaine arabe: Syrie, Liban, Irak, Palestine, Egypte, Maghreb." In J. Droz(dir.). *Histoire générale du socialisme Tome III*. Paris: PUF.

Gardet, Louis. 1977. *Les hommes de l'Islam*. Paris: Hachette.

Hammond, Andrew. 2007. *What the Arabs think of America*. Oxford & Westport, Connecticut: Greenwood World Publishing.

Ismail, Salwa. 2003. "Islamic political thought." Ball T. and R. Ballamy(ed.). *The Cambridge history of twentieth-century political thought*. Cambridge: Cambridge University Press.

Kerr, Malcolm H. 1966. *Islamic Reform. The political and legal theories of Muhammad 'Abduh and Rashid Ridā*. Princeton: Princeton University.

Landau, Paul. 2005. *Le sabre et le Coran: Tariq Ramadan et les Freres musulmans a la conquete de l'Europe*. Monaco: Editions du Rocher.

Latouche, Serge. 1992. *L'occidentalisation du monde*. Paris: La découverte.

Lewis, Bernard. 2001. *The Emergence of Modern Turkey*(3rd ed.).

Oxford: Oxford University Press.

Ramadan, Tariq. 2001. *Islam, the West, and the Challenge of Modernity.* Leicester: Islamic Foundation.

Rodinson, Maxime. 1966. *Islam et capitalism.* Paris: Seuil.

Salamé, Ghassan(dir.). 1994. *Démocratie sans démocrates.* Paris: Fayard.

3

러시아, 아프리카, 라틴아메리카

유럽중심주의와 러시아주의의
문화적 길항관계[1]

김은실

    중심부 문화였던 유럽 문명을 두고 18~19세기 러시아 내에서 일어났던 대응전략과 담론경쟁에 관한 내용을 분석하고자 한다. 유럽화의 선봉장이었던 표트르 대제는 유럽과 러시아의 문화적 격차를 해소하고 발전된 러시아를 건설하기 위해 '러시아의 유럽화' 프로젝트를 추진하였다. 표트르 대제는 러시아의 문화적 토양을 고려하지 않은 채 유럽 문화의 '날것' 상태를 그대로 수입하는 등 자발적 동화정책을 취했다. 그러나 자유주의와 혁명운동의 와중에 파생된 유럽 문화의 콘텍스트 변화는 러시아 지배계급의 유럽중심주의에 대한 대응전략에 변화를 초래하였고, 이를 두고 러시아 사회는 다양한 담론경쟁에 빠졌다. 유럽중심주의 정책의 근원이었던 표트르 대제의 업적에 관한 평가 논쟁이 상당한 기간 동안 지속되었고, 유럽화의 방법론에 대한

---

[1] 이 글은 "근대 러시아의 문화정체성에 관한 고찰: 논쟁과 담론을 중심으로", 『오토피아』 제30권 2호, 2015에 실렸던 내용을 수정, 보완한 것이다.

논쟁은 유럽중심주의냐, 러시아(전통)주의냐를 두고 19세기 지배계급과 지식인 사회에서 다양한 전략과 담론을 양산시켰다. 유럽중심주의에 관한 지배계급의 동화와 역전, 혼용적 대응전략과, 지식인들의 동화와 역전, 혼용과 해체적 담론경쟁은 유럽중심주의와 러시아주의의 길항(拮抗)관계 속에서[2] 동화, 공존, 융합이라는 다양한 문화변용 방식을 모색하게 하였다.

1. 러시아의 문화적 위상과 문화변용의 역사적 개관

특정 문화의 이름으로 다른 문화를 배제시키거나 격하시켜 지배적이고 주도적인 상위문화로 인식되도록 하는 것이 문화중심주의의 논리다.(강명구 1987) 문화가 권력이라는 요소와 결합되어 중심문화와 주변문화로 구조화되는 과정에서 다른 문화에 대한 지배와 불평등을 정당화시키는 결과를 초래하기도 한다. 강정인(2004)에 따르면 주변에 대한 중심의 지배는 물리적 권력과 문화적 권력을 내포하는데, 중심의 지배를 극복하기 위해서는 물리적 대항권력과 문화적 대항권력이 동시에 필요하다. 이를 위해 강정인은 여러 형태의 중심주의 극복을 위한 담론전략으로 동화, 역전, 혼용, 해체적 방법을 제시하고 있다.(강정인 2004, 428-430)[3] 이에 강정인의 탈서구중심주의 방법론을 사

---

2) 길항작용(antagonism)이란 생물체 내의 두 가지 물질이 어떤 현상에 대해 서로의 역할과 반대로 작용하여 몸의 항상성을 유지하는 것을 말한다.(오정민 · 정성호, 2013, 『마인드맵으로 술술 풀어 가는 용어 사전』, 푸른길) 이 연구에서는 러시아 문화정체성에 관한 지식인들의 논쟁 주제였던 유럽중심주의와 러시아(전통)주의의 역학구도를 설명하기 위해 사용하였다.
3) 동화적 담론전략은 중심을 우월하고 보편적인 존재로, 주변을 열등하고 특수한 존

용해 중심(지배)문화와의 관계 속에서 형성해온 러시아의 문화정체성을 분석하고자 한다.

중심문화에 대한 러시아의 문화변용과정은 몇 가지 특징을 갖고 있다. 첫째, 그리스-로마-게르만 문화의 정통성을 계승했다고 자부하는 '중심 중의 중심부'인 유럽인들의 관점에서 볼 때, 러시아는 세련된 유럽 문명의 외곽에 존재했고 유럽인들이 경멸했던 비잔틴제국으로부터 문화를 수용했던 '변방 중의 변방 국가'였다.[4] 둘째, 가장 발달된 문명의 중심권으로부터 떨어진 지역은 문화전파의 혜택을 덜 받게 된다는 문화전파이론(cultural diffusion theory)의 측면에서도 러시아는 유럽 문명의 혜택을 받지 못했던 주변부 문화권이었다. 셋째, 러시아는 중심문명과의 문화 접촉과정에서 문화적 주변성을 극복하기 위해

재로 인식해 소멸시키거나 최소화를 추구하는 담론전략으로 중심의 보편성과 우월성을 인정해 중심의 제도, 관행, 가치, 문화 등을 적극적으로 수용함으로써 중심에 동화·통합되려는 경향을 말한다. 반면에 역전적 담론전략은 주변의 입장에서 중심과 주변의 차이에 대한 평가를 역전시켜 주변이 지닌 속성을 특수성과 열등성에서 보편성과 우월성의 표상으로 전위시키려는 전략으로 중심에 대한 주변의 반격과 저항을 의미한다. 혼용적 담론전략은 중심과 주변의 일정 요소를 취사선택하여 양자의 혼합 또는 융합을 지향하는 것을 의미한다. 해체적 담론전략은 중심과 주변을 구분하거나 또는 그것을 가능케 하는 이항대립적 차이들을 해체시킴으로써 중심주의에 대한 도전과 극복을 시도하는 전략이다.

4) 18~19세기 『로마제국 쇠망사』를 쓴 E. 기번과 『유럽도덕의 역사』의 저자 W. E. H. 레키를 비롯한 유럽중심주의(Eurocentrism) 역사가들은 일명 야만인의 침략으로 서로마가 몰락한 이후 북쪽의 게르만 문명(프랑크 왕국, 신성로마제국)과의 타협으로 탄생된 로마-게르만 문명이 근대 유럽 문명의 원류라고 자부하였다. 반면에 이들은 천년 역사의 동방제국을 경멸하는 의미로 '비잔틴'이라는 단어를 사용할 정도로 유럽은 자신들과 동로마제국을 분리해 생각하였다. 유럽중심주의 역사가들은 비잔틴제국에 대해 유럽 전체 기독교도를 대표한 적이 없으며, 오히려 6세기 교회 분열을 야기하고 제국 교회로부터 떨어져나간 경멸스럽고 빈약한 문명이라고 비난했다.(Norwich 2008a, 20-21)

중심부 문화에 대한 모방과 수용(동화)-러시아화(혼용)-러시아중심화(해체)라는 문화수용 방식을 역사적으로 반복해왔다.(김은실 2013, 147) 이는 고대로부터 현대 러시아에 이르기까지 지속적으로 유지되고 있는바, 중심문화에 대한 러시아의 특징적인 대응전략 방식을 개괄적으로 살펴보면 다음과 같다.

10세기 고대 러시아는 비잔틴 문명으로부터 황제 교황주의(Caesaropapism)[5] 정치제도와 동방정교의 전례를 받아들이고, 당대의 경제 중심지였던 콘스탄티노플과 통상조약을 체결하는 등 중심부 문명과의 활발한 경제교류와 무역관계를 형성하였다. 키예프 루시[6]의 블라지미르 대공은 비잔틴의 프로피로게니타 안나와 결혼하는 조건으로[7] 세례를 받고 전 인민을 정교로 개종시키는 등, 정치·문화·종교의 전 영역에 걸쳐 비잔틴 문화에 대한 모방과 수용의 적극적인 동화정책을 실행하였다.(Charques 2008b, 416-426; 김은실 2001, 207-210)[8] 12세기까지 비잔틴제국은 지중해 경제와 신앙·학문·문화의 중심지로 발전하였고, 중세의 정치무대에서 가장 막강한 문명이었다. 그러므로 러시아의 동방정교 수용은 정치적·경제적 이해의 실용적인 의미뿐 아

---

5) 황제 교황주의는 비잔틴제국의 제정일치 통치원리로 황제가 교회의 최고 수장이며 종교 문제의 최고 심판자의 기능을 담당했던 정치체제다. 이는 정교회 전례와 함께 러시아 정치, 사회에 중요한 규범으로 작용하였다.
6) 루시(Русь)는 고대 러시아의 옛 명칭.
7) 포르피로게니타 황가의 일원이 외국인과 결혼한 사례는 전무한 상황에서 이교도였던 블라지미르 대공과의 결혼식은 매우 파격적인 일이었다.(Norwich 2008b, 417)
8) 비잔틴제국의 문화는 제도적으로는 로마적이었고, 언어나 문화적으로는 그리스적이었다. 비잔틴제국은 그리스를 중심으로 소아시아와 이탈리아 해안의 여러 섬들을 포함하여 강력한 중앙집권 국가조직을 갖추고 기독교와 동방적 색채를 포함한 군주국가로서 성장하였다. 콘스탄티노플은 고전적 전통 및 중세 가톨릭 유럽과 소아시아의 이교문화의 교차지점으로서의 특성을 갖고 있었다. 이교문화에 대해서도 세례만 인정하면 개방하는 등 문화적 융통성과 수용력을 보여주었다.

니라 러시아가 문명세계에 소속되었다는 문화적 자신감을 의미했다. 이후 15세기에 러시아는 동방정교회로부터 자치권을 요구해 '러시아 정교회' 수립에 대한 승인을 얻어냈으며 비잔틴제국의 몰락 이후에는 '모스크바-제3로마 사상'을 근거로 러시아가 비잔틴 문명의 적통자임을 주장하는 등 비잔틴 문화와 러시아 문화의 혼융적 전략을 전개하였다.(김은실 2001) 결과적으로 러시아는 동방정교의 적극적인 수용과 러시아화(Russification) 과정을 통해 그동안 몽골-타타르에 의해 여러 공국으로 분열되어 있던 국내 정치의 통합과 영토확장을 추진함으로써 제국으로 부상하였다.

그러나 비잔틴제국의 몰락 이후 르네상스와 산업혁명, 근대국가 체제를 통해 새롭게 부상하기 시작한 유럽의 발전상은 러시아 제국의 성장 그 이상을 능가하는 것이었다. 당대의 선진문명으로 우뚝 선 유럽 앞에 비잔틴 문명의 계승자라는 자부심은 실효적 효과를 발휘하지 못했다. 표트르 대제는 러시아의 낙후성이 서유럽과의 단절에서 비롯된 것임을 지적하고 유럽중심주의에[9] 대한 순응적 동화전략을 전개하여 러시아를 유럽 국가로 재탄생시키려는 의지를 보였다. 그러나 표트르 대제의 유럽중심주의 정책에도 불구하고 여전히 해소되지 않는 러시아의 낙후성과 피폐한 인민의 삶은[10] 러시아 지식인들의 각성

---

9) 유럽중심주의는 그리스-로마-게르만 문화의 계승을 자부하고, 유럽과 유럽인의 최고 우월성을 강조하는 것으로 유럽을 세계관의 중심에 두는 생각이나 실천을 의미한다.(강정인 2004, 39; Norwich 2008a, 20-26) 이 연구에서 유럽중심주의라는 용어의 선택은, 첫째 지정학적인 조건으로 볼 때 러시아가 유럽에 속하는 국가로 소비에트 이전에는 미국과 직접적인 관계가 별로 없었다는 점, 둘째는 이 연구의 연구대상 시기가 미국이 중심문명으로 등장하기 이전이라는 점에서 차별화하기 위함이다. 보편적으로 서유럽과 미국을 통칭하는 '서구중심주의'보다는 '유럽중심주의'로, 국내 연구물들에서는 표트르 대제의 '서구화 개혁'이라고 부르는 것을 '유럽화 개혁'으로 표기하고자 한다.

을 촉발시켰다. 러시아가 직면했던 사회현실에 대한 반성과 평가는 유럽 문명국가로 편입되고자 하는 의지(동화-서구주의)와 유럽의 부르주아 자본주의에 대한 비판과 러시아 전통문화에 대한 성찰과 유지(역전-슬라브주의)에 관한 담론경쟁에 불을 붙였다. 이후 슬라브주의자들 중 일부는 서구열강의 제국주의 경쟁 속에서 유럽중심주의의 해체를 주장하며 범슬라브주의를 지지하였고 서구주의자 중 일부는 사회주의 건설을 목표로 한 혁명운동과 국제 공산주의 실현을 위한 연대 구축을 모색하였다.

20세기 소비에트 러시아 역시 과거 유럽중심주의의 문화수용 방식과 마찬가지로 마르크스주의를 적극적이고 자발적으로 수용하여 새로운 정부를 수립하였다.[11] 그러나 국내 사회의 혁명적 혼란과 유럽 혁명운동의 변화는 러시아 내에서 정통 마르크스주의 실현을 불가능하게 만들었다. 유럽의 마르크스주의가 러시아의 문화적 토양과 접촉하면서 '마르크스주의의 러시아화'가 이뤄졌다. 마르크스-레닌주의라는 혼융적 결합 속에서 유럽 방식의 정통 마르크스주의와는 차이가

---

10) 표트르 대제의 유럽중심주의 개혁의 성과는 러시아 사회와 인민의 희생과 고통을 기반으로 해서 얻어진 열매였다. 인민들은 새로운 수도를 건설하고, 전쟁과 정복, 개혁작업을 위한 막대한 국가 재정지출의 담당자였다. 건설을 위한 노역, 전국에 걸쳐 주둔되어 있는 주둔군의 유지비 부담, 농노들의 각종 노역과 징발, 평생 복무의 징집의 가중된 부담에 시달렸다.(Charques 1991, 158)

11) 소비에트 러시아의 경우는 이 연구에서 함께 다루기보다는 별개의 다른 연구로 분리하는 것이 합리적이라 판단된다. 첫째는 문화변용이라는 것이 문화 간의 장기간에 걸친 직접 접촉에 의해 이뤄지는 것임을 고려할 때 소비에트 러시아는 매우 짧은 기간에 급진적이고 혁명적인 방식으로 형성되었다는 것, 둘째 러시아가 다른 동유럽과 공산권 제국들에게는 소비에트중심주의의 문화전파자 역할을 수행했다는 점에서 역으로 러시아를 중심부 국가의 입장에서 분석할 필요가 있다는 것, 셋째 소비에트 체제는 유럽중심주의에 대한 해체적 대안전략임과 동시에 유럽의 마르크주의로부터 온 또 다른 형태의 유럽중심주의로 해석될 여지가 있다는 것이다.

있는 전위당 이론, 신경제정책(NEP), 코민테른 조직, 국가사회주의, 평화 공존론이라는 혼융적 이데올로기가 탄생되었다. 특히 프롤레타리아 국제주의 확산의 실패로 동유럽 지역에 국한된 공산화는 스탈린의 일국사회주의론이 등장하는 계기가 되었다. 이로써 마르크스주의적 공산주의 발전단계와는 다른 뉘앙스의 러시아식 사회주의가 제안되었고, 사회주의 종주국으로서 러시아의 부상이 모색되었다.

한편, 소비에트 시기 러시아의 전통사상은 해외이주(White emigration) 러시아 지식인 중심으로 구성된 유라시아주의(1921~39)에 의해 계승되었다.[12] 이들은 러시아 사회주의를 수입된 유럽중심주의의 한 분파이며, 레닌과 스탈린에 의해 변형된 것이라고 비판하였다. 유라시아주의자들은 러시아의 전통적 의미의 철학적 사유는 자신들이 계승한 것이고, 정교적 전통과 슬라브주의의 우수성, 러시아 민족의 세계사적 사명을 유지·발전시켜나가겠다는 신념을 가졌다. 유라시아주의는 유럽과 아시아의 경계에 위치해 있는 러시아의 지정학적인 요인을 강조하여 기존의 슬라브주의를 뛰어넘는 초민족적인 시각에서 조명되었다.[13] 유라시아주의는 이미 비잔틴주의, 오리엔탈리즘, 서유럽 문명과의 접촉과정에서 얻어진 러시아의 혼융적 문화 경험 속에

---

12) 소비에트 러시아에서는 사회주의체제에 동의하거나 고무하는 것 이외의 철학적 담론이나 종교적 교리를 금지시켰기 때문에 종교는 지하화되었고 반체제 지식인들은 자의 반, 타의 반 해외이주를 선택할 수밖에 없었다. 1917~21년 사이에 거의 200만에 가까운 러시아인들이 독일(60만 명), 프랑스(40만 명), 폴란드(20만 명), 만주(10만 명), 불가리아(3만 5000명) 등 유럽 지역으로 이주하였고, 점차로 미국(3만 명)과 캐나다, 남미까지 퍼져나갔다. 유라시아주의자들은 대부분 귀족이나 잡계급 이상의 상류계급 출신의 소비에트 반체제 지식인들로 비록 유럽에 거주하고 있으나 정교-슬라브 전통을 유지하고자 노력하였다. 이들은 프라하, 베를린, 파리, 브뤼셀 등 유럽의 대도시를 중심으로 활발한 연구와 출판활동을 전개하면서 러시아 전통적 사유와 러시아 정체성에 대한 사고의 폭을 확장시키고자 노력하였다.

서 유럽중심주의를 해체시키고 소비에트 정부에 빼앗긴 '조국 러시아'의 부흥과 발전을 고대하는 이주 지식인들의 "러시아-유라시아 부흥 프로젝트"였다.(Зорина и Рахманкулова 2007) 그러나 곧 붕괴할 줄 알았던 소비에트 정부가 여전히 건재한 것에 대한 해석과 대처 방법을 두고 유라시아주의 내에서 분열이 일어났다. 스스로 붕괴하지 않는 소비에트 정부와 맞서 정치적 투쟁을 벌여야 한다는 주장과, 기존과 같이 이념적 운동 기조를 계속 유지하자는 주장이 첨예하게 대립하면서 유라시아 운동은 중단되고 말았다.

소련의 붕괴 이후 현대 러시아에서 탈사회주의 체제전환과 사회적 · 경제적 개방 · 개혁을 두고 다양한 의견 그룹과 철학적 접근이 난무하는 가운데 근대 러시아에서 제기되었던 서구주의와 슬라브주의의 논쟁을 연상시키는 서구 지향과 반서구(러시아 전통) 지향의 대립구도가 다시 재연되었다. 옐친 정부는 러시아 저발전의 원인을 문명화된 선진국들과의 단절로 규정하고 경제적 차원에서 시장경제체제로의 전면적인 개방과 개혁을 의미하는 서구 지향적 동화 전략을 채택하였다. 그러나 끝을 모르고 치솟는 물가와 상상을 초월하는 인플레이션, 화폐개혁, 이후 국가부도 사태까지 이어지는 혼란, 잃어버린 소비에트 제국에 대한 상실감, 옐친 정부의 서구 지향적 동화정책의 부작용에 대한 비판, 일방적인 서구 지향적 가치에 대한 반발은 러시아 전통 및 정체성 회복에 대한 요구로 이어졌다.

---

13) 유라시아주의는 유라시아의 영토적 정신-문화적 통합을 지향했다. 주요 이념은 첫째, 비잔틴 전통과 정교회가 러시아 문화의 근본적인 요소임을 인정하는 '비잔틴주의', 둘째, '몽골-타타르 지배' 역사에 대한 긍정적 해석을 전제로 투르크-아시아(Turanian-Asiatic) 국가 체제에 대한 경험과 '오리엔탈리즘', 셋째 슬라브 민족과의 연계만이 아니라 남방(비잔틴), 동방(동방으로의 출구), 서유럽과의 역사-문화적 융합의 새로운 패러다임인 '유라시아 통합(integrated Eurasia)'을 추종했다.

지식인들과 러시아 정교회 중심의 반서구주의 문화운동은 러시아 국민들에게 슬라브주의와 유라시아주의의 향수를 불러일으켰고, 이런 배경 속에 등장한 푸틴 대통령은 국내의 반서방적 여론의 공고한 지지를 얻었다. 푸틴 정부는 서구중심적 외교노선에서 벗어나기 위해 미국과의 긴장관계 유지, 중앙아시아와의 근린외교 강화, 유라시아 경제연합(EEU)[14] 추진 등 아시아 지역 반서구 국가들과의 탈서구적 공조를 모색했다. 그러나 반서방적 '러시아의 길'은 미국과 유럽의 강한 반발과 경제봉쇄라는 적극적인 압박으로 고전을 겪고 있다. 최근 푸틴의 대 테러리즘 공조나 미국과 별개로 유럽 국가들과의 관계개선을 추진하려는 적극적인 유럽 외교 노력은 미국 중심의 국제질서에 대한 역전적 전략과 러시아주의[15] 실현을 향한 행보의 하나로 해석된다.

지금까지 개관한 바와 같이 러시아가 취했던 중심부 문화에 대한 역사적 대응과 전통적 문화변용 방식을 참조해볼 때 러시아는 어떤 방식으로든지 미국 중심의 국제질서에 대한 도전을 중단하지 않을 것으로 전망된다. 또한 러시아의 문화정체성이 유럽중심주의와 러시아주의의 길항작용을 통해 변화해왔다는 사실을 감안해볼 때 현대 러시아의 향후 외교적 행보는 18~19세기 러시아 지배계급과 지식인들의 문화변용 방식 속에서 키워드를 발견할 수 있을 것으로 보인다.

---

14) 유라시아 경제연합은 러시아, 카자흐스탄, 벨라루스, 아르메니아가 참여하고 있다. 독립국가 연합의 정치, 경제, 군사, 문화를 통합하려는 유라시아 연합(Eurasian Union) 계획 중 하나로 2015년 1월 공식 출범하였으며 회원국 간의 단일 세금과 단일 기술 규정, 노동법과 이민법 등의 조화, 내부 경계 강화 등을 합의하였다.

15) 러시아주의(Русская Идея)는 1887~88년 역사철학자 Vl. S. 솔로비요프에 의해 제시된 종교철학적 개념으로 19~20세기에 지식인들 사이에서 널리 사용되었다. 러시아 민족의 정체성, 러시아 문화의 역사성, 러시아 민족의 특수한 사명 등에 관한 총체적 개념으로 러시아 민족정신의 원형을 정교원리와 전통사상 속에서 찾으려는 것을 의미한다.

2. 유럽중심주의와 지배계급의 대응전략

1) 표트르 대제의 유럽중심주의 동화전략

표트르 대제는 러시아 발전의 상징이자 러시아인들이 매우 자랑스러워하는 인물이다. 그의 43년의 재위 기간 동안 급진적이고 전면적으로 개혁되었던 법과 제도가 1917년 러시아혁명 때까지 대부분 유지될 정도로 러시아에 미친 영향은 대단했다. 표트르 대제는 러시아의 모든 보수적이고 정체적인 관습들이 비잔틴의 문화전통에서 비롯된 것이라고 비판하고 서유럽 문화를 모방하지 않고서는 러시아 제국이 새롭게 창조될 수 없고 존속될 수도 없다고 주장하였다.(Charques 1991, 144) 따라서 그는 비잔틴의 종교성에 기반을 둔 중세적 전통을 극복하고 유럽 제국들과 같이 절대주의적 국가권력과 군사력을 구축하는 것을 개혁 목표로 설정하였다. 표트르 대제는 시찰단을 이끌고 스웨덴, 영국, 네덜란드, 오스트리아, 프러시아, 이탈리아 등지를 돌면서 유럽의 정치, 군사, 과학기술, 교육 등 당대 유럽 최고의 문물을 러시아에 적극적으로 수용하고자 하였다. 표트르 대제는 유럽화 개혁의 일환으로 국호를 '러시아 제국(Imperial Russia)'으로 개정하고 서유럽식의 황제(Imperator 1721~25) 칭호를 사용하도록 하는 등 국가의 위상을 유럽 제국들과 동등한 수준으로 끌어올리려는 야심찬 의지를 보였다.

국가의 위상을 높이고 전쟁을 수행하기 위해 귀족회의를 폐지하고 원로원을 국가 최고의 기관으로 설치하는 등 중앙 및 지방의 행정기구를 개편하고 근대적 관료제도와 관등체계를 새로 도입하였다.(이덕형 2009, 491-492)[16] 새로운 상징적 질서와 관료제도의 개혁은 프랑스,

독일, 프러시아, 영국, 폴란드 왕가의 체제를 종합하여 만든 것으로 새로운 위계적 신분 질서를 구축시켰으며 중앙집권과 절대왕권 강화를 통해 위로부터의 개혁을 가능하게 해주었다. 황제는 해로를 확보하기 위해 수도를 모스크바에서 페테르부르크로 옮기고, 폴란드, 덴마크, 스웨덴 등과의 대 북방전쟁을 수행할 새로운 상비군과 함대 창설, 전함 건조, 러시아제 대포와 총기 제작, 제철소 건설을 추진하였다.(Charques 1991, 149) 전함을 비롯해 각종 배들이 건조되어 함대가 창설되었고, 유럽식 군사제도와 훈련 및 교육을 위한 특수학교도 설립되었다.

표트르는 정교회 원리에 의해 운영되던 전통적인 교육방식을 개혁하여 세속적인 원리에 입각한 유럽식의 실용적인 기술교육으로 전환하였다. 귀족 자녀뿐 아니라 병사나 관리, 성직자의 자녀들에게 수학, 공학, 외국어 등을 배우는 의무교육을 실시하였다. 표트르 통치 시기에는 어느 누구도 이를 면제받을 수 없었고, 10~15세에 학교교육을 받지 못하면 결혼을 하지 못하도록 할 정도로 강압적인 개혁을 단행하였다.(Charques 1991, 157) 유럽식 개혁에서 교회도 예외는 아니었다.[17] 1718년 표트르 대제는 교회개혁을 선언하고, 교회 행정부서인 신성 종무원(Holy Synod)을 신설해 교회에 대한 국가의 통제를 현실화시켰다.(Павленко и др. 1998, 258-263) 정교회 관련 명칭과 역법(曆法)을[18] 로마 교회식으로 개정하였고 공석으로 방치해오던 총대주교직도

---

16) 관등표(table of official rank)는 개인의 공적에 따라 14등급으로 나눠 적용되었다. 누구나 최하위 등급으로 들어가 능력에 따라 최고 등급에 오를 수 있는 기회가 주어졌고 육군과 해군, 일반 행정부서에서 종신직으로 일하도록 규정하였다.(Павленко и др. 1998, 264)

17) 표트르 대제의 교회개혁에 관한 내용은 김은실(2001, 213-218)을 참조할 것.

18) 9월 1일을 한 해의 시작으로 삼았던 비잔틴 정교회력을 서유럽식의 서기력으로 바

폐지하였다. 황제는 주교에 대한 임명권을 장악하였고 종무원의 위원들에게 충성 맹세를 받았다. 이로써 표트르 대제는 교회에 대한 절대적인 권한을 장악하고, 유럽화 개혁에 반대하는 정교회의 반개혁주의를 통제할 수 있게 되었다.

당대의 러시아인들은 모두 새로운 학습을 통해 유럽의 생활방식을 익혔고, 독일과 프랑스 음식에 대한 예절과 조리 방법을 배워야 했다. 심지어는 관습과 생활방식 및 음식과 복장까지 유럽식으로 개선할 것을 강요당했다. 황제는 길고 헐렁한 러시아 전통의상을 유럽식의 짧은 복장으로 바꾸도록 했다. 1705년 법령에 따라 턱수염도 자르도록 명령했다.[19] 농노와 성직자, 수염세 납부자를 제외한 모든 남자가 수염을 잘라야만 했다. 황제가 직접 관료들의 수염을 강제로 잘라주는 그림이 지금까지 전해지고 있다. 그러나 짧은 복장과 수염을 자르라는 황제의 명령은 러시아인들에게 굴욕적이고, 반정교적인 것으로 인식되었다.(Charques 1991, 148-149)

반면 귀족들은 프랑스 어를 공식 언어로 사용하였고, 외국어로 쓰인 문학작품은 그들만의 전유물이 되었다. 러시아 어로는 제대로 된 감수성을 표현할 수 없고 프랑스로부터 수입된 새로운 물건들에 대한 적절한 단어나 심오한 프랑스 철학과 과학에 적합한 용어가 없다고 불평하면서 프랑스 어로 대화하는 것을 러시아 상류사회의 교양으로 여겼다. 따라서 라틴 어로 과학 용어를 공부하고 프랑스 어로 된 문학작품을 읽었다. 귀족들은 자신과 자녀들의 품위를 유지하기 위해

꿔 1700년 1월 1일을 시작일로 정하고 이것으로 연대 표기를 하도록 하였다.

19) 긴 수염과 긴 겉옷은 정교회 전통에 따른 러시아의 관습이었다. 러시아인들의 관념 속에는 수염이 풍성한 성자와 수염이 없는 이교도의 이미지가 대조적으로 잠재되어 있었다.

프랑스인, 독일인, 이탈리아인 가정교사를 두고 외국어와 그 나라의 교양과 예법을 익혔다. 상류계층을 위한 유럽식 예절과 인사법, 프랑스 어 사용은 문화 수준의 중요한 척도가 되었다.(Лазарев 2012)[20] 이와 같이 문화중심(제국)주의는 문화우월주의나 자기 문화 열등의식으로 표출되는데, 문화 열등의식을 갖는 사람들은 자신의 문화를 정체와 후진의 상징으로 여겨 중심부 문화를 일방적으로 배우고 쫓아가려는 태도를 보인다.(강명구 1987) 표트르 대제의 유럽중심주의의 순응적 동화전략은 아무런 여과 장치 없이 러시아 상류사회를 유럽중심주의의 소용돌이 속으로 빨려 들어가게 했고, 귀족과 지식인들은 스스로를 유럽인으로, 러시아를 유럽 국가라고 생각했다.(Контор 2014)[21]

2) 유럽 문화의 콘텍스트 변화와 표트르 후예들의 소극적 혼융전략

표트르 대제 개혁 후 약 100년이 지난 1812년의 나폴레옹과의 '조국전쟁(Patriotic War)'은 러시아를 대륙 최초로 나폴레옹을 이긴 전승국으로, 유럽 최대의 육상 강국으로 부각시켜주었다.(Павленко и др. 1998, 441) 그러나 유럽에서 얻었던 평판과 달리 19세기 러시아는 표트르 대제 이후 지속해왔던 유럽중심주의 개혁 노선에 대한 혼선과

---

20) 유럽화 이후 100년 동안 푸슈킨이 러시아 어로 작품을 쓰기 직전까지 러시아 어로 쓰인 문학작품은 매우 적었고, 실제로 가치 있는 작품은 거의 존재하지 않았다.
21) 남녀 동반의 프랑스식 사교 모임이 열렸고, 무도회를 위해 프랑스의 화려한 복장과 장신구 수입이 증가하였다. 유럽, 특히 독일식 제복이나 외출복을 착용하고 둥근 원통형 모자와 서양식 단화를 세련된 것으로 여겼고, 프랑스의 의상, 건축, 차, 언어 등에 대한 서유럽의 유행을 그대로 모방했다. 그러나 사실상 '유럽화된 러시아인'은 유럽식 문화 양식과 지식으로 무장한 귀족이지만 러시아의 현실과 변혁에 대해서는 무관한 사람들이었다.(이덕형 2009, 491-492)

갈등을 겪고 있었다. 이는 지난 세기의 절대왕정 내지는 계몽 전제군주 정치질서가 자유주의와 시민혁명의 물결에 휩싸여 그 힘을 상실해가고 있었기 때문이다. 여전히 강력한 전제군주정을 유지하고 있던 러시아 황제의 입장에서 19세기의 유럽은 위험한 대상이었다. 이에 러시아 황제는 대외적으로 국제 평화 수호자를 자처하며 유럽 절대왕정을 옹호하고 자유주의와 혁명운동 저지를 위해 앞장섰다. 보수적이었던 황제와 정부는 서유럽의 혁명적 분위기의 국내 유입을 저지하는 역전적 태도와, 국내 사회의 저항에 대한 최선의 선택으로 러시아 전통주의를 부분적으로 부각시키는 혼용적 전략을 추진하였다.

유럽 문화의 콘텍스트의 변화로 인해 유럽중심주의에 대한 러시아 국내 사회집단의 대응은 다양하게 표출되었다. 유럽 문화에 대한 대응 태도와 전략은 달랐지만 지배계급들은 모두 유럽의 혁명이 러시아에 미칠 영향을 두려워하고 있었고, 가능하면 혁명을 거치지 않고 러시아의 발전과 근대화를 달성하려는 동일한 목적의식을 갖고 있었다. 그러나 러시아 사회로 유입된 유럽의 자유주의와 혁명운동의 흐름은 입헌주의와 자유주의, 평등 개념의 부분적인 수용, 농노제의 폐지에 대한 요구로 현실화되었다. 알렉산드르 1세는 이를 무작정 제한할 수만은 없는 상황이라는 것을 깨닫고 원로원을 부활시켜 사법 및 행정 기관의 기능을 담당하게 하였고, 스페란스키를 국무대신으로 하는 국무협의회를 설립하여 제한된 성격의 행정제도 개선을 단행하였다. 근대적인 관료제를 도입했으며 비공식 위원회에서 헌법 초안 구상, 농민 및 농노제 문제 해소를 위한 준비 작업도 수행시켰다. 그러나 귀족세력의 저항과 기존질서의 동요에 대한 두려움이 컸기 때문에 결국 개혁정책은 보류되고 말았다.(김경묵 2006; Charques 1991)

결국 알렉산드르 1세는 유럽 열강과의 경쟁을 위해서는 군사력 강화와 선진기술 도입을 위한 유럽화의 기조를 유지하였고 기존의 국내 정치체제 유지를 위해서는 러시아의 전통문화 요소를 취사선택하는 양수겸장 정책으로 방향을 선회하였다.[22] 알렉산드르 1세의 혼용적 문화수용 방식으로 인해 대외적으로는 유럽의 국제질서에 참여하는 군사 강대국의 이미지를 누린 반면, 유럽의 근대화와 자유주의로부터 차단되었던 국내 사회는 전근대적인 속성에서 벗어나지 못하는 결과를 초래하였다. 이는 강정인이 제시했던 바와 같이 전통을 서구적 가치에 비추어 비판하고 재해석하는 모방과 수용 또는 서구문물의 수정·선별을 통한 전통문화의 보존과 발전을 모색하는 적극적이고 변증법적인 혼용적 전략이 아니라(강정인 2004, 447-448), 유럽 문화와 러시아 문화 중 취사선택하는 소극적이고 나이브한 차원의 혼용 방식에 머물렀음을 의미한다.

결과적으로 이것은 러시아 사회가 유럽의 발전과 시민사회 변화로부터 격리되었다는 것을 의미했다. 나폴레옹 전쟁에 참전했던 젊은 장교들은 유럽의 공업과 수공업의 발달, 중산계급 및 농민의 안정적인 생활을 목격하고 큰 충격에 빠졌다. 러시아로 돌아온 젊은 장교들은 유럽식의 근대화와 러시아 전통문화와의 부조화 속에서 유지되고 있던 전제정치와 농노의 비참한 현실 극복 방안을 논의하는 가운데 비밀결사대(Decembrist)를 조직하였다. 스스로를 "1812년의 아이들(children in 1812)"이라 불렸던 데카브리스트들은 농노제와 전제주

---

22) 역사가들은 알렉산드르 1세의 내면에는 특유의 전제주의(innate autocracy) 원칙, 즉 자유주의와 전제정치라는 18세기 철학적 풍조의 기괴한 조합이 내재되어 있었다고 평했다. 나폴레옹도 "알렉산드르는 영리하고 유쾌하며, 교양 있는 사람이지만 신뢰할 수는 없는 사람이다. 그는 진정한 비잔틴인(Byzantine) … 민감하고, 허식적이며 복잡한 사람"이라고 표현하였다.(Павленко и др. 1998, 416)

의로부터 러시아의 해방을 목표로 하는 자유주의 레지스탕스(liberal opposition)임을 자부하였다.(Павленко и др. 1998, 451-453) 데카브리스트의 개혁 프로젝트는 계급적 차별을 허용하지 않는 법 앞의 자유와 평등으로 이해되는 로크, 루소, 몽테스키외 등의 계몽주의 시대 사상가들의 자연권(natural rights) 원칙에 기초를 두고 있었다.(Павленко и др. 1998, 459) 이들은 입헌군주제와 농노제 폐지를 주장하며 1825년 니콜라이 1세의 즉위식 날에 봉기를 일으켰다.

데카브리스트의 봉기(Decembrist revolt)는 유럽의 자연법 사상과 자유주의의 보편성과 우월성에 관한 신념을 기반으로 러시아의 후진적인 농노제와 전제군주제에 대한 급진적인 개혁을 요구했던 사건이었다는 점에서 유럽중심주의의 동화적 담론전략이 사용된 것으로 평가된다. 동화적 담론 중 순응성과 저항성이 존재하는데(강정인 2004, 436-437), 지배적인 담론의 보편적인 주장과 현실의 불완전한 실천 간의 괴리를 지적하고 그 보편적인 주장이 온전히 적용될 것을 요구하는 저항적 동화전략이 여기에 해당되는 것으로 볼 수 있다. 데카브리스트의 주장은 표트르 대제의 유럽화 개혁 이후 100년이 지난 상황에서도 유럽 문화와 러시아 전통문화와의 부조화, 대외정책과 국내 근대화에 대한 정책의 불일치, 지배계급과 인민계급의 인식 차이 때문에 유럽으로부터 받아들인 계몽주의와 자유주의가 제 기능을 다하지 못했던 것에 대한 자각과 비판의 목소리였다. 비록 봉기는 실패했지만 데카브리스트의 정신과 도덕적 기반은 모스크바의 학생 서클로 이전되어 향후 러시아 철학의 계몽주의적 모태가 되었다.[23]

3) 니콜라이 1세의 반동적 역전전략과 관제 인민이론

니콜라이 1세(1825~55)는 러시아는 물론이고 국외에서 벌어지는 자유주의와 혁명의 물결을 제압할 군대를 파견해 폴란드와 헝가리 혁명을 진압하고 오스트리아와 연합하여 동유럽 반혁명군의 선두에 섰다. 황제는 유럽의 혁명정신이 전 세계를 붕괴시키게 될 것이라는 불안감 때문에 유럽의 구질서 체제를 수호하기 위해 더욱 강압적이고 전제적인 활동을 펼쳤다.(Павленко и др. 1998, 510-511) 국내적으로도 니콜라이는 개혁을 실시할 것이 아니면 새로운 혁명의 여파를 차단하는 편이 낫다고 판단하였다. 모든 형태의 반대와 저항을 억압하기 위해 고등경찰제도 설치, 교육 대상을 귀족과 관리의 자녀로 제한하고 정원 축소, 문화·예술 활동에 대한 검열과 감시 등 자유주의 억압 정책과 차리즘(tsarism)의 확고한 유지를 위해 권력을 집중시켰다.(Charques 1991, 236) 나아가 니콜라이 1세는 러시아 전통과 고유의 정신에 바탕을 둔 '러시아만의 독자적인 길'이 필요함을 인식하였다.(Халтурин и др. 2003) 황제의 명에 의해 1832년 12월 우바로프(Uvarov S. S. 1786~1855) 백작은[24] 학생과 인민의 사상적 교화와 애국

---

23) 초기 서구주의의 대가인 게르첸, 오가료프, 벨린스키도 데카브리스트 모임에서 배출되었다. 서클의 목적은 계몽주의와 인문주의를 촉진하고 확산시키는 것이었다. 그러나 모스크바 대학 내의 반정부 서클들이 발각되어 참가자들은 재판부에 기소되었고, 관료나 귀족신분을 박탈당하거나 군대 또는 유형지로 보내져 경찰의 감시를 받게 되었다.

24) 이후 우바로프는 니콜라이 황제에게 교육장관으로 기용되었고, 러시아 민족의 기원과 관제 인민이론을 가지고 인민계몽과 보수·반동적 사회개혁을 실현하기 위해 평생을 노력하였다. 관제 인민이론의 기초 주석자는 모스크바 대학의 교수인 역사학자 M. P. 파고진, 언어학자 S. P. 세비료프, 저널리스트 N. I. 그레친, F. V. 불가린이었다.

심을 고양시키기 위한 보고서를 작성하였다. 우바로프는 "우리의 모든 의무는 정교성, 전제성, 인민성이 결합된 정신 위에 인민계몽을 완수하는 것이다."라고 선언했다.(Серов и др. состав. 2003) 그는 전통사상이었던 '정교성(orthodoxy), 전제성(autocracy)에 인민성(nationality)'을 추가해 "관제 인민이론(Theory of Official Nationality)"을 발표하였다.[25] 우바로프의 이론은 전통사상인 정교성과 전제성 개념을 왜곡하고, 여기에 굴절된 '인민성' 개념을 제시함으로써[26] 황제와 귀족, 인민의 불가분적 공동체 관계를 확립시켜 인민의 종교성을 황제에 대한 충성심으로 바꾸려는 것이었다.(Халтурин и др. 2003) 이와 같이 관제 인민이론의 사회적 과제는 전통적 의미와 무관한 농노제와 군주 지배의 합법성(legality)을 입증하려는 것이었다.(Павленко и др. 1998, 505-506)

우바로프의 관제 인민이론을 옹호했던 모스크바 대학의 역사학 교수 파고진(M. P. Pogodin, 1800~75)은[27] 지금은 러시아를 인민성의 참

---

25) 원래 '정교성'과 '전제성'은 비잔틴제국에서 러시아가 기독교를 수용할 때 함께 유입되었던 '황제 교황주의'에 러시아의 전통적 가부장제 정치문화가 결합된 개념이다.(김은실 2001) 그러나 우바로프는 이 개념을 관제 인민이론으로 재해석하여 니콜라이 지배체제를 강화하기 위한 수단으로 삼고자 하였다. 첫째는 황제 교황주의를 근간으로 삼고 있던 '전제성'의 본원적 의미를 가지고 황제에 대한 교회와 인민의 예속과 충성심을 강화시키는 데 활용하고자 하였다. 둘째는 '정교성'에 내재되어 있는 정교에 대한 인민의 헌신과 깊은 종교성을 이용해 러시아에서 근본적인 사회변혁이 불필요하고 불가능하다는 논리를 전개해 전제정치와 농노제 유지의 필요성에 대한 도그마를 시도했다.
26) 인민성은 러시아 사회철학 중 극우 반동에서부터 극좌 혁명까지의 이념적 스펙트럼에 걸쳐 광범위하게 사용되었던 개념이다. 관제 인민이론에서는 전제적 농노제를 구축하기 위해 러시아 인민의 민족적 각성을 호소하는 의미로 사용되었고, 혁명사상에서는 인민대중의 정신계몽을 위한 진보사상의 의미로 고려되었다.
27) 파고진은 보수적 전통주의자로 언어학자, 역사학자, 저널리스트, 평론가, 번역가

된 기원으로 전환시켜야 할 때이며 이 기원의 확인으로부터 러시아의 운명이 진정한 번영의 길로 들어서게 될 것이라는 확신을 가지고 정교성, 전제성, 인민성의 주요 조항을 연구하였다. 그는 러시아와 유럽의 차별성을 러시아의 전제성과 정교회의 위대한 역할에서 찾았다.(Cyrako 2006, 266-267) 그의 러시아 고대사 연구에 따르면 러시아 전제정의 기원은 바랴크-루시로부터 시작되었다.[28] 러시아 인민은 스스로 외국인 바랴크(Varangian)들을 불러들였고, 어떤 대립이나 갈등 없이 바랴크인들과 원주민 간에 조약이 체결되었다. 따라서 러시아의 전제정은 원주민과 바랴크의 자발적인 문화접변을 통한 유연한 문화 융화 현상에서 기원된 독특한 형태였다. 뿐만 아니라 원주민(노보고라드인)들의 요청으로 바랴크인 군주(류리크 왕가)들이 1598년까지 러시아를 통치하였다. 이 과정에서 비잔틴제국으로부터 기독교와 황제 교황주의를 도입하여 원주민들에 대한 '참된 계몽(문명화)'을 실시해왔던 것이 러시아 전제정의 기원이라고 주장하였다. 따라서 파고진은 러시아의 전제정과 농노제는 신성불가침의 영역이며 러시아가 사회적 폭동, 혁명적 동요 없이 평온함을 유지할 수밖에 없는 당위성이 여기에서 나오는 것이며, 혼란스러운 유럽과 대조되는 이유라고 자부하였다.(Павленко и др. 1998, 505-506)

여기에서 도출되는 중요한 특징은 첫째, 러시아 인민은 기질적으

등 다양한 재능을 가지고 활동하였고, 1826~44년 모스크바 대학 교수로 재직하였다. 러시아의 기원을 밝히는 '노르만 이론(Норманская теория)'과 관제 인민이론을 발전시켰으며 이후에는 슬라브주의와 범슬라브주의 발전에도 기여하였다.

28) '루시'는 러시아의 고대 국가를 말한다. 키예프 루시라는 표현처럼 바랴크-루시는 바랴크인들과 원주민으로 결합된 국가임을 구별하기 위한 표현이다. 바랴크인은 동유럽에 정착한 무역상인 바이킹들로 1050년까지 존재하였다가 이후로 원주민에게 동화되었다.

로 유럽의 혁명운동에 동요되지 않는 우호적인 성격과 평화적인 가능성을 갖는 존재다. 이에 파고진은 유럽은 정복에 의한 국가 기원을 갖고 있으며, 결과적으로 계급 간의 권리와 특권을 향한 투쟁과 사회 분열은 국가 기원으로 초래된 유럽인들의 기질이라고 러시아와 유럽을 대비시켰다.(Сугако 2006, 267) 둘째, 러시아 황제의 권력은 비잔틴으로부터 선래된 성교회를 바로 세우고 지키기 위한 것이며,[29] 러시아 정교의 영적 권위는 국가와 인민의 삶에 중요한 역할을 수행하는 것이었다.(Сугако 2006, 268) 파고진의 전제성 개념에 비춰볼 때 황제는 정교의 수호자로서 유럽이 직면해 있는 혼란을 해결할 수 있는 힘과 능력을 갖고 있는 존재였고, 러시아 인민은 정교에 대한 깊은 종교성과 전제군주에 대한 무한한 믿음을 갖는 대상이었다. 이들은 공공생활에는 별 역할을 하지 않고, 다만 러시아의 생계를 위해 일하는 안정과 평온, 인내의 도덕적 자질이 필요한 존재였다.[30]

니콜라이 1세와 우바로프 백작의 보수·반동적인 노력은 무조건 과거로 회귀하고자 하는 반동적 역전과 현실의 지배세력을 정당화하는 보수적 역전담론의 역할을 담당하였다. 관제 인민이론은 니콜라이 1세의 대관식 선언과, 전제정치와 농노제 질서의 견고함을 과시하는 공식 행사에서 강조되었다. 1830~80년대 매체를 통해 프로파간다가 활발하게 이뤄졌고, 계몽과 교육 시스템을 통해 더욱 확산되었다.

---

29) 그러나 파고진은 표트르 대제가 유럽 문명을 끌어들여 러시아 민족성을 침해하고, 외국에 대한 편견을 가르쳤다고 그의 모든 활동과 계몽에 관해서는 비판적이면서도 러시아 전제정의 중요한 부분으로 표트르 대제나 예카테리나 대제 등 로마노프 왕가의 전제적 통치 능력을 높이 평가했던 것은 매우 이례적인 것으로 보인다.

30) 파고진은 심지어 농노제를 알코올 중독과 빈곤으로부터 농민을 보호할 수 있는 장치로 이해하였고, 지주는 농노의 이익을 보호하고 도와줄 수 있는 존재로 간주하여 지주와 농민의 연대가 가능한 것으로 여겼다.(Сугако 2006, 269)

이후 관제 인민이론은 사회 급진주의자뿐 아니라 자유주의자에게도 비판을 받았고, 특히 P. Ya. 차다예프(1794~1856)에 의해 러시아의 진보와 발전을 가로막은 원인이라는 혹독한 비판을 받았다.(Халтурин и др. 2003)[31]

3. 유럽중심주의와 지식인들의 담론경쟁

1) 유럽중심주의에 대한 동화와 역전의 야누스적 논쟁

서구주의의 순응적 동화담론

사상통제를 위해 강화된 감시와 검열제도에도 불구하고 1830~40년대는 러시아 사상계의 황금기였고, 다양한 갈래의 철학들이 분출되었다. 지식인들의 토론 모임에서는 시대적인 혼란의 원인 분석과 표트르 대제의 개혁에 대한 평가를 두고 서구주의(zapadnichestvo)와 슬라브주의(slavyanofil'stvo)로 나뉘었다. 서구주의와 슬라브주의의 분리는 차다예프의 유럽중심주의에 대한 동화적 담론을 계기로 구체화되었다. 나폴레옹 전쟁 참전 중 직접 느꼈던 유럽에 대한 열등감, 러시아의 정체성과 소명에 관한 고민을 담고 있는 차다예프의[32] 『철학서

---

31) 그러나 관제 인민이론 중 파고진의 부분은 그의 활동이 슬라브주의와 범슬라브주의로 이어지면서 계속 수정·보완되었다.

32) 차다예프는 모스크바 대학에서 인문·사회·과학을 두루 공부한 지식인이었다. 1819년 데카브리스트 모임에 가담하였고, 1823~26년에 당대의 저명한 철학자들이 있던 영국, 프랑스, 이탈리아, 스웨덴, 독일을 여행하였다. 1829~31년 프랑스 어로 쓴 『철학서한』을 문학 서클에서 발표했고, 이것을 더 발전시켜 1836년 모스크바의 잡지 『텔레스콥(망원경)』에 게재하였다.

한』(1836) 출간은 지식인 사회의 논쟁에 불을 지폈다. 『철학서한』에는 러시아의 과거, 현재, 미래에 대한 그의 암울한 시선과 기독교 교리에 입각한 그의 역사철학적 성찰이 담겨져 있었다.[33] 차다예프는 고립무원의 러시아 문화지체 현상을 극복하기 위해서는 유럽 역사의 보편성을 인정할 것과 유럽중심주의에 대한 동화정책 추진을 제안하였다.[34]

　서구주의는 주로 대학의 철학과, 역사학과, 법학과를 중심으로 형성되었는데 역사학자 T. N. 그라노프스키, S. M. 솔로비요프, 법학자 M. N. 카트코프, K. D. 카벨린, 언어학자 F. I. 부스라예프, 작가 I. I. 파나예프, I. S. 투르게네프, I. A. 곤차로프, 이후 N. A. 네크라소프가 포함되어 있었다. 이들은 부르주아적 진보의 지지자였고 계몽과 개혁의 옹호자였다. 대부분이 귀족계급의 인텔리들로 토지귀족, 잡계급(various classes) 지식인,[35] 부호상인 출신들로 슬라브주의자들과 구별하기 위해 스스로 서구주의자(zapadniki)라고 불렀다.[36] 서구주의는 러시아와 유럽의 정신적 연대(spiritual solidarity)를 인식하는 사회철학과 문학의 한 분파로 신앙과 이성의 관계, 권력과 자유의 관계, 종교

---

33) 차다예프는 "우리(러시아)는 세상의 외톨이다. 다른 세계에 아무것도, 어떤 가르침도 주지 못했다. 우리는 인민에게 인간의 이상도, 하나의 사상도 전달하지 못했고, 인간 이성의 진보에 아무런 도움이 되지 못했다. 러시아의 과거와 현재를 돌아볼 때 결국은 미래와 미래 세대마저 열매 없이 흘려보내게 될 것이다."라는 회의적인 결론을 내렸다.(Павленко и др. 1998, 501-502)

34) 『철학서한』을 읽은 니콜라이 1세는 즉시 잡지 『텔레스콥』을 폐간시키고 편집장을 유형 보냈다. 동시에 차다예프는 정신병자라고 공식 발표하고 가택 구금 상태에서 의료적·정치적 감시를 받는 처지로 만들었다. 그러나 정부의 조치는 오히려 모스크바 문학 서클에서 차다예프의 인기를 더욱 상승시켰다.

35) 1850~70년대에 등장한 자유민주주의의 소시민 중간계급.

36) 서구주의 이념은 자유주의 실현을 추구하는 이성의 지지자로서 세속적인 인문주의, 진보에 대한 신념, 인간 개인의 존엄성(self-worth), 인간의 자유와 권리의 보장, 여타의 계급에 대한 적대감을 기반으로 한 온건한 자유주의를 표방했다.

와 철학, 그리고 실증과학과의 관계, 개인과 집단적 기원 사이의 경계에 관한 문제, 다양한 집단 간의 상호관계, 인류와 인민의 관계, 국가와 교회의 관계, 경제-사회와 국가의 관계에 관한 모든 문제들이 유럽에 중요하고 절박했던 문제였던 것과 마찬가지로 러시아에도 동일한 문제라는 전제를 갖고 있었다.

전 유럽의 자유주의와 진보적 사회변화에 대한 거대한 움직임(1789~1815)은 러시아 지식인들에게도 유럽식 발전 법칙의 중요성을 인식하는 자극제가 되었다. 서구주의자들은 유럽의 산업화와 근대화, 부르주아적 입헌질서를 성공적인 진보와 발전의 전형으로 인정하고, 러시아도 유럽이 걸어갔던 방향을 향해 선진문물과 진보사상을 배우고 전승시켜나가야 한다는 유럽중심주의적 개혁에 대한 확신을 갖고 있었다. 비록 러시아가 유럽과 비교해 문화적 지체나 정체 상황에 머물러 있긴 하지만, 유럽의 보편적인 역사발전의 길로 가게 될 것이며 이를 위해 러시아에 유럽식 발전 모델이 반드시 필요하다고 판단하였다.[37]

차다예프를 비롯한 벨린스키 등의 당대 지식인들은 러시아의 근대성에 대해 공통의 문제의식을 공유하고 있었다. 이런 맥락에서 서구주의는 유럽화 개혁에 대한 표트르 대제의 노력을 높이 평가했다. 표트르 대제를 위로부터 개혁을 실행했던 '러시아의 구원자'로, 국가혁

---

37) 러시아 역사철학의 아버지이자 서구주의자 솔로비요프는 서유럽 발전의 세 가지 모델로, 첫째는 로마 가톨릭의 신권적(theocratic) 단계—차다예프의 관점, 둘째는 합리주의와 자유주의의 특징을 갖는 인문주의적(humanitarian) 단계—벨린스키와 1840년대 관점, 셋째는 실증적 자연과학의 갈래인 자연주의(naturalistic) 단계—체르니셰프스키와 1860년대 관점을 제시하였다. 이들은 발전과정에서 서로 소멸시키지 않고 순차적으로 전면에 오는 것으로 러시아 사회사상의 발전과정인 종교, 철학, 실증주의와 교회와 국가, 사회의 유사관계가 반복되는 것으로 보았다.

신의 단초를 제공했던 개혁군주로 여겼다. 서구주의자들은 표트르 대제의 개혁에서 나타난 것처럼 러시아의 발전과 미래를 위해서는 국가의 역할이 중요하다고 생각했다.[38] 낙후되고 세련되지 못한 러시아의 전통질서를 유럽식으로 개조해야만 러시아의 진정한 발전이 가능할 것으로 전망하였다.

이처럼 서구주의는 유럽의 세계관과 가치 및 제도를 보편적이고 우월한 것으로 수용하고 내면화함으로써 그것들을 자기화 또는 재전유화하고자 하는 순응적 동화담론을 견지하였다.(강정인 2004, 434) 서구주의는 당시 유럽에서 정치개혁이 진행 중이었던 영국과 프랑스의 부르주아적 의회제도와 헌법질서를 이상적인 제도로 삼았다. 더불어 러시아에서도 제한 군주제, 언론과 출판의 자유, 정부에 대한 사회 여론의 영향력 인정, 공개재판, 인신 불가침(inviolability of the individual) 등의 정치적 자유가 필요하다고 주장하였다. 이런 맥락에서 서구주의자들은 러시아의 정치제도를 제국의 봉건적 절대왕정이라고 비판하였고, 전통 속에 묻혀 있는 구습의 타파와 농노제 폐지가 유럽식 개혁과 발전으로 나아가는 길이라는 신념을 갖고 있었다.[39]

슬라브주의의 진보적 역전담론

슬라브주의는 1839년 호먀코프 A. S.(1804~60)의 "옛 것과 새로운 것에 관하여"와 I. S. 키레예프스키(1806~56)의 "호먀코프에게 보내는

---

38) 솔로비요프, 카벨린, 치체린과 같은 역사 및 법학 교수들은 러시아 역사에서 국가 권력의 역할에 큰 의미를 부여했고 러시아 역사학 내에서 '국가학'과 '국가학파'의 창시자가 되었다.
39) 농노제 개혁에 관한 서구주의의 방법론은 정부가 귀족과 협력하여 주도하는 것이 이상적이라고 생각했다.

답신"이라는 논문 발표를 통해 부각되었다. 슬라브주의자들은 자유주의적 성향을 가진 중간 지주계급, 상인이나 잡계급(雜階級), 정교회의 하급 성직자들로 구성되었다.[40] 슬라브주의자들의 관심은 민족국가로서의 러시아 정체성 보존과 러시아 민족의 우수성 유지에 집중되었다.(Кудряшев В. Н. 2012) 슬라브주의자들은 자신들의 관심은 슬라브 민족이 아니라 러시아에 있음을 주장해 초기에는 스스로를 '러시아를 사랑하는 사람'이라는 의미를 가진 '류사류프(руссолюб)'와 '류사필(руссофил)'이라 불렀다.[41] 따라서 슬라브주의는 러시아 발전과정에 관한 논쟁에서 서구주의의 유럽중심주의적 발전방향을 거부하고 고유의 정신적 가치에 근거한 국가발전을 지향하였다.

따라서 슬라브주의자들은 첫째, 유럽 부르주아 문명의 한계를 지적하였다. 그리스-로마의 문명적 유산을 계승했다고 자부하던 유럽이 자본주의라는 물신주의에 빠져버렸고, 유럽 사회는 구교와 신교, 귀족과 시민, 부르주아와 프롤레타리아로 분열되어 혼란과 갈등을 거듭하고 있으며, 유럽 정신의 진화는 사회의 원자화를 가속화시켜 인간을 고립된 개체로 전락시키는 자가당착에 빠져 있다고 평가하였다.

둘째는 표트르 대제의 유럽 질서와 관습의 무리한 도입으로 인해 러시아는 전통이 중단되었고 민족적 순수성이 훼손되는 결과를 맞이

---

40) 슬라브주의 모임에서 호먀코프는 신학을, 키레예프스키 형제는 신학, 역사, 문학 부문에서 권위자로 인정받았고, 콘스탄틴 악사코프와 발루예프는 러시아 역사, 사마린은 사회경제와 정치 문제, 치조프는 역사문학과 예술 분야에서 뛰어난 성과를 보였다.

41) 슬라브주의자(slavyanofil)라는 말은 슬라브(slavic)를 사랑하는 사람(phil)이라는 합성어원을 가지고 있다. 서구주의자였던 A. S. 슈슈코프 제독이 강연 중 '낡은 형식의 모방자'라는 뜻에서 "슬라브를 좋아하는 사람들"이라고 비꼬았던 것에서 유래되었으나 결국에는 서구주의자에 대응한다는 의미에서 '슬라브주의자'라는 명칭을 수용하게 되었다.(Сухов 2008; Дмитриеев 2005)

하게 되었다고 지적하였다. 표트르 대제의 유럽화는 상류계급인 귀족 및 권력자들에게 필요한 것이었을 뿐, 오히려 과중된 징세와 징발로 농민과 하층계급의 생활만 피폐하게 만들었다고 비판하였다.[42] 비록 유럽적인 것이 아니라 하더라도 표트르 대제의 새로운 제도 중 하나인 농노법은 경제적 판단에서뿐만 아니라 사회적 의미에서도 매우 위험한 제도로 폐지되어야 한다는 것이 슬라브주의사들의 견해였다.(Павленко и др. 1998, 510-511) 셋째는 니콜라이 1세의 정치체제를 표트르 개혁의 부정적인 결과로 치부하고 부패한 관료제, 재판관의 강요로 인한 부정한 재판 등을 단죄하였다. 더불어 니콜라이 체제와 관제 인민이론 역시 러시아 전통사상의 세속화와 왜곡을 가져왔다고 비판하였다. 그들은 이와 같이 표트르 대제와 니콜라이 1세가 선택했던 그 길은 러시아의 발전을 중단시키는 결과를 초래하였고 혁명적 동요의 조건이 되었다고 공격하였다.

유럽 사회의 타락과 유럽중심주의적인 개혁, 러시아 사회의 부조리함에서 벗어나기 위해 슬라브주의자들은 러시아의 정체성과 존재가치, 역사 속 위상, 러시아적인 것의 본질에 관한 질문을 끊임없이 던졌다. 마침내 슬라브주의는 러시아 미래에 대한 차다예프의 문제제기에 "러시아의 길은 러시아 안에 있다."고 답했다. 슬라브주의 1세대인 호먀코프, 키레예프스키, 악사코프는 유럽에는 없는 러시아만의 독창적인 제도로 정교회의 계서제(hierarchy)를 의미하는 정교성, 러시아식 공동체(인민성), 이상주의적 전제주의(전제성)를 상기시키고, 관제 인민이론에서 왜곡되었던 의미를 재해석함으로써 러시아 발전의 가능성

---

42) 러시아의 참된 기반인 인민을 수호하고 고대 러시아와의 관계를 단절하지 않기 위해 슬라브주의자들은 평범한 인민들과 그들의 생활양식 연구에 주의를 기울였다.

을 발견하고자 하였다. 슬라브주의는 정교정신과 인민을 토대로 한 공동체 전통이 서구주의의 주장처럼 버려야 할 과거의 치부나 구습이 아니고, 경직과 정체를 의미하는 복고주의도 아니라는 확고한 신념을 갖고 있었다.[43] 슬라브주의는 유럽중심주의의 단점과 러시아 전통주의의 장점을 대비시켜 유럽과 러시아의 주체와 타자 간의 지위 및 역할에 대한 역전을 모색하였다. 당시 문화적 열등감으로 지적되었던 러시아 공동체 문화에 대한 재해석을 통해 상대적인 우월성으로 자리바꿈을 시도함으로써 러시아주의를 합리적으로 계승하고자 하는 진보적 역전담론을 주장하였다.(강정인 2004, 439-442)

슬라브주의에서 표방했던 '러시아의 독자적인 길' 또는 '러시아주의'의 중심에는 정교회가 있었다. '유럽적인 것'과 '민족적인 것' 사이에서 갈등했던 슬라브주의자들은 러시아의 정교적 공동체주의 전통을 유럽의 개인주의와 합리주의에 맞서는 미래의 이상으로 간주했다.(김수환 2006, 81) A. A. 키레예프는 정교를 민족으로부터 독립적이고 자치적인 것으로, 러시아 정체성의 최상위의 절대적인 요소로 분류했다. 호먀코프에게도 정교는 러시아 인종(ethnicity)보다는 러시아 민족의 정신적인 요소로 인식되었다. K. C. 악사코프(1817~60)는 '참된 옛길(러시아주의)'을 다시 찾기 위해서는 정교신앙과 러시아 공동체의 순수성을 회복해야 한다고 주장하였다. 슬라브주의자들은 농촌공동체 속에 유럽과 구별되는 러시아의 우수성과 독창성, 그리고 러시아의 메시아적 사명의 잠재력이 내재되어 있다고 믿었다.(Павленко и др.

---

43) 슬라브주의자들은 정교정신과 공동체 전통을 강제 수단이 아니며, 오히려 공동체의 결집과 저항을 내부에서 조절할 수 있는 도덕적인 능력을 내포하는 것으로 이해했다. 러시아적 전제주의가 향후 광범위한 공개의 원칙과 전 인민의 대표성을 잘 조화시키는 이상적인 제도로 정착할 수 있을 것으로 낙관하였다.

1998, 509-510) 또한 러시아 농촌공동체를 법과 제도보다는 인간적 유대, 정서적 연대, 공동체적 유대를 바탕으로 통합된 유기적 공동체로 차별화하였다.

슬라브주의는 공동체의 구성원인 '인민'을 러시아 역사 속에 존속해오면서 전통적인 방식의 정서적 유대와 통합력을 잃지 않았던 존재로 인정하였다. 그러므로 진정한 인민성의 의미는 러시아의 기원인 전제성과 정교성을 준수하는 인민대중으로, 러시아 인민의 보편성은 정교회 계승자로서의 사명과 연관되어 있었다.(Кудряшев 2012) 슬라브주의에 따르면 인민은 이미 모든 권력을 군주에게 위임해 본질적으로 비권력적(non-governmental)이며 굳이 정치에 관여하지 않아도 무방한 존재였다. 그러나 비록 위임받은 권력의 힘은 왕에게 있으나 여론의 힘은 인민에게 있다. 군주가 통치는 하되 인민의 내면 생활에는 간섭하지 말아야 하는 원칙이 여기에 있었다.(Павленко и др. 1998, 509) 비정치적인 러시아 인민에 관한 슬라브주의의 주장은 혁명의 중심에 서 있던 유럽의 인민들과는 다른 존재임을 강조한 것으로 보인다.

그러나 참칭 군주나 찬탈자 같은 비합법적인 군주에 대한 저항이나 군주의 선한 통치를 요구하는 인민봉기는 가능하다는 인식 속에서 인민의 저항권을 인정하였다. 이런 차원에서 과거 러시아에서 일어났던 농민봉기들은 선정(善政)을 요구했던 정당한 저항으로 간주되었다. 또한 인민의 생활을 고려하지 않은 표트르 대제의 무리한 유럽중심주의 개혁이나 니콜라이 1세의 반동정치는 혁명을 불러일으킬 만한 충분한 원인이 된다고 슬라브주의자들은 주장하였다. 정부는 이 같은 슬라브주의자들의 비판과 활동에 주의를 집중했다.[44] 1848~49년 유럽 혁명의 영향으로 반동정책이 점점 강화되면서 슬라브주의 잡지와 신문 발행이 중단되었고, 이념활동도 제한당했다.(Павленко и др.

1998, 510-511)

서구주의와 슬라브주의의 야누스적 혼용담론

서구주의와 슬라브주의의 논쟁과 공방에도 불구하고 그들의 주장과 사상적 경향은 러시아 철학사에서 공통적으로 온건 자유주의의 중도파에 위치했다.[45] 서구주의자가 서유럽과의 밀접한 관계와 급진적인 개혁, 유럽 정치질서의 수용과 유럽중심주의에 대해 긍정적이고 적극적인 태도를 보였던 것과 달리, 슬라브주의자는 유럽중심주의에 대해 부정적이고 보수주의적 경향을 보였던 것을 제외하면 이들은 모두 온건한 자유주의 기조를 유지하였다. 슬라브주의와 서구주의는 몇 가지 근본적인 공통점을 가지고 있었다. 이들 대부분이 표트르 대제의 개혁 이후 세워진 교육기관에서 계몽주의 교육을 받았던 사람들로 저명한 문필가, 학자, 사회 평론가 등으로 활동하면서 러시아 철학과 사회변화에 지대한 영향을 미쳤다. 슬라브주의자나 서구주의자 모두 러시아라는 하나의 뿌리에서 계몽주의와 자유주의의 세례를 받고 출발했다는 점을 주목해야 한다.[46]

---

44) 슬라브주의자들이 수염을 기르고 러시아 전통의상(plat'ye)을 입는 것을 항의성 착용(demonstrative wearing)으로 간주해 금지시켰고, 슬라브주의자들 중 몇몇은 난폭한 언사를 이유로 몇 달 동안 페트로-파블로프스키 감옥에 투옥시키기도 했다.

45) 유럽의 혁신산업인 철도나 공장제, 상공업, 증권과 은행, 과학기술과 교육의 효용성에 관해서는 한목소리로 수용의 필요성을 주장하였다. 특히 당시 러시아 사회의 주요 쟁점이었던 농노제 폐지, 위로부터의 점진적 개혁, 제한 군주 권력이라는 대전제에 관해서는 원칙적 합의점을 갖고 있었다.

46) 특히 당대에 서유럽을 풍미했던 독일 철학에 깊은 감동을 받았던 지식인들은 자기 정체성에서 출발해 러시아 사회와 국가, 종교와 전통, 인민대중 등등 자신으로부터 시작해 국가와 세계역사로 이어지는 존재의 정체성과 관계, 지향점과 진리를 찾아내기 위해 노력하였다. 슬라브주의는 독일 고전철학과 정교회 사상을 접목시키고자 하였고, 서구주의자들은 독일 철학으로부터 국가학을 정립하였다.

이런 현상에 관해 게르첸은 "우리는 두 얼굴의 야누스처럼 서로 다른 곳을 바라보고 있었지만, 우리에게는 하나의 심장이 뛰고 있었다."고 묘사하였다.(Павленко и др. 1998, 512) 이들은 모두 러시아라는 국가의 미래와 발전이라는 하나의 목표(심장)를 향해 유럽중심주의와 러시아주의라는 각자의 방향(두 얼굴)을 갖고 있었다. 그러므로 서구주의의 순응적 동화담론(모방과 수용)과 슬라브주의의 진보적 역전담론(보존과 발전)을 게르첸의 묘사에 따라 하나로 묶어보면 동화전략과 역전전략의 이중 담론이 변증법적 과정을 함축하는 혼용적 전략으로 종합될 수 있다.[47] 만약에 이 양자를 통해 유럽중심주의의 이성적 합리주의와 러시아주의 공동체 문화의 '문화 간 상호 빌리기'와 '교차문화적 융합 현상'을 재현해낼 수 있다면 러시아 정체성의 기반 위에 유럽 문명의 선진적 요소를 수용하는 이상적인 문화수용 전략으로 승화될 수 있을 것이다.[48] 이를 두고 민족학자인 칸토르 교수는 서구주의와 슬라브주의 논쟁은 "하나의 심장을 가진 두 얼굴의 야누스처럼 '러시아 사랑'이라는 동일한 목표를 두고 러시아 문화의 다른 현상과 구조를 지향하는 러시아 문화의 고품격 파토스(pathos)"라고 평가하였다.(Контор 2014)[49]

---

47) 이 같은 혼용적 담론은 19세기 후반에 등장하는 대지주의에서 시도되기도 하였다.
48) 이와 유사한 혼용적 전략은 이념적 목표에서 다소의 차이를 갖고 있긴 했으나 20세기 유라시아주의에 의해 시도되었다.
49) 칸토르는 민족연구대학 고등경제학 전문학교의 철학교수로 "러시아적 유럽 현상: 문화철학적 관점(1999)", "문화 현상으로서의 러시아 유럽인(2001)" 등 러시아의 정체성 및 민족주의 관련 연구자다.

2) 대지주의의 민족적 토양과 선민적 역전담론

19세기 초반에 지식인들이 러시아의 발전을 목표로 유럽중심주의
냐 러시아주의냐의 방법론을 두고 논쟁했다면, 19세기 후반에는 문화
적 민족주의가 되살아나고 민족의 기원에 대한 새로운 관심이 일어난
것이 특징이다. 대외적으로 크림 전쟁(1853~56)의 실패와, 대내적으로
팽배해진 농노제 개혁과 자유혁명에 대한 압박의 강도가 높아지자 알
렉산드르 2세(1855~81)는 근대화 개혁과 농노해방령을 포고하였다.
아울러 슬라브주의를 이끌었던 키레예프스키(1856)와 호먀코프(1860),
K. S. 악사코프(1860)의 죽음은[50] 슬라브주의의 분열과 분파적 변형을
초래하였다. 슬라브주의자들은 각자의 사상적 경향에 따라 정교신앙
에 집중하거나 인민주의의[51] 심화된 방향으로 나갔다.(Сухов 2008) 이
와 같이 고전적 슬라브주의는 19세기 후반의 대지주의(大地主義)와 범
슬라브주의를 비롯해 인민주의(나로드니키) 운동, 20세기의 유라시아
주의의 사상적 근간이 되었다.

대지주의는 1860년대 민족주의적 분파 중 하나로 슬라브주의에
서 파생되었다. 대지주의는 서구주의와 슬라브주의, 인민주의, 정교
회 이념을 관통하는 유토피아적 이상과 연결돼 있었다. 낭만주의와

---

50) 키레예프스키와 호먀코프는 콜레라로 사망하였고, 악사코프는 아버지의 죽음으로
   상심하다가 폐결핵으로 사망했다.
51) 러시아의 인민주의는 이념적 경향으로 볼 때 크게 세 가지로 분류할 수 있다. 첫째,
   관제 인민이론은 개혁 거부, 교회와 구질서 유지, 국가권력에 대한 인민의 복종과
   충성심을 강조하는 우파 보수(반동)주의, 둘째 슬라브주의와 서구주의의 인민 개념
   은 제한 군주제, 개혁 지향, 입헌제와 농노제 폐지를 주장하는 중도 자유주의, 셋째
   사회주의의 인민주의(나로드니키)는 국가권력 거부, 혁명 지지, 인민지배를 지향하
   는 좌파혁명(급진)주의로 구분된다.

슬라브주의 문화관의 영향을 받은 시인 A. G. 그리고리예프, 문학가 도스토예프스키 형제, 사회 평론가 N. N. 스트라호프가 주도하였다.(Маслин 2014, 494-495)[52] 이들은 모두 적극적인 평론과 출판활동을 했으며 문학과 예술 분야에서 창작활동을 전개하는 등 러시아의 지적 흐름과 러시아 민족주의 형성에 중요한 역할을 담당하였다. "대지주의"라는 말은 민족적 토양(national soil)과 러시아 발전의 사회적·정신적 기반인 인민(norod)을 상징했고, 대지주의의 이상적 가치는 러시아 인민과 토양 속에서 고유의 민족정체성을 발견하는 것이었다.[53] 그러므로 인민과 민족의 관계는 지배와 예속의 관계가 아니라 오히려 유기체적인 결합관계를 의미했다.(Микитюк 2010, 30)[54]

대지주의가 직면해 있던 당면 과제는 첫째, 유럽 사회의 타락이 러시아 사회에 미칠 영향을 해소하는 것이었다. 대표적인 대지주의자 도스토예프스키는 그의 작품 『작가일기』에서 유럽 사회에 만연된 자

---

52) 낭만주의는 이성의 우위만을 강조하던 고전주의의 규범에서 벗어나려는 문화적 사조였다. 낭만주의는 감정을 해방하되 인간과 공동체와 문화의 성장에 적합한 전체성을 추구했으며, 상징이라든지 신비사상에 의거하여 미래의 이상향을 상상의 세계에서 추구하였다. 낭만주의에 의해 문화적 민족주의가 되살아나고 민족의 기원에 대해 새로운 관심을 갖게 되었다.

53) 대지주의(почвенничество)의 어원인 почва(pochva)는 토양, 흙, 기반이라는 뜻이다. 도스토예프스키가 자신의 작품에서 "우리는 자신의 토양으로부터 격리되었다."고 지적하면서 인민적 기반과 이상, 전통으로 돌아가야 한다고 했던 것에서 유래되었다. 이런 상징과 의미들은 도스토예프스키 작품의 주요 소재가 되었다.(『러시아 역사학 사전』) 여기서 인민은 단순한 '사람들의 모임'이 아니라 공동의 언어와 영토, 문화적 전통과 결합되어 있는 존재이며, 초개인적 통일성을 기반으로 하는 유기적 관계를 갖는 존재를 뜻한다.(Микитюк Ю. М. 2010, 28)

54) 인간은 민족적인 이해관계에 예속되지 않는다. 개인과 민족은 지배와 예속의 관계가 형성되지 않는데, 이는 개인이 민족의 유기체적 한 부분이기 때문이다.(Микитюк Ю. М. 2010, 30)

본주의와 부르주아 문화의 저속함에 대해 강하게 비판하였다. 도스토예프스키의 관점에서 세상은 종교적인 것과 세속적인 유토피아가 선과 악으로 대립하고, 세속의 이성적인 것과 과학적인 것에서 악이 산출되는 것이었다.(김은실 2011, 51-52) 그러므로 이성과 과학을 추종하고 부르주아적 물신주의에 빠진 유럽 사회의 타락은 이미 예견된 것이었다. 그가 만난 유럽은 물신주의에 빠진 부르주아의 탐욕과 중산층의 타락으로 찌든 사회였다.(Микитюк 2010, 28) 둘째는 표트르 대제의 유럽화 개혁으로 인한 러시아 사회 문제의 대안을 발견하는 것이었다. 동일한 맥락에서 대지주의자들은 사회구조적인 측면에서 표트르 대제 개혁의 문제점을 지적하였다. 표트르 대제의 개혁은 공동체 중심의 러시아 전통을 구태의연한 것으로 치부하게 만들었고, 상류계급은 러시아적 토양에서 벗어나 유럽 문명 따라잡기에 매몰되었다고 비판하였다. 따라서 민족적 토양에 기초해 있는 '인민(narod)'과 유럽식 교육으로 양육된 '상류사회(оóbshchestvo)'로의 분리는 사회구조적 괴리감과 정신적·심리적 간극을 초래하였고, 궁극적으로 인민의 정신적·도덕적 소외와 사회적 불평등 심화라는 결과에 직면하게 되었다고 도스토예프스키는 지적하였다.(Микитюк 2010, 27)

지적된 문제해결을 위해 대지주의는 인민적 토양에 기초한 러시아 농촌공동체(mir) 건설을 이상적 목표로 설정하였다.(Ивина 2004) 아울러 러시아의 토양인 '인민'과 유럽식 교육을 받은 '상류계급'의 분리된 관계를 접목시키고, 양자의 연대를 러시아 역사발전의 중요한 과제로 삼았다.(Микитюк Ю. М. 2010, 27) 따라서 대지주의는 오직 민족정신의 기반인 인민에 복귀할 것과, 양자의 분리된 관계를 회복하기 위해 인민계몽의 필요성을 강조하였다.[55] 대지주의의 이상적 공동체는 농촌공동체를 모티브로 하는 인간주의적 공동체로 겸손의 종교적 감성,

자기부정, 신의 왕국에 대한 열망, 인류구원에 대한 러시아 인민의 소명과 결합되어 있었다.(Маслин 2014, 494-495) 유럽의 부르주아적 개인주의와 부정적 의미의 자유로 인해 훼손된 공동체의식은 러시아 정교이념으로부터 가져온 형제애(bratstvo)와 연대성(sobornost')의 바탕 위에서 회복될 것으로 기대하였다.[56] 이와 같이 대지주의는 동화적 역전적 담론의 장점을 적극 활용하여 한데 섞거나 융화시킴으로써 양자 간에 존재하는 차이가 부분적으로 존속하고 해소되는 계기를 마련하고자 했다.(강정인 2004, 447)[57] 나아가 도스토예프스키는 자신의 작품 속에서 "유럽과 러시아의 정신적 결합", "러시아에는 유럽과 '루시'라는 두 개의 조국이 있다."고 묘사하였다.[58] 또한 "새로운 러시아(rus')는 서구로부터 가져오게 될 것이다."라며 슬라브주의와 서구주의의

---

55) 이와 같은 맥락에서 대지주의는 유럽의 부르주아 문명을 비난하며 대안으로 부상했던 사회주의 이념이나 국제 공산주의 운동과는 다른 길을 선택하였다. 또한 러시아 역사를 표트르 대제 이전과 이후로 분리시켜 고대 국가 '루시'를 절대화시켰던 고전적 슬라브주의와도 선을 그었다. 이런 배경 속에서 대지주의는 인민해방을 목표로 한 농노제 폐지의 개혁적 요구와, 서구주의가 추구했던 부르주아적 민주주의 건설에 대한 거부라는 이중적 입장에 설 수밖에 없었다.(Маслин 2014, 494-495)

56) 『여름인상기』를 통해 그가 직접 느꼈던 프랑스 혁명은 부르주아에게 승리를 안겨준 것에 불과하며, 그들이 표방했던 박애정신은 단순한 구호에 지나지 않는다고 밝혔다. 따라서 프랑스의 자유, 평등, 박애정신의 대안으로 러시아의 형제애와 연대성을 제시하였다. 러시아의 형제애는 자신의 개성을 잃지 않으면서도 모두를 위해 강요하지 않으며 자발성을 내포하는 자기희생적 승화를 의미하는 것이고, 연대성은 각각의 개체가 교향악처럼 조화(symphony)를 통해 연합되는 것을 의미한다.

57) 역전적 담론의 특징 중에는 중심부 담론의 보편성 또는 우월성을 전면적으로 부정함으로써 동화를 거부하고 오히려 자신이 속한 집단의 독자성(고립형 문명)과 우월성(선민형 문명), 보편성(보편 문명)을 주장하는 전략이 있다.(강정인 2004, 439; 483)

58) 칸토르 교수 역시 러시아인들 속에는 유럽적이고, 러시아적인 것이 공존한다고 설명하고 있다.(Контор 2014)

결합(synthesis)을 암시하였다. 이는 대지주의가 러시아의 종교-윤리적 전통에 비추어 유럽 문화에 대한 비판적 수용과 대안 모색이라는 진보적 역전담론을 지향했음을 의미한다.

'중심주의'는 그 중심을 신비화하여 이상적인 모습으로 제시하는 성향이 있다는 강정인의 분석에 비춰볼 때, 러시아 민족의 세계사적 사명과 자기희생의 정신에 대한 대지주의의 강조 역시 러시아의 역사와 문화를 신비화하여 그 이상적인 모습을 제시하고자 한 것으로 평가할 수 있다.(강정인 2004, 451-452) 이는 역전적 담론의 형태를 취하는 가운데 또 다른 중심주의의 폐단으로 재생산될 가능성에 대한 점검이 필요하다. 특히 대지주의자들은 러시아(민족)주의와 관련된 정교적 건국이념과 '모스크바-제3로마' 사상, 메시아니즘을 재정비하여 러시아 인민을 신으로부터 선택된 민족이라는 선민의식으로 강화시키고자 했으며, 나아가 세계에 대한 메시아적 사명을 구현할 존재로 인민을 승화시키기 위해 노력하였다. 이는 러시아주의의 우수성을 세계적 보편적 이상으로 승화시킴으로써 유럽 문화가 소유하고 있던 중심 문명의 축을 러시아로 이동시키려는 문화변동 욕구에서 비롯된 것으로 보인다.

3) 범슬라브주의의 유럽중심주의에 대한 탈중심화 노력

대지주의에서 구축되었던 러시아 민족의 기독교적 선민의식과 세계사 속에서의 메시아적 사명이 범슬라브주의로 넘어오면서 더욱 확고한 신념으로 표출되었다. 범슬라브주의는 그동안 유럽중심주의에 대한 대항담론 중 가장 대립적이고 적대적인 대결 구도를 형성하였다. 관제 인민이론 연구자 파고진은 1830~50년 범슬라브주의 이론의 윤곽을 설계하였고, 역사-문화 유형이론을 제시했던 N. Ya. 다닐예프스키(1822~85)와 슬라브 연구의 대가 V. I. 라만스키(1833~1914)는 범슬라브주의의 이념적 체계를 수립하였다. 이들은 하나의 완전체로서 "슬라브 민족 공동체" 개념에 대한 이념화 작업을 수행하였다.(Рокина 2005, 7) 고전적 슬라브주의의 사회-문화적 경향을 계승한 다닐예프스키, K. N. 레온티예프(1831~91), F. I. 튜트제프(1803~73)는 범슬라브주의 후기 세대를 대표했다. 이 밖에도 프라하 슬라브 대회를 주관했던 무정부주의자 M. A. 바쿠닌(1814~76) 등 혁명적 · 급진적 · 보수적 · 제국적 성향을 가진 사람들이 참여하여 범슬라브주의는 다양한 이념적 지형을 내포하고 있었다.[59]

대표적인 범슬라브주의자 다닐예프스키는 보편주의 중 하나인 유럽의 역사구분 방식에 관해 비판적 재해석의 필요성을 주장하였다. 역사적 발전 차원에서 고대, 중세, 근대로 분류하는 유럽의 보편적 역사구분의 경계가 실제적으로는 인류의 보편성을 포괄하지 못하는 논리적 오류를 갖고 있다고 지적하였다.[60] 유럽의 보편적 역사구분 방식보다 개별 민족의 발전단계를 토대로 한 역사분류 방식들이 오히려

---

59) 혁명운동가였던 바쿠닌은 범슬라브주의가 인터내셔널(국제 공산주의)로 가는 길이라고 주장하였다. 그러나 범슬라브주의를 러시아 황제의 미션이라고 생각했던 군주주의자 튜트체프가 범슬라브주의에 대한 바쿠닌식의 무정부주의적 해석에 강하게 반발하였다. 한편으론 N. P. 이그나티예프 백작, V. A. 체르카스키 공작, M. G. 체르냐예프 장군, M. D. 스코벨료프, R. A. 파제예프 등 관료적 군사적 엘리트들은 범슬라브주의에 정치적 성향을 강화시키고자 하였다.

60) 기존의 고대, 중세, 근대라는 역사 구분 방식이 유럽의 주요 국가들의 역사발전 시기나 단계를 기준으로 한 것임에도 불구하고 모든 민족과 국가에 천편일률적으로 적용시킴으로써 후발 국가들의 역사가 유럽의 주요 국가들에 비해 열등한 것으로 비춰지는 것에 대한 비판이었다. 따라서 개별 민족이나 국가의 역사적 특징을 고려한 역사분류방식이 각국의 발전을 위해 훨씬 효율적일 것이라는 주장이다.

훨씬 많은 공통점을 갖는다고 강조하였다.(Данилевский 1995) 다닐예
프스키는 유럽 문명의 중심부 역할에 대해 회의적 태도를 취하는 가
운데 문화적 상대주의와 다원주의를 주장하여 유럽중심주의로부터
벗어나려는 시도를 하였다.『러시아와 유럽(1869)』에서 자신의 "문화-
역사유형 이론"을[61] 통해 단일 문명이나 다원적 문명은 존재하나 최
상이나 최악의 문명은 없다. 다만 다양한 문명이 존재할 뿐이며, 하나
의 문명이 최고점에서 만개되면 반드시 쇠락의 길을 걷게 되는 것이
자연스러운 이치라고 보았다.(Данилевский 1995) 이런 맥락에서 유럽
문명은 이미 만개의 시기를 지나 쇠락의 단계에 놓이게 되었고 슬라
브-러시아 문명과 교체단계에 직면해 있으며 문명의 교체단계에서 신
생문명국으로 성장하고 있는 러시아에 대한 유럽의 공포나 혐오는 본
능적인 것으로 이해될 수 있다고 말했다.

유럽에 만연해 있던 러시아 공포증(Russophobia)과 러시아인에 대
한 폄하는 서구중심주의 스스로의 보편적인 잣대로 타자를 비교하고
평가함으로써 그 타자를 주변화하고 소외시켜왔다는 강정인의 지적
과 같이 유럽의 러시아에 대한 혐오는 유럽 문명에 대한 러시아의 적
대감과 유럽중심주의의 고리로부터 탈출하려는 범슬라브주의의 의지
를 강화시키는 계기가 되었다. 러시아에서 자주 인용되는 사례 중 하
나가 19세기 한 오스트리아 잡지에 독일어로 실렸던 "루스냑은 의심
스럽고, 잘 속이고, 교활하고, 어떤 도덕성도 없고, 종교성도 없으며

---

61) 다닐예프스키는 유럽과 슬라브-러시아의 중심-주변 문명 구조의 탈피를 모색하는
과정에서 문화-역사유형이론을 제시하였다. 10개의 문화-역사유형(이집트, 중국,
고대 셈 족, 인도, 이란, 유대, 그리스, 로마, 아라비아, 로마-게르만)과, 스스로의
발전을 수행하지 못해 사멸하는 문명(멕시코, 페루), 신생 문명(슬라브-러시아)으로
구분하였다.

윗사람의 말을 듣지 않고, 매우 무뚝뚝하고 무례하며 술과 방탕에 빠져 있다."는 것과, 독일의 정치 작가였던 디첼(Gustav Dietzel)의 주장으로 "러시아는 비록 백인이지만 그들 속에서는 흑인의 정체성이 내재되어 있다. 그들은 필요한 것을 얻기 위해서나 강제 외에는 일하지 않는다. 그러므로 독일인들은 제국주의의 최고점에 있는 러시아를 부패와 파멸로부터 지켜줘야 한다."는 것이었다.[62]

라만스키는 이에 관해 '문명화'된 독일의 학자와 저널리스트들이 러시아와 슬라브에 대해 부정적이고 경멸적인 태도를 취하고 있다고 비판하였다.[63] 라만스키는 비록 유럽에서 창조된 과학과 문학은 모두 위대하고 뛰어난 것이지만 과학발전도, 물질적 생활 수준의 향상도 유럽 사회의 도덕적 수준을 상승시키지 못했다고 반박하고 나섰다.(Лабанов 2003) 비록 지적인 미숙과 관습의 무질서함 때문에 인민의 생활과 사회생활의 왜곡된 부분이 있지만 오히려 그리스-슬라브 세계의 정체성 속에는 초기 기독교의 순수성, 인내, 신앙과 사고의 자유 원칙을 최우선으로 지켜온 동방 기독교의 도덕적 이상이 함축되어 있는 것이라는 반증을 시도하였다.[64]

범슬라브주의자들은 유럽의 슬라브-러시아에 대한 비판을 문화중심적 차별화와 자의적이고 인위적인 평가임을 지적하고, 약점으로 지

---

62) "외국인들의 시각에서 본 러시아", http://politiko.ua/blogpost123445 참조.

63) 유럽인들 스스로가 문명인이라고 자부하면서도 터무니없이 다른 민족을 폄하하는 문화중심주의적인 태도를 보이고 있다는 것을 비꼰 표현이다.

64) 또한 유럽의 러시아에 대한 무시와 혐오에 관해 튜트체프는 러시아를 괴롭히는 "사회계급의 불완전함, 정부의 단점, 인민들의 낮은 계급 상태"라는 유럽 여론의 지적은 현실적이지 않다고 반박하였다. 오히려 이와 반대로 러시아의 군사력(물리적 힘) 앞에서 유럽 사람들이 느끼는 러시아 공포증은 본능적인 것이며, 이 본능적 감정은 존경과 공포의 중간적인 것, 즉 지배자에 대한 태도에서 경험할 수 있는 경외감(awe)이라고 주장하였다.(Ширинянц 2011)

적된 것들을 역차별화하여 문화적 자부심으로 승화시키고자 노력하였다. 나아가 유럽과 슬라브의 중심-주변의 문화적 관계를 부정하고 무력화시킴으로써 양자의 관계를 각각의 지역으로 인식하려는 탈중심화, 지역화에 대한 기대를 갖고 있었다. 파고진은 동유럽 대 서유럽, 정교 대 가톨릭, 비잔틴의 계승자인 그리스-슬라브 대 로마의 자녀인 로마-게르만으로 이항 대비시킴으로써 그동안 일방적인 유럽중심주의적 문화 개념을 양자 대등관계로 전환시키려 하였다. 파고진은 유럽적 특징인 로마-가톨릭 종교, 라틴식 교육, 이성적 사고와 합리적 행동, 생활의 정확한 조절, 법률을 기반으로 하는 도덕성의 탁월함, 권력과 힘에 대한 열망을 로마-게르만 국가의 속성으로 규정하였다. 반면에 슬라브-동방 세계는 논리나 합리성보다는 진실한 믿음, 열정적이고 사심이 없는 감성을 추구해왔고, 이것은 그리스-정교의 기본윤리를 바탕으로 한 순수한 기독교 정신을 유지해온 원동력이었다고 평가하였다.(Ширинянц 2011) 민족정체성에 대한 이 같은 재평가는 그동안 유럽중심적 가치관에서는 약점 내지는 단점으로 지적되었던 사회계급의 부재, 광범위한 토지 공동소유, 세속과 영적 권력의 협력 관계들을 기독교의 원형인 초대 교회 정신과 연계시키고 정치적 투쟁, 혁명적 동요로 소란스러운 유럽 사회와 역설적으로 대비시킴으로써 전혀 다른 차원의 긍정적 자부심으로 승화시키려는 의도로 보인다.

이런 맥락에서 다닐예프스키 역시 과도한 개인주의의 성향을 유럽인들의 민족적인 특성 중 하나로 간주하고 이는 다른 민족에 대한 자기 의견을 절대화하고 강제하려는 폭력성으로 해석하였다. 이를 근거로 다닐예프스키는 유럽중심주의의 영향이 슬라브 민족의 본질을 어떻게 왜곡했는지 보여주길 원했다. 즉 유럽화와 민족정체성의 상호관계를 대립적 개념으로 설정하고, 슬라브 지역 중에서 유럽화 속도가 우세했거나 로마의 가톨릭을 수용했던 체코와 폴란드의 경우 민족정 체성의 혼란으로 무거운 역사적 굴레를 지게 되었다고 평가하였다.[65] 표트르 대제 시기의 러시아 역시 강제적 유럽화의 대상이었던 것으로 규정하고 일정 부분의 국가발전을 달성하는 과정에서 민족적 전통을 완전히 파괴당하지 않고 어렵사리 지켜올 수 있었던 것을 다행스러운 일이라고 생각하였다. 이와 같이 다닐예프스키에 따르면 유럽중심주의의 강요와 민족정체성 유지의 관계는 길항작용을 피할 수 없는 요소이며 유럽과의 대립은 힘의 손실을 초래하는 것이었다.(Кудряшев 2012)

강정인의 해체적 담론이 다원적인 복수의 대상들을 그 자체로 분석할 수 있는 새로운 유형의 지식 구축과, 서구적 사유의 탈중심화, 탈식민화, 유럽(서구)화, 지역화를 의미로 이해될 수 있다는 점을 고려할 때(강정인 2004, 451-452), 범슬라브주의의 슬라브 민족정체성을 근거로 한 새로운 문화관 형성과 대안 공동체 모색을 위한 담론 구성은 탈유럽중심주의를 향한 해체전략의 일환으로 볼 수 있다. 이와 같이 범슬라브주의는 슬라브-러시아 민족의 정체성 기반인 정교정신과 공동체의식에 대한 자각과 갱생을 유럽중심주의로부터 벗어날 수 있는 주요한 방법 중 하나로 인식하였다. 활동적인 슬라브주의자이자 범슬라브주의자 중의 하나인 악사코프는 슬라브 민족의 미래는 정교회 영성을 보존하는 것을 통해 이뤄지며, 슬라브 세계에서 러시아의 리더십은 정교신앙을 기초로 한 슬라브의 정체성을 보전하는 것으로 인식하였다. 그러므로 러시아는 자신과 동서 정교-슬라브를 하나로 만드

---

65) 범슬라브주의자들은 사실상 유럽의 가톨릭을 수용한 폴란드에 대해서는 서구에 끌려 슬라브적 성향을 상실한 것으로 치부해 슬라브연합에서 아예 제외시켰다.

는 새로운 문화 역사적 사명을 수행하기 위해 부름받은 것이라고 주장하였다.(Шаринянц 2011)

파고진과 다닐예프스키, 라만스키는 동서 유럽 간의 문명적 차별화를 시도하고, 러시아를 필두로 한 슬라브연방연합(federal Slavic Union)을 기획하였다. 파고진은 슬라브 세계의 중심이자 영적 성지인 콘스탄티노플을 연합의 수도로 하는 "슬라브연합" 프로젝트를 발표하였다.[66] 다닐예프스키 역시 "문화-역사유형이론"의 토대 위에 슬라브 민족의 정치적 독립, 러시아 주도의 콘스탄티노플을 수도로 하는 슬라브연방에 관한 보장을 주요 전제로 한 범슬라브주의 프로그램을 제시하였다.(Кудряшев 2012)[67] 라만스키는 게르만 민족에 대항하는 범슬라브적 정체성을 강조했던 대표적인 학자로, 러시아와 정교회의 후원하에 슬라브 통일에 대한 열정적인 지지자였다. 라만스키는 지정학적 연구인 '중간세계((middle world)'이론을 토대로 슬라브-러시아 세계의 잠재력과 통일의 가능성을 모색하였다.(Лабанов 2003)[68] 그는 국

---

66) 이 연합의 수뇌부와 내부 구성국 간의 관계는 1) 연합의 대표와 보호는 모두의 권리에 따라 연합의 구성원 중 다수의 민족에게 속한다. 2) 연합의 모든 회원국들에 영향을 미치는 공동 사안의 해결은 콘스탄티노플 의회에서 심의한다. 3) 공통언어로 러시아 어를 사용하는데, 러시아 정부의 강제에 의하지 않고, 슬라브 지방어의 특성과 결합된 언어체계에 따른다. 4) 이 연합은 확장되어야 하는데, 슬라브 영토의 지리적 상황에 따라 그리스, 헝가리, 몰다비아, 왈라키아, 트란실바니아의 필요에 적합해야 한다. 5) 슬라브연합의 모든 국가들은 세계의 나머지 국가들 앞에서 전체가 하나의 역할을 하지만 러시아의 보호나 다른 국가의 참여 없이 스스로 통치하게 될 것을 전제로 하였다.

67) 러시아 민족은 슬라브 세계에 용해되든지 게르만 세계에 파멸되든지 두 가지 선택의 기로에 있다고 지적하면서 슬라브연방 구성의 필요성을 강조하였다.

68) 라만스키는 『아시아-유럽 대륙의 3개 세계(*three worlds of Asian-European continent*)』에서 기독교-아리안 세계를 로마-게르만과 그리스-슬라브로 구분하여 서유럽은 로마-게르만 세계, 동유럽은 그리스-슬라브 세계로 규정하였다. 인류의

가제도와 정치적 견해를 구별할 수 있는 공통언어의 형성을 민족통일의 주요 수단으로 규정하고, 통일 국가 구성의 수준을 언어 사용과 언어 수에 따른 국가 수로 평가하였다. 따라서 세계에서 통일의 단계가 높은 국가가 적을 수밖에 없으며, 다른 슬라브 국가들과 비교해 러시아는 국가제도의 설립이나 문학적 성과를 담아낼 수 있는 언어를 갖고 있어 모든 슬라브 민족의 통일을 견인할 수 있는 능력을 갖추었다고 주장하였다.(Кудряшев 2012)

이와 같이 범슬라브주의는 러시아에 대한 유럽의 공포와 폄하를 극복하려는 노력 속에 러시아의 전통주의를 넘어 슬라브-정교주의에 기반을 둔 통일운동으로 승화시키려는 의지가 담겨져 있었다. 유럽 문화로부터 러시아 문화의 차별화와 자기 정체성을 강화시킴으로써 일방적인 유럽중심주의를 부정하고, 그 대안으로 슬라브-정교의 문화적 우수성으로 대체시킴으로써 세계문명 역사를 주도하고자 했던 종교-문화운동적 성격을 보여주었다.[69] 이것이 비록 이상적이고 도덕적인 문화운동 수준에 그치고 말았지만, 중심문명이었던 유럽에 대한 대항담론으로서의 역할을 자처했다는 점에서 그 의미가 있는 것으로 평가할 수 있다.

가장 발전되고 계몽된 지역인 근대 로마-게르만 세계를 "독자적인 유럽 문명", 러시아 제국을 포함하여 범슬라브주의적 관점에 동의하는 중부 유럽의 슬라브 지역을 "중간세계", "아시아"를 낙후되고 갱신되지 않은 과거의 세계이자, 노쇠한 노년의 세계로 구분하였다.(Лабанов 2003) 여기에서 정교회가 중요한 역할을 해온 그리스-슬라브 세계와 러시아를 아직까지 자신의 능력을 발휘하지 않은 젊은 세계(young world)로 간주했다.

69) 급진적 성격의 정치적 범슬라브주의는 국제정치 과정에서 게르만주의와 충돌하는 등, 비판의 대상이 되어왔다. 또는 소비에트 러시아와 현대 러시아의 급진 민족주의자들에게 영향을 미치고 있다. 그러나 이 연구에서 범슬라브주의의 담론 분석이라는 방법론에 의거 문화적 범슬라브주의 중심으로 분석하였다.

4. 결론

유럽중심주의 정책의 근원이었던 표트르 대제의 업적에 관한 평가 논쟁은 유럽중심주의냐, 러시아주의냐를 두고 19세기 지배계급과 지식인 사회에서 다양한 전략과 담론을 양산시켰다. 또한 이 과정에서 러시아의 지배계급과 지식인들은 동화와 공존, 융합과 거부의 문화변용 방식을 주장하였고, 이것은 유럽중심주의와 러시아아주의의 길항작용에 관한 담론으로 표출되었다. 특히 새로운 중심부 문명과의 접촉과정에서 러시아는 상대적으로 과거의 중심부 문화에 대한 해체적 전략을 채택함과 동시에 새로운 문화에 대한 순응적 동화전략을 구사하는 매우 현실주의적인 태도를 보였다. 고대 러시아의 이교적 토착신앙의 포기와 비잔틴 정교문화의 수용, 표트르 대제의 비잔틴 정교전통의 해체와 유럽중심주의 동화전략, 소비에트 러시아의 전제성 및 유럽중심주의 해체와 사회주의 중심문화 채택, 현대 러시아의 사회주의 해체와 자유주의 시장경제체제 도입은 전통주의 내지는 기존문화 중심주의에 대한 해체적 기능을 수행함과 동시에 새로운 패러다임에 대한 순응적 동화전략의 실행을 의미했다. 현대 러시아의 옐친정부는 과거 사회주의체제와 대척점에 있었던 자본주의 시장경제체제와 자유민주주의에 대한 전면적인 개방을 실시하는 급진적이고 광폭적인 문화수용 방식을 취했다.

러시아의 문화수용 방식은 1장에서 제시했던 전제와 동일하게 모방과 수용(동화)-러시아화(공존, 혼용)-재중심화(해체)의 사이클로 나타났다. 여기에서 러시아화는 기존의 전통문화와 새로운 중심부 문화와의 혼용적 공존이 이뤄졌던 지점이다. 중세 러시아가 러시아 정교회의 독립적 자치권을 요구하고 비잔틴 방식의 전례를 러시아화해나갔던 전략과, 표트르 대제와 서구주의자의 유럽중심주의의 순응적 동화 전략에 대한 슬라브주의자와 대지주의자들의 역전적·혼융적 담론전략이 여기에 속한다. 정도의 차이는 있었으나 알렉산드르 1세와 니콜라이 1세, 슬라브주의와 대지주의는 각각의 색채에 따른 문화공존(혼융) 전략을 모색하였다. 또한 슬라브주의(역전)나 대지주의(혼융), 범슬라브주의(해체)는 각기 다른 담론을 취하고 있으면서도 그 내면에서는 공통적으로 러시아의 세계적 위상과 역할, 세계사적 사명에 관한 이상적 모델을 제시하였다. 특히 범슬라브주의는 러시아 중심의 보편주의를 구상함으로써 러시아를 유럽 문명의 주변부에서 세계사의 중심부로 이동시키려는 패러다임 이동을 모색하였다.

19세기 러시아의 문화적 정체성은 유럽과의 보편성이 아니라 러시아와 유럽(슬라브주의 : 서구주의), 동유럽과 서유럽(범슬라브주의 : 서구주의), 러시아와 슬라브(슬라브주의 : 범슬라브주의)로 대비시킴으로써 오히려 차별성 혹은 우월성이 강조되었다.(오원교 2008, 53) 20세기 초반에 등장했던 유라시아주의는 유럽중심주의와 사회주의 극복을 위한 대안적 문화정체성으로서 러시아와 유럽과의 차별화를 모색하고, 나아가 유럽과 아시아의 중간자적 역할, 즉 인류문명의 구원자로서 진정한 정교 국가인 러시아의 역사적 사명감으로 승화시키려는 의지를 표명하였다. 이와 같이 러시아는 새로운 문화와의 접촉과 변용과정에서 다양한 의견과 태도들을 취했지만 러시아화라는 공존방식을 통해 자기 것으로 전이시키고, 또다시 새로운 문화와의 접촉을 통해 문화정체성의 내면을 확장해왔다. 현대 러시아에서도 마찬가지로 푸틴 정부가 그동안 추진해왔던 옐친 정부의 서구 일변도의 동화전략에서 반서방주의로의 전환을 표방함으로써 서구 지향주의와 러시아주의와의 공존(혼융)전략을 추진하고 있다. 러시아는 이런 과정을 반복함으로써 서유럽의 주변부 국가라는 폄하에도 불구하고 지난 세기의 70년 동안 서구중심주의의 대항세력 역할을 수행하였고, 현재도 미국 중심의 국제질서에 대한 '이단아'를 자처하고 있는 것을 감안할 때 향후 성패 여부와 무관하게 서구중심주의 내지는 미국 독주의 국제질서 해체를 위한 러시아의 노력은 계속될 것으로 보인다.

■참고문헌

강명구. 1987. "문화제국주의론: 문화전파론과의 비교."『월간문화예술』109
호, 51-55.

강정인. 2004.『서구중심주의를 넘어서』. 서울: 아카넷.

김수환. 2006. "러시아 '상상하기': 러시아 문화정체성에 있어서 '타자' 구성의
문제."『러시아학』2호, 73-89.

김은실. 2001. "러시아 정교이념의 정치적 수용: '성루시', '제3로마'사상, '메
시아니즘'을 중심으로."『정치사상연구』5집, 205-224.

김은실. 2011. "인간주의에 대한 러시아의 근대적 성찰."『인문사회과학연구』
31집, 37-70.

김은실. 2013. "중심-탈중심주의의 문화정치학: 조선중화주의와 모스크바-
재3로마사상을 중심으로."『정치사상연구』19집 2호, 129-153.

노리치, 존 줄리어스 저·남경태 역. 2006.『비잔티움 연대기』. 서울: 바다.

오원교. 2008. "19세기 러시아문학과 동양." e-Eurasia. vol. 2.

이덕형. 2009.『러시아 문화예술의 천년』. 서울: 생각의 나무.

차크스, R. D. 저·박태성 역. 1991.『러시아史』. 서울: 역민사.

트루베츠코이, 니콜라이 저·박지배 역. 2008.『유럽과 인류(*Европа и
Человечество*)』. 서울: 지식을만드는지식.

Вадим Серов состав. 2003. Энциклопедический словарь: крылатых слов и
выражений. Издательство 《Локид-Пресс》.

Галактионов А. А. 1995. Органическая теория как методология
социологической концепции Н. Я. Данилевского в книге Россия и
Европа. в Данилевском Н. Я. c.v-xx.

Данилевский Н. Я. 1995. *Россия и Европа*. СПб.: Глаголь.

Зорина Е. В., Рахманкулова Н.Ф. 2007. *Философия в вопросах и ответах*. М.: ТК Велби, Изд-во Проспект.

Ивин А. А. 2004. Философия-Славянофилы. *Энциклопедический словарь*. М.: Гардарики.

Контор В., *Русский европеец как явление культуры*, http://postnauka. ru/video/33797(검색일: 2014년 10월 20일).

Кудряшев В. Н. 2012. Трансформация славянофильства в панставизм как смена концепции русскгого национальизма. *Вестник Томского Государственного Университера: изд-во История*. No. 364. с. 65-71.

Лазарев А. 2012. *Почему в Царской России элита говорила на французском языке*? http://kaliningrad-life.ru/articles/French-in-Russia.html(검색일: 2015년 9월 3일).

Микитюк Ю. М. 2010. Органическая теория фундамент почвенничества. *Вестник Ленинградского государственного университета им. А.С. Пушкина* №2(1)УДК 1(470). с. 24-32.

Павленко Н. И. и др. 1998. *Истори России с Древнейших времен до 1861 года*. М.: Высшая школа.

Рокина Г. В. 2005. Теория и практика славянской взаимности в истории словацко-русских связей XIX в. Казань: Изд-во Казанского ун-та. с. 5-30.

Страхов Н. Н. 1995. Жизнь и труды Н.Я. Данилевского. в Данилевском Н.Я. с. xxi-xxxiv.

Сугако Н. А. 2006. Обоснование теории 《официальной народности》 в трудах М. П. Погодина. Працы гістарычнага факультэта: навук. зб. Вып. 1. Мінск: БДУ.

Сухов А. Д. 2001. Славяноство. *Новая философская энциклопедия*. Под редакцией В. С. Стёпина. В 4 тт. М.: Мысль. http://iph.ras.ru/ elib/2756.html(검색일: 2015년 3월 20일).

Философия славянофилов. Русская историческая библиотека. 2015. http://rushist.com/index.php/philosophical-articles/2534-filosofiya-slavyanofilov#top(검색일: 2015년 5월 27일).

Халтурин В.Ю., Боброва С.П., Богородская О.Е., Будник Г.А. и др. 2003. История России с древнейших времен. Иван. гос. энерг. ун-т. Иваново.

Ширинянц А. А. 2006. *Из истории панславизма: М.П. Погодин*. Роман-журнал XXI век. №12. с. 86-89.

Ширинянц А. А. 2011. Русофобский миф 《панславизма》. Moldoscopie (Probleme de analiză politică). nr.1(LII).

아프리카중심주의(Afrocentrism) 시각에서 본 아프리카 르네상스의 역사적 맥락화

김광수

1. 서론

아프리카는 다양한 자연환경과 역사적 이유로 복합성(複合性)과 다양성(多樣性)이 존재한다. 다양한 아프리카의 자연환경은 다양한 민족과 언어, 그리고 문화를 만들어내는 역할을 하였고 노예무역과 식민통치는 현재 아프리카 대륙에서 발생하고 있는 문제를 야기하였다. 또한 탈식민지화 과정을 통해 50개가 넘는 독립적인 아프리카 정부가 생겨났고, 그에 따라 사실상 발생 가능한 정부구조와 체제가 모두 출현했다. 1980년대 아프리카는 군사정부와 일당제 독재정부, 민주주의, 사회주의, 공산주의 등이 모두 공존했다. 식민지배 시기보다 오히려 독립 이후에 정치적 불안정과 경제적 낙후로 국가 간, 지역 간 차이가 더 선명하게 드러나게 되었다. 그러나 이러한 차이에도 불구하고 '아프리카'라는 공통의 정체성이 존재한다.

아프리카 국가들이 독립한 이후 국가건설 과정에서 잘한 것과 잘

못한 것은 어떤 것일까? 국민은 공통의 역사, 문화, 인종, 언어를 공유하는 특징을 가지고 있지만 독립 당시 아프리카 국가들은 부족, 종족, 민족으로 나뉘어 다양한 '정체성'을 가지고 있었다. 다양한 정체성이 식민지배라는 하나의 정치적 규범 안에서 공존하거나 갈등을 키워가고 있었다. 그러므로 독립 당시 아프리카 국가들의 가장 큰 문제는 경제발전과 함께 다양한 정체성을 가진 민족집단을 하나의 국가와 국민으로 통합하는 것이었다. 따라서 아프리카 국가들은 국가건설 과정에서 공동의 국가 정체성을 만들어내는 데 많은 노력을 기울였다. 유럽 국가들은 하나의 핵심적인 민족집단이 존재하고 있어서 국가주도의 통합이 수월했던 반면, 대부분의 아프리카 국가들은 그러지 못했기 때문에 어려운 길을 갈 수밖에 없었다.

아프리카 국가들은 하나의 정당 또는 통치자에게 권력이 집중되는 현상을 보이며 독재와 권위주의로 흘러갔다. 이러한 지배체제는 불안정하여 쿠데타를 발생시켰고 부정부패가 만연하였다. 또한 아프리카 통치자들이 자신의 권력 유지를 위해 민족적·지역적·종교적 갈등을 정치적으로 이용하였기 때문에 폭력이 발생하였다.

분명히 현재 아프리카의 '문제'는 서구 식민지배의 유산 때문이다. 독립 후 많은 아프리카 지도자들은 식민주의를 탈피하고 민족주의[1]를 고양시키기 위해 국가철학, 국가이념, 통치철학을 주장했다. 대표

---

1) '민족주의'는 사용되는 문맥에 따라 다른 의미를 가질 수 있다. 아프리카 정치와 역사에서 민족주의는 보통 대륙의 피식민 민족들 사이의 자결과 독립을 위한 소망과 투쟁을 의미한다. 사하라 이남 아프리카에서 민족주의자의 시대는 파벌과 이해 그룹들이 식민지에서 완전한 민족독립이란 목표를 형성했던 제2차 세계대전 이후에 시작되었다. 대부분의 국가의 경우, 민족주의자의 시대는 정당과 이해 그룹의 정치 지도자들이 런던과 파리에서 독립을 위해 로비를 하거나 유럽 열강에 대항하여 무장투쟁을 이끌었던 1960년대에 최고조에 달했다.(Gordon and Gordon 2013, 458)

적인 예로 가나의 은크루마(Kwame Nkrumah)는 탈식민지 이데올로기에 대한 고도의 이론적 분석인 '컨시언시즘(consciencism)'을 주장했다. 잠비아의 카운다(Kenneth Kaunda)는 '인본주의(humanism)'를 주장했다. 자이르(현재의 콩고민주공화국)의 세세 세코(Mobutu Sese Seko)는 '정통주의(authenticity)'와 '자이레화(Zairianization)'를 주장했다. 케냐의 모이(Daniel Arap Moi)는 '냐요이즘(Nyayoism)'을, 탄자니아의 니에레레 (Julius Nyerere)는 '우자마'를 주장했다.[2](Middleton and Miller 2008, 129-

---

2) 좀 더 자세히 살펴보면, 은쿠르마는 1964년 『컨시언시즘: 탈식민지화를 위한 철학과 이념(Consciencism: Philosophy and Ideology for Decolonization)』을 출판했다. 이 책은 탈식민지 이데올로기에 대한 고도의 이론적 분석으로 볼 수 있다. 또한 이 책에서 그의 사상적 뿌리가 아프리카인과 사회주의에 기반을 두고 있다는 것을 알 수 있다. 그가 권좌에서 물러난 이후에도 1965년 『신식민주의: 제국주의의 마지막 단계(Neo-colonialism: The Last Stage of Imperialism)』를, 1970년에는 『아프리카의 계급투쟁(Class Struggle in Africa)』을 출간하여 탈식민주의와 이후의 신식민주의 상황을 설명했다. 잠비아의 카운다는 1966년 『아프리카의 휴머니스트(A Humanist in Africa)』를, 1980년에는 『폭력에 대한 카운다(Kaunda on Violence)』를 출판하여 아프리카의 휴머니즘에 대해 역설하였다. 그는 서구의 사회주의와 기독교 가치를 아프리카 전통 가치와 혼합하여 일종의 사회주의를 주장했다. 탄자니아의 초대 대통령을 지낸 니에레레는 1969년 『사회주의에 대한 니에레레(Nyerere on Socialism)』를 통해 아프리카 사회주의의 필요성을 역설하며 '우자마(Ujamaa)' 정책을 추진했다.(Middleton and Miller 2008, 129-136) 냐요이즘은 스와힐리 어 '발자국(nyayo)'이라는 뜻에서 만들어진 말로 모이가 초대 대통령인 케냐타(Jomo Kenyatta)의 뒤를 이어 대통령이 되었을 때 그의 뒤를 따르겠다는 의미로 만든 구호였다. 냐요이즘의 핵심 철학은 사랑, 평화, 단결이다.(Good 2009) 자이르의 세세 세코가 주장한 '정통성'이라는 말은 콩고-자이레의 공식적인 이념으로 자이레인의 모든 가치를 강조하는 개념이다. 무엇보다도 정통성 운동은 국민의식과 국가의식에 대한 개념을 만들어주어 국민을 통합하려는 의도로 볼 수 있다. 이 운동은 식민주의와 유럽인과 다른 비아프리카인의 관습과 가치가 계속해서 지배적인 데 대한 반발로서 나온 것이었으며, 성장하고 있는 민족주의와 모부투 정권의 초창기에 새로운 정부에 거는 국민들의 기대, 이상주의, 낙관주의가 반영된 것이었다.(Bobb 1999, 47-48)

136)

　1994년 4월 남아프리카공화국(이후 남아공으로 기술함)의 다인종 선거는 아프리카에서 마지막 탈식민지화를 상징적으로 보여준 사건이었다. 아프리카 국가들은 1960년대 이후 독립을 이룬 지 30년이 지나고 있었지만 '지금까지 아프리카가 성취한 것은 무엇인가?'라는 질문과 함께 '남아공은 어디로 가고 있는가?', '미래를 위해 무엇을 해야 하는가?' 등에 대한 질문에 접하게 되었다. 이러한 질문들에 대한 답으로 아프리카 르네상스라는 논의가 출현했다.(Teffo 1997, 19)

　1996년 5월 8일 남아공의 음베키(Thabo Mbeki) 부통령은 헌법제정의회(Constitutional Assembly) 연설에서 "나는 아프리카인이다.(I am an African!)"라는 연설을 하였다. 그의 연설은 의회와 남아공 사람들에게 지지를 받았으며, 아파르트헤이트 시기 이후 남아공이 어떤 방향으로 나아가야 하는지 그 역할을 고민하게 하였다.(Vale and Maseko 1998, 271)

　남아공에서 주장한 '아프리카 르네상스의 개념은 무엇인가?', '아프리카 르네상스가 21세기에 어떻게 전개될 것이며 어려움은 무엇일까?', '아프리카 르네상스는 단지 과거를 답습하는 것인가?', '아프리카 르네상스는 날 무딘 포퓰리즘(pointless populism)이며 이룰 수 없는 꿈인가?', '아프리카 르네상스는 식민지배 시기에 잃어버린 정체성을 되찾으려는 필사적인 노력인가? 아니면 얼마 안 가 곧 사라져버릴 꿈 같은 것일까?'라는 많은 질문을 받게 되었다.(Boloka 1999, 92)

　본고에서는 남아공의 아프리카 르네상스를 아프리카중심주의 입장에서 아프리카 민족주의 운동과 범(汎)아프리카주의의 역사적 맥락화 과정이라는 것을 고찰하고자 한다.

2. 세계사와 아프리카 역사서술

첫째, 무엇보다 서구 학자들에 의해 주도된 아프리카 역사는 최근까지도 정당한 연구와 평가를 받아오지 못했다. 아프리카 대륙에 관한 부정확하고 불충분한 지식은 아프리카를 그 어떠한 역사도 가질 수 없는 무가치한 곳으로 만들었고 무지와 편견은 대륙의 이미지를 가난, 야만성, 무책임, 그리고 혼돈과 같은 오해로 내몰았다. 이는 아프리카 역사 또한 전반적인 인류의 역사와 마찬가지로 '자치(self-governance)'와 '발전(development)'이 있었으며 아프리카인들 역시 오랜 세월에 걸쳐 고유의 문화를 부흥시키고 지속시킨 문화의 창조자라는 사실을 인정하지 않으려는 자세라고 할 수 있다.(Ki-Zerbo 1990, 1; M'bow 1990, vii)

아프리카에 역사와 문명이 존재했었는가에 관한 논란은 최근까지도 계속되었으며, 현재까지도 일부 인종차별주의와 문명 우월주의자들의 중요한 주제로 논의되고 있다. 또한 아직도 일부 사람들은 아프리카의 역사는 백인이 도래한 이후부터 비로소 시작되었다고 주장하고 있으며, 설사 그 이전에 어떠한 원주민의 사회 형태가 존재하고 있었다고 하더라도 그것은 지극히 야만적인 것으로 간주하여 역사·문화적 가치를 인정하지 않으려 하고 있다. 백인 우월주의와 인종주의는 백인들의 독재와 주도로 인해 아프리카인들과 아프리카 역사와 문화를 주변부에 머무르게 했다.(Chirstian 2002, 179) 대서양 노예무역이 행해진 약 400여 년 동안 백인 우월주의와 인종주의는 아프리카인들의 존재 자체를 위협해왔다.(Browder 1996, 3)

이러한 배경에는 서구 학자들이 중요한 역할을 했다. 특히 독일의 역사학자 헤겔은 『역사철학강의(*Vorlesungen Über die Philosophie der Weltgeschichte*)』서문에서 흑인들은 야만성과 분방함에 있어 자연적인 인간 상태를 보여주고 있으며 품위, 인륜, 그리고 감정이라고 불리는 그 어떤 것도 찾아보기 어렵다고 기술하고 있다. 더 나아가 아프리카는 역사적인 세계에 속한다고 볼 수 없으며 '운동과 발전'이 결여되어 있는 대륙이라고 결론짓고 있다.(헤겔 1995, 182) 또한 역사학자 토인비(Arnold Toynbee)는 『역사의 연구(A Study of History)』에서 이집트, 안데스, 중국문명 등 세계의 문명을 21개의 문명으로 분류하여 상호 비교연구를 하는 가운데 어느 문명에도 적극적으로 공헌하지 않는 것은 흑색 인종뿐이라고 주장했다.(토인비 1975, 95, 101) 이는 흑인의 문명을 정면으로 부정한 것이다.

20세기 중반 스펭글러(Oswald Spengler)와 토인비에 의해 주창된 유럽중심 세계사는 일종의 철학적 논의로 확립되었다. 세계사는 암묵적으로 16세기 이후의 유럽사와 미국사의 영향력에 초점을 맞춘 '서양문명(western civilization)'으로 정의되었다고 할 수 있다. 일반적으로 세계사의 서술 방향은 낙관적이고 진보적이었으나 유럽 또는 서구 이외의 나머지 세계는 비관적이고 정체되어 있는 세계로 그려졌고, 서구와의 관련 속에서 언급될 때만 의미 있는 지역이 될 수 있었다.(Middleton 1997, 309)

이러한 터무니없는 시각은 현재에도 계속 재생산되고 있으며, 영국 옥스퍼드 대학교의 한 교수의 주장을 통해서도 확인할 수 있다. 그는 "아마도 미래엔 가르칠 약간의 아프리카가 있을 것이다. 그러나 현재로서는 아무것도 없다. 오로지 아프리카에는 유럽인들의 역사가 있다. 나머지는 어둠이다 … 그리고 어둠은 역사의 주제가 아니다 …"라고 주장했다.(Ki-Zerbo 1990, 12 재인용)

둘째, 아프리카는 철저히 '타자화(others)'되고 '주변부화(marginalization)'되었다고 할 수 있다. 백인 우월주의와 인종주의는 백인들에 의해 아프리카인들과 아프리카 역사와 문화를 주변부에 머무르게 만들었다고 설명할 수 있다.(Chirstian 2002, 179) 1930년대에 인종차별주의자들은 아프리카의 문명에 대해 고대 이집트나 서남아시아에서 이주한 '백인' 이주자들인 함 족(Hamites)의 기여로 설명하였다. 르완다의 경우 식민지 지배 시기 동안 성경에 근거한 함이론(Hamitic theory/Hamitic hypothesis)[3]이 후투(Hutu), 투치(Tutsi), 트와(Twa) 족으로 구성된 르완다의 민족집단을 계층화하는 데 이념적 기초를 제공하였다. 함이론에 따르면 투치 족은 에티오피아 지역에서 이주하여 정착한 민족으로 열등한 후투 족과 트와 족을 지배하는 정복민이 되었다는 것이다. 1959년 르완다 혁명 이후 함 신화는 정치적 이념으로 변화되었으며 1994년 제노사이드 시기에 극적으로 부활하여 후투 족이 투치 족을 살해하는 데 이용되었다. 함 족의 신화는 다른 민족주의적 이념과 혼합되었는데, 특히 1990년부터 악명 높은 '후투 십계명(Hutu Ten Commandments)'에 영향을 주었다. 후투 십계명은 투치 족에 대한 후투 족의 우수성을 주장하는 것으로서 후투 족의 정치적·민족적 신화가 1994년 시작된 제노사이드에서 체계적으로 강화되었다.(Kastfelt 2005, 16) 아프리카인을 타자화하여 하찮은 존재로 보는 견해는 윌러

---

3) 함 어는 아프로아시아 어족(Afroasiatic languages) 중 셈 어에 속하지 않는 언어들을 지칭하였으나 계통 발생학적으로 하나의 단일체로서 형성되었다는 것을 보여주지 못했기 때문에 이 이론은 인정되지 못했다. 그러나 19세기에 과학적 인종주의자들이 함 족이 코카서스 인종의 하위집단이라고 주장하며 셈 어와 동일하게 분류하여 다루기 시작했다. 이 이론의 문제점은 함 어를 사용하는 사람들은 사하라 이남 아프리카인들보다 인종적으로 우월하다고 평가하는 데 있다. 또한 아프리카 역사에서 중요한 역사적 업적은 모두 유목민인 함 족의 기여로 이루어졌다고 주장하고 있다. 이러한 주장은 20세기에 들어와서도 서구인들의 아프리카에 대한 가치체계를 형성하는 데 중요하게 작용하였다고 볼 수 있다.[http://en.wikipedia.org/wiki/Hamitic(검색일: 2015. 4. 28.); Danders 1969; Barton 1934]

스틴(Immanuel Wallerstein)이 기술한 『근대세계체계(The Modern World-System)』(1989)에서도 잘 보여주고 있다. 그는 현대 유럽의 자본 축적 과정을 설명하면서 세계를 3개의 지역으로 나누었는데, 아프리카는 19세기까지 주변부에 머물러 있었다고 설명하고 있다.(Middleton 1997, 310)

　이미 유럽인들은 아프리카에 접촉할 때부터 유럽 세계의 주변부로 인식하고 있었다. 15세기 포르투갈인을 비롯한 유럽인들이 '역사가 없는' 암흑의 아프리카를 '발견'한 이래, 유럽의 침략과 함께 '관찰'되고 '서술'된 아프리카 역사는 유럽 세계를 중심으로 확대된 역사의 주변부로 인식되었다. 그러나 서구의 학자들이 '발견'했다고 생각하거나 '관찰자'의 기준을 객관적이고 보편적이라고 생각하는 것은 무신경 또는 오만이라고 할 수 있다. 이러한 상황은 콜럼버스가 아메리카를 '발견'했다고 말하는 대부분의 서양인이나, 그런 역사인식을 서양의 학문과 함께 아무런 의심 없이 그대로 받아들인 많은 일본 지식인의 사고방식과도 일맥상통하는 것이다.(가와다 준조 2004, 134-135)

　15세기부터 시작된 타자화와 주변부화는 18세기 들어 더욱 확고하게 고착되었다. 계몽주의에 고취된 모더니즘의 주요 특징 중 하나는 합리적·합목적적이며 분열되지 않은 사고를 하는 자아를 만물의 중심에 위치시키는 18세기 부르주아 자유주의와 휴머니즘이었다. 그들은 '나'의 이데올로기를 만들어냈고, 거기에서부터 자아와 주체를 타자와 객체로부터 자동적으로 분리하였다.(조한욱 2003, 17) 자아와 타자를 나누는 이분법적 사고 및 타자보다 우월한 자아라는 인식은 일원론적 역사관을 정립하였다. 이러한 인식은 세계의 역사를 사실상 유럽의 역사와 동일시하며 비유럽 세계를 유럽의 타자로 만들었다. 그 결과 유럽 역사는 모든 것을 총체화하는 기준이 되었으며 '말없는

지시체'로서 유럽이 동·서양을 막론하고 모든 역사적 이해의 기본이 되었다. 그리고 유럽중심주의적 시각[4]에서 유럽인들은 자신들의 근대를 보편적 근대로 상정하고 공간적·시간적 동질화를 추구하는 역사인식을 낳았으며, '유럽의 현재'를 '비유럽인의 미래'로 투영함으로써 역사적 진보를 정의하였다. 유럽이 '근대'라면 비유럽은 '전근대' 또는 '비근대'여야만 했다. 서양인들이 인식하는 비서구세계에 대한 차별의 가장 뚜렷한 양상은 끊임없이 진보하는 서양에 대조되게 비서구세계를 정체한 혹은 퇴락한 사회로 인식하고 있다는 것이다. 즉 유럽이 자유, 진보, 문명, 역동성을 의미한다면 비유럽 세계는 예속, 정체, 야만, 무기력을 의미하였다.(박지향 2003, 24-25)

셋째, 아프리카에 대한 인종차별주의적 사고방식은 그동안 서구인들의 사고에서 빼놓을 수 없는 부분이었다. 미국의 허스코비츠(Melville J. Herskovits)는 노예무역에 관한 다음과 같은 주장이 흑인의 열등함을 정당화하고 백인 우월주의의 중요한 배경을 제공하고 있다고 지적했다. (1) 흑인들은 원래 순진해서 노예로 쉽게 만들 수 있다. (2) 이 중에서도 가장 멍청한 아프리카인이 노예화된다. (3) 아프리카 노예들은 문화적으로 매우 다양하고 의도적으로 신세계(아메리카 대륙)에서 종족 간 협력을 하지 않아서 아프리카 공통의 전통이 절대 살아남지 못한다. (4) 아프리카 문화는 '너무 야만적이고 인류문명의 수준에 비해 상대적으로 열등'해서 우수한 백인 문화를 접하고서는 그

---

4) 유럽중심주의에 대한 논의는 블로트가 쓴 다음 2권의 책을 참조할 것. 『식민주의자들의 세계 이해: 지리적 확산주의와 유럽중심적 역사서술(*The Colonizer's Model of the World: Geographical Diffusionism and Eurocentric History*)』(1993), 『8명의 유럽중심주의 역사학자(*Eight Eurocentric Historians*)』(2000). 후자의 책은 2008년 『역사학의 함정 유럽중심주의를 비판한다』라는 주제로 우리나라에서 번역되었음.

들의 문화를 모두 포기한 채 살아왔다. (5) 따라서 "니그로(Negro)는 과거가 없는 인류다."라고 주장했다.(1958, 2)

이러한 잘못된 '신화'는 아프리카인의 삶이 '조잡하고, 단순하고, 원시적이고, 천박하고, 야만스럽고, 무서운' 삶으로 이해할 수밖에 없도록 만들었다.(Alpern 1992, 51) 이에 대해 머피(E. Jefferson Murphy)는 문헌이나 고고학적 자료가 부족하고 아프리카 흑인들에 대한 뿌리 깊은 차별과 경멸감이 중요하게 작용했다고 지적했다.(1972, xvi)

아프리카인 디아스포라(African Diaspora)[5]를 발생시킨 인종 자본주의,[6] 제국주의, 식민주의는 서구의 문화가 변화를 거듭하는 동안 아프리카의 문화도 주조했다. 유럽중심주의적 접근에 따라 아프리카 문화가 반문화적인 것으로 오해받게 된 사실은 유럽이 자신들의 전통과 우월성, 인종적 순수성을 강조하기 위해서 흑인문화를 왜곡했기 때문이다. 따라서 우리는 '대서양 흑인(Black Atlantic)'을 반체제적이고 반문화적으로 이해하지 말고 세계역사의 형성과정에서 불가분의 일부로서 이해해야 한다. 현대, 특히 초국가적인 세계역사를 설명할 때, 유럽과 신대륙 중심으로만 볼 것이 아니라 아프리카와 인도, 아시아, 이슬람 지역까지 아울러 살펴보아야 한다.(Patterson and Kelley 2000, 13)

---

5) 아프리카인의 전 세계적인 확산과 그들의 후예들을 일컫는 말이다. 첫 번째 디아스포라는 대서양 노예무역 기간에 일어났는데, 수백만 명의 아프리카인이 노예가 되어 아메리카 대륙으로 수송되었다. 최근에는 아프리카 디아스포라는 교육과 일자리를 찾고 아프리카의 정치적·경제적 문제들로부터 벗어나기 위해 유럽과 북아메리카로 가는 아프리카인들의 이민이 중요한 주제가 되고 있다.(Gordon and Gordon 2013, 453)

6) 인종 자본주의는 인종주의와 자본주의가 합쳐진 용어로 독특한 개념이라고 할 수 있다. 자본주의가 노예무역을 하게 만들었고 결국 인종차별을 체계적으로 발전시키고 구조화했다고 볼 수 있다.

3. 아프리카중심주의 연구방법론

3.1 아프리카중심주의의 정의

아프리카중심주의(Afrocentrism)[7]는 최근 아프리카 출신 역사학자들과 신진 역사학자들을 중심으로 아프리카 역사와 문화를 분석하는 새로운 연구방법론이다.[8] 이 연구방법론은 아프리카인들의 역사·문화적 정체성을 이해하고, 현재 그들이 맞닥뜨리고 있는 상황에 대해 이해하고 설명할 수 있게 하며, 나아가 세계사 속에서 아프리카와 아프리카인의 역사와 문화를 재구성하고 재인식시킬 수 있다는 점에서 주목을 받고 있다. 아프리카중심주의 이론은 아프리카계 미국인 연구(African American studies)로부터 출발했지만, 아프리카인 디아스포라, 흑인 민족주의(black nationalism), 흑인 권력운동(black power movement), 흑인성(blackness), 흑인 예술운동 연구 등에 많은 기여를 하였다.

아프리카중심주의는 유럽중심주의 또는 서구중심주의[9]에서 탈피

---

7) 아프리카중심주의적 시각(Afrocentric perspective)이라는 말도 같은 의미로 볼 수 있으며 본고에서는 아프리카중심주의로 통일하여 기술한다.

8) 이에 대한 문제제기로는 아래의 논문을 참조할 것. 김광수. 2005. "아프리카중심주의적 시각에서 바라본 아프리카 역사학의 새로운 접근: 아프리카 역사·문화적 정체성을 중심으로." 『아프리카 硏究』 19: 41-76. '중심주의'에 대해 강정인 교수는 중심은 주변을 물질적인 힘과 문화적 헤게모니를 통해 지배하고 규율한다고 정의하고 세 가지로 정리하여 제시하였다. (1) 중심은 주변에 대해 존재론적 원천(근거)으로 군림한다. (2) 주변에 대한 중심의 존재론적 보편성 및 우월성은 인식론적 보편성 및 우월성에 투영되며, 양자는 서로 호응하며 보강한다. (3) 중심은 주변을 규범적으로 판단하는 기준이자 모델이며, 또한 주변이 지향하는 바람직한 목표로 존재한다.(강정인 2004, 55-66)

9) 강정인 교수는 그의 저서 『서구중심주의를 넘어서』에서 서구중심주의의 개념에 대해

하여 아프리카를 보려는 연구방법론이다. 강정인은 서구중심주의에 대한 이 같은 주장을 다음과 같이 정리하고 있다. 첫째, 근대 서구문명은 인류역사의 발전단계 중 최고의 단계에 도달해 있다. 둘째, 서구문명의 역사발전 경로는 서양뿐만 아니라 동양을 포함한 전 인류사에 보편적으로 타당하다. 셋째, 역사발전의 저급한 단계에 머물러 있는 비서구사회는 문명화 또는 근대화를 통해 오직 서구문명을 모방하고 수용함으로써만 발전할 수 있다.(김세연 1995, 16-17) 다시 말해 서구중심주의는 '서구우월주의', '서구보편주의/서구 역사주의', '문명화/근대화/지구화'로 압축할 수 있다는 것이다.(강정인 2004, 47-48)

메리엄-웹스터(Merriam-Webster) 사전에서는 'Afrocentric'의 의미를 '아프리카 또는 아프리카인으로부터 유래되거나 중심이 된' 것으로, 그리고 '아프리카인의 문화에 대한 중요성과 서구문명에 대한 아프리카인의 기여를 강조'하는 것으로 설명한다[http://www.merriam-webster.com/dictionary/afrocentric(검색일: 2015. 04. 22)].

아프리카중심주의 이론을 본격적으로 발전시킨 아산테(Molefi Kete Asnate)는 아프리카중심주의를 하나의 이념적인 운동으로서 정의하고 "아프리카를 아프리카 문화와 아프리카인들의 행동에 대한 분석에서 중심으로 삼는 개념"이라고 정의했다.(1987, 6) 아산테는 아프리카중심주의는 "전능한 신, 신성한 왕권, 군주정치의 개념, 과학, 의학을 발전시킨 누비아, 에티오피아, 이집트의 아프리카 문명으로부터 획득

근대 서구문명이 보편적으로 군림하는 현상을 통칭하기 위해 유러센트리즘(또는 웨스트센트리즘)을 옮긴 말로 '서구중심주의'라는 용어를 사용하였다.(2004, 44) 서구라는 말은 협의의 유럽보다는 미국을 포함한 광의의 의미로 사용되는 것이 맞다고 생각하지만, 본고에서는 아프리카를 침략하고 노예무역과 식민지배를 한 세력은 주로 유럽이었기 때문에 서구중심주의라는 용어보다는 유럽중심주의라는 용어를 보편적으로 사용한다.

한 아프리카 문화유산의 긍정적인 측면을 강조하는 것이다."라고 정의하였다.(1989, 6-11, 39) 철학적으로 이러한 주장은 '검은 아프리카'의 역사적 성취가 고대와 현대 학자들의 태만 탓에 왜곡되었다고 지적한다. 또한 아프리카계 미국인들은 서구의 지적인 사고, 문화, 과학적 진보에 중요한 공헌자로서의 그들의 지위를 확인할 수 있는 풍부한 유산을 빼앗겨 역사서술에서 타자화되고 주변부화되었다고 주장한다.(김광수 2007, 57)

아프리카중심주의는 아프리카계 미국인이 미국 사회에서 열등한 존재로 살아가는 이유를 규명하려는 의도에서 출발했다. 한마디로 '흑인성'을 통해 세상을 바라보는 하나의 철학과 믿음 체계라고 정의할 수 있다. 아프리카중심주의에 관한 논의는 노예 후손들인 아프리카계 미국인들의 자각에 의해 시작되었지만 탈식민지화 이후 독립을 맞이한 아프리카 국가들 역시 관심을 갖게 되었다. 왜냐하면 이 문제는 아프리카와 아프리카 이외의 지역에 살고 있는 아프리카인의 공통 관심사였기 때문이다. 아프리카계 미국인인 아산테는 만약 아프리카계 미국인들이 아프리카인들이 세계사에서 객체가 아닌 주체(1991, 270)로 활동했다는 사실을 알았더라면 미국에서 그들의 지위가 더 높았을 것이고, 세상을 변화시킬 힘과 동기를 갖게 하여 더 높은 자존감과 학문적 성취를 야기했을 것이라고 주장했다. 브루스(Bruce 1984, 695)도 "만약 흑인들이 자신들의 역사에서 문명의 꽃을 피웠던 고대 이집트인의 위대함을 알고 있었다면 그들은 어느 곳에서나 문명화된 사람들에 의해 상을 받을 만한 무언가를 했을 것이다."라고 지적했다. 그러므로 아프리카중심주의 개념은 '아프리카인의 의식·자각운동(African consciousness movement)'의 연장선상에 있다고 할 수 있다.(Richards 2001, 69-70)

미국 사회에서 인종은 정치적 이념, 공공정책, 여론, 그리고 사회를 구분하는 기본적인 기준이 되는 경향이 있기 때문에, 미국 민주정치의 평등주의, 다원주의의 이상향과 대립되었을 때 어떤 특정한 인종집단의 사회적 위상이 높아지는 갈등구조는 받아들이기 어렵다. 그러므로 아프리카중심주의자들이 흑인들의 단결을 촉구하는 행동은 미국의 전통적인 문화가치를 위협하며 인종 간의 융화와 국가적 정체성을 해치는 것으로 생각될 수 있다. 또한 아프리카중심주의자들은 서구사회가 그리스에서 시작된 지리적·역사적 연속선상에서 백인사회의 기원을 찾는다면, 아프리카 문화가 고대 그리스와 유럽 문화의 근원이라는 것을 인정해야 한다는 것을 주장한다.[10] 이러한 주장은 아프리카중심주의적인 가치와 이념이 완전한 평등을 바탕으로 한 인간의 존엄성을 재인식시키고 해석할 수 있게 함으로써 미국의 아프리카계 미국인들의 정체성과 위상을 제고시킬 수 있는 혁명적인 시도라고 할 수 있다.(Richards 2001, 74-75)

허스코비츠는 흑인문화가 아프리카 전통의 상당 부분을 계속 유지하고 있다고 주장하고 아프리카계 후손들이 자신들의 역사를 내팽개치지 않았다고 지적한다.(1958, 299) 역사학자 레빈(Levine)은 『흑인문화와 흑인의식(Black Culture & Black Consciousness)』에 대한 그의 연구에서 "흑인인 미국인들은 아프리카인으로서의 의식과 구전문화를 그들의 종교적이고 세속적인 문화에서 중요한 위치로 간직하고 있다. 그들은 이를 통해 미국 문화와 그들의 전통적인 문화를 미국의 아프

---

10) 이에 대한 자료는 아래의 두 책을 참조할 것. 버널, 마틴 저·오홍식 역. 2006. 『블랙 아테나: 서양고전문명의 아프리카·아시아적 뿌리: 제1권 날조된 고대 그리스, 1785-1985』. 버널, 마틴 저·오홍식 역. 2012. 『블랙 아테나2: 고고학 및 문헌증거: 서양고전 문명의 아프리카·아시아적 뿌리』.

리카 문화로 통합할 수 있었다."라고 설명한다. (1978, 151-152) 허스코
비츠와 레빈의 주장은 아프리카계 미국인들이 다른 여러 이민자 집
단처럼 삶, 생각, 행동방식에 반영해온 의식과 기억에 대한 전통문화
의 중요성을 인식하고 보존해왔다는 것이다. 아프리카중심주의자들
은 전통적 가치가 흑인들의 존재에 대한 정체성을 제공할 수 있도록
중요시되어야 한다고 주장한다. 아산테는 그의 저서 『케멧, 아프리
카중심성과 지식(Kemet, Afrocenticity and Knowledge)』에서 "아프리카
계 미국인이기 때문에 나타나는 심리적 혼란이 '말하는 방식과 표현
(terms)'에 존재하고 있다. 우리는 우리 자신의 말하는 방식과 표현 또
는 다른 이들의 말하는 방식과 표현에 존재한다. 아프리카계 미국인
고유의 말하는 방식과 표현이나 고유한 세습 전통이 아니라면 어디서
감정적이고 문화적인 만족을 찾을 수 있는가?"라고 주장했다. (1990,
8) 예를 들어 12월에 크리스마스와 때를 같이하여 아프리카의 노
래, 성가, 그리고 아프리카 전통을 가르치는 '첫 번째 축제(Kwanza
Celebration)'[11]와 같은 흑인들의 축제는 아프리카의 전통과 가치관을
고양하려는 문화적 행위로서 중요하다. 이 축제에서 이루어지는 아
프리카의 전통 관습 배우기, 아프리카의 대표적 언어인 스와힐리 어

---

11) 'kwanza'라는 말은 동아프리카 스와힐리 어로 '첫 번째'라는 뜻이다. 현재 아프리
   카 대륙에서 사용되는 언어는 2034개로 파악되는데, 그중에서 스와힐리 어는 아프
   리카를 대표하는 가장 중요한 언어다. 스와힐리 어는 탄자니아, 케냐, 우간다, 콩
   고민주공화국 등 아프리카 동부와 중부의 여러 나라에서 국어 혹은 공용어로 지정
   되어 있으며 말라위, 모잠비크 북부, 잠비아 동부, 코모로 제도, 수단 남부, 에티오
   피아 남부, 소말리아 남부, 마다가스카르, 르완다, 브룬디 등지에서도 통용되는 언
   어다. 스와힐리 어는 아프리카의 고유어로서는 가장 많은 화자 수를 보유하고 있
   는 교통어(lingua franca) 혹은 '광범위한 의사소통을 위한 언어(language of wider
   communication)' 중 하나로 동아프리카뿐만 아니라 아프리카인들을 대표하는 언
   어로 평가된다. (김광수 2011, 3-4)

(Kiswahili) 배우기, 그리고 아프리카의 전통 옷을 입고 전통 음식을 맛보거나 아프리카 방식으로 머리 모양을 자연스럽게 만들거나 끈으로 꼬는 등의 상징적인 행위들은 흑인의 인종적인 정체성과 자부심을 갖게 해준다. 허스코비츠는 "전통과 역사에 대하여 자부심과 존경심을 갖게 된다면 그들 자신의 자존심도 높아질 것이고 다른 이들의 생각도 더 긍정적이 될 것이다."라고 설명한다.(1958, 299)

논란이 있을 수는 있지만 아프리카중심주의 철학은 흑인 민족주의의 한 형태로서 이해할 수 있다. 즉 백인 우월주의와 인종차별주의적인 시각에 대해 아프리카 역사·문화적인 유산을 바탕으로 서구사회의 잘못된 시각을 비판하고 나아가 아프리카인들의 국가를 건설하려는 열망이 반영된 것이다.(Ginwright 1999, 83)

아프리카중심주의적 사고는 1923년 자메이카 출신 가베이(Marcus Garvey)[12]에 의해 본격적으로 주창되기 시작했다.

> 백인들의 세상은 항상 우리의 역사를 약탈하고 폄하하려 했다. 편견이 없는 모든 역사 학도들은 흑인들이 세상을 지배했다는 것을 안다. 백인들이 동굴에서 야만인으로 살던 시절 수천 명의 흑인 교수들은 그 당시 알렉

---

12) 가베이는 흑인 민족주의와 범아프리카주의 지지자로 자메이카에서 미국으로 이주한 후 1914년 뉴욕에서 세계흑인향상협회(Universal Negro Improvement Association: UNIA)를 창립했는데, 이 단체는 아프리카에 널리 영향력을 미쳤다. 그는 노예해방 이후 아프리카계 미국인들이 1800년대 초반 '아프리카 귀환(back to Africa)' 운동을 통해 주장한 것처럼 모든 아프리카인의 후손들이 단결하여 공동의 이익을 증진시키고 인종차별주의에 대항해야 한다고 주장했다. 가베이는 흑인들의 사업 장려, 아프리카에서의 백인 지배 종결, 그리고 아프리카 대륙의 교화를 주장했다. 결과적으로 '아프리카 귀환' 운동이 실패한 것이었음에도 불구하고 가베이즘(Garveyism)으로 대표되는 그의 생각과 이념은 흑인 민족주의자들에게 중요한 영향을 주었다.(Ginwright 1999, 84; 고든·고든 2002, 63)

산드리아의 대학에서 가르쳤다. 고대 이집트는 세상에 문명을 가져다주었고 그리스와 로마는 이집트의 예술과 문자를 빼앗아왔다. 백인들이 그들의 역사에서 흑인들을 무시하기 위해 모든 수단과 방법을 기울였다. 3000년 전에 흑인들이 정치적으로 탁월했고 예술, 과학, 문학 등 모든 분야에서 백인들보다 우월했다는 사실을 현재의 백인들이 인정해야 한다는 것은 커다란 충격이 될 수 있다.(Lefkowitz 1996, 133)

마틴(Tony Martin)은, 위와 같은 가베이의 주장이 백인들의 억압으로부터 '인종적 해방'을 위한 정치적 의제를 전도하고 흑인 민족주의를 통한 흑인들의 자유의식을 신장시키려는 의도였다고 지적하고 있다. 이러한 노력은 1950년대부터 현대 아프리카중심주의 학자들에 의해 옹호된 개념이라는 것이다.(1986, 83) 제임스(George G. M. James)는 1954년 『도난당한 유산(The Stolen Legacy)』에서 그리스는 이집트의 철학을 표절했다고 주장했다. 제임스는 "그리스 철학이라는 용어에 정확히 맞게 존재하는 그런 철학이 없었기 때문에 그리스인들은 그들만의 철학을 발전시킬 고유한 능력을 갖고 있지 않았다고 본다. 그들이 그리스 철학의 주창자가 아니라, 북아프리카 이집트인들이 그리스 철학의 주창자다."라고 지적했다.(James 1954, 1, 158, 164) 20년 후에 세네갈의 디옵(Cheikh Anta Diop)은 그의 걸작인『문명의 아프리카 기원: 신화 또는 진실(The African Origin of Civilization: Myth or Reality)』을 1974년 출간했다. 그는 이 저서에서 아프리카중심주의라는 주제에 대해 상세히 설명하고 있다. "고대 이집트인들은 흑인이었다. 흑인이 채무자로서 역사에 존재하는 대신에, 흑인은 서구문명의 주창자다."라고 주장하였다.(James 1954, xiv) 후에 디옵은 고대 이집트인들이 "흑인이었으며 두꺼운 입술에 곱슬머리, 그리고 마른 다리"였다고 선언했다.(Diop 1981, 36) 그리고 유럽중심주의적 전통과 대치하여, 디옵은 "이집트인들의 유물은 아프리카 문화에 있어 서양문화의 그리스-로마의 유물과 같다. 아프리카의 인본주의의 기본 바탕은 이 사실에 기반을 두어야 한다."라고 설명했다.(Diop 1981, 31)

따라서 현재 아프리카중심주의자들에 의한 이집트 역사의 부활은 19세기부터 20세기에 걸쳐서 흑인 학자들이 계속 추구해온 아프리카 의식운동과 함께 직·간접적으로 물려받은 개념의 재생이라고 할 수 있다. 이를 위해 아산테와 다른 아프리카중심주의 주창자들은 아프리카와 아프리카인이 중심이 된 역사학 방법론을 주장했다.

아프리카 역사서술에서 아프리카중심주의적 시각과 아프리카중심주의 연구방법론은 1960년대 초에 아프리카 국가들이 독립하여 대학교에 역사학과가 개설되고 아프리카인 학자가 배출되면서 활발하게 논의되기 시작했다. 그러나 아프리카중심주의적 시각이 하나의 이론과 철학으로 발전하게 된 시기는 1980년대로 아프리카인 디아스포라에 대한 연구가 미국에서 본격적으로 이루어지면서부터라고 할 수 있다. 특히 아산테, 케토(Tsheloane Keto), 카렝가(Maylana Karenga)[13] 등은 아프리카중심주의 연구방법론을 이론화하는 데 중요한 역할을 했다.(Oyebade 1990, 233)

3.2 아프리카중심주의의 역사적 배경

아프리카중심주의는 아프리카계 미국인인 흑인 학생들의 학업 성

---

13) 아산테는 템플 대학의 아프리카-아메리카학 학과(African-American Studies Department)의 교수이며 카토는 같은 대학에서 아프리카-아메리카문제연구소 (Institute for African-American Affairs)의 교수다. 템플 대학의 아프리카-아메리카

취도를 높이려는 시도로 논의되기 시작했다. 미국의 교육학자들은 소수민족, 특히 흑인 학생들의 학업 성취도가 왜 낮은지에 대해 오랫동안 연구해왔다. 인종차별주의에 대해 깊이 있게 연구한 오그부(John Ogbu)는 흑인 학생들이 학문적으로 성취가 낮은 이유는 제도적인 인종차별과 2류 시민으로 만드는 인위적이고 견고한 방해물인 카스트와 같은 제도의 직접적인 결과라고 주장했다.(Ogbu 1987, 137-138) 오그부는 인종차별이라는 개념이 흑인 학생들이 학교에서 학업성취도를 낮게 만든 요인이라고 지적했다. 또한 아산테, 카렝가, 케토, 시제모어(Babara Sizemore) 등 흑인 학자들은 흑인 학생들이 학문적으로 우수한 성취도를 얻게 하기 위해서는 그들의 역사·문화적 전통과 가치가 회복되어야 하고, 교과과정에 아프리카중심주의 교육과정을 넣어야 한다고 주장했다.(Richards 2001, 67)

결과적으로 아프리카중심주의의 역사적 씨앗은 19세기 노예제도의 폐지에 대한 정치적·역사적인 상황으로부터 출발하였다고 볼 수 있다. 해방 이전에 드라커(J. G. St. Clair Drake)는 "노예제도에 대한 변명자들은 …, 학대받고, 불이익을 당했음에도 불구하고, 니그로들은 다른 사람들과 동등하게 대접받는 것에 적합하지 못한 열등하고 동물과 같은 종류의 인간"으로 취급했다고 주장했다.(1987, xvii) 베를리네르블라우(Jacques Berlinerblau)는 '니그로 인종'으로서 언급되었던 모든 이들의 지위를 끌어 올리고 방어하기 위해, 19세기 아프리카계 미국의 지식인들은 현대의 아프리카와 반대되는 영광스런 고대의 아프리

학과는 미국 내에서 아프리카중심주의적 연구방법론의 메카로 평가받고 있다. 카렝가는 범아프리카 지지자로 아프리카계 미국인들의 축제인 '첫 번째 축제(Kwanza)'를 정착시킨 사람이다. 또한 그는 1960년대와 1970년대 흑인 권력운동의 중요한 활동가였다.

카 문명에 관심을 기울였다.(1999, 135) 이들 19세기 흑인 학자들은 미개하고 후진적이며 야만적으로 여겨지는 현대의 아프리카와 그들 자신을 이념적으로 분리하려고 했다. 그 당시 흑인 학자들의 의견으로는 '검은' 대륙과의 어떠한 관련성도 미국의 흑인들에 대한 부정적인 고정관념을 강화할 뿐이었기 때문이다.

아프리카중심주의 학자들은 아프리카계 미국인들과 아프리카인들이 아프리카의 유산으로부터 자긍심과 명예를 회복함으로써 세계사 속에서 목적이나 대상이 아닌 역사의 행위자로서 자신들을 평가하고 좀 더 다양한 관점을 가질 수 있다고 믿었다.

이러한 노력의 일환으로 디옵학파를 중심으로 한 아프리카중심주의 학자들은 아프리카 문명을 아프리카중심주의적 연구방법론의 출발점으로 보았다.(Oyebade 1990, 234) 어떻게 고대 그리스 사회가 고대 이집트인들에 의해 영향을 받았는지, 그리고 고대 누비아의 쿠시 왕국이 고대 이집트의 문명에 어떤 영향을 주었는지, 그리고 약 100년 동안 이집트를 정복하여 통치했던 역사적 사실에 대해 연구하고자 노력했다. 아프리카중심주의 학자들은 서구의 학자들이 아프리카인들에 대해 '열등'하고 '미개'하다는 인종차별주의적인 사고로 인해 위와 같은 흑인 아프리카 왕국에 대한 연구가 무시되어왔다고 주장한다.(Appian and Gates 1999, 45)

베를리네르블라우에 따르면 19세기의 흑인 지도자들이 최초로 에티오피아를 문명의 요람으로 승격시켰지만 흑인해방 이후에 이집트가 에티오피아를 대체하여 그들의 주요 관심 대상이 되었다고 설명하고 있다. 19세기 중반에 선도적인 흑인 학자들 중 한 명인 워커(David Walker)는 『워커의 호소(*David Walker's Appeal*)』(1997)에서 "이집트 사람들 중에는 지금의 우리의 모습과 같은 아프리카계나 흑인들뿐만 아니라 에티오피아와 이집트 지방의 토착민이 섞인 황인종과 다른 유색 인종들도 있었을 것"이라고 지적하며 "나일 강 유역의 피라미드와 훌륭한 건축물들과 같은 기술과 과학과 사회규범이 발전한 과거를 돌아보면 아프리카 혹은 햄 족의 후예들에 의해 지식이 시작되어 그리스로 흘러들어가 발전하게 된 것을 알 수 있다."라고 지적하고 있다. 페닝턴(James W. C. Pennington)은 "많은 사람들이 우리가 이집트인이 아니라고 한다. 그러나 나는 이집트인들이 흑인이었으며 역사의 중요한 순간에 에티오피아인들과 함께였다고 한 헤로도투스(Herodotus)의 연구를 알고 있다."라고 지적하고 있다. 더글러스(Frederick Douglas)는 페닝턴의 주장을 지지하며 "에티오피아인과 이집트인의 직접적인 관계가 흑인에 의해 주장되었다."고 지적하고 있다. 윌리엄스(George Washington Williams)는 "이집트는 나일 강의 흑인 전통으로부터 법을 빌려왔다. 그리스 사람들은 이집트의 학교로 가서 공부했고, 로마는 법률과 전쟁의 과학을 배우기 위해 그리스로 갔다."라고 주장했다.(Berlinerblau 1999, 136 재인용)

아프리카중심주의적인 시각은 그동안 기술된 아프리카 역사서술 방법을 바꾸어놓음으로써 아프리카인과 역사를 세계사의 일부로 볼 수 있도록 하였다. 8권으로 구성된 『UNESCO 아프리카 통사(*UNESCO General History of Africa*)』는 문화적·역사적 접근방식을 택하였고, 수정주의자적 접근방식을 사용하여 기술하였다. 특히 1권은 주요 부분을 방법론에 할애하면서 인접학문과 학제적 연구의 중요성을 설명하였다. 이 책에서 보여주고 있는 수정주의자적 접근방식은 아프리카중심주의적 시각으로 아프리카 역사를 기술하려고 했다는 점에서 중요한 전환점이었다고 평가할 수 있다. 아프리카중심주의적 접근방식을 따른 아프리카 역사서로 디옵의 『문명의 아프리카 기원: 신화 또는 진실』이 중요하다고 할 수 있는데, 여기에서 흑인이 이집트 문명에 공헌한 바와 이집트와 사하라 이남 아프리카 문화와의 관계에 대해 논하였다. 아산테는『아프리카중심주의적 개념(*The Afrocentric Idea*)』(1987)에서 아프리카중심주의의 역사적·문화적·철학적 배경에 대해 설명하고,『아프리카 중심성(*Afrocentricity*)』(1989)에서 미국 문화와 세계문화를 범아프리카주의 혹은 아프리카 중심적 관점으로 설명한다.(마틴·오메아라 2001, 600-601)

3.3 아프리카중심주의에 대한 비판

1993년 웰슬리 대학(Wellesley College)에서 마틴 루터 킹 추모 강연이 열렸을 때 저명한 아프리카중심주의 학자인 벤-요찬난(Yoseph A. A. Ben-Jochannan)은 "그리스 문명은 아프리카로부터 훔친 것이며 아리스토텔레스는 알렉산드리아 도서관을 훔쳤고 진정한 유대인들은 아프리카인들이다."고 주장하였다.(Lefkowitz 1996, 2 재인용) 고전학자이자 웰슬리 대학 교수인 레프코비츠는 아프리카중심주의를 비판하는 대표적인 학자로 그녀의 주장은『아프리카 밖이 아닌: 아프리카중심주의는 어떻게 역사로서 신화를 가르치는 변명이 되었는가(*Not out of Afrca: How Afrocentrism Became an Excuse to Teach Myth as History*)』에 잘 나타나 있다.(Lefkowitz 1996 재인용) 그녀는 자신의 책 겉표지를 말콤 엑스의 모자를 쓰고 있는 소크라테스의 삽화로 장식하고 있다. 이 삽화는 고전주의와 아프리카중심주의 학자 간 논쟁을 상징적으로 보여준다. 고전주의자들은 고대 그리스를 서구 민주주의의 탄생지로 생각하는 반면, 아프리카중심주의 학자들은 나일 계곡의 흑인 이집트 문명이 발전시킨 철학, 종교, 과학 등 학문적·과학적·지적 발견들을 그리스가 훔치고 빼앗아간 것이라고 주장한다. 레프코비츠는 이 주장들을 신화에 바탕을 둔 '사이비 역사' 또는 '사이비 과학'이라고 비판한다. 아프리카중심주의자들의 이상주의가 그리스 문명에서 소크라테스, 이솝, 한니발, 클레오파트라 같은 중요한 역사적 인물을 은폐하고 있다고 주장한다.(1992a, 29-36; 1992b, A52; 1993 A14; 1995, 17-19)

또한 라비츠(Diane Ravitch)는 아프리카중심주의자들이 미국 문화에 대하여 지나치게 전통을 숭배하고 적대감을 가진 인종주의적 교과과정을 퍼뜨려 문화적 배타주의 또는 근본주의를 조장하고 있다고 주장한다. 라비츠는 교과과정에 아프리카중심주의를 강조하는 것은 '희생자' 혹은 '박해자'의 정신을 강화시키고, 인종적 적대감을 유발할 수 있다고 지적했다.(1990, 341-353) 슐레진저(Arthur Schlesinger)는 흑인 역사가 '미국의 진정한 역사'를 이해하는 데 필수적이라는 것을 인정하지만 그것이 "나쁜 역사"와 "사실로서의 신화들"을 가르치기 때문에 "미국 교육"에 손상을 주는 것들, 즉 그가 "소수인종 숭배", 그리고 "아프리카중심주의적 정치운동"이라고 부르는 것들에 대해 비난한다. 슐레진저는 교과과정에서 소수인종 중심으로 교육하거나 이중언어를 가르치는 것은 문화적·언어적 차이를 가져와 미국을 분열시킬 수 있다고 주장한다. 슐레진저의 시각에서 보자면, 아프리카계 미국인들은 공통의 미국 문화를 교육받아야 한다는 것이다.(1992, 74-75, 80)

레프코비츠가 아프리카중심주의적 세계관이 그리스-로마 문명의 지적·정치적, 그리고 문화적 기반을 탈역사화하고 분열시킬 수 있는 잠재성을 갖고 있다고 생각하는 반면에, 아프리카중심주의자들은 그녀를 아프리카중심주의적 관점의 뿌리와 설명을 이해하려고 하지 않고 그리스 문명에 대한 기존 해석을 고수하며 흑인문화에 의해 영향을 받았다는 사실을 부정하고 나아가 대안적인 사료편집을 받아들이지 않는 반동주의자라고 비난한다.(Richards 2001, 103-104)

4. 아프리카 르네상스(African Renaissance)

4.1 범아프리카주의와 아프리카 르네상스의 역사적 맥락화

아프리카 르네상스[14]는 범아프리카주의 운동이 그 뿌리라고 할 수 있다. 탈식민지화 시기부터 독립 이후 현재까지 지속적으로 아프리카 지도자들이 국가발전과 아프리카 정체성을 찾기 위해 주장한 여러 이념들은 아프리카중심주의적 시각에서 정치적 · 경제적 · 사회문화적 발전을 위한 아프리카인들의 움직임이었다고 평가할 수 있다.

그동안 아프리카 지도자들이 국가철학으로 내세운 아프리카의 민족주의 운동 또는 정체성 찾기 운동은 실패한 것인가? 아프리카 국가들의 민족주의 정책들을 희화화하거나 심지어 경멸적인 평가를 하는 경우도 있었다. 한 예로 사이드(Edward W. Said)는 "민족주의의 무능함은 전문가, 아마추어를 막론하고 많은 평론가들에 의해 백인이 떠난 뒤의 비서양세계는 미개인 추장, 전제적 야만인, 광신적 원리주의자로 구성된 악랄한 혼성체에 불과한 것으로 오랫동안 비판되고 풍자되어왔다."고 지적한다.(사이드 2005, 524)

---

14) 아프리카 르네상스가 아프리카 고대문명의 영광이나 어느 시기의 부활을 의미하는 것은 아니다. 1990년대 남아공에서 주창한 아프리카 르네상스는 범아프리카주의를 발전적으로 계승한 것으로서 아프리카의 운명을 아프리카인이 결정하고 발전을 촉진하겠다는 것이었다.

그런 의미에서 문화적 정체성을 신식민주의(neocolonialism)[15]와 탈식민주의 민족해방, 즉 아프리카 국가들이 자주적인 정체성을 추구하여 진정한 의미의 민족해방을 달성할 수 있는 대상으로 고찰한 변기찬의 주장은 시사점이 있다고 할 수 있다. 독립에도 불구하고 아프리카 국가들은 여전히 식민지배를 했던 국가들에 대한 정치적 · 경제적 혹은 이데올로기적 차원의 구조적 종속 상태로부터 벗어나지 못하고 있다. 이러한 현상을 "재식민지화(recolonisation)"라고 설명하였는데 아프리카 국가들이 "이미 오래전부터 외부 세력에 실질적으로 종속된 취약한 상황에 처해" 있었다는 사실을 지적하고 있다. 더욱이 세계화된 자본주의는 "교묘한 방식으로 아프리카 국가들에 대해 개입"하고 있다. 탈식민국가들은 독립 이후 식민주의의 영향으로부터 근본적으로 탈피하는 데 실패하였으며, 결정적으로 완전한 정치적 독립을 획득하지 못하였다는 사실은 부인할 수 없기 때문이다.(변기찬 2010, 236, 248-249)

은크루마는 1957년에 가나의 대통령이 되었고, 니에레레는 1961년에 탕가니카(Tanganyika: 1964년 잔지바르와 탕가니카가 합해져서 현재의 탄자니아가 됨)의 대통령이 되었다. 이들은 세계 자본주의 체제에 대한 종속은 물론 민족주의 이념에 대해서도 비판적인 실용적인 주장을 하

15) 물리적이고 법적인 식민주의가 아프리카에서 끝난 후에도 이전의 식민 열강에 대해 경제적 · 정치적으로 종속되어 있다는 사상. 예를 들어, 1960년대 법적으로 독립한 후에도 아프리카의 영국과 프랑스의 식민지였던 많은 국가들이 여전히 영국과 프랑스의 다국적 기업을 통해서만 상품을 구입하는 위치에 있음을 발견할 수 있다. 게다가 이전의 프랑스 식민지였던 서부 아프리카의 대부분 국가들은 자국 화폐를 지원하는 프랑스 프랑에 여전히 의존하고 있어서, 프랑스 정부와 은행이 이러한 국가들에 훨씬 큰 경제적 영향력을 가졌다. 신식민주의는 정치와 경제 사이에서 불변의 원인과 결과 관계를 보는 종속학파의 사상과 유사하다.(Gordon and Gordon 2013, 458-459)

였다. 그들은 식민지의 '독립'이 한계가 있다는 것을 깨닫고 신식민주의를 극복하기 위해 범아프리카주의를 주창하였다.

범아프리카주의는 문학이나 정치에서 주로 사용되었다. 문학적으로는 19세기 말과 20세기 초에 문학작품에서 아프리카인과 유럽인의 역할을 바꾸어 표현하였다. 아프리카 작가들은 문학작품 속에서 나오는 인물들을 통해 유럽 문화와 정체성을 비판적으로 다루었다. 정치적으로는 아프리카 국가와 아프리카인들의 정치적 결속을 이룩하려는 시도로 나타났다. 가나의 초대 대통령 은크루마와 미국계 아프리카인 작가이자 정치 행동가인 듀보이스(W. E. B. Du Bois)가 가장 중요한 범아프리카주의 주창자들이었다.(고든·고든 2002, 605)

가나가 독립을 하자 듀보이스는 은크루마와 가나의 독립을 축하하며 가나는 더 이상 영국연방에 속하지 않으며 사하라 이남 흑아프리카 국가를 대표해야 한다고 주장했다. 또한 가나는 범아프리카주의를 위해 흑인들의 운동을 주도하고 새로운 범아프리카회의(Pan-African Congress: PAC)가 열리도록 해야 한다고 주장했다. PAC는 독립적인 조직으로서 활동을 해야 하며 아프리카 경제를 발전시키고 아시아와 유럽 사이의 문화적 중심지로서 발전해야 한다고 설명했다. PAC에 대한 듀보이스의 주장은 1958년 이후 아프리카 대륙 전체로 퍼져나갔다. "오랜 아프리카 공동체의 삶에 기반을 둔", "범아프리카 사회주의"에 대한 개념과 아프리카를 대표하는 독립적이고 전체를 아우르는 조직에 대한 언급은 은크루마, 니에레레와 같은 아프리카 지도자들에게 큰 호응을 얻었다.(Du Bois 1965, 294-297, 295-296; Benjamin 2002, 340-341) 범아프리카주의가 총론으로서 아프리카 전체의 발전을 다루고 있다면 아프리카 민족주의는 각론으로서 각 국가의 실정에 맞는 발전방향을 다루고 있다고 할 수 있다. 그런 의미에서 니에레레는 유럽이 중심이 된 자본주의에 대한 반발로 아프리카식 사회주의를 주장한 것이라고 볼 수 있다.

20세기가 시작된 이후 약 50년 동안 범아프리카주의는 민족주의에 바탕을 두고 있었다. 특히 대서양을 두고 아프리카 민족주의 운동이 활발히 전개되었다. 범아프리카주의는 식민지배 시기에 국가를 임의적으로 나눈 것을 넘어서서 세속적으로 알려진 '흑인 권력 (black power)', '흑인 의식(black consciousness)', 네그리튀드(Négritude: 1930~50년대에 파리에 살던 프랑스 어권 아프리카와 카리브 해 출신의 작가들이 프랑스의 식민통치와 동화정책에 저항하여 일으킨 문화운동) 또는 성서에 표현된 '햄의 자손(the children of Ham)'에 관계없이, 더욱 크고 정치적으로 강력한 '국가' 또는 '흑인 국가(black nation)'를 달성하는 것이 필요하다고 보았다. 범아프리카주의는 또한 자본주의의 지배자인 '범백인주의(pan-whiteness)'에 대한 대항이었다. 유럽인들의 '우월성'과 유럽중심의 세계체제에 대한 저항이라고 할 수 있다.(Benjamin 2002, 341)

넬킨(Dorothy Nelkin)은 1964년 『범아프리카 이념의 사회주의자 근원(*Sources of Pan-African Ideology*)』에서 민족주의와 범아프리카주의에 대한 역사적 연관성을 설명하였다. 보수주의에서 급진주의로, 회의론에서 공산주의와 마르크스주의로, 흑인과 백인 노동자들의 통합에서 흑인 노동자와 흑인 자본의 통합으로 바뀐 1945년에 열렸던 제5차 범아프리카회의를 전환점이라고 주장했다. 제2차 세계대전 이후 열린 이 회의에서 아프리카 지역 대표, 독립을 열망하는 민족주의자들의 대표, 새로 출범하는 범아프리카주의 아젠다에 대한 논의 등이 이루어졌다. PAC는 아프리카식 민족주의, 민주주의, 사회주의를 주장하였고 마르크스주의의 국제적인 이념에 반대함으로써 민족주의 이념을 더욱 확고히 하였다. 은크루마는 아프리카 민족주의를 PAC의 중심적인 특징으로 보았고 아프리카의 식민주의, 인종차별, 제국주의에 대한 반란이라고 생각했다.(Nelkin 1964, 70)

1990년대는 아프리카 민주주의 발전에 대한 낙관적인 견해가 있었으나 소말리아의 붕괴와 르완다 제노사이드로 인해 이러한 생각은 빠르게 사라졌다. 세계경제가 발전하고 있었지만 아프리가 대륙은 남아공을 제외하고 희망이 없는 것처럼 보였다. 국제사회는 남아공의 정치 변화와 지정학적인 위치 때문에 아프리카의 발전을 이루는 데 적극적으로 개입하여 역할을 해야 한다고 묵시적으로 압력을 가했다. 아프리카의 비관주의가 깊어지는 상황에서 많은 사람들이 만델라가 "남아공은 아프리카의 비관적 운명을 벗어날 것"이라고 주장한 사실을 상기하였다.(Mandela 1993, 89) 1996년 후반부터 남아공은 아프리카 정책을 '아프리카 르네상스'의 개념으로 통합하여 제시하였다. 이 개념은 1996년 5월, 1997년 4월, 그리고 1998년 4월 있었던 연설을 통해 점점 더 분명하게 모습을 드러냈다. "나는 아프리카인이다."라는 연설은 강력한 반향과 함께 아프리카인들을 자각하게 하였고 아프리카 르네상스에 대한 더 넓은 사고로 발전시켰다[Vale and Maseko 1998, 273-274; http://archive.unu.edu/hq/ginfo/nex/jun98-e/nex-06-98-b.html(검색일: 2015. 05. 20)].

남아공이 아프리카에서 더욱 중요한 역할을 해야 한다는 생각은 인종과 이념을 떠나 남아공 지도자들이 계속해서 제기한 주제였다. 남아공의 정치 지도자들은 다른 아프리카 국가들에 비해 발전한 남아공이 아프리카인과 아프리카의 발전에 더욱 깊이 관심을 갖고 관여해야 하는 것으로 생각했다.(Vale and Maseko 1998, 274)

사실은 아파르트헤이트 시기에도 남아공 백인정부는 아프리카와의 관계를 지정학적인 측면과 경제적 이익으로 접근하고 있었다. 백인 소수가 통치하는 남아공은 케이프타운 총독이었던 로즈(Cecil John Rhodes)가 주장한 것처럼 북쪽 지역을 '배후지(hinterland)'로 인식하고 있었다. 그리고 남아공의 역할은 이 배후지를 발전시켜야 한다고 생각했다. 물론 그 이면에는 아프리카 시장 진출에 대한 경제적인 목적과 외교적 이익을 염두에 둔 것이었다. 1990년대에 흑인정부가 들어서면서 이러한 생각은 과거와 다른 변화된 모습으로 더욱 확고하게 흑인 지도자들에게 인식되었다.(Vale and Maseko 1998, 275-276)

1994년 아파르트헤이트 인종차별정책이 막을 내리고 최초의 흑인 정부가 들어서면서 남아공은 아프리카의 운명을 개척해야 하는 상황을 맞게 되었다. 남아공은 아프리카 대륙에서 성공적으로 민주주의가 이행된 모범적인 국가로서 지도력을 인정받고 있었다. 또한 만델라의 국제적인 인지도는 남아공의 적극적인 역할에 대한 유혹을 받기에 충분했다. 이러한 환경은 음베키가 역사적 경험을 통해 아프리카 르네상스라는 개념을 내놓게 하였고, 남아공은 물론 아프리카의 운명을 고민하게 하였다.

아파르트헤이트와 백인 소수 지배체제에서 흑인정부로 바뀐 남아공의 정치적 변화와 경제력은 왜 아프리카 르네상스가 무게감을 갖고 아프리카 밖으로 전해지고 있는지 잘 설명하고 있다. 남아공이 아프리카 대륙의 민주화와 경제적 발전에 대한 책임이 있다는 논리는 맞지 않지만 남아공이 이룩한 정치적 민주화와 경제발전이 아프리카에서 중요한 역할을 할 것이 틀림없다.(Vale and Maseko 1998, 286)

4.2 아프리카 르네상스의 개념

남아공이 인종차별정책을 끝내고 백인정부에서 흑인정부로 바 뀐 지 얼마 되지 않은 1995년 5월 당시 부통령이었던 음베키가 새로 운 헌법의 채택에서 했던 "나는 아프리카인이다."라는 유명한 연설 에서 구체적으로 표명되었다.[http://archive.unu.edu/unupress/mbeki. html(검색일: 2015. 05. 20), Dlanga 2009]

아프리카 르네상스 개념은 1994년 민주선거 이후 음베키가 대통 령으로 재직한 1999~2008년까지 가장 활발히 논의되었다. 이 논의 의 요점은 아프리카인과 국가들이 아프리카 대륙의 변화와 발전을 이룩하는 데 핵심적인 역할을 해야 한다는 것이다. 그동안 아프리카 의 운명은 서구와 국제사회가 제시하는 아젠다에 달려 있다는 생각 을 떨쳐버리려는 의도였다. 아프리카 르네상스의 핵심적인 요소는 사 회적 결속, 민주주의, 경제재건과 성장, 아프리카의 지정학적 중요성 등을 다루고 있다. 비록 이러한 용어의 대중성이 지난 수십 년간 약 화되었지만 아파르트헤이트 시기 이후 남아공의 지적 아젠다의 중요 한 부분이었다. 아프리카 르네상스는 아프리카 대륙의 고질적인 문제 인 폭력, 엘리트주의, 부정부패, 가난 등을 끝내고 더욱 공정하고 평 등한 질서를 만들려는 목적에서 나온 철학적·정치적 운동이다. 따 라서 아프리카 르네상스는 교육을 장려하고 아프리카 지식인의 두 뇌 유출을 막아야 한다고 주장했다. 더 나아가 아프리카인들이 자신 들의 문화적 유산을 자랑스럽게 생각하고 자신들의 삶과 운명을 책 임지도록 하는 것이라고 주장했다. 이 이념의 강력한 이론적 배경 은 범아프리카주의였다. 아프리카 르네상스의 목적은 남아공을 비 롯하여 우간다, 르완다 등 새로운 아프리카 지도자들이 이끄는 아프리카 국가에서 큰 호응을 얻었는데, 아프리카 르네상스의 비전이 아프리카연합(African Union: AU), 아프리카 개발을 위한 새로운 협력관계(New Partnership for Africa's Development: NEPAD), 새천년개발목표 (Millennium Development Goals: MDGs) 등에서 구체화되어 실행되기를 희망했다. 이러한 노력은 아프리카의 입장에서 아프리카와 서구의 관계를 새롭게 구축하려는 것으로 아프리카인들이 아프리카의 발전에 책임이 있다는 것을 보여주는 것이다.(Johnson and Jacobs 2011, 7-8) 그동안 아프리카는 자신의 운명을 적극적으로 개척하여 발전을 이룬 것이 아니라, 유럽인의 도움과 기여로 발전해왔다는 수동주의적이고 무기력한 패배주의를 떨쳐버리려는 주장이었다. 이러한 주장은 유럽 중심주의적 시각에서 벗어나 자신의 운명을 개척하려는 아프리카중심주의적 시각으로 평가할 수 있다. 더구나 사하라 이남에서 가장 강력한 정치·경제적 영향력을 가진 남아공의 주장에 대해 지역적으로 발전을 주도하고 있는 우간다의 무세베니(Yoweri Museveni)와 르완다의 카가메(Paul Kagame) 대통령이 아프리카 르네상스의 이념이 반드시 성취되어야 한다고 동의한 것은 매우 의미 있는 행동이었다[http://en.wikipedia.org/wiki/African_Renaissance(검색일: 2015. 05. 20)].

르네상스의 개념은 중세 시대로 거슬러 올라간다. 간단히 말해서 재생(rebirth), 부활(revival), 재인식(re-awakening)이다.(Prah 1998) 아브람스(Abrams)는 르네상스를 '자유로운 개인주의 시대(the era of untrammelled individualism)'라고 주장했다.(1985, 155) 그러나 아프리카 르네상스는 개인주의를 주장한 것이 아니다. 그동안 학자들이 개념에 대한 정리를 하려고 노력했으나 만족할 만한 결과를 얻지 못했고, 정책적인 부분보다는 가능성이나 약속에 가까운 것으로 평가되고 있다.

이러한 상황은 20세기 수정주의적 해석과 같은 것이었다. 예를 들어 1930년대 대공황을 극복하기 위해 루스벨트가 추진한 뉴딜정책(New Deal Policy)이나 1960년대 빈곤을 추방하고 경제번영을 추구한 존슨(Lyndon B. Johnson)의 '위대한 사회(Great Society)'는 단지 보여주기 위한 것이 아니라 성공적인 정책으로 이어진 사례였다. 결국 효과적인 정책이 만들어지거나 사회적 운동으로 발전해야만 성공할 수 있다는 것을 보여준 사례였다. 그러나 현재까지 '뉴딜정책'이나 '위대한 사회'와 달리 아프리카 르네상스는 분명하지 않은 정책 목표로서 존재한다.

아프리카 르네상스는 아프리카에 대한 남아공의 외교정책을 고려할 때 그 효과를 극대화할 수도 있다고 본다. 즉 남아공이 UN 안전보장이사회에 진출하려는 경우 아프리카 국가들의 지원을 이끌어낼 수 있다. 그러나 무엇보다도 '르네상스'라는 말의 반향은 심리적인 부분이 더 크다. 이 말은 20세기 말에 아프리카에서 나온 영혼을 일으키는 '정신적 에너지의 분출(outburst of mental energy)'로 생각할 수 있다.(Vale and Maseko 1998, 277)

아프리카 르네상스는 아프리카인과 국가가 현재 직면하고 있는 문제 또는 도전을 극복하고 문화적·과학적·경제적 부활을 이룩하는 것으로 요약할 수 있다. 그렇다면 아프리카중심주의 학자들이 주창한 고대 이집트를 비롯한 아프리카 문명의 전성기를 부활하겠다는 것으로 해석할 수 있다. 사실 아프리카 르네상스라는 말은 음베키 대통령이 처음 사용한 것은 아니었다. 1969년 반스(Leonard Barnes)의 저서인 『아프리카 르네상스(*African Renaissance*)』의 제목이기도 했다. 그러나 이 용어는 저명한 아프리카인 역사학자 데이비슨(Basil Davidson)이 네덜란드 저널에 인터뷰를 하는 과정에서 "아프리카 르네상스가

시작되었다.(an African Renaissance has dawned.)"라고 말하면서 주목
을 받았다.(Vale and Maseko 1998, 273 재인용) 아프리카 르네상스 개
념은 1946년 디옵이 처음 언급하였는데 1990년 불어판으로 『적도
의 경고: 1946-1960 기사들. 흑아프리카의 문화와 발전(*Alerte Sous
Les Tropiques: Articles 1946-1960. Culture et développement en Afrique
noire*)』으로 출판되었고, 1996년 영어판으로 『아프리카 르네상스를
향하여: 1946~1960년 사이 문화와 발전에 관한 에세이(*Towards the
African Renaissance: Essays in Culture and Development, 1946~1960*)』로
출판되었다.

1997년 6월, 음베키의 고문인 마비엠빌라(Vusi Maviembela)는 아프
리카 르네상스가 1960년대를 전후한 탈식민지화와 1990년대 초반의
민주주의 발전을 잇는 '제3의 운동(third moment)'이라고 주장했다. 전
체적인 맥락에서 이러한 정리는 위의 세 가지 사건을 범아프리카주
의 입장에서 맥락화하고 있다고 할 수 있다. 1998년 9월 28일과 29일
이틀간 요하네스버그에서 아프리카 르네상스에 관한 회의가 열렸고
약 470명이 참석하였다.(*Sunday Independent* 1997/06/15) 이 회의 내용
을 책으로 정리하여 1999년 『아프리카 르네상스: 새로운 투쟁(*African
Renaissance: The New Struggle*)』을 출판했다. 또한 1999년 10월 11일에
는 아프리카 르네상스 연구소(African Renaissance Institute: ARI)를 보츠
와나의 가보로네(Gaborone)에 개설하고 아프리카 인적 자원의 개발,
과학, 기술, 농업, 영양과 건강, 문화, 사업, 평화, 굿 거버넌스(good
governance) 등에 초점을 맞추고 연구하도록 하였다. 전체적으로 이러
한 노력은 아프리카인이 중심이 되어 21세기에 아프리카 대륙의 발전
을 이룩하기 위한 행동을 강력히 제안하고 있다. 즉 21세기는 유럽중
심주의나 서구중심주의가 아닌 아프리카중심주의 입장에서 아프리카

의 운명을 개척하겠다는 것을 제시하였다.

국제사회에서 동등한 파트너가 되기 위해서 그동안 많은 문제를 안고 있던 아프리카 대륙은 회복의 시기가 필요하며 아프리카 르네상스를 통해 이를 달성해야 한다고 주장했다. 음베키는 1998년 4월 9일 일본 도쿄 국제연합대학교(United Nations University: UNU)에서 아프리카가 직면한 문제들을 해결해나가기 위해 어떻게 책임을 가져야 하는지, 아프리카 르네상스의 이념을 현실화하기 위해 아프리카의 '거대한 집단지혜(immense collective wisdom)'를 어떻게 사용해야 하는지 자신의 견해를 밝혔다. 그는 아프리카 대륙의 고통에 대해 역사적으로 책임이 있는 세력들에 의한 교묘한 술책으로부터 아프리카는 수동적인 구경꾼의 자세에서 회복해야만 한다고 지적했다. 음베키는 아프리카가 성공적인 발전을 위해 도약을 시작할 때, 세계는 아프리카에 대해 등을 돌려선 안 된다고 강력히 주장했다. 그는 더 나아가 국제사회가 아프리카인들은 이상하고 기괴한 인종이라는 구시대적인 발상을 버려야 한다고 지적했다. 그는 이러한 고정관념이 없어져야만 아프리카의 생활환경이 개선될 뿐만 아니라 인간의 존엄성이 더욱 향상되어 아프리카 르네상스가 일어날 수 있다고 보았다.

아프리카 연구자들은 르네상스의 개념이 남아공의 역사뿐만 아니라 아프리카 대륙의 역사와 깊은 관련이 있다고 주장한다. 1960년대에 아프리카 국가들은 식민지배를 벗어나 독립을 경험했다. 이러한 탈식민지화 과정은 아프리카인 스스로 부활을 시도하는 과정이었다는 것이다. 남아공에서 르네상스의 개념은 아프리카의 '역량강화(empowerment)'를 의미하는 것으로 제시되었다고 주장한다. 아프리카 르네상스의 정신이 우울했던 과거에서 벗어나 새로운 남아공으로 인도할 수 있을 것인가? 이에 대한 답은 우선 변화를 겪고 있는 다른 나라들과 마찬가지로 남아공이 식민지 유산으로부터 자신을 되찾는 작업이 필요하다는 것이다. 그리고 남아공에서 새로운 변화는 새로운 체제에 근거한 새로운 정체성의 형성이 되어야 한다고 보고 있다.(Boloka 1999, 93-94)

1994년 4월 27일은 남아공에서 최초의 민주선거가 치러진 날로 흑인들은 자긍심과 위엄을 갖게 된 날이었다. 새로운 제도와 관련한 새로운 정체성은 '새로운 시대에 우리는 누구인가?'라는 질문에 답을 해야만 했다. 이에 대한 질문은 '무지개 국가(rainbow nation)'와 인기를 얻게 된 아프리카 르네상스 같은 상징이 답이 되었다. 아프리카 대륙에서 르네상스가 필요한 이유에 대해 음베키는 1997년 일본에서 다음과 같이 주장했다.

식민주의와 신식민주의의 유산으로부터 아프리카인 스스로 해방시킬 수 있는 힘이 필요하다. 아프리카인 스스로 세계무대에서 동등하고 존경받는 기여자로서뿐만 아니라 인류문명의 모든 성취의 수혜자로서 위치시킬 필요가 있다. 아프리카 대륙은 인류의 요람이었고, 한때 세계문명에 중요한 기여를 하였다. 르네상스는 모든 인종이 차별 없는 하나의 인류라는 것을 재발견하는 데 도움을 줄 수 있도록 해야만 한다.(Boloka 1999, 94)

4.3 아프리카 르네상스의 역사적 맥락화

아프리카 르네상스의 개념은 1960년대에 이미 그 싹을 틔우고 있었다. 가나의 은크루마, 세네갈의 셍고르(Léopold Sédar Senghor), 기니(Guinea)의 투레(Ahmed Sékou Touré), 탄자니아의 니에레레 같은 아프리카의 지도자들은 아프리카 르네상스의 개념과 비슷한 주장을 했는데, 이들은 강하게 아프리카 역사의 가능성을 주장했다. 즉 아프리카 역사에서 보여준 가치, 업적, 문명이 아프리카의 자기 발전의 바탕이 될 수 있다고 주장했다. 그들은 노예무역과 제국주의의 식민지배체제가 아프리카의 발전에 부정적 영향을 주었고, 특히 서구의 문명이 아프리카에 물려준 심각한 혼란을 인식하고 있었다. 이러한 배경 때문에 아프리카 사회주의와 네그리튀드 개념을 주장하였다.[16] 아프리카식 사회주의는 그 당시 하나의 대안으로 비전을 제시할 수 있는 이념으로 주창되었으나 경제적 실패와 사회주의권 붕괴 이후 사라지게 되었다.

사실 아프리카 르네상스의 개념이 아프리카와 인류의 발전을 위해 기여를 할 것이라고 주장한다. 이미 앞에서 지적한 것처럼 아프리카 중심주의 학자들은 고대 이집트 문명과 그 파생력이 아프리카 문명의 발전에 영향을 주었으며, 더 나아가 의학, 자연과학, 철학, 종교 등

---

16) 문자가 없고 역사도 없는 암흑대륙이라는 낙인이 찍힌 채 단지 '관찰당하는 자'로서 살 수밖에 없었던 아프리카인들이, 자신들도 세계의 중심에 확실히 주체적으로 존재하고 있다는 것을 주장한 네그리튀드의 발단은 1930년대로 거슬러 올라간다. 그러나 주창자인 셍고르의 사상이 점차 역사성을 무시한 문화의 인종결정론 쪽으로 흘렀고 아프리카 역사학자들의 연구는 기존의 역사적 가치관의 틀 안에서 유럽의 역사와 문화에 대한 아프리카의 역사와 문화의 위치를 상대적으로 끌어올리려는 것에 지나지 않는다는 비판을 받았다. 고대 이집트 문명이 서아시아 고대문화의 영향에 의해서가 아니라 흑인 아프리카의 문화를 기반으로 하여 성립하였다는 논의나, 중남미의 수수께끼 고대문화인 올메카(Olmec) 문화를 만든 주체가 아프리카로부터 대서양을 넘어 건너갔던 흑인이라는 설(Mveng 1967), 흑인 아프리카 사회는 무문자(無文字) 사회라고 유럽인들은 말하지만 유럽에도 학교교육이 보급되기 전에는 문맹이 많았다고 주장하며 유럽 문화를 상대적으로 끌어내리는(Ki-Zerbo 1969) 것 등은 성실하고 면밀한 연구의 축적에서 오는 성과라기보다는 경향성이 강한 성급한 주장의 성격을 지니고 있는 만큼 이것들 역시 기존의 권위에 의존하려는 기본 자세의 연약함이 두드러지는 것들이다.(김광수 2005, 57-58 재인용)

이 그리스 로마와 서부 유럽에 많은 영향을 끼쳤다고 주장한다. 또한 고대 말리 왕국의 팀북투(Timbuktu)에 있었던 산코레 대학(University of Sankore)을 예로 들며 아프리카 문명을 발전시킨 곳이라고 주장한다. 듀보이스는 송가이(Songhay: 1493-1528)의 왕 무하마드(Askiya Muhammad) 통치 시기에 수천 명의 흑인 학생들이 이곳에 모여들어 이슬람과 학문을 연구했다고 주장한다.(Du Bois 1965) 가나 학자인 데 그래프트-존슨(J. C. De Graft-Johnson)은 그곳을 "학문하기에 가장 훌륭한 장소 중 하나"라고 칭했다.(1954, 107) 최근 『아프리카 통사』를 집필한 세네갈의 역사학자 시소코(S. M. Cissoko)는 니제르 강 중부의 흑인 지식인들은 팀북투에서 가장 높은 수준의 이슬람 교리를 공부했다고 설명하고 있다.(Ki-Zerbo and Niane 1997, 77-86 재인용) 이들 중에는 말리(Mali)의 왕 무사(Mansa Musa: 1312~37)가 흑인 학자들을 페즈(Fez), 모로코(Morocco)로 보내기도 했다.[17] 16세기 이르러 팀북투는 학문의 중심지로 번성하게 되고, 그러한 지역교육이 대개 지금의 대학과 흡사했던 것이다.(김광수 2005, 62 재인용)

어떤 학자들은 가나, 송가이, 짐바브웨 왕국 등 아프리카 고대 왕국이 행정적으로, 정치적으로 훌륭한 제도를 가지고 있다고 주장한다. 대표적으로 데이비슨은 『고대 아프리카의 재발견(Old Africa Rediscovered)』(1959)이라는 주장을 통해 아프리카에서도 과거에 수많은 훌륭한 대제국이 있었고, 아프리카인이 비교할 수 없을 정도로 심각하게 유럽인에게 뒤진 것은 아니라는 주장을 했다. 아프리카인의

---

17) 이 당시 학계를 지도하는 학자들은 대부분 베르베르(Berber)인이나 아랍 계통이 많았던 것으로 보인다. 특히 산코레 사원은 흑인이 아닌 베르베르(Sanhaja Berber) 인이 주로 학문적 삶(생활)의 휴게실로 생각했다고 주장하는 학자도 있다.(Alpern 1992, 58)

정치체제 발전에 대한 그의 연구에서 법에 의한 통치, 권력에 대한 영구적인 불신, 관리의 세습과 임명 사이의 권력의 분배, 의사결정과정의 참여 등이 있었다고 주장했다.(Teffo 1997, 20)

서구인들은 수 세기 동안 아프리카 예술을 수집하고 연구해왔다. 아프리카 예술이 유럽으로 반출된 최초 시기는 1650년 이전이었고, 루이 14세(1643~1715)는 다른 많은 유럽 통치자들과 사업가들과 여행자들이 그랬던 것처럼 서부 아프리카 조각에 대해 온건한 정도의 수집 욕구를 가지고 있었다. 20세기 초, 대부분의 아프리카 예술이 유럽에 소개되었는데, 이는 예술사에 커다란 영향을 미쳤고, 독일 인상주의와 큐비즘(cubism)의 근원이 되었다. 수 세기 동안 유럽인들은 아프리카 예술을 낯선 사회의 이국적인 제품으로 여겼는데, 아프리카 예술은 20세기가 되어서야 아프리카의 사회적·정신적·정치적 조직 양상을 반영하는 것으로 여겨졌다.(마틴·오메아라 2001, 314-315)

아프리카 르네상스는 '두 번째 해방 투쟁'이라는 논의도 주목할 필요가 있다. 본질적으로 과거에 세계의 문명에 기여했던 '아프리카인의 재능(African genius)'을 회복하려는 노력이다. 아프리카 르네상스는 아프리카를 세계문명의 창조에 참여시키려는 것이다. 아프리카인 디아스포라의 결과 세계 곳곳에 살고 있는 아프리카인들이 아프리카 대륙에 기반을 두고 활동을 해야 한다고 보고 있다. 이러한 주장은 아프리카중심주의적 시각에서 아프리카의 개념이 중심이 되고 아프리카-인본주의(Afro-humanisation)에 대한 연구의 출발점이 되어야 한다는 것이다. 따라서 아프리카 르네상스를 발전시키기 위해서는 학교 교과과정에 아프리카 역사를 넣거나 의무과정으로 가르칠 필요가 있다고 주장한다.(Teffo 1997, 21)

음베키는 '정체성 찾기'를 위한 아프리카의 오랜 투쟁의 역사를 소개하고 안정, 번영, 평화를 위한 지속 가능한 방법을 찾으려고 했다. 분명하고 의미 있는 아프리카 르네상스 프로젝트에 영향을 주기 위해 우리는 이 개념에 대한 적절한 분석적 기반을 우선 마련해야 한다. 무엇이 아프리카 르네상스일까? 아프리카 르네상스는 수 세기 동안 정복과 침략, 그리고 약탈을 당했던 아프리카의 부활이다. 아프리카와 아프리카인들에 대한 부정적 이미지를 바로잡는 것이다. "아프리카는 역사가 없다."라는 헤겔의 주장처럼 체계적인 유럽·서구중심주의적 담론과 이미지를 바로잡는 것이다.

이를 위해 다음과 같은 노력이 필요하다는 은툴리(Ntuli)의 주장은 주목할 필요가 있다. 첫째, 아프리카의 과거를 발굴하는 작업이 필요하다는 것이다. 세계사에서 아프리카가 유럽, 아라비아, 중국과 활발한 교류를 하였으며 문명의 요람이었다는 것을 밝히는 것은 아프리카를 주변부에서 중심으로 끌어오는 작업으로 중요하다. 또한 아프리카 예술이 큐비즘, 초현실주의(surrealism), 표현주의(expressionism), 야수파(fauvism) 등에 많은 영향을 끼쳤다는 것을 밝히는 작업도 필요하다. 둘째, 아프리카의 현재 위치를 확인하고 국제사회의 파트너로서 역할을 새롭게 하는 작업이 필요하다고 주장한다. 셋째, 아프리카의 미래를 위해 계획을 세워야 한다고 주장한다. 그런 의미에서 아프리카 르네상스는 변화에 관한 프로젝트이며, 고정된 아프리카의 이미지를 바꿀 때까지 지속적으로 노력할 필요가 있다고 보았다. (1998, 16-17)

아프리카 르네상스 프로젝트는 아프리카, 아프리카 역사, 그리고 아프리카의 경제적·사회적·정치적 위상에 관한 느낌과 사상의 새로운 방법을 추구하는 데 있다. 아프리카를 재창조로 초대하는 것이며 우리가 무엇을 하며 어떻게 할 것인지, 그리고 그것을 통해 누가 이익을 얻을 것인지를 생각하게 한다. 또한 새로운 질문, 새로운 가능성, 새로운 시각에서 오래된 문제를 보려는 새로운 시도라고 할 수 있다.(Ntuli 1998, 17) 이러한 작업은 아프리카 중심주의적 입장에서, 아프리카 역사를 하나의 연속선상에서 맥락화하는 것이라고 할 수 있다.

4.4 아프리카 르네상스에 대한 비판

유럽인들이 아프리카에 들어온 이후 아프리카 예술의 훌륭함이 예술 사학자들에 의해 규명되면서 유럽인들은 아프리카 예술품을 약탈하거나 훔쳐 갤러리나 박물관에 전시하였다.(Teffo 1997, 20) 피카소 등 20세기 초반에 활약했던 일부 서구 예술가들이 아프리카 예술로부터 많은 영향을 받았다는 주장을 아프리카 예술가들이 자신들의 예술을 평가하는 기준으로 활용한다면, 그것도 모양을 달리한 유럽중심주의와 다름없다고 할 수 있다. '백인에게 발견된 놀랄 만한 아프리카 흑인 예술'이라는 강박관념에서 스스로를 해방시키지 않는 한 새로운 아프리카 예술의 창조는 있을 수 없는 것처럼, '재발견된 아프리카의 눈부신 과거'라는 주술적 단어가 아프리카 역사연구를 왜곡시킬 수 있기 때문이다.(김광수 2005, 58; 가와다 준조 2004, 137-139)

우선 아프리카 르네상스는 아프리카에서 발생하고 있는 분쟁과 내전을 고려할 때 그 개념이 유토피아적이고 비현실적이라는 비판을 받았다. 또 다른 사람들은 남아공이 아프리카 대륙에서 정치·경제적 주도권을 갖고 강력한 영향력을 행사하려는 것이라고 비판하였다. 또한 권력 이데올로기로서 기능할 수 있는 신자유주의 지구화(neoliberal globalization)를 추구함으로써 서구에 이익을 줄 수 있다고 비판을 하였다.(Johnson and Jacobs 2011, 8)

아프리카 르네상스에 대한 중대한 허점은 '우리가 어디로 가는지 모르면서 미래의 정확한 방향을 제시하고 있지는 않은가?'라고 질문할 수 있다. 어떻게 아프리카 르네상스가 자신의 순수함과 정통성의 신화를 건설할 것인지는 매우 중요한 관심이며 정체성의 '탈환'을 위한 시도다.(Boloka 1999, 100-101)

많은 남아공 사람들은 새로운 이미지를 통해 새로운 시대를 향해 몇 발자국 움직였다고 생각한 반면, 그들은 사실은 다른 방법을 통해 아파르트헤이트로 회귀한 것이라고 비판하는 사람들도 있다. 문화적 현상에 대한 우리의 접근은 여전히 오염되었고 우리가 그렇게 피하고 싶었던 과거에 의해 영향을 받고 있다는 주장도 있다. 사실 아프리카 르네상스에서 가장 중요한 것은 자유라고 할 수 있다. 1994년 무너뜨린 과거의 세계를 반복하기보다는 우리 모두를 나타낼 수 있는 개념을 다시 세우는 것이 필요하다.(Boloka 1999, 100-101)

엄밀한 의미로 아프리카 르네상스는 터무니없는 꿈, 신화, 환영, 도달하기 어려운 과거에 대한 탐색이다. 사람들이 필사적으로 찾고 있는 정체성은 전혀 변하지 않거나, 역동적이거나, 여러 과정을 통해서 몰입해야 하는 역사와 같다. 우리의 부서지기 쉬운 정체성은 이런 과정을 통해서 만들어진다. 그러므로 이론적인 모델이 어떤 것이냐가 중요한 것이 아니라 우리를 보여줄 수 있는 '표현(representation)'이 중요하다. 홀(Hall)은 "우리는 무엇이 국가 문화이고 국가 정체성의 본질인지에 대한 질문에 대해 생각해야만 한다."고 주장하며 "이를 건설하기 위해 강화되고 있는 지구적 관계의 시대에 대비하고 있는가?"라고 주장했다.(1997, 12) 아프리카 르네상스를 통해 아프리카를 회복하려는 작업은 근본주의적인 접근이 필요하다. 즉 어떤 의미에서는 전통 또는 과거에 대한 접근이 필요하다. 아프리카 르네상스는 21세기에 더욱 강화되고 있는 세계주의로 그 영향력이 점점 더 희미해질 수도 있다. 따라서 아프리카 르네상스에 대한 개념을 확인하고 발전시켜 확고한 하나의 이념이나 철학으로 만드는 작업이 필요하다.(Boloka 1999, 101-102)

아프리카 르네상스를 공격하는 사람들은 아프리카 르네상스가 인종주의를 향해 다시 역행하는 것이라고 비판한다. 환멸을 느끼거나 무책임한 지식인에 의해 식민지 과거를 다시 불러오거나 화해의 정신을 해치려는 시도로 생각한다. 이 이념의 지지자들은 경제적 착취와 정치적 · 인종적 억압에 의해 특징지어지는 세상에서 정의와 평등을 주장한다. 이것은 일반적으로 인간의 문명화 과정에서 아프리카 문화, 아프리카의 성취와 기여에 대해 인정하기를 요구한다. 또한 아프리카 정체성의 재주장과 자기 발전(self-development)을 위한 아프리카인의 능력을 회복하는 것이라고 주장한다. 아프리카인들은 노예무역과 식민지배 시기에 심각하게 이러한 능력이 훼손되었다는 것이다. 아프리카 르네상스는 자신들의 성취와 식민지배 시기 이전의 과거의 영광, 그리고 영광스런 과거를 빛내려는 진지한 시도라고 할 수 있다. 아프리카 르네상스는 아프리카가 세계와 경쟁하는 과정에서 현대화에 발맞추기 위해서 필요한 것이라고 주장한다.(Teffo 1997, 19)

아프리카 르네상스는 만들어지고 있는가? 아프리카는 개발과 경제, 정치, 사회적 구성요소를 모두 포함하는 '문화 개화기'를 경험하고 있는가? 아프리카에서 현재 볼 수 있는 내전, 인종청소, 난민, 기근, 실업률, 가난 등 당면하고 있는 문제는 어떻게 할 것인가? 20세기에 IMF와 세계은행이 아프리카의 당면한 문제를 해결하기 위해 실시한 구조조정 프로그램(Structural Adjustment Programs: SAPs)[18]은 아프

---

18) 국제통화기금(International Monetary Fund: IMF)의 금융지원 프로그램. 아프리

리카를 조정하는 제국주의자의 입장을 옹호하였고 아프리카의 현실을 정확하게 반영한 정책이 아니었다. 많은 사람들은 정치적·경제적 주도권을 잡기 위해 미국을 비롯한 서구 선진국가들이 뒤에서 조정했을 것이라고 생각한다. 일부 학자들은 이러한 시도가 아프리카를 재식민지화하려는 신식민주의 전략이라고 지적하기도 한다. 아프리카 지도자들은 미국이나 유럽 국가들의 요구에 부합하는 부적절한 거시경제정책을 통해 이러한 위기를 더욱 가중시킨 점도 있다.(고든·고든 2002, 184-190, 232-239; Teffo 1997, 19-20)

유럽의 발전은 16세기부터 현재까지 오랜 시간이 걸려 이룩된 것이다. 아프리카는 19세기 이후부터 자본주의 체제에 노출되었다. 르네상스는 만들어가는 중에 있으며 오랜 시간을 기다려야만 그 열매를 딸 수 있다. 아프리카는 인내심을 가지고 기다려야 할 상황이다. 아프리카의 역사와 아프리카인이 스스로 자기 발전을 위해 제공한 것이 아무것도 없다는 많은 논쟁이 있을 수 있다. 이런 주장이 사실이라면 아프리카 르네상스의 이념은 의미 없는 횡설수설에 불과할 수도 있기 때문이다.(Teffo 1997, 20)

카 정부들이 민간 은행이나 다른 국가에 진 채무를 더 이상 갚을 수 없을 때, IMF에 금융원조를 요청하는 방법 이외에는 다른 수단이 없다. IMF의 원조에 대한 조건으로 수령 국가는 구조조정 프로그램을 채택해야 한다. 세계은행은 국가가 SAPs 실행에 동의해야만 개발 원조금을 지원한다. 이러한 경제 프로그램은 공공부채, 이자율, 인플레이션, 경제성장에 대한 신고전적 경제 가설에 뿌리를 두고 있으며, 차용국이 공공부문 규모를 줄이고, 사회적 지출을 없애고, 교환 가능 통화에 대한 자국의 통화가치를 평가절하하고, 인플레이션을 줄이기 위해 이자율을 높이고, 외국 상품이 보다 자유롭게 들어올 수 있도록 수입 제한선을 올리도록 요구한다. 간단히 말해, 이러한 프로그램은 최소한 도시 거주자에게 큰 어려움을 주고 민간부문의 파산을 가져오기도 한다. 그래서 일반 시민들과 정부는 모두 이를 탐탁해 하지 않는다.(Gordon and Gordon 2013, 462)

5. 결론

　탈식민지화와 독립 이후 국가건설 과정에서 은크루마, 카운다, 세세 세코, 모이, 니에레레 등 아프리카 지도자들은 국가건설과 아프리카의 운명을 개척하기 위해 통치철학과 정책을 제시했다. 다른 신생 아프리카 독립국가들은 이러한 정책에 대해 적극적인 관심을 가졌고 국가발전 사례로 모방하려고 노력하였다. 그러나 이러한 주장은 철학적으로나 이론적으로 완벽하지 않았으며 많은 약점을 갖고 있었고, 국내외 정치경제 상황이 악화되거나 정부가 바뀌면 정책 추진력이 떨어져 결과적으로 모두 실패하였다. 비록 이러한 정책들이 국민들의 전폭적인 지지를 받지 못했고 정치지도자의 의지에 따라 좌지우지되었지만 아프리카 고유의 전통과 문화, 그리고 역사적 경험을 바탕으로 정체성을 찾고 자신들의 운명을 바꾸려고 노력했다는 점에서 중요하게 평가해야 한다.

　아프리카중심주의 연구방법론은 여전히 진화 중이다. 특히 배타적인 시각이 강조될 경우 일종의 '자문화 중심주의'나 '문화 국수주의'로 흐를 수도 있다. 그럼에도 불구하고 다음과 같은 이유 때문에 아프리카 역사학뿐만 아니라 다른 아프리카학에서 아프리카중심주의 연구방법론은 계속해서 뜨거운 주제가 될 것으로 본다.

　첫째, 아프리카중심주의 연구방법론의 필요성은 그동안 아프리카학에 대한 유럽·서구중심주의 연구방법론을 바꾸어놓을 수 있다는 면에서 중요한 변화라고 할 수 있다.(Oyebade 1990, 234) 그동안 '유럽'이 모든 가치판단의 근거로서 인식되어왔고 '문명'에 대한 정의도 유럽중심주의 연구방법론의 결과라고 할 수 있다. 이러한 상황에서 아프리카 역사·문화에 대한 연구방법론으로서 아프리카중심주의라는 시각은 균형 잡힌 시각을 갖게 해줄 것이기 때문이다. 예를 들어 우리가 아프리카와 아프리카인들을 논하면서 사용하고 있는 부족, 종족, 제3세계, 원시, 미개, 야만, 검은 아프리카, 발견, 탐험, 신기함 등의 수사들은 아프리카의 역사와 문명을 부정하였던 유럽 · 서구중심주의적 시각을 가지고 있는 서구인들에 의해 정의된 말들이다. 아프리카를 설명하고 있는 이 표현들만 고찰해보아도 지금 시점에서 왜 아프리카중심주의적 시각과 연구방법론이 필요한지 충분한 설명이 될 수 있다고 본다. 아프리카인들은 자신들의 시각으로 자신들의 정체성을 찾고 만들어갈 필요가 있다는 것이다. 둘째, 아프리카중심주의 연구방법론의 중요한 핵심은 아프리카의 역사와 문화에 대한 연구와 분석을 할 때 아프리카와 아프리카인을 중심에 놓고 있다는 점에서 중요한 진전이라고 할 수 있다.(Oyebade 1990, 233)

아프리카는 오랜 기간 동안 노예무역과 식민지배를 받으며 침탈을 받았고 독립 이후에도 식민지배의 유산과 신식민주의로 고통을 받았다. 신생 아프리카 국가들은 독립 이후 국가와 국민을 통합하는 과정에서 백인 우월주의와 인종차별주의적인 시각에 대해 아프리카의 역사 · 문화적인 유산을 바탕으로 서구사회의 잘못된 시각을 비판하고, 나아가 아프리카인들의 미래를 건설하려는 열망을 실현하기 위해 노력했다.

범아프리카주의는 유럽 문화와 정체성을 비판하고 아프리카 국가와 아프리카인들의 정치적 결속을 주장했다. 범아프리카주의는 식민주의, 인종차별, 제국주의에 대해 저항하였으며 근본적 수단은 민족주의였다. 민족주의는 아프리카의 현실을 반영하여 다양한 모습으로 출현했으며, 아프리카식 사회주의와 민주주의가 제시되었다.

아프리카 르네상스는 범아프리카주의 운동이 그 뿌리이며, 아프리카중심주의적 입장에서 아프리카를 보려는 것이라고 할 수 있다. 탈식민지화 시기부터 독립 이후 줄곧 아프리카 지도자들이 국가발전과 아프리카 정체성을 찾기 위해 주장한 여러 이념들은 아프리카중심주의적 시각에서 볼 때 정치적·경제적·사회문화적 발전을 위한 움직임이었다고 평가할 수 있다.

1994년 아파르트헤이트 인종차별정책이 종식되고 최초의 흑인정부가 들어서면서 남아공은 아프리카 대륙에서 마지막으로 독립을 한 나라가 되었으며, 아프리카의 탈식민지화가 끝나는 것을 의미했다. 이러한 상황 변화는 시기적으로 남아공이 아프리카의 운명을 개척해야 할 상황에 직면했음을 보여준다. 남아공은 아프리카 대륙에서 성공적으로 민주주의가 이행된 모범적인 국가로서 지도력을 인정받고 있었으며, 만델라의 국제적인 인지도는 남아공의 적극적인 역할에 대한 유혹을 받기에 충분했다. 이러한 환경이 아프리카 르네상스가 나올 수 있게 하였다.

아프리카 르네상스는 아프리카인과 국가들이 현재 직면하고 있는 문제 또는 도전을 극복하고 문화적·과학적·경제적 부활을 이룩하는 것으로 요약할 수 있다. 아프리카 르네상스는 아프리카의 자결권 (self-determination)을 주장한 것이다. 자신들의 발전을 위협하는 '타자'에 대해 도전하고 바꾸려는 시도라고 할 수 있다. 아프리카 르네상스는 아프리카를 중심으로 세상을 보는 방법을 변화시키고 어떻게 서로 상호작용을 해야 하는지 제시하고 있다. 새로운 정체성과 의식을 만들려는 노력이다.(Boloka 1999, 96-97, 99)

역사적인 경험으로 볼 때, 아프리카 르네상스 역시 이상적인 주장이나 선언으로 끝날 수도 있다. 그러나 아프리카 르네상스는 아프리카에서 그동안 주장해온 아프리카 민족주의 운동과 범아프리카주의로부터 역사적 뿌리가 이어지고 있다는 것을 인식해야 한다. 아프리카의 운명을 아프리카중심주의적 시각에서 바라보며 해결하려고 하는 자세라고 평가할 수 있다. 비록 아프리카 르네상스가 실패한다고 할지라도 또 다른 아프리카 르네상스가 출현할 것이다. 앞으로도 또 다른 철학과 정책이 나올 것이 분명하고 점점 더 현실적이며 실현 가능하고 지속 가능한 방향으로 제시될 것이 틀림없다. 그 이유는 바로 아프리카인이 다른 누구 못지않게 역시 자각과 발전을 원하고 있기 때문이다.

■ 참고문헌

1. 문헌 자료

가와다 준조 저·임경택 역. 2004.『무문자사회의 역사: 서아프리카 모시족의 사례를 중심으로』. 서울: 논형.

강정인. 2004.『서구중심주의를 넘어서』. 서울: 아카넷.

고든, 에이프릴, 도널드 고든 편저·김광수 역. 2002.『현대 아프리카의 이해』. 서울: 다해.

김광수. 2005. "아프리카 중심주의적 시각에서 바라본 아프리카 역사학의 새로운 접근: 아프리카의 역사·문화적 정체성을 중심으로."『아프리카 研究』19: 41-76.

김광수. 2007. "아프리카 중심주의(Afrocentrism): 아프리카학의 새로운 연구 방법론."『아프리카 研究』21: 55-77.

김광수. 2011.『스와힐리 어 연구』. 서울: 다해.

김세연. 1995.『맑스의 비서구사회관 연구』. 서울: 역사비평사.

마틴, 필리스, 패트릭 오메아라 편저·김윤진, 김광수 공역. 2001.『아프리카』. 서울: 다해.

메러디스, 마틴 저·이순희 역. 2014.『아프리카의 운명』. 서울: 휴머니스트.

박지향. 2003. "自己와 他者: 영국이 본 일본과 한국." 역사 속의 '타자(Others)' 읽기라는 주제로 2003년 5월 30-31에 서울대학교에서 개최된 제46회 전국역사학 대회의 발표 논문. 역사학회: 서울대학교. 24-35.

버낼, 마틴 저·오흥식 역. 2006.『블랙 아테나: 서양 고전 문명의 아프리카·아시아적 뿌리: 제1권 날조된 고대 그리스, 1785-1985』. 서울: 소나무.

버낼, 마틴 저·오흥식 역. 2012.『블랙 아테나2: 고고학 및 문헌증거: 서양 고전 문명의 아프리카·아시아적 뿌리』. 서울: 소나무.

변기찬. 2010. "아프리카 국가들에서의 탈식민 민족해방의 가능성."『프랑스 문화연구』 21: 233-263.

사이드, 에드워드, 저·박홍규 역. 2005. 『문화와 제국주의』. 서울: 문예출판사.

조한욱. 2003. "타자의 역사: 그 내연과 외포." 역사 속의 '타자(Others)' 읽기
라는 주제로 2003년 5월 30-31에 서울대학교에서 개최된 제46회 전국
역사학 대회의 발표 논문. 역사학회: 서울대학교. 15-23.

토인비, 아놀드 저·홍사중 역. 1975. 『역사의 연구 I』. 서울: 동서문화사.

헤겔 저·김종호 역. 1995. 『역사철학강의』. 서울: 삼성출판사.

Abrams, M. H. 1985. *A Glossary of Literary Terms*. New York: Hold,
Rinehart & Winston.

Ade Ajayi, J. F.(ed.) 1990. *General History of Africa: Africa in the
Nineteenth Century until the 1880s*, vol. VI. London: UNESCO.

Adu Boahen, A.(ed.) 1990. *General History of Africa: Africa under
Foreign Domination 1880-1935*, vol. VII. London: UNESCO.

Ajayi, J. F. A. 1998. *General History of Africa VI: Africa in the
Nineteenth Century until the 1880s*. London: UNESCO.

Alpern, Stanley B. 1992. "African Historiography: New Myths for Old."
Academic Questions 5(4): 51-62.

Appian, Kwame A. and Henry L. Gates(eds.) 1999. *Africana: The
Encyclopedia of the African American Experience*. New York:
Basic Civitas Books.

Asante, Molefi Kete. 1987. *The Afrocentric Idea*. Philadelphia: Temple
University Pres.

Asante, Molefi Kete. 1989. *Afrocentricity*. Trenton, NJ.: Africa World
Press.

Asante, Molefi Kete. 1990. *Kemet, Afrocentricity and Knowledge*.
Trenton, NJ.: Africa World Press.

Asante, Molefi Kete. 1991. "Multiculturalism: An Exchange." *The*

American Scholar (Spring) 60(2): 267-276.

Barnes, L. 1969. *African Renaissance.* Durrington: Littlehampton Book Services Ltd.

Barton, George A. 1934. *Semitic and Hamitic Origins, Social and Religious.* Philadelphia: University of Pennsylvania Press.

Belinerblau, J. 1999. *Heresy in the University: The Black Athena Controversy and the Responsibilities of American Intellectuals.* New Brunswick: Rutgers University Press.

Benjamin, J. 2002. "East Africa and the World : Racialized Knowledge and Power in the Construction of History and Identity." Ph. D. Diss. New York: Binghamton University.

Blaut, J. M. 1993. *The Colonizer's Model of the World: Geographical Diffusionism and Eurocentric History.* New York: The Guilford Press.

Blaut, J. M. 2000. *Eight Eurocentric Historians.* New York: The Guilford Press.

Bobb, F. Scott. 1999. *Historical Dictionary of Democratic Republic of the Congo (Zaire).* Lanham, Maryland and London: The Scarecrow Press, Inc.

Boloka, Gibson, M. 1999. "African Renaissance: A Quest for (Un) attainable Past." *Critical Arts* 13(2): 92-103.

Browder, A. T. 1996. *Survival Srategies for Africans in America: 13 Steps to Freedom.* Washington, DC: The Institute of Karmic Guidance.

Bruce, Dickinson. 1984. "Ancient Africa and the Early Black American Historians. 1883-1915." *American Quarterly* 36(5): 684-699.

Christian, M. 2002. "An African-Centered Perspective on White Supremacy." *Journal of Black Studies* 33(2): 179-198.

Danders, Edith R. 1969. "The Hamitic Hypothesis; Its Origin and

Functions in Time Perspective." *The Journal of African History* 10(4): 521-532.

Davidson, B. 1959. *Old Africa Rediscovered*. London: Victor Gollanz.

De Graft-Johnson, J. C. 1954. *African Glory*. New York: Praeger.

Diop, Cheikh A. 1974., *The African Origin of Civilization: Myth or Reality*. New York: L. Hill.

Diop, Cheikh A. 1981. "Origin of the Ancient Egyptians." In *General history of Africa, vol. 2: Ancient civilizations of Africa*, edited by G. Mokhtar, 15-32. Barkley & Los Angeles: University of California Press and UNESCO.

Diop, Cheikh A. 1990. *Alerte sous les tropiques. Articles 1946-1960. Culture et développement en Afrique noire*. Paris: The Estate of Cheikh Anta Diop and Présence Africaine.

Drake, St. Clair J. G. 1987. *Black Folk Here and There: An Essay in History and Anthropology*. vol. 1. Los Angeles: University of California Press.

Du Bois, W. E. B.. 1965. *The World and Africa: An Inquiry into the Part Which Africa has Played in World History*. New York: International Publishers.

Ginwright, Shawn A. 1999. "Identity for Sale: The Afrocentric Movement and the Black Urban Struggle in Oakland Public Schools." Ph. D. diss., Berkeley: Univeristy of California.

Gordon, April A. and Donald L. Gordon(eds.) 2013. *Understanding Contemporary Africa*. Boulder: Lynne Rienner Publishers.

Hall, S. 1997. "Random Thoughts Provoked by the Conference: Identities, Democray, Culture and Communication in Southern Africa." *Critical Arts* 11(1 & 2): 1−16.

Hegel, G. W. F. 1920. *Vorlesungen Über die Philosophie der*

Weltgeschichte. Leipzig: Meiner.

Herskovits, Melville J. 1958. *The Myth of the Negro Past.* Boston: Beacon Press.

Hrbek, I.(ed.) 1990. *General History of Africa: Africa from the Seventh to the Eleventh Century,* vol. III. London: UNESCO.

James, George G. M. 1954. *The Stolen Legacy.* Newport News: African Publication Society.

Johnson, K. and S. Jacobs(eds.) 2011. *Encyclopedia of South Africa.* Boulder: Lynne Rienner Publishers.

Kastfelt, N.(ed.) 2005. "Religion and African Civil Wars: Themes and Interpretations." In Kastfelt, N.(ed.) 2005. *Religion and African Civil Wars,* pp. 1-27. New York: Palgrave macmillan.

Kaunda, Kenneth D. 1966. *A Humanist in Africa: Letters to Colin Morris from Kenneth Kaunda, President of Zambia.* Nashville: Abingdon Press.

Kaunda, Kenneth D. 1980. *Kaunda on Violence.* London: HarperCollins Distribution Services.

Ki-Zerbo, J. 1969. "Une Source de L'histoire de L'Afrique: La Tradition Orale." *Diogene* 67: 127-142.

Ki-Zerbo, J. and D. T. Niane(eds.) 1997. *General History of Africa: Africa from the Twelfth to Sixteenth Century,* vol. IV. London: UNESCO.

Ki-Zerbo, J.(ed.) 1990. *General History of Africa I: Methodology and African Prehistory.* California: UNESCO.

Lefkowitz, M. R. 1992a. "Not out of Africa." *The New Republic*(February 10): 29-36.

Lefkowitz, M. R. 1992b. "Afrocentrism poses a threat to the rationalist tradition." *The Chronicle of Higher Education*(May 6): A52.

Lefkowitz, M. R. 1993. "Afrocentrists wage war on ancient Greeks." *The Wall Street Journal*(April 7): A14.

Lefkowitz, M. R. 1995. "Not out of Africa." *Chronicles*—A Magazine of American Culture(September): 17-19.

Lefkowitz, M. R. 1996. *Not out of Africa: How Afrocentrism Became an Excuse to Teach Myth as History.* New York: Basic Books.

Levine, Lawrence W. 1978. *Black Culture and Black Consciousness: Afro-American Folk Thought from Slavery to Freedom.* London: Oxford University Press.

M'Bow, A-M. 1990. "Preface." In *General History of Africa*, vol. I, edited by Ki-Zerbo, vii-xi. California: UNESCO.

Mandela, N. 1993. "South Africa's Future Foreign Policy." *Foreign Affairs* 72(5): 86-94.

Martin, T. 1986. *Race First.* Dover, Mass.: Majority Press.

Mavimbela, V. 1997. "An African Renaissance Could Be Far More than a Dream." *Sunday Independent* (June 15).

Mazrui, A. A.(ed.) 1990. *General History of Africa: Africa since 1935*, vol. VIII. London: UNESCO.

Mbeki, T. 1999. *African Renaissance: The New Struggle.* Cape Town: Tafelberg Publishers Ltd.

Middleton, J(editor in chief) 1997. *Encyclopedia of Africa : South of the Sahara.* vol. 2. New York: Charles Scribner's Sons.

Middleton, J.(editor in chief) and Joseph C. Miller(editor) 2008. *New Encyclopedia of Africa, Vol. 4, Nairobi-Symbols.* Dettroit: The Gale Group.

Murphy, E. J. 1972. *History of African Civilization: The Peoples, Nations, Kingdoms and Empires of Africa from Prehistory to the Present.* New York: Dell Publishing Co. Inc.

Mveng, E. 1967. "L'Afrique Noire et les Civilisations Antiques." Paper presented at the Communisation presentee au Ilème Congres International des Africanistes in Dakar December.

Nelkin, D. 1964. "Socialist Sources for Pan-African Ideology." In *African Socialism*, edited by William H. Friedland and Carl G. Rosberg, 63-79. Stanford: Stanford University Press.

Nkrumah, Kwame. 1964. *Consciencism: Philosophy and Ideology for Decolonization*. London: Panaf.

Nkrumah, Kwame. 1965. *Neo-Colonialism: The Last Stage of Imperialism*. London: Thomas Nelson & Sons, Ltd.

Nkrumah, Kwame. 1970. *Class Struggle in Africa*. London: Panaf.

Ntuli, Pitika P. 1998. "Who's Afraid of the African Renaissance?" *Indicator SA* 15(2): 15-18.

Nyerere, Julius K. 1969. *Nyerere on Socialism*. London: Oxford University Press.

Ogbu, John U. 1987. *Minority Education and Caste: The American System in Cross-Cultural Perspective*. Orlando: Academic Press.

Oyebade, B. 1990. "African Studies and the Afrocentric Paradigm: A Critique." *Journal of Black Studies* 21(2): 233-238.

Patterson, Tiffany R. and Robin D. G. Kelley 2000. "Unfinished Migrations: Reflections on the African Diaspora and the Making of the Modern World." *African Studies Review* 43(1): 11-45.

Prah, K. 1998. "African Renaissance or Warlordism: Notes on the African Renaissance." Paper presented at the African Renaissance Conference in Johannesburg, South Africa 28th and 29th September.

Ravitch, D. 1990. "Multiculturalism: E Pluribus plures." *The American Scholar*(Summer) 59(3): 337-354.

Richards, Oswald H. 2001. "Cultural literacy, Afrocentrism, and Eucation for Citizenship." Ph. D. diss., USA: Univ. of Pennsylvania.

Schlesinger, Arther M. 1992. *The Disuniting of America: Reflections on a Multicultural Society*. New York: W. W. Norton.

Teffo, J. 1997. "An African Renaissance: Could it be Realized?" Word and Action 37(361): 19-21.

Toynbee, A. 1935. *A Study of History*. London: Oxford University Press.

Vale, P. and S. Maseko 1998. "South Africa and the African Renaissance." *International Affairs* 74(2): 271-287.

Walker, D. 1997. *David Walker's Appeal*. Baltimore: Black Classic Press.

Wallerstein, Immanuel M. 1989. *The Modern World-System*. New York: Academic Press.

2. 인터넷 자료

African Renaissance: http://en.wikipedia.org/wiki/African_Renaissance(검색일: 2015. 05. 20).

Dlanga, Khaya. 2009. "I am an African, Thabo Mbeki's Speech. Possibly the Greatest African Speech ever." http://www.afrika.no/Detailed/18444.html(검색일: 2015. 05. 20).

Good, James. 2009. "STRUCTURING THE NATIONAL PHILOSOPHY." http://www.crvp.org/book/Series02/II-10/chapter-11.htm(검색일: 2015. 05. 20).

메리엄-웹스터 사전 http://www.merriam-webster.com/dictionary/afrocentric(검색일: 2015. 4. 22).

아프리카 르네상스에 관한 타보 음베키 전 부통령의 미국 대학 연설. http://archive.unu.edu/unupress/mbeki.html(검색일: 2015. 5. 20).

타보 음베키의 국제연합대학교(United Nations University: UNU) 연설에 대한 평가. http://archive.unu.edu/hq/ginfo/nex/jun98-e/nex-06-

98-b.html(검색일: 2015. 5. 20).

타보 음베키의 연설. http://www.afrika.no/Detailed/18444.html(검색일: 2015. 5. 20).

함이론. http://en.wikipedia.org/wiki/Hamitic(검색일: 2014. 4. 14).

추천 문헌

1. 국내 문헌

고든, 에이프릴, 도널드 고든 편저 · 김광수 역. 2002. 『현대 아프리카의 이해』. 서울: 다해.

김광수. 2005. "아프리카 중심주의적 시각에서 바라본 아프리카 역사학의 새로운 접근: 아프리카의 역사 · 문화적 정체성을 중심으로." 『아프리카 硏究』 19: 41-76.

김광수. 2008. "탄자니아 언어정책과 국가건설에 대한 역사적 고찰: 독립이후부터 1970년대 중반까지의 시기를 중심으로." 『韓國 아프리카 學會誌』 28: 3-40.

리더, 존 저 · 남경태 역. 2013. 『아프리카 대륙의 일대기』. 서울: 휴머니스트.

릭비, 피터 저 · 김광수 외 6인 공역. 2014. 『아프리카 이미지: 인종주의와 인류학의 종말』. 서울, 다해.

마틴, 필리스, 패트릭 오메아라 편저 · 김윤진, 김광수 공역. 2001. 『아프리카』. 서울: 다해.

메러디스, 마틴 저 · 이순희 역. 2014. 『아프리카의 운명』. 서울: 휴머니스트.

버낼, 마틴 저 · 오흥식 역. 2006. 『블랙 아테나: 서양고전문명의 아프리카 · 아시아적 뿌리: 제1권 날조된 고대 그리스, 1785-1985』. 서울: 소나무.

버낼, 마틴 저 · 오흥식 역. 2012. 『블랙 아테나2: 고고학 및 문헌증거: 서양고전 문명의 아프리카 · 아시아적 뿌리』. 서울: 소나무.

블로트, 제임스 M. 저 · 박광식 역. 『역사학의 함정 유럽중심주의를 비판한다』. 파주: 푸른숲.

2. 국외 문헌

Alpern, S. B. 1992. "African Historiography: New Myths for Old." *Academic Questions* 5(4): 51-62.

Asante, Molefi Kete. 1987. *The Afrocentric Idea*. Philadelphia, PA.: Temple University Press.

Barnes, L. 1969. *African Renaissance*. Durrington: Littlehampton Book Services Ltd.

Benjamin, J. 2002. "East Africa and the World: Racialized Knowledge and Power in the Construction of History and Identity." Ph. D. Diss. New York: Binghamton University.

Christian, M. 2002. "An African-Centered Perspective on White Supremacy." *Journal of Black Studies* 33(2): 179-198.

Ki-Zerbo, J.(ed.) 1990. *General History of Africa*, vol. I. California: UNESCO.

Nkrumah, Kwame. 1964. *Consciencism: Philosophy and Ideology for De-Colonization*. London: Panaf.

Nyerere, Julius K. 1968. *Ujamaa: Essays on Socialism*. Dar es Salaam. Nairobi. London, New York: Oxford University Press.

Oyebade, B. 1990. "African Studies and the Afrocentric Paradigm: A Critique." *Journal of Black Studies* 21(2): 233-238.

Richards, Oswald H. 2001. "Cultural Literacy, Afrocentrism, and Education for Citizenship." Ph. D. diss., USA: Univ. of Pennsylvania.

라틴아메리카의 관점에서 본 근대성, 근대 세계체제, 자본주의 세계경제[1]

김은중

> 1492년은 근대성이 '탄생한' 해다. 이것이 우리의 핵심 명제다. 물론 이때 근대성이 탄생되었다고 하더라도 태아와 마찬가지로 자궁에서 성장하는 데는 시간이 필요하다. 근대성은 자유롭고 창조성이 넘쳐나던 중세 유럽의 여러 도시에서 연원했다. 그러나 근대성이 '탄생한' 때는 유럽이 타자를 마주하고, 타자를 통제하고, 타자를 굴복시키고, 타자에게 폭력을 행사할 때였다. 또 근대성을 구성하는 타자성을 발견하고, 정복하고, 식민화하는 자아로 자신을 정의할 수 있던 때였다. 어쨌거나 저 타자는 타자로 '발견'된 것이 아니라 '동일자'에 의해 '은폐'되었다. 따라서 1492년은 개념으로서의 근대성이 탄생한 순간이자 특유의 희생 '신화', 폭력 '신화'가 '기원'한 순간이며, 동시에 비유럽적인 것을 '은폐'한 과정이다.
>
> ―엔리케 두셀, 『1492년, 타자의 은폐: '근대성 신화'의 기원을 찾아서』

I. 들어가는 말

이 글은 유럽중심주의의 토대를 이루는 근대성, 근대 세계체제, 자본주의 세계경제와 (라틴)아메리카의 관계를 인과론(causal theories)의 관점이 아니라 구성론(constitutive theories)의 관점에서 서술하는 것을 목적으로 한다.[2] 인과론은 X(근대성, 근대 세계체제, 자본주의 세계경제)라는 사태와 Y(아메리카의 정복과 식민주의)라는 사태가 독립적으로 존

---

[1] 이 글은 『라틴아메리카연구』 제29권 1호(2016)에 발표된 필자의 논문을 책의 취지에 맞게 수정 · 보완한 것임.

[2] 15세기 말의 시점에서는 아메리카를 가리키고, 19세기 이후 북아메리카가 유럽의 헤게모니를 대신하는 시점부터는 라틴아메리카를 가리킨다는 의미에서 (라틴)아메리카로 표현했다.

재하며, X라는 사태가 Y라는 사태보다 시간적으로 선행하고, X라는 사태 없이는 Y라는 사태도 존재하지 않는다고 설명한다. 인과론과 달리 구성론은 X라는 사태와 Y라는 사태가 처음에 어떻게 동시에 발생했으며, 그 후에 어떻게 Y라는 사태가 X라는 사태의 내적 요소, 그리고/혹은 외적 요소가 되었는지 설명한다. 구성론의 관점은 근대성과 관련된 사태들에 대한 인과론적 해석과는 몇 가지 짐에서 확연한 차이를 보인다.

첫째, 구성론의 관점에서 보면 근대성은 유럽에서 출현하여 아메리카를 시작으로 '나머지 세계'로 퍼져나갔다는 유럽중심주의적 '터널 사관'과 '확산론'은 잘못된 것이다. 근대성, 근대 세계체제, 자본주의 세계경제는 아메리카의 정복/식민주의와 동시적이며 상호 구성적이다.(Quijano and Wallerstein 1992; Dussel 1995; 블로트 2008; 네그리·하트 2014)

둘째, 구성론은 근대성 자체에 대한 이해를 전면적으로 수정한다. 지금까지 대부분의 경우에 근대성은 합리적 이성, 계몽주의, 전통과의 단절, 세속주의 등으로 이해되었다. 그러나 네그리와 하트가 『제국 (Empire)』에서 『공통체(Commonwealth)』에 이르는 일련의 저작에서 강조하는 것처럼, 구성론은 근대성을 하나의 권력관계로, 즉 지배와 저항, 주권과 해방을 위한 투쟁으로 이해한다. 다시 말해, '근대성은 언제나 둘'이다.(네그리·하트 2001, 111-138; 2014, 113-193) 근대적 주체는 합리적으로 '생각하는 자아(ego cogito)', 그리고/혹은 폭력적으로 '정복하는 자아(ego conquiro)'로 등장했다.(두셀 2011, 61-65) "나는 생각한다, 고로 존재한다."는 데카르트의 합리적 명제와 "타자들은 생각하지 못하거나 혹은 합리적으로 생각하지 못한다, 고로 타자들은 존재하지 않는다."는 폭력적 반명제는 동전의 양면이다. 같은 맥락에서 미뇰로(Walter Mignolo)는 이렇게 주장한다. "식민성(coloniality)은 근대성을 구성하기 때문에 식민성이 없으면 근대성도 없다."(미뇰로 2010, 23) "식민성이 없으면 근대성도 없다."는 주장은 식민성이 근대성에서 파생된 것이나 근대성의 일탈이 아니며, 근대성에 앞선 것도 아니라는 것을 의미한다. '근대성은 언제나 둘'이라고 정의한 것은 합리성을 내세우는 폭력적 근대성과 근대성에 저항하는 반(反)근대성이 서로를 구성하는 요소이기 때문이다. 식민성과 근대성은 동일한 사태를 구성한다. 이런 맥락에서 통상적인 관점에서 근대성, 근대사회, 근대인이라고 불리는 것이 탄생한 시점이 18세기 말, 곧 프랑스혁명을 비롯한 시민혁명과 계몽주의를 통해 보편적 인권과 시민권이 탄생한 시기라는 주장은 잘못된 것이며 식민성을 은폐하려는 시도다.

셋째, 식민주의(colonialism)와 식민성은 다르다. 식민주의가 외재적 형태의 지배라면, 식민성은 내재적 주체화의 메커니즘을 통한 지배다. 내재적 주체화의 메커니즘은 저항하는 주체를 억압하기보다는 주체 내부에서 근대적 주체를 생성하는 지배방식이다.[3] 식민성은 식민주의의 변형적 지속이다. 식민지배에 저항하는 반근대성의 힘들은 근대성의 외부에만 존재하는 것이 아니라 근대성의 내부에도 존재한다. 다시 말해, 반근대성은 근대성을 구성하는 식민성에 대한 저항이다. 따라서 반근대성의 힘은 식민지에만 존재했던 것이 아니라 유럽에도 존재했고 이러한 상황은 지금도 마찬가지다. 네그리와 하트가 지적한

---

[3] 내재적 주체화의 메커니즘이란 행위자들을 억압하거나 구속하는 것, 또는 어떤 행위들을 직접 금지하고 부정하는 대신에 행위자들의 행위의 가능성을 제한하고 그것을 특정한 방향으로 한정하는 것이다. 푸코는 내재적 주체화의 메커니즘을 '생명정치(biopolitique)'로 불렀고(2004), 페루의 사회학자 키하노(Anibal Quijano)는 '권력의 식민성(colonialidad del poder)'이라고 표현했다.(2000) 네그리와 하트는 두 개의 개념을 섞어서 '삶권력의 식민성'이라고 불렀다.(2014)

것처럼 "너무나 자주 유럽 혹은 '서구'는 동질적이고 통일적인 것으로, 지배-피지배관계 중 지배의 극(極)으로 묘사되며, 이는 유럽의 해방투쟁과 계급투쟁의 오랜 역사를 보이지 않게 만든다."(2014, 117)

넷째, 권력관계로 파악한 근대성은 초월적 선(善)이 아니며, 초월적 선에 도달하기 위한 미완의 기획도 아니다. 근대성이 미완의 기획이라고 주장하는 사람들은 근대성이 야만과 원시, 비합리성 등으로 인식되는 전통과의 단절이며, 단절을 통한 진보의 과정이라고 본다. 그러나 '근대성은 언제나 둘'이며 이것이 권력관계로서의 근대성이 존재하는 방식이다. 따라서 야만과 원시, 비합리성은 반근대성으로 억압되거나 근대성의 외부로 배제될 뿐, 결코 사라지지 않는다. 한 걸음 더 나아가 "권력이 우선적이고 저항이 그것에 반작용한다는 식으로 생각해서는 안 된다. 역설적으로 들릴지도 모르지만, 저항이 권력에 우선한다."(네그리·하트 2014, 133)

탈식민(decolonial) 연구에서 라틴아메리카의 지정학적 특이성은 구성론적 관점과 깊이 관련되어 있다.[4] 아프리카와 아시아의 식민지 경험과 유산은 인과론으로 설명될 수 있다는 점에서 라틴아메리카의 역사적 상황과 다르다. 이 글의 제목을 '라틴아메리카의 관점에서 본 …'이라고 정한 것은 이런 이유 때문이다. II~IV장에서는 구성론의 관점에서 근대 세계체제와 자본주의 세계경제, 권력의 식민성과 유럽중심주의에 대해 살펴볼 것이다. 이는 구성론적 사태로 역사에 등장한 아

---

4) 포스트콜로니얼리즘(postcolonialism)은 포스트식민주의, 탈식민주의, 후기식민주의 등으로 옮겨진다. 이 글에서 사용하는 탈식민주의는 포스트콜로니얼리즘과 구별하기 위해서 '디콜로니얼리즘(decolonialism)'이라는 용어로 옮길 수 있다. 포스트콜로니얼리즘이 20세기에 식민지에서 독립한 아시아와 아프리카 국가들의 탈식민주의를 가리킨다면, 디콜로니얼리즘은 이 글에서 다루는 라틴아메리카의 역사적 맥락과 관련된 탈식민주의라고 이해할 수 있다.

메리카가 근대 세계체제와 자본주의 세계경제의 내적 요소, 그리고/혹은 외적 요소로 변화되는 과정에 대한 설명이기도 하다.

II. 아메리카의 정복과 근대/식민세계체제

'어떤 일이 일어났었다고 하는 것'과 '어떤 일이 일어났었다고 이야기하는 것'은 항상 동일한 것은 아니다. '어떤 일이 일어났다'는 것과 '어떤 일이 일어났다고 이야기하는 것'의 간극에서 역사의 서사화가 발생한다. 역사의 서사화는 '어떤 일이 일어났다'에 포함된 복합적이고 중층적인 맥락을 단선적이고 연속적으로 '어떤 일이 일어났다고 이야기한다.' 역사적 '사실'은 통보리를 납작보리로 눌러버리는 역사의 서사화를 통해 만들어지는 것이다.(트루요 2011, 211-222)

멕시코 역사가이자 철학자인 오고르만(Edmundo O'Gorman)은 1958년에 출간한 책 『아메리카의 발명(*La invención de América*)』에서 아메리카는 '발견'된 것이 아니고 '발명'된 것이라고 주장했다.[5] "1492년 10월 12일 콜럼버스가 아메리카를 발견했다."는 것은 역사적 '사실'이 아니라 역사의 서사화라는 것이다. 그때까지 아메리카의 '발견'을 당연하게 받아들이던 상황에서 불거진 오고르만의 주장은 크게 두 가지 점에서 기존의 유럽중심주의적인 제국주의 서사가 누락시켰던 관점

---

5) 아메리카의 '발견'은 대략 1502년이다. 베스푸치는 1502년에 항해를 마치고 돌아와 콜럼버스가 도착한 곳이 아시아가 아니라 '신세계'라는 생각을 하고 이 사실을 이탈리아 메디치가의 로렌초와 피렌체의 소데리니에게 편지로 알렸다. 아메리카의 '발견'은 1507년 링그만(Matthias Ringmann)과 발트제뮐러(Martin Waldseemüller)가 『우주지 서설(*Cosmographiae Introduction*)』에 지구의 제4부분으로 언급함으로써 완성되었다.

을 공론화하는 전환점이 되었다.[6] 첫째, 콜럼버스가 발견한 것은 '존재론적' 관점에서는 바하마 혹은 엔틸리스 제도였고, 그 당시 르네상스 시대 유럽인의 상상력의 관점에서는 아시아였다. 콜럼버스의『항해일지』에 기록된 것처럼 콜럼버스는 1506년 죽을 때까지 자신이 아시아로 가는 서쪽 항로를 발견했다고 믿고 있었다. 따라서 콜럼버스의 아메리카 발견은 "아메리카 '아시아 존재'의 발명이나. 나시 말해서, 아메리카 대륙의 '아시아 존재'는 오로지 르네상스 시대 유럽인의 '상상' 속에서만 존재했다."(두셀 2011, 38)[7]

둘째, 아메리카는 발견되기를 기다리는 텅 빈 대륙이 아니었다. 아메리카에는 아나우악(Anahuac: 지금의 멕시코와 과테말라를 중심으로 하는 지역)을 중심으로 아스테카 문명과 마야 문명이 자리 잡고 있었고 타완틴수유(Tawantynsuyu: 지금의 페루와 콜롬비아를 중심으로 하는 안데스 지역)에는 잉카 문명이 자리 잡고 있었다. '발견'은 그렇게 묘사되

---

6) 콜럼버스가 도착한 날로 추정되는 10월 12일은 라틴아메리카에서 '인종의 날'로, 미국에서는 '콜럼버스의 날'로 기념된다. '인종의 날'이든 '콜럼버스의 날'이든 서사화된 역사를 기념식을 통해 제도화하려는 의도다. '인종의 날'과 '콜럼버스의 날'이 국민국가 체제가 강화되었던 19세기 말에 스페인과 미국에서 제정되었다는 사실이 이를 뒷받침한다. 스페인은 아메리카 '발견' 400주년이 되는 1892년에 대규모 행사를 통해 스페인의 과거의 영광을 전 세계에 알리려고 시도했다. 스페인과 아메리카 대륙의 헤게모니 다툼을 벌이던 미국은 1893년 시카고 '콜럼버스 세계박람회'를 통해 부상하고 있는 미국의 힘을 보여주려고 했다.

7) 두셀은 콜럼버스의 세계가 서지중해 마지막 상인의 세계이자 최초의 근대인의 세계였다고 말한다. "콜럼버스의 세계는 르네상스적 환상으로 가득 찬 세계였다.(그러나 더 이상 중세적이지 않은 세계였기에 콜럼버스는 3차 항해에서 남미 북부의 오리노코 삼각주가 지상낙원에서 흘러나오는 강의 하구라고 생각했다.) 그것은 또한 베네치아, 아말피, 나폴리의 전통을 이어받은 상인의 세계였고, 메디치의 피렌체, 비오 2세의 로마, 그의 고향 제노바의 세계였고, 아프리카 북부의 이슬람 세계였으며, 투르크 족과 대항하던 스페인과 이탈리아의 기독교 세계였다."(2011, 31-32)

고 있는 사건에 대한 미래의 서사들을 미리 틀 짓는 유럽중심적인 권력의 표현이다. 트루요가 적절하게 지적했듯이 '발견'이라는 용어는 "정치적이고 지적인 이해관계들을 재정의하지 못하도록 미리 조치를 취해버린 것이다. 유럽은 '어떤 일이 일어났었던' 중심이 된다."(2011, 215)

역사의 서사화는 하나의 이야기를 기록하기 위해 다른 이야기들을 누락시키는 것을 정당화하는 장치다. 따라서 '발견'이 기록된 제국의 해석이라면 '발명'은 누락된 식민지의 관점이다. 450년이 지나서야 '발견'이 아니라 '발명'이라는 인식의 전환을 제기한 것은 오고르만의 공적이었다.[8)]

'발견'과 '발명'은 단지 동일한 사건에 대한 다른 해석으로 그치는 것이 아니다. '발견'과 '발명'은 두 개의 다른 패러다임에 해당한다. 두 개의 패러다임을 구분하는 경계는 지식의 지정학(geopolitics of knowledge)을 구분하는 경계다. 그것은 단순히 대화의 내용을 바꾸는 것이 아니라 용어 자체를 바꾸는 것이다. '발견'이 유럽이 세계사를 인식하는 의기양양한 제국적 관점, 즉 '근대성'으로 불리는 성취를 전제한다면, '발명'은 역사의 뒷전으로 밀려난 채 자신들과는 무관한 역사의 진보적 성취를 따라잡기를 희

---

8) '발명'은 식민지의 관점이다. 그러나 식민지의 관점은 단일하지 않다는 것을 밝혀둘 필요가 있다. 식민지의 관점은 대별하자면 크게 셋으로 나눌 수 있는데, 식민지 크리올의 관점, 아프리카계 주민의 관점, 원주민의 관점이다. 오고르만의 관점은 식민지 크리올의 관점이다. 오고르만의 책과 비슷한 시기에 출판된 세제르(Aimé Césaire)의 『식민주의에 대한 담론(*Discours sur le colonialisme*)』(1950)과 『모국으로의 귀환(*Retour au pays natal*)』(1956)』, 파농의 『검은 피부, 하얀 가면(*Peaux noires masques blancs*)』(1952)은 아프리카계 후손의 관점이고, 레이나가(Fausto Reinaga)의 『인디아 아메리카와 서구(*La América India y Occidente*)』(1974)』는 원주민의 관점을 보여준다.

망하는 사람들의 비판적 관점을 반영한다.(미뇰로 2010, 39-40)

오고르만의 문제제기를 새로운 국면으로 전환시킨 것은 페루 사회학자 키하노(Anibal Quijano)와 미국 사회학자 월러스틴(Immanuel Wallerstein)이 1992년 공동작업을 통해서 발표한 "개념으로서의 아메리카-싱(됨), 혹은 근대 세계체제 내의 두 개의 아메리카(Americanity as a concept, or the Americas in the modern world-system)"라는 제목의 논문이다. 즉 '개념으로서의 아메리카-성(됨)'이란 명제는 아메리카가 '발견'된 것이 아니라 '발명'된 것이라는 오고르만의 명제를 받아들이는 동시에 아메리카가 근대 세계체제의 구성적 요소임을 드러낸다. 논문의 서두에서 키하노와 월러스틴은 아메리카와 근대 세계체제의 관계를 다음과 같이 규정한다.

근대 세계체제는 장기 16세기에 탄생했다. 지리-사회적(geosocial) 구축물인 아메리카도 장기 16세기에 탄생했다. 지리-사회적 실체인 아메리카의 창조는 근대 세계체제의 구성적 행위였다. 아메리카는 이미 존재하고 있던 자본주의 세계경제에 편입된 것이 아니었다. 아메리카가 없었다면 자본주의 세계경제도 존재할 수 없었다.(549)

키하노와 월러스틴이 새롭게 제기한 문제설정의 바탕에는 '발견'이나 '발명'보다는 유럽과 아메리카의 '마주침(encounter)'을 통한 구성적 창조라는 개념을 엿볼 수 있다. '마주침'은 타자의 주체성을 (어느 정도) 인정하는 것이며, 구성적 창조는 주체들의 혼합과 상호 변형을 의미하는 것이다. '발견'과 '발명'이 일방적이라면 '마주침'은 쌍방적인 셈이다. 예를 들어, 카리브 해의 마르티니크 섬 출신의 시인이자 탈식민주의 이론가인 글리상(Eduard Glissant)은 『관계의 시학(*Poetics of Relation*)』에서 '관계-정체성'을 제시한 바 있다. 글리상이 말하는 '관계-정체성'은 "타자와의 쉼 없는 교환과 접촉을 통해 생성과 변화를 거듭하는 정체성, 다양한 접촉점을 향해 퍼져나가면서 타자들과의 관계를 통해 자기를 발견·창조해나가는 역동적 정체성이다."(심재중 2009, 57) 글리상은 '관계-정체성'을 통해 타자의 배제에 기초하는 정체성의 원리, 즉 유일한 '뿌리-정체성'의 원리를 비판하고 억압당한 타자의 목소리를 포함하는 관계의 총체를 제시한 것이다. 이러한 시각은 전통적인 것과 근대적인 것, 야만적인 것과 문명화된 것 간의 이분법을 약화, 그리고/혹은 소멸시킨다. 그러나 '마주침'이라는 시각에는 근대성의 폭력과 불평등한 권력관계를 간과하는 문제점이 노출된다.

월러스틴은 키하노와 공동으로 논문을 발표하기 전에 『근대 세계체제』(I~III)를 출판했다. 월러스틴이 정의하는 근대 세계체제는 이전에 존재했던 정치적 단위의 제국이 아니라 이전의 세계에서는 찾아볼 수 없는 일종의 사회체제로, 더 정확하게 말하자면 도시국가, 민족국가, 제국 등으로 수렴되지 않는 경제적 실체다. 월러스틴에 따르면, 예전에도 세계경제는 존재했지만 그것들은 제국으로 변형되었고, (자본주의) 세계경제를 발명한 것은 근대세계였다. 근대세계는 하나의 '세계'체제로 등장한 것인데, 그것이 전 세계를 담고 있어서가 아니라, 사법상 규정된 어떤 정치적 단위보다 더 크기 때문이다. 그리고 그 체제의 부분들을 잇는 기본적인 연결점이 경제적인 것이기 때문에 그것은 하나의 '세계경제'다. 더 나아가 월러스틴은 근대 세계경제가 제국으로 변형되지 않고 세계체제를 유지할 수 있었던 것은 자본주의와 과학기술의 발전 덕분에 통일된 정치구조를 출현시키지 않고도 번영할 수 있었기 때문이라고 말한다.

월러스틴이 제시한 세계체제라는 개념은 대륙과 아대륙(subcontin-ent)의 지정학적 상상계에 국한되는 민족주의적 혹은 국민국가적 이데올로기에 갇히지 않고 세계를 관계론적으로 인식할 수 있는 유용한 틀을 제공했다. 그러나 앞에서 언급한 것처럼『근대 세계체제』의 지정학적 상상계에는 근대성이 저지른 폭력과 불평등한 권력관계가 분명하게 드러나지 않는다. 월러스틴이 제시한 세계체제는 인과론적 관점이었고 구성론적 관점이 아니었기 때문이다. 월러스틴이 구성론적 관점에서 세계체제를 재인식하게 된 계기는 키하노와의 공동작업이었다.[9] 월러스틴과 키하노는 "개념으로서의 아메리카-성(됨), 혹은 근대 세계체제 내의 두 개의 아메리카"에서 예전에도 지금도 아메리카-성(됨)은 근대성의 필수적인 요소임을 지적했고, 아메리카-성(됨)의 중요한 요소로 식민성과 인종주의(racism)를 제시했다. 이것은 지식의 지정학의 측면에서 중대한 변화를 의미하는 것으로, 아마도 이러한 변화는 키하노의 지정학적 관점이 반영된 결과일 것이다. 그리고 이러한 변화는 아메리카의 '발견'이 아니라 '정복'이라는 인식의 전환을 가능하게 만들었다.

오늘날 우리가 인식하는 세계는 장기 16세기 이후 근대 세계체제의 지정학적 상상계의 '내부'(=유럽)와 '외부-성(됨)'(=나머지 세계)으로 구축되어왔다. 외부-성(됨)은 그 자체로 있는 외부를 의미하는 것이 아니라 내부가 만들어낸 외부를 의미한다. 다시 말해, 외부-성(됨)은

---

9) 키하노와 월러스틴은 공동작업의 결과물을 1992년에 『국제사회과학잡지(*International Social Science Journal*)』에 발표했던 시점을 전후로 페르낭 브로델 센터에서 공동연구를 진행했다. 1991년에 출간된 월러스틴의 또 다른 저서인 『역사적 자본주의/자본주의 문명(*Historical Capitalism, with Capitalist Civilization*)』에도 키하노와의 공동연구의 흔적을 찾아볼 수 있다.

타자의 공간으로 인식된 외부가 아니고 주체에 의해 내부화되는 외부다. 15세기 말까지 세계의 주변에 위치했던 유럽의 기독교는 야벳 (Japhet)과 유럽을 동일시함으로써 유럽을 아시아, 아프리카와 구별했다.[10] 16세기 초에 동시적으로 발생한 역사적 사건들 —이베리아 반도에서 무어 족(Moors)의 패배, 유대인들의 추방, 대서양 상권의 등장— 이후에 무어인들, 유대인들, 아메리카 원주민들은 근대 세계체제의 지정학적 상상계의 외부-성(됨)이 되었다. 16세기 말에는 중국에 진출한 예수회가 중국을 또 다른 외부-성(됨)으로 규정했다. 근대 세계체제의 지정학적 상상계에서 외부-성(됨)으로 규정된 타자들은 세계를 구성하는 주체임에도 불구하고 유럽에 의해 규정되었다. 잘 알려진 예가 '과연 무엇이 스페인의 아메리카 통치를 합법화하는가?'라는 문제를 놓고 라스 카사스(Bartolomé de las Casas)와 세풀베다(Juan Gines de Sepúlveda) 사이에 벌어졌던 바야돌리드(Valladolid) 논쟁이다.[11] 정복사업에 개입한 수많은 행위자들이 자신들의 이해관계를 내세워 식민지배를 합리화하는 과정에서 외부-성(됨)으로 밀려난 원주민들은 스스로를 변호할 수 없었다. 정복자들의 군사적 정복에 반대하여 평

---

10) 스페인 세비야(Sevilla) 출신인 이시도로(Isidoro)의 『어원학』 9세기 판본에 실려 있는 'O 안의 T(T-in-O)' 지도는 세 부분으로 나뉘어 있다. 'O 안의 T' 지도는 그 당시 유럽 기독교인들의 지정학적 상상계를 잘 보여준다. 지도에서 아시아는 원의 윗부분을 차지하고 있고 유럽과 아프리카는 아래 반원을 서로 분할하고 있다. 서구 기독교인들은 세계가 세 부분으로 나뉘어 있다고 믿었고, 세 대륙을 노아(Noah)의 세 아들에게 배정했는데, 아시아는 셈(Shem)에게, 아프리카는 함(Ham)에게, 유럽은 야벳(Japhet)에게 주었다.(미뇰로 2010, 65-73)

11) 스페인 카를로스 5세는 1550년에 라스 카사스와 세풀베다 논쟁을 해결하기 위해 인디아스 자문위원회(Consejo de Indias)의 특별심판단을 바야돌리드에 소집했다. 심판관들은 라스 카사스의 입장을 옹호했지만 최종적인 결론이 가져올 심각한 정치적 · 경제적 · 사회적 후유증을 우려하여 결론을 공개적으로 공표하지 않았다.

화적 전교를 주장했던 라스 카사스에 대해서 당시 스페인의 뛰어난 인문주의자였던 세풀베다는 아리스토텔레스의 노예론과 정전론(正戰論)을 내세워 군사적 정복행위를 옹호했다. 세풀베다는 원주민을 타자로 인정하지 않고 어떤 사람들은 자연적 노예(natural slaves)로 태어난다는 아리스토텔레스의 견해를 받아들였기 때문이다.(이성형 1999) 라스 카사스와 세풀베다는 근대 세계체제의 지정학적 상상계를 구성하는 두 축이다. 세풀베다가 근대성의 수사학의 대변자라면 라스 카사스는 근대성의 수사학이 은폐하고 있는 식민성을 드러내는 목소리다.[12] 따라서 근대 세계체제가 지식의 지정학적 관점에서 세풀베다의 목소리와 라스 카사스가 대변했던 사람들의 목소리를 모두 듣기 위해서는 근대세계체제는 **근대/식민세계체제**로 개명(改名)되어야 한다.

> 내가 말하고자 하는 것은 … (라틴)아메리카라는 개념 밑에 감춰져 있는 제국적/식민적 토대를 발굴하는 것이며, 지금까지 근대성의 짝으로 역사에서 언급되지 않았고 인정받지도 못했던 식민성의 관점에서 '지식의 지정학'을 해명하는 작업이다. 여기서 '식민성의 관점'이 의미하는 것은 관찰의 중심을 아메리카 대륙의 개념이 만들어졌던 식민의 역사에 두는 것이다 … **세계사는 근대성의 관점에서 여러 가지 방식으로 서술되지만 식민성의 관점에서는 결코 서술되지 않는다** … **식민성은 근대성의 서사에서는 부재로 존재하기 때문에 식민성을 발굴하는 것은 근대성 프로젝트를 언급하지 않고는 불가능하다.** 이 때문에 나는 500년 전 아메리카의 발견으로 만들어진 **근대세계를 근대/식민세계로** 규정하며, 식민성은 근대성을 구성하

---

12) 정확히 말하자면 라스 카사스의 목소리는 근대성의 내부에 존재하는 차이로서의 반근대성의 목소리다. 다시 말해, '인디오 보호자'라는 칭호를 들었던 라스 카사스의 목소리가 원주민의 목소리가 될 수 없다는 것이다.

고 식민성 없이는 근대성도 존재할 수 없었음을 지적하고자 한다. 라틴아메리카라는 개념은 고립적으로 다뤄질 수 없으며, 근대/식민세계의 관점은 세계체제에 소용돌이를 일으킬 수 있다 … 아메리카의 발견, 그리고 원주민과 아프리카 노예에 대한 학살은 프랑스혁명이나 산업혁명기보다 더 확실한 근대성의 토대를 이룬다. 다시 말하자면, 식민성은 근대성의 숨겨진 어두운 이면이다. **따라서 라틴아메리카라는 개념을 발굴하는 것은 서구가 어떻게 탄생했으며, 근대 세계질서가 어떻게 세워졌는지 이해하는 것이다.**(미뇰로 2010, 20-23. 강조는 필자)

'(라틴)아메리카라는 개념[the idea of (Latin)America]이 고립적으로 다뤄질 수 없다는 미뇰로의 언급은 (라틴)아메리카와 근대 세계체제의 구성론적 관계를 강조한 것이다. 키하노와 월러스틴이 아메리카-성(됨)의 중요한 요소로 식민성과 인종주의를 제시했음에도 불구하고 논문의 제목을 "개념으로서의 아메리카-성(됨) 혹은 **근대/식민세계체제 내의 두 개의 아메리카**"로 붙이지 않은 것은 식민성을 근대성으로부터 파생된 것, 그리고/혹은 근대성의 일탈로 보는 시각이 여전히 지배적이기 때문이다. 그러나 미뇰로는 근대성이 식민성을 만든 것이 아니라 식민성이 근대성을 만들었기 때문에 식민성 없이는 근대성도 없다고 말한다. 이 때문에 미뇰로는 식민성의 관점을 드러내는 것을 고고학(archeology)이라고 하지 않고 '발굴'이라고 부른다.[13] 근대성으

---

13) 푸코는 고고학을 다양한 지식을 둘러싼 관계들의 역사를 밝히는 것이라고 규정했다. 특히 진리이자 과학이라고 평가되는 지식에 의해 가려진 침묵의 소리를 듣고, 그 소리가 어떻게 해서 침묵 속에 갇히게 되었나를 밝히는 작업이다. 고고학은 문학이나 예술작품 속에 흔적으로 남아 있는 침묵의 소리를 찾아내는 것이다. 미뇰로가 식민성을 찾아내는 작업을 고고학이라고 하지 않고 발굴이라고 한 것은 근대성에 의해 식민성이 규정되기 이전의 식민성/근대성을 드러내려는 것이다.

로 식민성을 설명하는 것이 아니라 식민성으로 근대성을 설명하는 것이다. 미뇰로와 함께 '라틴아메리카 근대성/식민성 연구 프로그램(The Latin American Modernity/Coloniality Research Program)'을 주도적으로 이끌어가는 멕시코 철학자 두셀(Enrique Dussel)은 다음과 같이 선언한다.

> 스페인이 아메리카를 침략하면서 시작된 서양의 '근대성'은 대서양에 대한 유럽의 지정학적 '강탈'이었다. 그것은 엄밀한 의미에서 (더 이상 느리고 위험한 육지가 아니라 바다를 통해) '세계-체제'를 시작하고 통제한 것이며, 300년에 걸쳐 점차적으로 정치 경제적 균형이 주변적이고 고립되어 있던 구(舊)유럽에 유리하게 이동한 식민 체제의 발명이었다. 게다가 근대성은 동시에 (자본의 원시적 축적에 토대를 둔 초기 상업) 자본주의의 시작이고 발전이었다. 다시 말해, **근대성, 식민주의, 세계-체제, 그리고 자본주의는 동시적이고 상호 구성적으로 탄생했다.**(Dussel 1999, 155-156. 강조는 필자)

라스 카사스가 1552년에 쓴 『인디아스 파괴에 관한 간략한 보고서 (Brevísima relación de la destrucción de las Indias)』를 스페인 식민정책을 비난하는 근거로 활용하기 위해 소위 '검은 전설(Black Legend)'을 만들어냈던 영국, 그리고 프랑스가 19세기에 내세웠던 '문명화의 사명'은 스페인이 내세웠던 '복음화의 사명'의 다른 판본이다.[14] 근대 세

---

14) 16세기 이래 스페인과 세력 다툼을 벌였던 영국을 중심으로 한 북유럽 국가들은 스페인의 아메리카 정복을 잔혹한 학살과 수탈의 역사로 그려낸 소위 '검은 전설'을 유포시켰다. 특히 네덜란드 화가 드 브리(Theodor de Bry)의 작품은 식인종 원주민과 학살자 스페인의 이미지를 굳히는 데 크게 기여했다.

계체제를 자본주의 세계경제로 개념화한 월러스틴의 『근대 세계체제』에 복음화로 은폐된 식민성이 누락되어 있듯이, 아리기(Giovanni Arrighi)의 『장기 20세기(The Long Twentieth Century)』에는 문명화에 가려진 식민성이 누락되어 있다. 월러스틴이 "1450년 당시에 자본주의 세계경제의 등장을 위한 무대가 마련되어 있었다."(1999, 106)고 생각한 유럽으로부터 근대 세계체제의 논의를 시작하듯이, 아리기도 유럽으로부터 유럽의 외부-성(됨)을 향해 논의를 진전시킨다. 세계체제론은 근대성과 진보를 동일시하며 세계가 순차적 단계들을 거쳐 발전한다는 관념에 의존한다. 그 결과, 월러스틴의 관점에도, 아리기의 관점에도 식민성은 드러나지 않는다. 근대성에 대한 월러스틴의 논의와 마찬가지로 자본주의에 대한 아리기의 논의도 유럽 내적 현상, 혹은 유럽으로부터 식민지로 확산되어나가는 것으로 기술될 뿐 세계가 모두 참여하는 전 지구적 현상으로 기술되지 않는다.

근대성은 마치 내재적인 체제를 이루고 있던 유럽에 대해 서술하는 것이 아니라 유럽을 세계의 중심인 것처럼 서술할 수 있는 현상이다. 이런 단순한 가정만으로 근대성에 대한 개념은, 그것의 기원과 발전, 그리고 현재적 위기에 이르기까지 완전히 바뀌게 되고, 그 결과 탈근대성의 내용까지 바뀌게 된다. 여기에 내가 첨언하고자 하는 것은 근대 세계체제에서 유럽이 중심을 차지하게 된 것은 중세에 유럽이 다른 문화들과 비교해 내재적인 우월성을 보여줄 만큼 많은 것을 축적했기 때문이 아니라는 것이다. 그보다는 아메리카를 발견/정복하고 식민화를 통해 통합할 수 있었기 때문이다. 이 단순한 역사적 사실로 인해 유럽은 오스만터키, 인도, 중국보다 상대적으로 결정적인 이점을 가지게 되었다. **근대성은 이러한 사건들의 결과이지 원인이 아니다.** 따라서 유럽이 세계사에 대해 성찰적 의식 같은

것을 갖게 된 것은 세계체제 내에서 유럽을 구심적 위치에 놓았기 때문이
다 … **자본주의 역시 유럽의 확장과 세계체제의 구심성이 결합된 결과이지
원인이 아니다.**(Dussel 1995, 148-149. 강조는 필자)

미뇰로가 강조하는 것처럼, 근대/식민세계의 관점은 세계체제에 소
용돌이를 일으킬 수 있다. 아메리카 정복과 식민주의, 원주민과 아프
리카 노예 학살이 프랑스혁명이나 산업혁명보다 더 확실한 근대성의
토대를 이루며, 이를 통해 서구가 어떻게 탄생했고, 근대 세계질서가
어떻게 세워졌는지 가르쳐주기 때문이다.

III. 『공산당 선언』의 지리학과 자본주의 세계경제

오늘날의 세계화는 아메리카의 정복으로 막을 연 장기 16세기 이
후 새로운 전 지구적 권력체계로 등장한 근대/식민-유럽중심주의적-
자본주의(modern/colonial-Eurocentered-capitalism)의 정점을 의미한
다.(Quijano 2000; 하비 2001) 아메리카는 장기 16세기 이후 새로운 전
지구적 권력 모델의 첫 번째 공간/시간으로 구성되었고, 이 때문에
첫 번째 근대적/식민적 정체성이 되었다. 아메리카의 발견으로 대서
양은 유럽과 대양의 서쪽 대륙 사이의 중심이 되면서 로마인들이 '우
리 바다(Mare nostrum)'라고 불렀던 지중해는 절체절명의 위기를 맞았
고 1571년 레판토 해전과 더불어 주변부로 전락했다. 현재의 대서양
은 1492년 베하임(Martin Beheim)이 제작한 지구의에서 유일한 '서쪽
대양(Oceano Occidentalis)'이었으며 앤틸리스가 한가운데에 있었다.
1513년 발보아(Vasco Nunez de Balboa)가 파나마 지협을 횡단하여 새

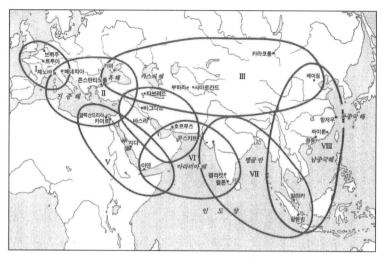

〈그림1〉 1300~1550년 사이에 존재했던 상권의 8개 순회로. 아부-루고드는 13세기의 세계체제를 내적으로 연결된 8개의 하위체제들을 수반하는 3개의 광역체제, 즉 서유럽, 중동, 극동으로 분류한다. 이들 지역은 14세기의 위기와 흑사병의 유행 등 번영과 역경을 어느 정도 공통적으로 겪었다.(아부-루고드 2006, 59)

로운 해양을 발견함으로써 비로소 '대양'은 남해(Mar del Sur, 후일 마젤란이 항해한 태평양)와 북해(파나마 북쪽의 카리브 해, 대서양)로 나뉘었다. 그리고 아메리카는 (아메리고 베스푸치가 발견한) '신대륙'으로 나타났다. '커다란 만'이라는 뜻의 시누스 마그누스(Sinus Magnus)는 조그맣게 그려졌는데 실제로는 거대한 태평양이었다. 이 사실은 그 당시에는 아무도 몰랐다.(두셀 2011, 39)

대서양 상용(商用) 순회로(the Atlantic commercial circuit)는 이미 존재하고 있었던 아시아, 아프리카, 유럽의 상권과 아메리카의 아나우악과 타완틴수유를 연결시켰다.(〈그림 1, 2〉 참조)

그때까지 아나우악과 타완틴수유는 대서양 쪽으로도 태평양 쪽으로도 지중해 상권과 연결되지 않았다. 이후 대서양은 세계 무역거래를 통제하는 본거지가 되었고 무역거래가 확장되면서 도시화가 촉진

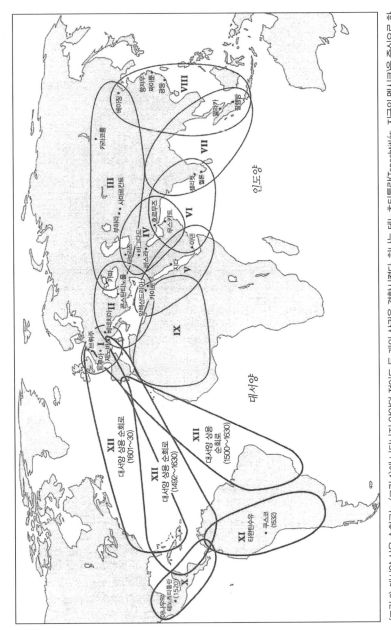

〈그림 2〉 대서양 상품 순환로는 〈그림 1〉에 나타나지 않았던 적어도 두 개의 상권을 결합시켰다. 하나는 테노츠티틀란(Tenochtitlán, 지금의 멕시코)을 중심으로 하는 아나우악(Anahuac, 지금의 멕시코에서 파나마에 이르는 지역) 상권이고, 다른 하나는 잉카 제국의 수도였던 쿠스코(Quzco)가 중심지였던 타완틴수유 (Tawantinsuyu, 지금의 안데스 지역) 상권이었다.(Mignolo 2000, 60)

되었다. 또한 아메리카로부터 유입된 귀금속이 화폐자본이 되면서 이 지역의 시장들이 긴밀하게 통합되었다. 이러한 과정을 거치면서 점차적으로 지중해와 이베리아 반도 해안 지역이 가지고 있던 헤게모니는 북서 대서양 해안으로 이동했다. 그리고 유럽, 특히 서유럽이라는 지리문화적 정체성은 대서양 상권이 등장한 이 역사적 시점에 구성되었다. 대서양 상권의 장악은 유럽이 전 세계 무역거래를 둘러싼 경쟁에서 이점을 갖게 된 결정적인 계기가 되었다. 함축적으로 말하자면 신세계의 정복은 대서양 상권의 등장을 의미했고, 대서양 상권의 등장은『공산당 선언』이 밝히고 있는 '공간적 조정'과 지리적 불균형발전의 시작이었다.

아메리카와 동시적이고 상호 구성적으로 탄생한 자본주의는 역사적 자본주의다. 즉 장기 16세기에 등장한 자본주의는 무엇보다도 하나의 역사적 사회체제다. 자본주의라는 말이 자본에서 유래한 것인만큼 자본은 자본주의의 핵심적 요소다. 자본주의의 핵심적 요소인 자본이 축적된 부를 의미하고, 축적된 부가 오로지 더 많은 축적을 위해서 사용되는 자본순환과 자본축적의 과정을 자본주의라고 한다면, 아메리카는 본원적 축적과 자본주의를 연결시키는 매듭이다. 자본주의가 가능하기 위해서는 자본의 본원적 축적(primitive accumulation)이라는 조건이 충족되어야 했는데, 마르크스가 밝힌 것처럼 '본원적 축적의 비밀'은 생산자와 생산수단을 분리하는 것이었다. 본원적 축적의 내적 계기, 즉 유럽에서 자행된 본원적 축적의 방식이 엔클로저(enclosure) 운동과 공유재산의 횡령이었다면, 본원적 축적의 외적 계기, 즉 아메리카와 아프리카에서 자행된 본원적 축적의 방식은 식민주의와 노예사냥이었다. "아메리카에서 금과 은의 발견, 아메리카 대륙에서 원주민의 섬멸과 노예화 및 광산에서의 생매장, 동인도의 정복과 약탈의 개시, 아프리카의 상업적 흑인 수렵장으로 전환, 이러한 것들이 생산의 자본주의적 시대를 알리는 새벽의 특징이었다. 이러한 목가적인 과정들은 본원적 축적의 주요한 계기들이다."(마르크스 2001, 1033; 이진경 2004, 310-311에서 재인용)

월러스틴은 『근대 세계체제 I』에서 자본주의 세계경제가 확립되기 위해서 세 가지가 필수적임을 지적했다. 첫째, 문제가 되는 근대 세계의 지리적 규모의 확대이고, 둘째 세계경제의 서로 다른 생산품과 서로 다른 지역에 적합한 상이한 노동통제 방식의 발전이며, 셋째 자본주의 세계경제의 핵심국가가 될 (유럽에서의) 비교적 강한 국가 장치들(state machineries)의 창조다.(Wallerstein 1974, 38[근대 세계체제 1, 66-67]) 역사에 등장하는 순간부터 근대/식민 유럽의 첫 번째 주변부가 된 아메리카는 대서양 상용 순회로를 통해 자본주의 세계경제가 성립되는데, 필수적인 처음 두 가지 요소를 제공했다. 무엇보다도, 본원적 축적을 가능하게 한 금과 은뿐만 아니라 훗날 상품판매를 위한 광대한 지리적 공간을 제공했다. 대서양 상용 순회로의 장악으로 아메리카에서 유입된 금과 은으로 자본축적이 가능해지면서 유럽은 중국, 인도, 실론, 이집트, 시리아, 더 나아가 극동 지역을 포함하는 상거래를 통제할 수 있게 되었다. 아시아에 압도적으로 의존하고 있던 유럽 경제가 근대의 여명기에 아메리카 대륙의 보물단지를 발견하는 행운을 누렸다는 것은 부정할 수 없는 사실이다.(Day 1987; 프랑크 2003) 다음으로, 주변부로서 아메리카는 다채로운 노동통제 방식의 최선의 시험 장소를 제공했다. 키하노와 월러스틴이 지적하듯이, 장기 16세기 자본주의 세계경제의 주변부는 아메리카에만 한정되지 않았다. 유럽에서도 중부 유럽과 동부 유럽, 그리고 남부 유럽의 일부가 세계경제의 주변부가 되었다. 그러나 유럽 내부의 주변부와 아메리카 사이에는 결정적인 차이가 존재했다. 이러한 차이가 앞에서 언급한 '개념으로서의 아메리카-성(됨)이다. 유럽의 주변부에는 신생 자본주의 세계경제에 저항하는 농업공동체와 토착 귀족세력이 존재했기 때문에 주변화로 인해 발생한 경제적·정치적 재구축 과정에서 문화적 저항을 통해 자신들의 역사성이 사라지는 것을 막을 수 있었다. 반면에, 아메리카의 주변부화 과정에서 멕시코와 안데스 지역 일부를 제외하고는 '무로부터의 창조(ex nihilo)'에 비교될 만큼 대부분의 원주민 문명이 처참하게 파괴되었고 원주민은 거의 전멸 상태에 이르렀다. 그러나 유럽중심주의를 비판하는 사람들조차 아메리카 식민화의 첫 세기에 벌어진 원주민 대량학살의 원인을 정복의 폭력성이나 정복자들이 가지고 들어온 병균에 돌리고 있을 뿐 정복 이후 광범위하게 자행된 노동착취에 대해서는 크게 주목하지 않는다.

1492년과 1498년의 항해 이후 본격화된 교역과 이민은 세 가지 중요한 결과를 낳았다. 처음 두 가지는 크로스비(Crosby 1972, 1986)의 용어를 빌리자면 균(菌)과 유전자의 '콜럼버스의 교환(The Columbian exchange)'과 '생태제국주의'였다. 유럽인과 함께 묻어 들어온 균은 가장 강력한 정복무기나 다를 바 없었다 … 카리브 해 일대의 경우 불과 50년도 안되어 토착 원주민이 거의 전멸하다시피 했다. 내륙에서도 전염병은 코르테스와 피사로가 지휘하는 정복군보다 신속하고 광범위하게 구석구석까지 파고들었다. 정복군은 자기들이 달고 온 병균이 자기들보다 훨씬 빠른 속도로 내륙으로 퍼졌다는 사실을 깨달았다. 아메리카 신세계가 입은 피해는 상상을 초월하는 것이었다. 메소아메리카의 경우 아스테카 문명과 마야 문명은 1650년까지 인구가 2500만에서 150만으로 줄어들었다. 안데스 산맥의 잉카 문명도 900만에서 60만으로 인구가 급감했다.(Crosby 1994, 22) 일각에서는 신세계의 인구가 1억에서 500만으로 줄어든 것으로 추정하기도 한다.(Livi-Bacci 1992, 51; 프랑크 2003, 137-138)[15]

근대 세계체제를 논하는 세계체제론자들이 관심을 갖는 것은 월러스틴이 지적한 세 번째 요소, 즉 자본주의 세계경제의 핵심국가가 될 유럽의 비교적 강한 국가 상치의 등상이다. 아리기는 "자본주의는 그것이 국가와 동일시되었을 때, 그것이 국가일 때만 승리를 거둔다."(Braudel 1977, 64; 아리기 2008, 47에서 재인용)는 브로델의 주장을 받아들여 자본주의를 국가와 자본의 독특한 융합으로 설명한다.

유럽 이외에 어디서도, 세계영토를 정복하여 막강하고 진정 전 지구적인 자본주의 세계경제를 형성하도록 유럽 국가들을 부추겼던, 이런 자본주의 세력들의 강력한 하나의 합체가 이루어지지 않았다. 이런 시각에서 볼 때, 규명되어야 할 진정 중요한 이행은 봉건제에서 자본주의로의 이행이 아니라 분산된 권력으로부터 집적된 자본주의 권력으로의 이행이다. **이처럼 너무나 무시된 이행의 가장 중요한 측면은 국가와 자본의 독특한 융합인데, 유럽 말고 이것이 자본주의에 더 유리하게 실현된 곳은 없다.**(아리기 2008, 47. 강조는 필자)

아리기가 강조한 국가와 자본의 독특한 융합은 부르주아지 계급의

---

15) 콜럼버스의 교환의 두 번째 차원은 새로운 동물과 작물의 교환이다. 유럽에서 아메리카로 들어온 대표적인 동물은 말, 소, 양, 닭, 꿀벌이고, 작물로는 밀, 보리, 벼, 무, 배추 등을 들 수 있다. 아메리카에서 유럽으로 들어간 대표적인 작물은 감자, 옥수수, 콩, 고구마, 담배, 초콜릿 등이다. 세 번째 교환의 차원은 아메리카에서 유럽으로 들어간 금과 은이다.

등장을 의미한다. 국가는 "탄생기에나 아니면 '정상적인' 시기에나 다양한 출신을 갖는 부르주아적 충들 —봉건적 영주와 대토지 소유자들, 크고 작은 지주들, 상인이나 고리대금업자들, 식민주의적 약탈자들, 노예상인, 매뉴팩처 경영자들 등— 을 하나의 계급으로 묶고 그것에 동질성을 부여하는 장치였다."(이진경 2006, 217) 따라서 강한 국가 장치는 본원적 축적의 내적 계기는 말할 것도 없고 외적 계기인 식민주의와 노예무역을 수행하기 위한 정치적 권력을 가리킨다. 본원적 축적의 비밀이 생산자와 생산수단을 분리시키는 것이었다면, 본원적 축적의 요체는 국가적 폭력을 이용한 대대적인 수탈이었다. 두셀이 근대성, 식민주의, 세계체제, 자본주의가 동시적이고 상호 구성적으로 탄생했다고 말한 것은 이런 맥락이다.

본원적 축적은 노동의 영역에서도 이루어졌다. 아메리카 원주민과 흑인 노동의 자본화는 전 세계시장의 상업자본, 노동, 그리고 생산수단의 통제를 가능하게 만들었다. 근대 이전과 근대를 구분하기 위한 물질적 기반 중 하나는 시장을 위해서 생산을 조직화했던 사회들을 자본의 소유와 노동의 소유를 분리하지 않는 사회와 그것을 분리하는 사회로 나누는 것이다. 아부-루고드(Abu-Lughod)에 따르면 이러한 기준은 근대를 구분하는 보편적인 기준이 되지 못한다. 아부-루고드는 13세기의 경제도 16세기와 마찬가지로 광범위했고, 자유노동, 반자유노동, 노예노동이 혼재되어 있었으며, 유럽 최초의 은행가들은 13세기 브뤼즈 또는 이탈리아 도시국가였다고 주장한다.(29-30) 그러나 자본의 소유와 노동의 소유의 관계는 아메리카 발견/정복 이후 아메리카에서 생산되는 생산물의 전유와 분배 형태, 노동통제와 착취 형태에는 정확하게 적용된다. '콜럼버스의 교환'을 노동착취로 바라보는 또 다른 관점을 보자.

아메리카의 금과 은은, 엥겔스의 말을 빌리자면, 빈사상태에 있던 유럽 봉건사회의 모든 숨구멍에 부식산(腐蝕酸)과 같이 침투했다. 그리고 탄생하고 있던 자본주의적 중상주의에 이바지하는 광산경영자들은 원주민과 흑인 노예를 유럽경제의 방대한 '외부적 프롤레타리아트'로 변화시켰다. 그리스·로마 시대의 노예제가 사실상 다른 세계에서 부활한 것이다. 스페인계 아메리카에서 멸망한 여러 제국의 원주민의 비참한 운명 이외에 브라질과 서인도 제도에서의 노동을 위해 아프리카의 여러 촌락에서 끌려온 흑인들의 가공할 운명이 있었다는 것도 잊어서는 안 된다. **라틴아메리카의 식민지 경제는 세계 역사상 일찍이 어떤 문명도 경험한 적이 없는 부의 최대한의 집중을 실현하기 위해 그때까지 알려져 있던 노동력의 최대한의 집중을 이용한 것이다.** 탐욕과 공포와 사나움을 수반한 거친 파도는 원주민 대량학살이라는 희생을 불러일으켰다 … **정복자들이 수평선상에 나타났을 때 아스테카, 마야, 잉카 사람들은 7000만~9000만에 달했다. 그러나 150년 후에는 모두 합해 겨우 350만이었다.**(갈레아노 1999, 100-101. 강조는 저자)

정복자들의 노동통제 방식은 노예제, 농노제, 소상품 생산제, 호혜제(reciprocity), 임금제 등을 포함했다. 그러나 아메리카의 노동통제 방식은 과거의 형태를 단순히 연장한 것이 아니라 부의 최대한의 집중을 위해 **역사적이고 사회적으로 온전히 새로운** 방식의 강제노동이었다. '어떤 문명도 경험한 적이 없는' 식민지 강제노동은 다음과 같은 몇 가지 특징을 갖는다. 첫째, 아메리카의 강제노동은 세계시장에 내다 팔 상품을 생산하기 위해 의도적으로 계획되고 조직되었다.[16] 둘

---

16) 아메리카의 대표적인 노동통제 방식은 엔코미엔다(encomienda)와 레파르티미엔

째, 원주민과 흑인에 대한 노동통제 방식은 아메리카에만 존재한 것이 아니라 자본과 시장이 결합되어 전 지구적인 새로운 노동통제 방식이 되었고, 새로운 전 지구적 권력 모델의 토대가 되었다. 셋째, 앞에서 언급한 것들의 결과로 각각의 노동통제 방식은 새로운 역사적-구조적 형태로 발전했다.(Quijano 2000, 535) 이런 맥락에서 아메리카의 정복은 "신세계가 유럽을 향해 열린 것이 아니라 유럽이 신세계를 향해 열린 것이다!"(두셀 2011, 45)

IV. 권력의 식민성과 유럽중심주의

키하노와 월러스틴은 아메리카-성(됨, americanity)을 무엇보다도 **새로움**(newness)이라고 규정했다. 새로움은 아메리카가 역사에 등장한 그 순간부터 아메리카에 붙여진 훈장이자 십자가였다. 그리고 근대가 진행되는 과정에서 세계체제 전체의 모델이 되었다. 아메리카는 **신세계**(New World)였고, 세계체제도 새로운 것이었으며, 근대 자체가 새로운 시대를 의미했다. 그렇다면 새로움이 의미하는 것은 무엇이었을까? 키하노와 월러스틴은 서로 간에 밀접하게 연관된 사중(四重)의 새

토(repartimiento)였다. 엔코미엔다는 정복의 공로에 따라 초기 정복자, 스페인 왕실 공로자, 도시 창설자 등에게 토지와 그 토지에 속하는 원주민에 대한 권리를 부여한 것이다. 엔코멘데로(encomendero, 엔코미엔다의 소유주)는 원주민의 교화와 보호를 조건으로 스페인 국왕으로부터 토지와 주민의 통치를 위임받아 원주민에게 강제노동을 부과했다. 지역에 따라 달랐지만 엔코멘데로의 권리는 상속되었다. 레파르티미엔토는 가사노동, 수공업, 광업, 농업 등 다양한 분야에 특정한 숫자의 원주민 노동력을 배분한 제도였다. 안데스 지역에서의 레파르티미엔토는 식민 시대 이전부터 존재했던 미타(mita)제도와 혼용하는 방식으로 존재했다. 잉카 시대의 미타는 공적 분야에 개인적 노동을 제공하는 일종의 호혜제도였다.(김달관 2014)

로움 —식민성, 종족성(ethnicity), 인종주의(racism), 새로움이라는 개념 그 자체(the concept of newness itself)— 을 제시한다.(550) 식민성과 종족성, 인종주의가 아메리카라는 **공간**과 직접적으로 관련이 있다면 새로움이라는 개념은 근대적 **시간** 개념과 관련이 있다.

사중의 새로움에서 식민성은 본질적으로 위계적 층위의 국가-간 체제(inter-state system)를 구성하는 국가들의 출현을 의미한다. 식민지는 위계적 층위의 맨 밑바닥에 위치했다. 국가-간 체제를 구성하는 모든 국가들은 장기 16세기 이후의 새로운 창조물이었다. 앞에서 언급한 것처럼 국가(장치)는 본원적인 자본의 축적과 집중을 촉진하는 가장 효율적인 지렛대였기 때문이다.[17]

역사적 자본주의하에서 사람들은 어떻게 정치적 투쟁을 수행했는가? 정치란 자신에게 더 유리한 방향으로 권력관계를 변경하고, 그럼으로써 여러 사회적 과정들의 방향을 바꾸려는 행위다. 이런 일을 성공적으로 수행하기 위해서는 최소의 노력으로 최대의 이익을 거두게 해줄 변화의 지렛대를 찾아내야만 한다. 역사적 자본주의의 구조에서 정치적 조정을 위한 가장 효율적인 지렛대는 국가구조이기 마련이었는데, 그런 국가구조를 구성하는 것 자체가 역사적 자본주의가 이루어낸 중요한 제도적 성취들 가운데 하나였다. 이 때문에 국가권력에 대한 통제가, 그리고 필요할 경우 국가권력의 강탈이 근대자본주의의 역사 전체를 통해 정치무대에서 활약한 모든 주역들에게 기본적인 전략목표가 되어왔음은 결코 우연이 아니다.(월러스틴 1993, 49-50)

---

17) 국가장치와 자본의 축적과 집중의 관계는 크게 네 가지로 요약된다. 첫째는 영토관할권이고, 둘째는 영토적 관할권 내의 사회적 생산관계를 지배하는 규칙들을 결정할 수 있는 법적 권리이며, 셋째는 징세권이고, 넷째는 군사력이다.

국가-간 체제에서 국가는 자율적인 정치적 실체가 아니었고 국가의 내적·외적 경계는 끊임없이 변화되었다. 식민성은 국가의 위계를 결정하고 국가-간 상호관계를 지배하는 일련의 규범체계이자 이데올로기였다는 점에서 국가-간 체제를 유지하는 본질적인 요소였다. 따라서 국가-간 경쟁은 국가-간 체제의 여러 규칙을 자신에게 유리하게 만들기 위한 투쟁이었다. 국가-간 체제는 권력의 위계질서 아래 놓여 있었기 때문이다. 아메리카에서 국가를 구성하는 모든 경계는 완전히 새로운 것이었다. 그리고 근대/식민세계체제의 처음 3세기 동안 아메리카는 유럽에 정치적으로 종속된 식민지였다. 식민 기간 동안 식민성의 위계는 정치적·경제적인 영역과 특히 문화적인 영역을 통치하는 기제였다. 아메리카의 독립은 **이중의 과정**이었다. 한편으로 식민 본국으로부터 독립하여 **국가-됨**(stateness)을 구성하는 것이었고, 다른 한편으로는 국가-됨을 통해 국가-간 체제를 구성하는 것이었다. 앞에서 언급한 것처럼, 국가-간 체제를 구성하는 모든 국가들의 국가-됨은 장기 16세기 이후의 새로운 창조물이었다. 그리고 근대 세계체제의 국가-됨의 본질적인 구성요소는 종족성(ethnicity)이었다. 종족성은 집단과 집단을 구분하는 공동체적 경계였고 영토 국가 내에서 정체성과 위계를 통해 국가-됨을 구성했다. 이 때문에 종족집단은 때로는 자신의 역사를 주장하고, 때로는 자신의 역사를 창조했다. 종족성은 근대적 구축물이고 상황에 따라 끊임없이 변화한다. 이런 맥락에서 국가-됨은 역사적 자본주의와 분리불가분의 관계이고 국가 내부의 종족적 갈등은 필연적이다. 그러나 주목해야 할 것은 **라틴아메리카에서 최초로 종족성이 인종주의와 결합되었다**는 것이다. 인종주의는 식민적 상태가 종식된 이후에도 여전히 지속되는 사회문화적 위계를 통해 **비(非)유럽인을 유럽인과 구별하는 것**이었다.

인종 개념은 생물학적으로 우월함과 열등함의 순서를 추정하는 자연적 원리로 받아들여졌고 이에 따라 정복자와 피정복자의 차이를 성문화하는 도구가 되었다. 정복자들은 정복 이후의 지배관계를 구성하는 근본적인 요소로 인종 개념의 타당성을 주장했다. 새로운 권력 모델로 자리 잡은 인종 개념은 아메리카 주민들을 분류하는 기준이 되었고, 점차적으로 전 세계 주민을 분류하는 기준이 되었다. 또한 인종 개념은 자본과 세계시장을 중심으로 다양한 방식으로 존재하는 노동을 통제하고 노동력을 착취하는 새로운 구조를 만들어냈다.(Quijano 2000, 533-534)

아메리카가 유럽의 식민지가 되기 전에는 근대적 의미의 인종 개념은 존재하지 않았다. 따라서 종족성과 결합된 인종 개념은 **아메리카-성(됨)을 구성하는 새로움**의 또 한 가지 중요한 요소였다. 인종의 범주에 따른 사회적 관계는 아메리카에 새로운 사회적 정체성의 기원이 되었다. 그 이전까지 단순히 출신지를 의미했던 스페인인, 포르투갈인은 새로운 사회적 정체성으로 등장한 인디오, 흑인, 메스티소(mestizo)와 인종적 차이를 의미하는 말이 되었다.[18] 인종적 차이를 의미하는 사회적 정체성은 사회적 위계와 역할을 함축하는 지배관계의 표현이었다. 즉 인종주의는 단지 하나의 이데올로기로서만이 아니라 근대성을 지탱하는 물질적이고 제도적인 관행들의 체계로서 노예제가 사라진 뒤에도 근대성 안에서 다른 무수한 형태들로 모습을 바꾸어가며 끈질기게 지속되고 있다. 한마디로 인종적 정체성은 근대의

---

18) 메스티소는 스페인 남자와 원주민 여성 사이에서 태어난 혼혈인이다. 그러나 일반적인 의미에서 혼혈인을 가리킨다. 라틴아메리카에는 혼혈로 인한 카스티소(castizo, 순수 백인 혈통의 사람)의 몰락 정도에 따라 사회에서 차지하는 위치를 규정하기 위한 수많은 새로운 단어들이 만들어졌다.(갈레아노 2004, 55-89)

기본적인 사회적 분류의 도구였다.

지구상에 존재했던 모든 제국의 갈 길을 인도한 것은, 어떤 이들은 자유롭게 살기 위해 태어나고 다른 어떤 이들은 노예가 되기 위해 태어난다는 확신이었다. 그러나 인종차별주의가 유럽의 배부름을 위해 도덕적 면죄 체계로 정립된 것은 르네상스 시기와 신대륙 정복 때부터였다. 백인들은 식민지에 살던 다수의 사람들을 내쫓고, 소수자를 소외시켰다. 인종차별주의는 그때부터 세계를 지배했다. 식민지 시대에는 화약만큼이나 인종차별도 필요했다 … 200년 전 라틴아메리카의 현실을 바라볼 줄 알았던 독일의 과학자 훔볼트(Humboldt)는 "피부색이 사람이 사회에서 차지하는 계급을 결정한다."고 말했다. 물론 그동안 일어난 변화를 부인할 수는 없지만 그의 발언은 북쪽 끝에서 남쪽 끝까지 아메리카 대륙 전체를 아직도 상당히 잘 묘사하고 있다.(갈레아노 2004, 56-78)

종족/인종주의는 노동분업을 위한 사회적 경계였다. 아프리카 흑인에게는 노예제도가 적용되었고, 원주민에게는 여러 가지 형태의 강제노동이 부과되었다. 계약임금노동은 유럽에서 이주한 노동자에게만 해당되었다. 노동력의 인종집단화는 세계경제의 작동에 중요한 영향을 미친 세 가지 결과를 가져왔다. 첫째, 인종집단화는 제각기 분수에 맞는 소득수준을 기대하는 여러 부류의 노동자를 공급하는 노동력의 재생산을 가능하게 했다. 둘째, 인종집단화는 인종집단 내에 분수에 맞는 노동력 훈련 기제를 마련하게 함으로써 고용자와 국가의 부담을 덜어주었다. 셋째, 인종집단화는 본래 그렇게 주어진 것이라는 합리화를 통해 직업적 · 경제적 위계를 정함으로써 전반적인 소득분배를 위한 규칙체계를 마련해주었다. 한 마디로 종족/인종주의는 노동력의 위계화를 위한, 그리고 지극히 불평등한 소득분배를 위한 이데올로기적 정당화였다.(월러스틴 1993)

유엔 산하 라틴아메리카 경제위원회(ECLA)의 책임자였던 프레비시(Raúl Prebisch)는 중심부-주변부 이론을 통해 기존의 국제교역 메커니즘하에서 라틴아메리카는 자신의 잉여가치를 선진국에 이전하기 때문에 자본주의 발전을 위한 자본축적에 실패했음을 역설했다. 그러나 프레비시는 교역조건 악화론을 내세워 비교우위의 고전적 국제교역이론을 비판했지만 새로운 전 지구적 권력 모델의 중요한 부분인 노동과 자원, 생산물의 통제를 가능하게 한 역사적 모델의 핵심을 간과했다. 다시 말해, 전 지구적 자본주의는 아메리카와 동시적이고 상호구성적으로 탄생한 그 순간부터 근대적/식민적이며 유럽중심적이었다는 것을 모르고/잊고 있었던 것이다. 종속이론가들은 프레비시와 '더불어', 프레비시를 '비판하는' 새로운 이론을 주장했다. 주변부의 교역조건 악화를 해결하기 위해서는 국가의 적극적 개입을 통해 산업화를 추진하고, 보호무역주의를 실시하며, 국제적 협력을 추구해야 한다고 주장했던 프레비시와 달리, 종속이론가들은 주변부의 저발전이 발전으로 가는 전 단계가 아니라, 중심부의 발전을 지속적으로 유지시키기 위해서 중심부의 발전과 근본이 다른 또 다른 발전 형태임을 주장했다. 이런 시각에서 대표적 종속이론가 중 한 사람인 프랑크는 주변부의 발전을 '저발전의 발전'으로 규정했다. 종속이론가들은 근대-전통의 이분법이 추상적이고, 형식적이며, 비역사적이라고 보았다. 즉 근대-전통 이분법은 발전과 저발전의 토대를 이루는 사회적 과정의 특징을 올바르게 제시하지도 못하고 적절하게 설명하지도 못한다고 비판했다. 근대-전통 이분법은 라틴아메리카의 저발전의 원인을 낙후된 전통에서 찾음으로써 세계적 수준에서 벌어지는 지배와 착취구조를 보지 못하게 만든다는 것이다. 이 때문에 종속이론가들은 라틴아메리카의 저발전을 설명하기 위한 올바른 접근법은 '**구조적-기능적**(structural-functionalist)' 방법이 아니라 '**역사적-구조적**(historical-structural)' 방법이어야 한다고 주장했다. 종속이론가들은 역사적-구조적 방법을 통해 프레비시가 모르고/잊고 있었던 장기 16세기 이후 근대적/식민적-유럽중심적 자본주의의 지배와 착취구조를 드러내려고 시도한 것이다.

이런 시도에도 불구하고, 종속이론가들은 정통 마르크스주의가 비판받았던 경제적 환원주의를 재생산했다. 사회적 과정의 경제적이고 정치적인 측면에 우선권을 줌으로써 문화적이고 이데올로기적 결정 요인들을 간과했다. 이러한 태도는 두 가지 문제를 발생시켰다. 첫째, 앞에서 강조한 것처럼 라틴아메리카의 식민적/인종적 위계질서를 과소평가했고, 둘째 복합적인 정치적-경제적 과정에 대한 분석이 빈약했다. 대부분의 종속이론가들에게 경제는 사회분석을 위한 특권적 영역이었고, 인종 문제는 자주 무시되거나 계급이나 경제논리로 환원되었다.[19] 전 지구적 자본주의를 지속시키는 역사적-구조적 지배의 두 축인 자본과 노동의 분리, 유럽인과 비유럽인의 분리 중 후자의 문제를 과소평가했다는 것이다. 식민 시기로부터 독립 이후의 시기에 이르기까지 근대적/식민적-유럽중심적 권력관계는 끊임없이 지속되어 왔고 백인 크리올(creoles) 엘리트들은 종족/인종주의의 관점에서 '국민'이라는 상상의 공동체를 구축하고 재구축해왔다. 이 과정에서 국민을 형성하는 구성원에게 부여되는 시민적 권리, 정치적 권리, 사회

---

19) 종속이론가 중에서 인종 문제를 천착한 예외적 인물이 키하노다. 그러나 키하노도 젠더와 가부장주의에 대해서는 깊이 있는 논의를 하지 않았다. 그리고 이러한 비판은 단지 키하노에게만 적용되는 것은 아니다.

적 권리는 이등 계급 시민인 원주민, 흑인, 메스티소, 물라토(mulato), 삼보(zambo)에게는 완전히 주어지지 않았다. 아메리카 역사에서 그들은 많은 순간 잊힌 존재였다. 많은 라틴아메리카 좌파 세력은 혁명을 조직하고 국가권력에 대항하는 과정에서 비유럽계 주민에 대한 백인 크리올 엘리트들의 지배구조를 그대로 재생산했다. 다시 말해, 라틴아메리카 좌파는 식민시기에 만들어져서 오늘날까지 지속되고 있는 근대적/식민적-유럽중심적 권력의 식민성을 근본적으로 비판하지 않았다.

인종주의나 '인종적 사고(racial thinking)'가 하나의 이데올로기로 간주될 때, 그것은 근대성의 일탈 혹은 실패로 제시되며, 따라서 널리 스며들어 있다고 하더라도 전체로서의 근대사회로부터는 상대적으로 분리된 것으로 여겨진다. 그러나 식민성과 마찬가지로 인종주의는 근대성에 내재적일 뿐 아니라 근대성을 구성하기도 한다 … 근대성-식민성-인종주의의 복합체를 규정하는 권력관계는 기본적으로 앎(knowing)의 문제가 아니라 함(doing)의 문제다. 따라서 우리의 비판은 이데올로기적이고 인식론적인 것이 아니라 정치적이고 존재론적인 것에 초점을 맞춰야 한다 … 근대성-식민성-인종주의의 권력은 단 한번도 단순히 상부구조적 현상이었던 적이 없다. 그것은 오히려 피지배 주민들의 집단적 실존 전체를 가로지르는 가운데 그들의 몸에 삼투되어 내부에서 삶형태를 생산하는 물질적 장치다.(네그리·하트 2014, 130-132)

종속이론가들의 경제 환원주의가 가져온 두 번째 문제는 흔히 **유럽중심주의**로 이해되는 이데올로기적/상징적 전략이 자본주의 세계체제의 정치경제학을 구성하고 있다는 사실을 주목하지 못한 것이다. 전 지구적 상징적/이데올로기적 전략은 자본주의 세계체제의 중심부-주변부 관계를 형성하는 핵심적인 구조적 논리다. 전 지구적 자본주의의 중심부로서 유럽은 세계시장을 통제할 뿐만 아니라, '나머지 세계'의 주민들의 '지구문화적(geo-cultural)' 정체성을 새롭게 규정했다. 오늘날 서구와 '나머지 세계'라는 이분법은 **다양하고 이질적인 문화와 역사**가 유럽이 지배하는 단일한 세계로 동질화되었음을 의미한다. '나머지 세계'의 역사적-구조적 이질성이 서구의 구조적-기능적 동질성으로 수렴되는 것이다. "이주민들이 원주민들의 터를 빼앗는 방식은 대체로 두 가지다. 첫째는 폭력이고, 나머지는 합법적인 정당성을 부여받는 일이다. 역사 속의 정치와 종교는 이 두 가지 테크닉을 절묘하게 섞어 자신의 입지를 넓혀온 것이 사실이다"(김영민 1996, 15) 그렇다면 유럽은 어떻게 합법적인 정당성을 부여받았는가? 유럽이 내세우는 합법적인 정당성은 키하노와 월러스틴이 언급했던 아메리카-성(됨)의 사중의 새로움 중에서 '새로움이라는 개념 그 자체'다. 그리고 이 새로움의 개념은 두 개의 아메리카 중 라틴아메리카가 아니라 앵글로아메리카에 해당된다.

유럽인들은 역사를 새로운 시간 개념을 통해 인식했고 식민지 주민들, 그리고 식민지 주민들의 역사와 문화를 유럽이 정점을 차지하는 역사적 궤적에 재배치했다. 그러나 확실한 것은 식민지 주민들은 유럽인들과 동일한 연속선상에 있지 않고, 본래 다른 범주에 속했다. 식민지 주민들은 열등한 인종이었고, 그 때문에 유럽인들과 비교해서 과거에 속했다. 근대성과 합리성이 오로지 유럽인들의 작품이고 경험이라는 상상은 이런 관점의 소산이다. 이런 관점으로부터 서구와 '나머지 세계' 사이의 상호주체적이고 문화적 관계가 새로운 범주 —동양-서양, 원시인-문명인, 마술적/신

화적-과학적, 비합리적-합리적, 전통적-근대적, 유럽-비유럽— 로 성문화
되었다 … 유럽중심주의의 독특한 특징인 지식에 대한 이러한 이항대립적
이고 이원론적인 관점은 세계에 대한 유럽의 식민지배의 확장과 같은 경
로로 전 지구적 헤게모니를 장악했다.(Quijano 2000, 541-542)

　유럽인들이 근대성을 철저히 서구적인 개념으로 주장하는 것은 새
로운 시간 개념, 즉 역사를 직선적이고 불가역적인 시간 개념으로 생
각하기 때문이다. '새로움이라는 개념 그 자체'의 새로움이 의미하는
것은 직선적 시간 개념이며, 직선적 시간 개념은 변화를 의미한다. 즉
시간을 끊임없는 변화로 인식하는 것이며 변화를 진보와 동일시한
다. 근대의 직선적 시간 개념은 유럽중심주의의 토대를 이루는 두 가
지 신화를 탄생시켰다. 첫 번째 신화는 근대 서구문명이라는 오직 하
나의 문명만이 존재하며 다른 문명들은 근대 서구문명이라는 유일한
모델로 환원된다는 것이다. 두 번째 신화는 사회와 문화의 변화는 직
선적이고, 진보적이며, 양적으로 측량될 수 있다는 것이다. 이러한 서
구문명의 신화 앞에서 나머지 세계의 문명은 본래 열등한 것이며, 그
결과 근대 이전의 문명으로 격하된다. 파비안(Johannes Fabian)은 이
러한 유럽중심주의적 근대성의 신화를 '동시대성의 부정(the denial of
coevalness)'이라고 불렀다.(1983) 근대 서구문명과 다르거나(different),
떨어져 있거나(distant), 이질적인(heterogeneous) 문명은 열등하거나,
저발전이거나, 미개한 문명이다. 유럽인에 의한 아메리카의 발견이
'공간의 식민화'였다면, 진보와 동일시되는 직선적 시간의 발명은 '시
간의 식민화'로 규정할 수 있다.

V. 나가는 말

이 글의 목적은 구성론적 관점에서 유럽중심주의의 토대를 이루는 근대성, 근대 세계체제, 자본주의 세계경제와 (라틴)아메리카의 관계를 재해석하는 것이었다. 아메리카는 '존재'가 아니라 '개념'으로 세계사에 등장했다. 이 때문에 아메리카라는 개념은 '아메리카가 무엇인가?'라는 물음보다 '아메리카가 어떻게 만들어졌는가?'라는 물음과 더 직접적으로 관련된다. 콜럼버스가 소위 '인종의 날' 혹은 '콜럼버스의 날'이라고 불리게 된 날 카리브 해의 어떤 섬에 도착했을 때, 아메리카는 존재하지 않았고 19세기 중반부터 앵글로아메리카(미국)와 구분하기 위해 부르기 시작한 라틴아메리카라는 실체 또한 존재하지 않았다. '역사 없는 사람들의 대륙'으로 취급된 아메리카는 유럽인의 의식으로부터 만들어졌고 라틴아메리카는 유럽을 추종하는 식민지 크리올의 의식 속에서 만들어졌다. 이 글에서 주목하는 것은 (라틴)아메리카가 만들어지는 과정이 근대성과 관련된 사태들이 만들어지는 과정과 동전의 양면이라는 점이다. 다시 말해, 아메리카, 근대성, 근대 세계체제, 자본주의 세계경제는 동일한 사태의 다른 표현들이다. 그러나 문제는 (라틴)아메리카의 위치에서 보는 근대성은 근대성/식민성이며, 근대 세계체제는 근대/식민세계체제라는 것이다. 또한 자본주의 세계경제는 노예사냥과 식민주의를 통한 본원적 축적으로 시작되었다. 다시 말해, 자본을 자본주의로 이동시킨 것은 아메리카였다. 그런데 통상적인 역사학의 관점에서는 근대성, 근대사회, 근대인이 탄생한 시점을 프랑스혁명을 비롯한 시민혁명, 계몽주의를 통해 보편적 인권과 시민권을 획득하게 된 18세기 말로 본다. 그 결과, 16~17세기는 누락되며, 근대성은 식민성을 은폐하고 이성과 과학으로 포장

된다. 또한 계몽주의적 근대성은 유럽의 독자적 결과물이 되고 유럽과 나머지 세계의 위계를 결정하는 기준이 된다. 이러한 시각에서 보면 식민성은 근대성으로부터 파생된 불가피한 부작용이나 일탈일 뿐이며 완성해야 할 '미완의 기획'이다. 그러나 식민성은 성찰적 근대성이 완성되면 사라지는 것이 아니다. 식민성 없이는 근대성은 존재하지 않기 때문이다.

　구성론은 근대성을 근대성/식민성으로 이해한다. 식민성은 식민주의가 아니다. 식민성은 근대성이 만든 위계적 질서를 내재적 주체화의 메커니즘을 통해 생산하고 재생산하는 기제다. 식민성은 세계체제의 중심과 주변부에 모두 존재한다. 근대성을 근대성/식민성으로 이해한다는 것은, 한편으로는 근대성이 모두가 따라가야 할 최종적 목표가 아니라는 것이며, 다른 한편으로는 식민성이 억압하고 배제하는 현실을 드러내야 한다는 것이다. 근대성의 문제는 세계체제의 모든 부분이 개입된 전 지구적 현상에 대한 이해이며 권력관계에 대한 성찰이다. 탈식민주의 연구에서 (라틴)아메리카가 보여주는 특이성이 바로 이것이다.

■ 참고문헌

갈레아노, 에두아르도 저·박광순 역. 1999.『수탈된 대지: 라틴아메리카 500
　　년사』. 서울: 범우사.

갈레아노, 에두아르도 저·조숙영 역. 2004.『거꾸로 된 세상의 학교』. 서울:
　　르네상스.

강정인. 2004.『서구중심주의를 넘어서』. 서울: 아카넷.

군더 프랑크, 안드레 저·이희재 역. 2003.『리오리엔트』. 서울: 이산.

김달관. 2014. "식민 시대 볼리비아 사회와 노동체계의 특징."『라틴아메리카
　　의 형성: 교환과 혼종(상)』. 서울대 라틴아메리카연구소 편. 215-256. 서
　　울: 한울.

김영민. 1996.『컨텍스트로, 패턴으로』. 서울: 문학과지성사.

김은중. 2013. "라틴아메리카 '이후', 근대성의 패러다임에서 탈식민적 패러다
　　임으로." 서울대 라틴아메리카연구소 편.『트랜스 라틴(TransLatin): 근
　　대성을 넘어 탈식민성으로』, 35-57. 서울: 이숲.

네그리, 안토니오, 마이클 하트 저·윤수종 역. 2001.『제국』. 서울: 이학사.

네그리, 안토니오, 마이클 하트 저·정남영·윤영광 역. 2014.『공통체』. 서
　　울: 사월의책.

두셀, 엔리케 저·박병규 역. 2011.『1492년 타자의 은폐: '근대성 신화'의 기
　　원을 찾아서』. 서울: 그린비.

미뇰로, 월터 저·김은중 역. 2010.『라틴아메리카, 만들어진 대륙』. 서울: 그
　　린비.

블로트, 제임스 저·박광식 역. 2008.『유럽중심주의를 비판한다』. 서울: 푸
　　른숲.

아리기, 조반니 저·백승욱 역. 2008.『장기 20세기: 화폐, 권력, 그리고 우리
　　시대의 기원』. 서울: 그린비.

아부-루고드, 재닛 저 · 박홍식, 이은정 역. 2006. 『유럽 패권 이전: 13세기 세계체제』. 서울: 까치.

월러스틴, 이매뉴얼 저 · 나종일, 백영경 역. 1993. 『역사적 자본주의/자본주의 문명』. 서울: 창작과비평사.

월러스틴, 이매뉴얼 저 · 나종일, 박상익, 김명환 역. 1999. 『근대 세계체제 I』. 서울: 까치.

월러스틴, 이매뉴얼 저 · 이광근 역. 2005. 『월러스틴의 세계체제분석』. 서울: 당대.

이성형. 1999. "라스 카사스: 정의를 향한 투쟁." 이성형 편. 『라틴아메리카의 역사와 사상』, 75-97. 서울: 까치.

이진경. 2004. 『자본을 넘어선 자본』. 서울: 그린비.

이진경. 2006. 『미-래의 맑스주의』. 서울: 그린비.

트루요, 미셸-롤프 저 · 김명혜 역. 2011. 『과거 침묵시키기』. 서울: 그린비.

푸코, 미셸 저 · 오생근 역. 2004. 『감시와 처벌』. 서울: 나남.

하비, 데이비드 저 · 황성원 역. 2014. 『자본의 17가지 모순: 이 시대 자본주의의 위기와 대안』. 서울: 한울.

하비, 데이비드 저 · 최병두 역. 2005. 『신제국주의』. 서울: 한울.

Braudel, Fernand. 1976. *Afterthoughts on Material Civilization and Capitalism.* Baltimore, MD: Johns Hopkins University Press.

Day, John. 1987. *The Medieval Market Economy.* Oxford: Basil Blackwell.

Dussel, Enrique. 1995. *Introducción a la filosofía de la liberación.* Bogotá: Editorial Nueva América.

Dussel, Enrique. 1995. *The Invention of the Americas: Eclipse of the "Other" and the Myth of Modernity.* New York: Continuum.

Dussel, Enrique. 1999. "Más allá del eurocentrismo: El sistema mundo y los límites de la modernidad." In *Pensar (en) los intersticios: Teoría y práctica de la crítica poscolonial*, edited by Santiago Castro-Gómez, Oscar Guardiola-Rivera and Carmen Millán de Benavides, 147-162. Bogotá: Centro Editorial Javeriano.

Dussel, Enrique. 2000. "Europe, Modernity, and Eurocentrism." *Nepantla: View from South* 1(3): 465-478.

Dussel, Enrique. 2003. "Mundos y conocimientos de otro modo: El programa de investigación de modernidad/colonialidad latinoamericano." *Tabla Rasa* 1: 51-86.

Fabian, Johannes. 1983. *Time and the Other: How Anthropology Makes Its Object*. New York: Columbia University Press.

Grosfoguel, Ramón. 2006. "La descolonización de la economía política y los estudios postcoloniales: transmodernidad, pensamiento fronterizo y colonialidad global." *Tabula Rasa* 4: 17-46.

Maldonado-Torres, Nelson. 2007. "Sobre la colonialidad del ser: contribuciones al desarrollo de un concepto." In *El giro decolonial*, edited Castro-Gomez, Santiago & Ramón Grosfoguel, 127-168. Bogotá: Siglo del Hombre Editores.

Mignolo, Walter D. 2000. *Local Histories/Global Designs: Locality, Subaltern Knowledges, and Border Thinking*. Princeton: Princeton University Press.

Mignolo, Walter D. 2005. *The Idea of Latin America*. Malden MA: Blackwell Publishing.

O,Gorman, Edmundo 1958. *La invención de América: El universalismo de la cultura occidental*. México: Universidad Autónoma de México.

Quijano, Anibal. 2000. "Colonialidad del poder, eurocentrismo y América Latina." In *La colonialidad del saber: eurocentrismo y ciencias sociales. Perspectivas Latinoamericanas*, edited Edgardo

Lander, Buenos Aires: CLACSO. http://bibliotecavirtual.clacso.org.
ar/libros/lander/quijano.rtf

Quijano, Anibal. 2007. "Colonialidad del poder y clasificación social."
In *El giro decolonial*, edited Castro-Gomez, Santiago · Ramón
Grosfoguel, 93-126. Bogotá: Siglo del Hombre Editores.

Quijano, Anibal, Immanuel Wallerstein. 1992. "Americanity as a Concept,
or the Americas in the Modern World-System." *International Social
Science Journal* 134: 549-557.

필자 소개

강정인

현재 서강대 정치외교학과 교수로 재직 중이며, 주요 연구 분야는 비교 정치사상, 한국 현대 정치사상, 문화와 정치 등이다. 주요 저서로는 『넘나듦(通涉)의 정치사상』(2013), 『한국 현대 정치사상과 박정희』 (2014), *Western-Centrism and Contemporary Korean Political Thought*(서구중심주의와 현대 한국 정치사상, 2015) 등이 있다.

고희탁

도쿄대학에서 박사학위를 받았으며 현재는 서강대학교 현대정치연구소 SSK연구교수로 재직 중이다. 주요 연구주제는 동아시아 근대화 사상동력에 대한 탐구, 계몽기 유럽에서의 동아시아 위상과 역할 등이다. 주요 논저로는 『일본 근세의 공공적 삶과 윤리』(2009), "에도시대 '민'의 정치적 각성과 그 역설"(2012), "마루야마 마사오의 일본근세정치사상사연구와 서구중심주의의 굴레"(2015), "근현대 일본에서의 서양문명 수용의 이중주와 그 유산"(2016) 등이 있다.

김광수

남아프리카공화국 노스-웨스트 대학교(North-West University) 역사학 박사학위를 취득하고 한국외국어대학교 아프리카연구소 HK교수로 재직 중이다. 주요 논저로는 『남아프리카사』(공저)(2013), "1950-1960년 콩고민주공화국 바콩고동맹(ABAKO)의 정체성의 변화에 대한 고찰"(2014), "1990년대 이전 중국의 대남부아프리카 외교정책 고찰"(2015), "남아프리카공화국의 지명 변경과 역사의 재맥락화: 새로운 정체성과 역사의식 만들기"(2015) 등이 있다.

김은실

러시아 모스크바 국립대학교에서 정치학 박사학위를 받았으며, 현재 성신여자대학교 동아시아연구소 연구교수로 재직 중이다. 연구 관심 분야는 정치사상, 문화와 정치, 인간주의, 페미니즘, 한국여성사 등이며, 주요 논문으로는 "근대 러시아의 문화정체성에 관한 고찰: 논쟁과 담론을 중심으로"(2015), "중심-탈중심주의 문화정치학: 조선중화주의와 모스크바-제3로마사상을 중심으로"(2013), "인간주의에 대한 러시아의 근대적 성찰"(2011), 저서로는 『서양 고대 · 중세 정치사상사(공저)』(2011), 『한국 근현대 여성사(공저)』(2011) 등이 있다.

김은중

현재 서울대학교 라틴아메리카연구소 HK교수로 재직 중이다. 라틴아메리카 문학을 전공했으며 최근에는 라틴아메리카 탈식민성과 사회운동을 중심으로 연구하고 있다. 저서로는 『라틴아메리카의 전환: 변화와 갈등(상), (하)』(공저), 『포스트-신자유주의 시대의 라틴아메리카 사회적 시민권』(공저), 『세계 · 지방화 시대의 인문학과 지역적 실천』(공저) 등이 있으며, 역서로는 『라틴아메리카, 만들어진 대륙: 식민적 상처와 탈식민적 전환』 등이 있다.

류칭(刘擎/劉擎)

현재 화동사범대학 정치학과 교수로 재직 중이며, 미네소타 대학(University of Minnesota)에서 정치학 박사 학위를 취득했다. 주요 연구 분야는 서양사상사, 정치철학과 국제정치, 중국현대사상이다. 주요 연구로는 "중국은 얼마나 특수한가", "중국에서의 자유주의: 잠재성과 딜레마", "학술과 사상의 분열", "유가부흥과 현대정치", 『성동격서(聲東擊西)』 등 다수가 있다.

박은홍

성공회대 사회과학부 및 동대학원 아시아비정부기구학 전공과정(MAINS) 교수로 재직 중이며, 『민주누리』 편집위원을 맡고 있다. 저서로는 『동아시아의 민주화와 과거청산』(공저, 2004), 『동아시아의 전환: 발전국가를 넘어』(2008), 『아시아의 정치변동과 사회운동의 변화』(공저, 2010) 외, 주요 논문으로는 "제3세계 '자유의 왕국'을 향한 영구혁명"(2011), "민족혁명과 시민혁명: 타이와 미얀마"(2014), "탈식민체제로서의 '우리식 사회주의'의 식민성"(2015), "미얀마, '질서있는 이행' 모델"(2016) 등이 있다.

엄한진

현재 한림대 사회학과 교수로 재직 중이며, 주요 연구 분야는 아랍사회연구, 이민연구, 종교사회학이다. 주요 저서로는 『이슬람주의』(한국문화사, 2014), 『다문화사회론』(소화, 2011)이 있으며, 논문으로는 "동질화에 대한 반발로서의 극단주의 현상"(2015), "강원지역 농축산업 분야 외국인 노동자의 노동과 일상생활"(2014), "새로운 전쟁으로서의 중동전쟁"(2013) 등이 있다.

이지은

인도 자와할랄 네루 대학교에서 박사학위를 취득하고, 현재 한국외국어대학교 인도연구소 초빙연구원으로 인도 하층카스트 운동, 식민지 시대와 탈식민 시대의 사회적 담론 등에 관심을 가지고 연구하고 있다. 저서로는 『사료로 보는 아시아사』(2014, 공저), 논문으로는 "반(反)서구중심주의에서 원리주의까지—아리아 사마즈의 힌두 민족주의적 문화운동을 중심으로 본 인도 종교 커뮤널리즘의 기원"(2016), "힌두 전통에 대한 남인도 비(非)브라만적 인식론: 뻬리야르의 『라마야나』 읽기"(2014) 등이 있다.

전제국

국가공무원 출신으로 현재 국방대학교 외래교수로 재직하고 있다. 미국 오하이오주립대학교(OSU)에서 동아시아 정치경제 비교연구로 정치학 박사학위를 취득하였다. 30년간 국방부 공무원으로 근무하면서 군비통제기획과장, 국방중기계획과장, 국제정책관(국장), 국방정책실장 등을 역임하였다. 주요 저서로는 『싱가포르: 도시국가에서 글로벌 국가로』(2002), 『동남아의 정치경제(공저)』(1995), 『전략환경과 국방비』(2005), 『글로벌평화활동』(2011) 등이 있고, 주요 논문이 『국가전략』, 『정책연구』, 『한국과 국제정치』, 『국방정책연구』, 『외교안보연구』, *Pacific Affairs, Asian Perspective, World Affairs, Third World Quarterly* 등 국내외 학술지에 게재되었다.

조경란

현재 연세대 국학연구원 HK 연구교수로 재직 중이다. 주요 연구 분야는 중국의 현대 사상과 지식인 문제이며, 최근에는 '좌파-오리엔탈리즘'과 '제국 담론'이라는 개념을 매개로 중국연구방법론에 대해 쓰고 있다. 저서로 『20세기 중국 지식의 탄생』, 『현대 중국 지식인 지도』, 『보수주의와 보수의 정치철학』(공저), 『理解中國的視野: 汪暉學術思想評論集』(공저) 등이 있으며, 주요 논문으로는 "중국 탈서구중심주의 담론의 아포리아—20세기 국민국가와 중화민족 이데올로기의 이중성", "냉전시기 일본 지식인의 중국 인식—다케우치 요시미의 중국관: 사상적 아포리아와 '좌파-오리엔탈리즘'" 등이 있다.

밀, 제임스 220, 253

ㅂ

바랴크 349
바바, 호미 265~267
바브리 마스지드 268, 269, 281
바야돌리드 논쟁 447
바쿠닌 366
바트주의 50, 298
반동회의 46, 216, 221
반서구중심적 서구중심주의/반유
   럽중심적 유럽중심주의/반서구
   (유럽)중심주의/반서구(유럽)중
   심적/반서구 지향 18, 19, 23,
   32, 34, 35, 37, 40, 42, 47, 49,
   50, 57, 338
반스(Leonard Barnes) 410
발보아 452
방법으로서의 아시아 43, 161
빤짜실라 45, 46, 216, 217, 225,
   229, 231, 232, 234, 235,
   239~242
배만혁명론(排滿革命論) 74
범백인주의(pan-whiteness) 405
범슬라브주의 53~55, 336, 349,
   351, 361, 365~367, 370~372,
   374
범아프리카회의(PAC) 404, 405
베다/베다 문화 47, 251, 256~258,
   269, 272, 273, 276, 282

베두인 296, 320, 321, 323
베르베르(Berber) 415
베를리네르블라우(Jacques
   Berlinerblau) 397, 398
베스푸치 441, 453
벤-요찬난(Yoseph A. A. Ben-
   Jochannan) 400
보편(성)/보편가치 21, 27, 28,
   36, 37, 40, 42, 45, 54, 60,
   87, 93~95, 97, 110, 115~117,
   121, 122, 128, 136, 157~159,
   172, 174, 178, 207, 208, 333,
   346, 364, 366, 374, 389
   보편적 보편주의 97
   유럽적 보편주의 94, 97
부강몽 40, 66, 100
부의 유출이론 255, 256
뿌리-정체성 445
브로델 101, 446, 458
브루스(Bruce) 391
블로트(J. M. Blaut) 31, 387
비잔틴/비잔틴제국/비잔틴 문화
   55, 293, 294, 333~335, 338,
   340, 348~350, 369, 374
비트포겔 252

ㅅ

사르까르 267
사바르까르 275~278
사이드(Edward W. Said) 67, 109,

탈서구중심주의는 가능한가
—비서구적 성찰과 대응

대우학술총서 615

1판 1쇄 찍음 | 2016년 6월 7일
1판 1쇄 펴냄 | 2016년 6월 20일

편저자 | 강정인
펴낸이 | 김정호
펴낸곳 | 아카넷

출판등록 | 2000년 1월 24일(제406-2000-000012호)
주소 | 10881 경기도 파주시 회동길 445-3
전화 | 031-955-9511 (편집)·031-955-9514 (주문)
팩시밀리 | 031-955-9519
책임편집 | 이하심
www.acanet.co.kr

© 강정인 외, 2016

Printed in Seoul, Korea.

ISBN 978-89-5733-496-6 94300
ISBN 978-89-89103-00-4 (세트)

이 도서의 국립중앙도서관 출판예정도서목록(CIP)은
서지정보유통지원시스템 홈페이지(http://seoji.nl.go.kr)와
국가자료공동목록시스템(http://www.nl.go.kr/kolisnet)에서 이용하실 수 있습니다.
(CIP제어번호: CIP 2016012762)